ILDEFONSO GRANDE ESTEBAN
Profesor
de la
Universidad Pública de Navarra

MARKETING DE LOS SERVICIOS

3.ª Edición
Revisada

ESIC
EDITORIAL

Madrid 2000

Primera edición: 1996
Segunda edición: 1999
Tercera edición: 2000

Avda. de Valdenigrales, s/n. 28223 Pozuelo de Alarcón (Madrid)
Teléfs.: 91 352 77 16 - 91 352 80 34 - Fax: 91 352 85 34

ISBN: 84-7356-234-8
Depósito legal: M. 18.811 - 2000
Portada: Carla Esteban
Fotocomposición: Anormi, S.L.
Doña Mencía, 39 - 28011 Madrid
Imprime: Gráficas Dehon
La Morera, 23-25
28850 Torrejón de Ardoz (Madrid)

Lo esencial es invisible a los ojos.
Lo esencial es lo intangible.

A. de Saint-Exupéry

ÍNDICE

CAPÍTULO II
IMPLANTACIÓN DEL MARKETING EN LAS EMPRESAS DE SERVICIOS

CAPÍTULO III
PLANIFICACIÓN ESTRATÉGICA DE LA EMPRESA DE SERVICIOS

CAPÍTULO IV
EL COMPORTAMIENTO DE LOS CONSUMIDORES DE SERVICIOS

PARTE II
MIX DE MARKETING PARA LOS SERVICIOS

CAPÍTULO V
PLANIFICACIÓN Y DESARROLLO PARA LOS SERVICIOS

CAPÍTULO VI
LOS PRECIOS DE LOS SERVICIOS

CAPÍTULO VII
DISTRIBUCIÓN Y COMUNICACIÓN DE LOS SERVICIOS

PARTE III
LA PLANIFICACIÓN EN LAS EMPRESAS DE SERVICIOS

CAPÍTULO VIII
PLANIFICACIÓN Y CONTROL DE LOS SERVICIOS

CAPÍTULO IX
VALOR, CALIDAD DE LOS SERVICIOS Y SATISFACCIÓN DE LOS CONSUMIDORES

BIBLIOGRAFÍA

PRESENTACIÓN

En la actualidad, más de la mitad del empleo se encuentra en el sector de los servicios y su contribución a la formación del PIB es cada vez mayor. El paso del tiempo pone de relieve que el peso de los servicios en la Economía crece inexorablemente, motivo que debe suscitar interés por su estudio en sus diversas facetas, una de las cuales es la de su marketing.

Por otra parte, y considerando que las organizaciones públicas o privadas, con o sin ánimo de lucro, deben seguir un enfoque de actuaciones orientado hacia el consumidor, el marketing de los servicios no debe ser sólo objeto de interés para las empresas que los proporcionan, sino que otras pertenecientes a diversos sectores pueden encontrar en él conceptos e instrumentos de innegable utilidad para atender al mercado.

Las primeras publicaciones sobre marketing de los servicios datan de finales de los años cincuenta y principios de los sesenta. En el año 1964 año se contabilizaron por la American Marketing Association, en Estados Unidos, cuatro artículos que marcaron el inicio de un nuevo enfoque en el desarrollo de la ciencia del marketing. En el año 1995 llegaron a publicarse más de 2.500 trabajos de gran calidad relacionados con el marketing de los servicios, materializados artículos, monografías o libros.

Desde 1979 la American Marketing Association viene convocando un Congreso Anual de carácter monográfico sobre marketing de servicios. Las actas de estos congresos recogen las ponencias más relevantes que autores de todo el mundo remiten y que son rigurosamente seleccionadas. Otras asociaciones repartidas por todo el mundo convocan simposiums, congresos y reuniones de carácter científico que versan sobre el marketing de los servicios.

Por otra parte, el campo de aplicaciones del marketing de los servicios se ensancha progresivamente. En sus orígenes se centró casi exclusivamente en los servicios de naturaleza financiera o aseguradora. Desde mediados de los años setenta se amplía gradualmente y con mayor profundidad a campos tales como la sanidad pública y privada, servicios proporcionados por las administraciones públicas, asesoramiento en sus diversas facetas, transportes, educación superior, reparaciones, hostelería, turismo, museos, galerías de arte, etc.

La amplitud de la temática que tratan muchos libros de marketing de servicios es estrecha. Se centra principalmente en dos aspectos: la calidad y cómo debe ser organizada una empresa de servicios con un fuerte sesgo hacia la gestión de los recursos humanos. El enfoque de marketing de los servicios no aparece debidamente resaltado.

El objetivo de este libro es la exposición de un planteamiento completo de marketing de servicios, estratégico y táctico, desde la perspectiva de la empresa privada con ánimo de lucro. El libro se ha dividido en tres secciones, cada una de ella integrada por diversos capítulos.

La Parte I se denomina ***LOS SERVICIOS, LAS EMPRESAS DE SERVICIOS Y LOS CONSUMIDORES*** *y la componen los cuatro primeros capítulos. El primero se titula* ***NATURALEZA DE LOS SERVICIOS Y CAUSAS DE SU DESARROLLO****. Su objetivo es exponer el concepto, clases y características de servicios; sus dimensiones; su peso en la actividad económica y las causas de diversa naturaleza que han provocado la expansión de los servicios en las economías más desarrolladas.*

El capítulo 2 se titula ***IMPLANTACIÓN DEL MARKETING EN LAS EMPRESAS DE SERVICIOS****. En él se tratan los factores económicos que diferencian a las empresas de bienes de las de servicios; los puntos en común que se pueden hallar en el marketing de estos productos, y también los específicos para los servicios; situaciones y actitudes que se pueden identificar en las empresas de servicios que explican las dificultades encontradas en su desarrollo; valores y cultura deseables para las empresas de servicios; marketing interno y de relaciones como puntos de partida básicos en estas empresas, y principios de organización para las empresas de servicios.*

El capítulo 3 se denomina ***LA PLANIFICACIÓN ESTRATÉGICA DE LAS EMPRESAS DE SERVICIOS.*** *En él se desarrollan conceptos básicos para la planificación a largo plazo, como la misión de la empresa; cómo se identifica el público objetivo en función de criterios diversos y qué estrategias se pueden seguir para atenderlo; cómo se identifican las unidades estratégicas de negocio en las empresas y a los competidores, y cómo se posicionan los servicios en el mercado.*

El capítulo 4 trata ***EL COMPORTAMIENTO DE LOS CONSUMIDORES DE SERVICIOS.*** *Comienza con la exposición de un modelo sencillo de comportamiento del consumidor, seguida de una referencia a las dificultades de investigación comercial en las empresas de servicios. A conti-*

nuación se analizan algunas características adicionales de los servicios que los diferencian de los bienes. Posteriormente se exponen estrategias para reducir el riesgo percibido de bienes y servicios. El capítulo termina analizando con detenimiento las diferencias de comportamiento de los consumidores de servicios respecto a los de bienes, que tienen que ver con las fuentes de recogida de información, las percepciones, la valoración de atributos y la conducta postcompra.

La Parte II del libro se denomina ***MIX DE MARKETING PARA LOS SERVICIOS*** *y la componen tres capítulos, del 5 al 7.*

El capítulo 5 se denomina ***PLANIFICACIÓN Y DESARROLLO DE SERVICIOS****. En él se exponen los conceptos de línea y gama de servicios; el concepto de ciclo de vida de los servicios y sus limitaciones para la formación de carteras de productos; el proceso de creación de servicios nuevos, las causas que los motivan y las fases que deben seguirse; los factores que afectan a la difusión de los servicios, causas que explican los fracasos y la eliminación de los servicios. También se hace una referencia al factor humano en el proceso de desarrollo de los servicios.*

El capítulo 6 se titula ***LOS PRECIOS DE LOS SERVICIOS****. En él se describen las situaciones en las que deben tomarse decisiones de precios, características de los servicios que influyen en sus precios y objetivos, estrategias, tácticas y técnicas de fijación de precios.*

El capítulo 7 se denomina la ***DISTRIBUCIÓN Y COMUNICACIÓN DE LOS SERVICIOS****. En este capítulo se analizan las funciones que desarrollan los intermediarios de bienes y servicios; cómo se diseñan los canales y cómo se localizan los puntos de venta. Respecto a la comunicación se exponen sus clases, los principios a seguir y el diseño de los programas. A continuación se trata la publicidad en las empresas de servicios y las actividades de promoción: instrumentos, proceso, valoración de actividades, su adecuación a los objetivos perseguidos y perfil de los servicios más promocionables. Algunas actividades de comunicación como la publicity, relaciones públicas o marketing directo no se tratan con detenimiento por no diferir del caso de los bienes.*

La Parte III se denomina ***LA PLANIFICACIÓN EN LAS EMPRESAS DE SERVICIOS****. La componen dos capítulos.*

El capítulo 8 se titula la ***PLANIFICACIÓN Y EL CONTROL EN LAS EMPRESAS DE SERVICIOS****. En él se describe la metodología que debe seguirse para elaborar un plan de marketing: resumen de objetivos y de la situación de la empresa; análisis del contexto estratégico; análisis de la situación externa, competitiva, del mercado y de la empresa; formulación* *de objetivos; formulación de estrategias; planes de acción y asignación de recursos y seguimiento. También se trata la planificación de empresas de servicios con capacidad restringida o estacional, así como la medición de la productividad y algunas estrategias para incrementarla.*

Finalmente, el libro termina con el capítulo 9, denominado ***EL VALOR LA CALIDAD DE LOS SERVICIOS Y LA SATISFACCIÓN DE LOS CONSUMIDORES****. El objetivo de este capítulo es tratar de forma explícita los conceptos de valor, calidad de los servicios y la satisfacción de los consumidores.*

El tratamiento del valor se basará en su definición conceptual y sus clases; en la exposición de la cadena del valor; en la percepción de valor por los consumidores y sus implicaciones para la comunicación, y en estrategias para mejorar el valor para los consumidores.

A continuación se expondrá el concepto de calidad, las dimensiones de su percepción, por qué se producen fallos en la calidad, los costes de la calidad y algunas estrategias para aumentarla. Finalmente se analiza la satisfacción de los consumidores, cómo se mide y se proponen algunas estrategias para aumentarla.

AGRADECIMIENTOS

Hace años, Jardiel Poncela sentenció *"Lo que se lee sin esfuerzo ninguno se ha escrito siempre con un gran esfuerzo"*. Este libro se lee muy fácilmente. No tiene fórmulas complicadas, ni aparato estadístico, ni demostraciones interminables. Pero es rico en conceptos.

Quienes nos dedicamos a la docencia y a la investigación como actividad principal corremos el riesgo de escribir pensando en nuestros compañeros de profesión. A veces podemos caer en la tentación de pensar que trivializar lo complejo, o hacerlo asequible, pueda equivaler a perder rigor. Corremos el riesgo de seguir una orientación de marketing hacia el producto; el libro en este caso, y tal vez nos olvidemos del mercado, de los lectores.

María Jesús Merino, mi editora, siempre ha tenido muy claro que el contenido de un libro debe ser consistente, pero su lectura ha de ser comprensible y asequible. Comparto plenamente este planteamiento.

He pasado muchas horas al día durante muchos meses ante un ordenador, revisando mis papeles, tecleando e imprimiendo páginas. Han sido meses de trabajo intenso, pero muy gratificante. A ella le agradezco de corazón su renovada confianza, sus juicios y sus sugerencias. También su paciencia conmigo. Sobre todo le doy las gracias por algo que no aparece impreso en ninguna parte, ni se puede percibir, que se llama satisfacción personal. Intangible. Como las cosas importantes.

Ignacio Agote, Vicente Rubira, Fernando Bernal y Mercedes Rubira componen ese grupo de personas imprescindibles en los procesos editoriales que permanecen en un segundo plano. Es justo que sus nombres salgan a la luz.

Ildefonso Grande
Aranguren, mayo de 1999

PARTE I

Los Servicios, las Empresas de Servicios y los Consumidores

CAPÍTULO 1

NATURALEZA DE LOS SERVICIOS Y CAUSAS DE SU DESARROLLO

1. INTRODUCCIÓN

A medida que las sociedades crecen y se desarrollan pierden peso específico las actividades económicas correspondientes a los sectores primario y secundario; agricultura, pesca, actividades extractivas e industriales. El desarrollo económico se ve acompañado de una terciarización de las actividades económicas, observable en la alteración de la estructura de gasto de los consumidores, que refleja un progresivo aumento del consumo en servicios frente a los bienes. El sector terciario tiene una importancia cada vez mayor sobre el empleo, en la formación de producto interior bruto y sobre la balanza de pagos de los países.

Las características de los servicios frente a los bienes tangibles han generado un marketing específico. Las empresas productoras de bienes y las que prestan servicios no pueden actuar en los mismos términos, pues la naturaleza y objeto de los intercambios son diferentes.

Este capítulo comienza introduciendo al lector en los conceptos de bien y servicio, que si bien son intuitivos, se hace necesaria una definición conceptualmente formal para llegar a comprender, en toda su extensión, su significado y justificar la existencia de un marketing específico para los servicios, dadas sus particularidades.

A continuación se exponen las características de los servicios y sus dimensiones, aspectos esenciales para desarrollar las estrategias de marketing, que se tratarán en capítulos sucesivos. Posteriormente se ilustra el peso del sector servicios en España. Finalmente, se explican causas de naturaleza económica, tecnológica, sociológica y legal que contribuyen a la terciarización de la economía.

2. BIENES Y SERVICIOS. ALGUNAS DEFINICIONES

Un bien es el resultado tangible de una actividad transformadora en distinto grado. Un servicio es una prestación, un esfuerzo o una acción. Frecuentemente se confunden los conceptos de bien y producto, quedando el de servicio como algo ajeno a ellos.

Toda actividad empresarial conduce a un **producto**, que puede ser un **bien** o un **servicio**. Podemos entender, entonces, que los bienes y los servicios son materializaciones de actividades diferentes. Un producto es algo que se puede ofrecer al mercado para ser adquirido, usado o consumido, para satisfacer un deseo o una necesidad. Incluye objetos físicos, servicios, personas, lugares, organizaciones e ideas.

La American Marketing Association (AMA) acuñó el concepto de servicios en 1960. Su Comité de Definiciones los concibió como «*Actividades, beneficios o satisfacciones que se ofrecen a título oneroso o que se proporcionan junto con los bienes*». Esta definición fue refinada en 1981 en los siguientes términos: «*Los servicios son actividades que pueden identificarse aisladamente, son actividades esencialmente intangibles que proporcionan satisfacción y que no se encuentran forzosamente ligadas a la venta de bienes*».

«*Un servicio es cualquier actividad o beneficio que una parte puede ofrecer a otra. Es esencialmente intangible y no se puede poseer. Su producción no tiene por qué ligarse necesariamente a un producto físico*» (Kotler *el al.*,1995).

Una lavadora o una máquina de fotos son bienes. Un consejo legal o la gestión de un patrimonio son servicios. En estos ejemplos el bien es tangible y el servicio es intangible. Sin embargo, la frontera entre lo que son bienes o servicios no aparece muy nítida en ocasiones. Con frecuencia los servicios tienen también un soporte tangible.

La estancia en un hotel es un servicio que ofrece la empresa. Sin embargo, la cama, la comida o la decoración son perfectamente tangibles. Una comida en un restaurante podría ser considerada como un bien, porque se compran alimentos. Pero también es un servicio que presta un establecimiento de hostelería, porque cocina esos alimentos, ofrece un local y comodidades para consumirlos. La estancia en un balneario tiene más de servicio que de bien, porque lo que allí se adquiere es –fundamentalmente– tranquilidad, descanso y tratamientos para la salud, productos más intangibles que los bienes.

Una pregunta que puede formularse es **¿cómo diferenciar entre bienes y servicios?** Kotler distingue **cuatro categorías** de productos (Kotler *et al*, 1995).

Encuentra,

- **Bienes tangibles puros**, como el jabón o la sal, que no incorporan servicios.
- **Bienes tangibles con algún servicio** que los mejora. Por ejemplo, ordenadores con servicio de instalación y consulta. El objeto de la venta es el bien tangible, un aparato, pero junto a él se ofrece un servicio adicional, su instalación y posibles reparaciones.
- **Servicios acompañados de algunos bienes**, como transporte aéreo que incluye almuerzo a bordo. El objeto de la venta es intangible, el transporte, pero junto a él se ofrecen alimentos, que son bienes tangibles.
- **Servicios puros**, como cuidado de niños, consultoría o conciertos, sin soporte tangible adicional.

El esquema que se expone a continuación, en el que figura una relación de productos, ilustra estas ideas (Shostack, 1977: 76-77)

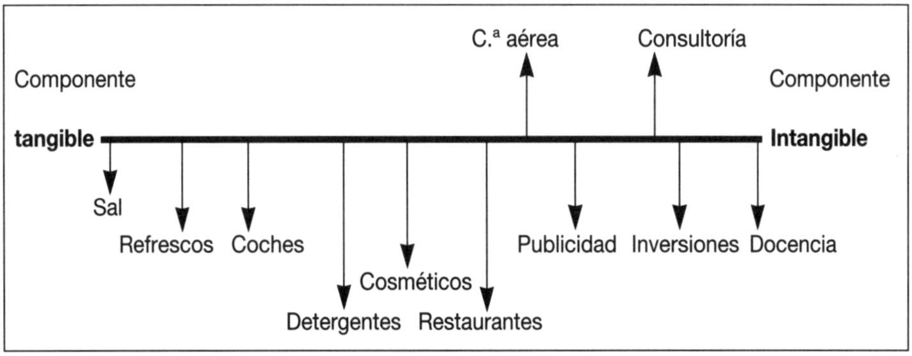

Gráfico 1.1

A medida que nos desplazamos hacia la derecha aumenta el componente intangible del producto y mayor es su carácter de servicio. Cuanto más hacia la izquierda se encuentre el producto más tangible es la oferta y más se identifica con bienes. Las cosas están bastante claras en los extremos del gráfico, pero hacia la mitad –cosméticos y restaurantes– no se sabe muy bien si se trata de bienes o de servicios.

Shostack (1977) acuñó el concepto de identidad de mercado para diferenciar los bienes de los servicios. El gráfico 1.1 pone de relieve que **los productos son combinaciones de bienes y servicios** en las que el peso de cada una de estas categorías difiere. Cuando el peso del bien es mayor que el del servicio –un coche, por ejemplo– el producto se llama bien, y cuando el del servicio es mayor que el del bien lo llamamos servicio. El criterio para distinguir en la práctica los bienes de los servicios es precisamente el objeto de la venta. Si es tangible se trata de bienes. Si fuera intangible se trataría de servicios.

Los consumidores tienen necesidades fundamentales que se satisfacen con productos genéricos. Los alimentos, la ropa y la vivienda son productos genéricos. También existen **servicios genéricos**, como descanso, limpieza, transporte, entretenimiento o asesoramiento. Los **servicios** mínimos que buscan los consumidores se denominan **básicos**. Una persona que acuda a un hotel busca alojamiento, y este es el servicio básico que la empresa le ofrece. Además de una cama y un baño el hotel puede ofrecerle un televisor, minibar, prensa, servicio de habitaciones, etc. Estos servicios adicionales se llaman **servicios aumentados,** o periféricos. La oferta conjunta de servicios se llama **servicio global**. Finalmente, existen **servicios potenciales**, que son los que consumidores se imaginan que podrán encontrar porque los servicios se desarrollen, mejoren sus prestaciones, incorporen tecnologías nuevas, etc.

Shostack (1977) explicó su concepción de servicio con un modelo –gráfico 1.2.– que se ha denominado **modelo molecular** en el cual el núcleo –como si se tratara de una representación de compuestos de la química del carbono– representa el beneficio básico, que es el que desea el consumidor, y a su alrededor los adicionales o periféricos, tangibles o intangibles. Si el núcleo del modelo es tangible el producto es un bien. Si fuera intangible sería un servicio. En gráfico 1.2 se observa que la compra de un coche constituye la adquisición de un bien, que incorpora un beneficio intangible, como es el transporte. Tratándose de la compañía aérea, el objeto de la compra, el beneficio básico, es el transporte. El almuerzo a bordo es un beneficio adicional.

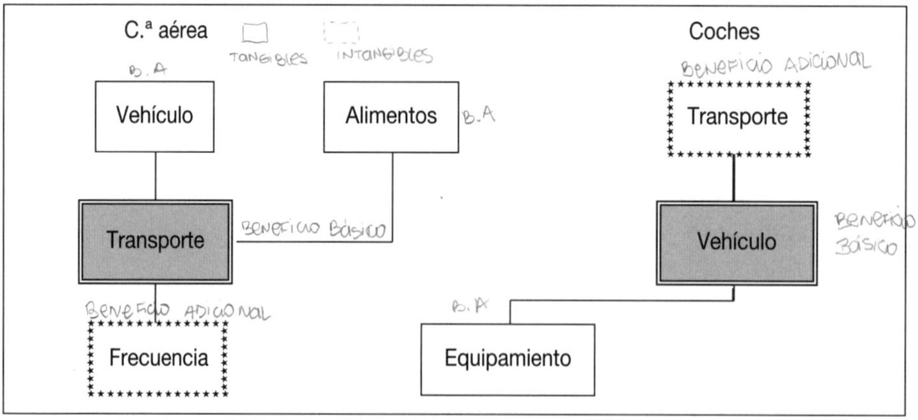

Gráfico 1.2

En el modelo, los objetos de la compra son los señalados en trazo grueso. Obsérvese que en ambos casos aparece el transporte, como beneficio básico en la compañía aérea y como objeto de compra adicional cuando se adquiere un coche. Los beneficios adicionales tangibles figuran con trazo delgado y con asteriscos los intangibles.

Puede proponerse que lo que adquieren los consumidores son beneficios con soportes tangibles o intangibles (Enis y Roering, 1981). Esta nomenclatura es mucho más precisa que la de bien o servicio. Llamaremos bienes a los productos en los que dominen los aspectos tangibles y servicios cuando dominen los intangibles. Cuando prevalezcan los beneficios tangibles sobre los intangibles se hablará de bienes y en caso contrario, de servicios. Por ejemplo, un menú de día en un restaurante se parece más a un bien que un almuerzo en un restaurante de lujo, pues en éste prima más el ambiente, la decoración y los objetivos perseguidos por los comensales, que seguramente pretender celebrar algo, agasajar a una persona o pasar un rato agradable. El menú del día se asocia más a la necesidad de supervivencia.

Pese a lo expuesto, aún no se dispone de un instrumento que permita establecer la frontera entre los bienes y los servicios. En el gráfico 1.1. todo aparece muy claro en los extremos del eje. Pero los productos que se encuentran en el medio constituyen una mezcla equilibrada de aspectos tangibles e intangibles, de bien y de servicio.

Chase (1978) clasifica los productos por el **grado de contacto con el cliente**. En el gráfico 1.3. se observa que a medida que se produce un desplazamiento hacia la derecha los productos suponen menos contacto con su proveedor. Según este esquema, cuanto mayor y más importante sea el contacto del cliente con el proveedor del producto más tiende a ser un servicio. En caso contrario, tiende a ser un bien.

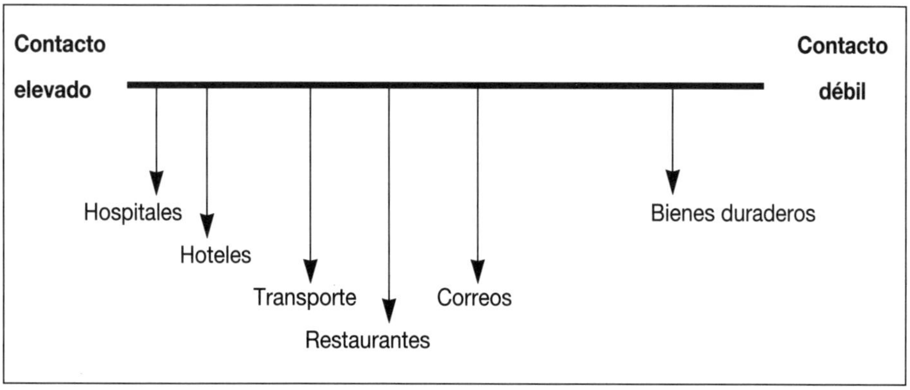

Gráfico 1.3

Existe un instrumento diseñado por Bell (1981: 208) que proporciona criterios que ayudan a diferenciar los bienes de los servicios. Bell construyó una matriz en la que en abscisas se mide el grado de implicación del consumidor en el diseño del producto. En ordenadas se cuantifica la tangibilidad del producto. Esta matriz es la que figura a continuación (Cuadro 1.1.)

Implicación del consumidor

		Baja		Alta
tangibilidad	Alta	Productos Industrializados 1	Productos Diferenciados 2	Productos a medida 3
		Producto Servicio Indiferenciado 4	Producto Servicio Diferenciado 5	Producto Servicio a medida 6
	Baja	Servicio estandarizado 7	Servicio diferenciado 8	Servicio a medida 9

Cuadro 1.1

Cruzando las dos características mencionadas se llega a formular nueve categorías de productos.

Celda 1. Son productos que no incorporan ningún servicio; por ejemplo chapa de acero, alambre o materias primas en general.

Celda 2. Son productos con alguna pequeña adaptación para adecuarse a algún segmento. Por ejemplo, chapa galvanizada demandada por clientes rusos o champú para distintos tipos de cabello.

Celda 3. Son productos adaptados a las necesidades de un cliente, como trajes a medida.

Celda 4. Producto/servicio indiferenciado, como servicio de consigna en un aeropuerto, de reservas, cine, vuelos en líneas aéreas regulares, etc.

Celda 5. Producto/servicio diferenciado, que se adapta a las necesidades específicas de un segmento, como clase *business* o turista en el transporte aéreo.

Celda 6. Producto/servicio a medida de las necesidades concretas manifestadas por un segmento o persona, como en el caso anterior pero más acusado.

Celda 7. Servicio estandarizado, como comida rápida en hamburgueserías, tintorerías, alquiler de coches o de electrodomésticos, etc.

Celda 8. Servicio diferenciado, adaptado a las necesidades de un segmento del mercado, como seguros de incapacidad profesional, viajes de vacaciones, almuerzos en restaurantes de lujo, etc.

Celda 9. Servicio a medida, próximo al servicio puro, como asistencia legal, psiquiátrica, asesoría fiscal, docencia, etc.

Se puede trazar una diagonal en esta matriz desde la celda 3 hasta la 7. En la mitad superior de la matriz domina la idea de bien. En la inferior, la de servicio. Las celdas 1,2 y 4 son sólo bienes. Las celdas 6,8 y 9 son sólo servicios. Las celdas 3, 5 y 7 combinan bienes con servicios. La tres tiene más de bien que de servicio y con la 7 ocurre lo contrario. La celda 5 es la más ambigua. Es el caso del restaurante o del transporte aéreo. Para solucionar esta tesitura el proveedor debe moverse hacia otras celdas alterando la tangibilidad o el grado de implicación del consumidor, y de ello se encargará el marketing.

3. CLASIFICACIÓN DE LOS SERVICIOS

Identificar y clasificar los servicios es más difícil que hacerlo con los bienes. No existen criterios únicos. Además, todo el entramado de los conceptos y estrategias de marketing se ha construído sobre el concepto de bien. En realidad, hasta los años sesenta no se comenzó a asociar marketing con servicios. A continuación figuran algunas clasificaciones de servicios según diversos criterios.

3.1. Por su naturaleza

Una clasificación elemental es la que se fija en la naturaleza de los servicios, es decir, observa el objeto de su actividad. La AMA (1985) considera que los servicios se pueden clasificar en los diez siguientes grupos:

1. Servicios de salud.
2. Servicios financieros.
3. Servicios profesionales.

4. Servicios de hostelería, viajes y turismo.

5. Servicios relacionados con el deporte, el arte, y la diversión.

6. Servicios proporcionados por los poderes públicos, o semipúblicos y organizaciones sin ánimo de lucro.

7. Servicios de distribución, alquiler y *leasing*.

8. Servicios de educación e investigación.

9. Servicios de telecomunicaciones.

10. Servicios personales y de reparaciones y mantenimiento.

Esta clasificación es puramente descriptiva e incompleta, y tal vez confusa, porque mezcla servicios puros como la asesoría, por ejemplo, con otros que tienen soportes tangibles, como la hostelería o la restauración. No permite llegar a conocer el grado de tangibilidad o heterogeneidad de los servicios, que en pura teoría debería ser mayor cuanto más alta fuera importancia tuviera el factor humano y menor fuera la importancia del bien que acompaña al servicio. Un tratamiento médico es mucho más intangible e inconsistente (o heterogéneo) que el almuerzo en un restaurante, en el que se ingieren alimentos, que son bienes tangibles.

3.2. Por el sector de actividad

Una clasificación muy conocida es la debida a Browing y Singelmann (1978) que utilizan criterios de destino de los productos y el carácter de la prestación, individual o colectiva, para distinguir:

- Servicios de **distribución**, que persiguen poner en contacto a los productores con los consumidores. Se trataría de servicios de transporte, comercio y comunicaciones.

- Servicios de **producción**, que se suministran a las empresas o a los consumidores, como servicios bancarios, de seguros, inmobiliarios, ingeniería y arquitectura, jurídicos, etc.

- Servicios **sociales**, que se prestan a las personas de forma colectiva, como atención médica, educación o postales.

- Servicios **personales**, cuyos destinatarios son las personas físicas, como restauración, reparaciones, asesoramiento, servicio doméstico, lavandería, peluquería, diversiones, etc.

3.3. Por su función

Los servicios se pueden clasificar atendiendo a diversas funciones (Cuadrado y Del Río, 1993). Es posible diferenciar:

- Servicios de gestión y dirección empresarial, como auditoría o consultoría en general, servicios jurídicos, o de inspección contable, etc.
- Servicios de producción, como reparaciones, mantenimiento, ingeniería y servicios técnicos en general.
- Servicios de información y comunicación, que pueden ser informáticos, como proceso de datos, asesoría informática o diseño de programas; de información, como bases de datos CELEX, EUROSTAT o ECLAS, o redes informáticas como Internet; de comunicación, como correo electrónico o mensajería.
- Servicios de investigación, o estudios contratados para desarrollar productos, proyectos urbanísticos, de decoración o investigar a las personas o a las empresas.
- Servicios de personal, destinados a seleccionar y formar al factor trabajo en las empresas.
- Servicios de ventas, como investigaciones de mercados, desarrollo de campañas de comunicación, de marketing directo, *mailings,* ferias y exposiciones, diseño gráfico, etc.
- Servicios operativos, como limpieza, vigilancia o seguridad.

3.4. Por el comportamiento del consumidor

La clasificación más completa tiene que ver con el comportamiento del consumidor con relación a los productos. Para distinguirlos, esta clasificación se centra en las fases que sigue un consumidor durante el proceso de compra. Se consideran la frecuencia de la misma, la importancia que tienen esos los bienes para el comprador –por su posible influencia social–, el proceso de búsqueda de información para tomar la decisión de compra, la importancia del riesgo percibido, la influencia de los grupos y el grado de complejidad de la decisión de compra. Desde esta perspectiva cabe distinguir:

- Servicios de **conveniencia**. Son productos cuya adquisición se realiza frecuentemente, por costumbre, sin que el consumidor busque muchas alternativas, realice comparaciones, ni se esfuerce en la decisión. El riesgo percibido, o consecuencias negativas, derivadas de la elección, es reducido. El proceso de compra es muy simple y rutinario, y las consecuencias de decisiones equivocadas no son importantes. Se trata de servicios corrientes, poco diferenciados y adquiridos con frecuencia como mensajería, alquiler de coches, taxi, transporte aéreo o tintorería.

- Servicios de **compra**. El consumidor demuestra con este tipo de bienes un comportamiento más complejo. La percepción de riesgo es mayor. Los compradores buscan más información en su experiencia, en vendedores o en grupos de referencia, como familiares, amigos o compañeros de trabajo. Valoran más alternativas, hacen comparaciones y el proceso de decisión es más complejo, pues consideran más arriesgadas las consecuencias de sus decisiones. Los viajes de vacaciones, la apertura de una cuenta corriente, la contratación de una póliza de seguro de automóvil o del hogar son ejemplos de servicios de compra. La experiencia del consumidor juega un papel importante en el proceso de búsqueda de información y de valoración de alternativas.

- Servicios de **especialidad**. Los consumidores muestran aún mayor rigor en el proceso de compra. Extreman todas las fases descritas en el apartado anterior, pues las consecuencias de sus decisiones se consideran muy trascendentes. La elección de abogado, asesor fiscal, médico o empresa de auditoría son ejemplos de servicios de especialidad. La credibilidad de quien presta el servicio es muy importante.

- Servicios **especiales**. Son aquellos que dadas sus especiales características exigen un esfuerzo especial de compra, en el sentido de que los consumidores se desplazan hasta donde haga falta para recibirlos. Es el caso de tratamientos médicos contra el cáncer, intervenciones oftalmológicas o de cirugía plástica.

- Servicios **no buscados**. Son aquellos que no son conocidos, o que siéndolo no se desean comprar, aunque a veces al consumidor no le quede más remedio que hacerlo. Es el caso de los seguros obligatorios de automóvil o el de incendios exigido por las entidades financieras cuando financian la adquisición de inmuebles.

Existen bastantes más clasificaciones de servicios. En general, cualquiera que se haga es incompleta, pues se siguen enfoques monocriterio y, en bastantes casos, ambigua. Incluso pueden inducir a confusión. Por ejemplo un servicio de distribución según Browinng y Singelmann, como el transporte, es un servicio de información y comunicación según Cuadrado y Del Río.

Podrían exponerse más clasificaciones, pero pretender encontrar un criterio universal es muy difícil, precisamente porque son mucho más complejos que los bienes y se caracterizan por tener un gran número de dimensiones. Es más importante analizar a fondo la naturaleza de los servicios que entrar en aspectos taxonómicos, siempre subjetivos, incompletos y discutibles.

En este apartado se han citado dos palabras; tangibilidad e inconsistencia. Son dos de las características de los servicios, cuyo significado y alcance se explica en el apartado siguiente, junto con otras características adicionales de los servicios. Comprender en toda su extensión las características de los servicios resulta esencial para diseñar estrategias de marketing efectivas.

De todas las clasificaciones las más precisas son, seguramente, las que tienen en cuenta el punto de vistas de los consumidores, pues son las que permiten el diseño de estrategias de marketing. De acuerdo con lo expuesto hasta el momento habrá productos tangibles (bienes) e intangibles (servicios) de conveniencia, de compra y de especialidad. Sin embargo, por seguir las denominaciones convencionales, seguiremos refiriéndonos a bienes y servicios.

4. CARACTERÍSTICAS DE LOS SERVICIOS

Los especialistas en marketing consideran que los servicios poseen las siguientes características.

4.1. Intangibilidad

Tanto la idea intuitiva de servicio como las definiciones formales que se acaban de exponer gravitan en torno a la idea de tangibilidad. Parece que es la primera dimensión de diferenciación entre bienes y servicios y, aparentemente, una característica muy importante de éstos.

Que un servicio sea intangible significa que no se puede apreciar con los sentidos antes de ser adquirido. Incluso cabe hablar de una doble intangibilidad, puesto que puede resultar difícil imaginarse el servicio. Sin embargo, el grado de tangibilidad es variable.

Existen servicios totalmente intangibles como los consejos legales, los que proporcionan las agencias de empleo, la visita a un museo o la docencia. Otros servicios son aquellos que se añaden a un producto tangible. Por ejemplo, el contrato de asistencia en viaje para los compradores de coches o un curso de informática básica para los que acaban de adquirir un ordenador. También existen servicios que forman parte indisoluble de un producto tangible, como la garantía postventa de reparaciones que acompaña a los electrodomésticos, los automóviles, los relojes o los ordenadores.

La intangibilidad de los servicios tiene sus implicaciones. Los servicios no pueden ser probados antes de adquirirlos. Se puede verificar la calidad de imagen de un televisor o la del sonido de una cadena de música, pero no la de un curso de informática, un master en dirección de empresas o la de un tratamiento médico antes de recibirlos.

Los servicios no se pueden patentar, por ser intangibles. Esto significa que quienes los proporcionan tienen más dificultades para poner barreras de entrada a su sector. Tampoco se puede juzgar *a priori*, antes de adquirirlos, la calidad o el precio, como sucede con los bienes. Las empresas de servicios tienen que protegerse creando denominaciones de marca para ellos, cuando se pueda, o desarrollando un sólida imagen de empresa, con elevada reputación frente sus competidores, como lo han conseguido las consultoras de gestión Arthur Andersen, Price Waterhouse o Peat Marwick. Estas empresas no pueden patentar sus servicios, ni impedir que otras los proporcionen. Compiten con su profesionalidad, calidad e imagen.

Posiblemente la intangibilidad sea la característica más definitoria de los servicios y la que supone un mayor riesgo percibido para los consumidores, o temor a verse insatisfechos tras la adquisición de servicios, por haber pagado un precio demasiado alto, por no haber respondido a sus expectativas o porque les puedan causar algún daño físico.

El riesgo percibido es debido a que los servicios no son tangibles como los bienes, a que frecuentemente se pagan antes de consumirlos y a que los consumidores no se muestran muy expertos en la compra de servicios, cosa que no sucede con los bienes, ya que desde muy pequeños aprendemos a adquirirlos. Es preciso esperar a ser adulto para adquirir regularmente servicios, mientras que los hábitos de consumo de bienes se adquieren desde edades muy tempranas.

Un ejemplo de riesgo físico lo constituye el temor a someterse a una intervención quirúrgica. El temor de una persona a que no le guste el concierto u obra de teatro que presenciará, o que unas vacaciones en un país exótico resulten demasiado caras para lo que encontrará allí, son ejemplos de riesgo sicológico o financiero.

Las empresas deben ingeniárselas para hacer tangible el servicio, porque así pueden reducir el riesgo percibido por los consumidores. Las estrategias de tangibilización son mucho más sencillas de lo que pueda imaginarse. Por ejemplo, en un hotel se busca descanso, limpieza y servicio. La cama es tangible y la comida también. La limpieza también lo es, pero menos. Sin embargo, la imagen de higiene se puede reforzar colocando una cinta en los sanitarios del baño que indique «esterilizado», o guardando los vasos en una bolsa de plástico con el cierre sellado. La idea de servicio se puede hacer tangible ofreciendo planos de la ciudad, directorios de tiendas, de espectáculos o de todos los servicios que proporcione el hotel. En capítulo 4 se tratarán formalmente las estrategias de tangibilización de servicios.

4.2. Inseparabilidad

Esta característica quiere decir que, muy frecuentemente, los servicios no se pueden separar de la persona del vendedor, que es quien lo produce. Significa que la creación de un servicio puede tener lugar mientras se consume, como sucede mientras una persona recibe un masaje, un consejo legal, se le examina la vista o viaja en avión. La producción del servicio es fruto del esfuerzo conjunto del consumidor y del vendedor; ambos trabajan conjuntamente, como ocurre cuando se diseña a medida una póliza de seguro, un itinerario de vacaciones o se explican síntomas a un médico para que ponga un tratamiento.

Por el contrario, los bienes pueden ser adquiridos para ser almacenados y después consumidos. Además, su vendedor no tiene por qué ser el fabricante, como sucede con la ropa, los aparatos electrónicos o los automóviles.

4.3. Heterogeneidad o inconsistencia

Que los servicios sean heterogéneos quiere decir que es difícil estandarizarlos. Los bienes son productos homogéneos, fruto de una tecnología y de un proceso que no se altera cada vez que se produce un bien. Sin embargo, los servicios no están estandarizados. Un mismo servicio puede variar según quién lo proporcione. Una misma persona puede recibir un servicio muy distinto en una entidad financiera según qué empleado le atienda.

La inconsistencia de los servicios tiene mucha importancia, porque los consumidores encuentran más dificultades para valorar y hacer comparaciones de los precios y de la calidad de los servicios antes de adquirirlos. Esto significa que el riesgo percibido de los servicios es mayor que el de los bienes.

Un cliente desconoce la calidad del asesoramiento que puede proporcionarle un abogado, aunque tenga las mejores referencias de él, antes de acudir a su bufete. Sin embargo, puede enjuiciar mucho más fácilmente los atributos de un coche o de un televisor concretos, que son bienes estandarizados. El coche se prueba o se lee información en un folleto. El abogado no se prueba.

La heterogeneidad o inconsistencia de los servicios incrementa el riesgo percibido. Las empresas de servicios deben reducirla para disminuir el riesgo de los consumidores. Para ello cuidarán especialmente la selección y la formación del factor humano, y también deben fijar estándares o niveles mínimos de calidad para la prestación del servicio. En una situación ideal un consumidor no debería percibir diferencias en la prestación del servicio en función de las personas que lo proporcionan, ni del lugar donde se encuentre.

4.4. Carácter perecedero

Los servicios no se pueden almacenar. Una compañía aérea no puede guardar las plazas vacías de un vuelo para otro con mayor demanda. Esas plazas se pierden. Lo mismo le sucede a un hotel cuando tiene habitaciones sin ocupar. Cuando surja un exceso de demanda no se puede pedir a los clientes o pasajeros que acudan en otro momento, en el que existan plazas libres. El servicio no prestado se pierde.

Esta característica es muy importante para establecer políticas de marketing, especialmente de precios y de segmentación, que combatan la estacionalidad de la demanda de servicios, que serán expuestas más adelante.

4.5. Ausencia de propiedad

Los compradores de servicios adquieren un derecho, pero no la propiedad del soporte tangible del servicio. Un turista no se apropia del apartamento que ocupa durante sus vacaciones, ni un conductor se queda con el coche que ha alquilado. Los consumidores pagan el uso, el acceso o el alquiler, pero no compran la propiedad.

Los servicios no tienen por qué tener todas las características expuestas simultáneamente. Por ejemplo, cortarse el pelo es algo tangible: su efecto estético es innegable y no se consume sólo mientras se produce el acto de cortarlo, sino que dura más tiempo. Los servicios que presta un cajero automático se encuentran totalmente estandarizados. La electricidad puede considerarse intangible, pero se puede almacenar en baterías o acumuladores, y sus descargas se sienten. La tabla 1.1. muestra características de los servicios algunos de ellos ya expuestas.

Características de los servicios y sus implicaciones

Intangibilidad	• Los servicios no pueden almacenarse. • Los servicios no se pueden patentar. • Es más difícil fijar precios a los servicios que a los bienes. • Es más difícil comunicar servicios que bienes.
Heterogeneidad	• La producción del servicio depende de cómo interactúen el comprador y del proveedor. • La calidad puede verse afectada por factores no controlables por el proveedor del servicio, o por imprevistos. • Puede que el servicio prestado no se ajuste a lo planificado o comunicado. • El riesgo percibido por los consumidores suele ser más alto que con los bienes.
Inseparabilidad	• Los clientes participan en la producción del servicio. • Los servicios generalmente se producen y consumen simultáneamente. • La descentralización de funciones de los trabajadores de empresas de servicios es muy importante. • La producción masiva puede ser difícil.
Carácter perecedero	• Puede ser difícil sincronizar la oferta con la demanda • Los servicios no se pueden devolver • Los servicios generalmente no se pueden revender.

Fuente: Elaboración propia.

Cuadro 1.2

5. DIMENSIONES DE LOS SERVICIOS

Los servicios tienen muchas más dimensiones que los bienes y deben aislarse para comprender la naturaleza de aquéllos. Es necesario conocer estas dimensiones para comprender las singularidades del marketing de los servicios.

A *priori* parece difícil encontrar un nexo común entre los distintos tipos de servicios, excepto, tal vez, la intangibilidad, pues el grado de heterogeneidad puede ser muy grande. Pensemos en la docencia y en unas vacaciones en los Mares del Sur. Difícilmente encontraremos coincidencias en el servicio.

A continuación se muestra un esquema que ayuda a encontrar criterios para comprender y aislar la esencia de los servicios (Lovelock, 1991b). Para ello debe darse respuesta varios interrogantes.

5.1. ¿Cuál es el objeto del servicio?

La definición de servicio como acciones, prestaciones o esfuerzos es correcta pero muy abstracta. Los destinatarios de los servicios sólo pueden ser **las personas o las cosas**. Pero las personas reunimos componentes tangibles e intangibles, tenemos un cuerpo que cuidar y un espíritu que cultivar. Nuestro cuerpo puede ser el beneficiario de acciones tangibles, como un masaje, un tratamiento de belleza, un almuerzo en un restaurante, un corte de pelo o un viaje en avión. Las acciones intangibles que recibe nuestro cuerpo pueden ser tratamientos médicos, educación, diversión o asesoramiento, por ejemplo.

Las cosas pueden ser tangibles, objetos que poseemos, como coches o casas. Nuestros bienes pueden ser objeto de servicios. Un coche puede ser puesto a punto, o estacionado en un aparcamiento público, y nuestra casa limpiada por una empresa especializada. Pero también las personas poseemos activos intangibles que pueden ser destinatarios de servicios, como nuestro patrimonio, que puede ser custodiado y protegido, o nuestros derechos, que deben ser defendidos.

De acuerdo con lo expuesto, un servicio podría ser definido como un conjunto de acciones, prestaciones o esfuerzos, tangibles o intangibles, que benefician a las personas, sus derechos o las cosas de su propiedad. Sin embargo, aún no hemos conseguido aislar del todo la esencia y naturaleza de los servicios. Necesitamos encontrar respuestas a más preguntas.

5.2. ¿Cuál es el grado de vinculación de los consumidores con las empresas?

Las personas compramos servicios a las empresas, para nosotros o para nuestras cosas. Pero esas compras pueden ser continuas o discretas, y la relación con las empresas podría ser **formal o informal.**

Una persona abonada a Canal + recibe un servicio; información y entretenimiento. Además, está abonada por tiempo indefinido, es decir, se encuentra vinculada formalmente con el canal privado y recibe un servicio continuado de programas. Contratar la luz o el teléfono también supone una relación formal continuada.

Los consumidores también **pueden recibir servicios continuadamente sin que exista ninguna relación formal** con quienes los suministran. Podemos recibir cadenas públicas o privadas de televisión en nuestras casas o emisoras de FM sin que exista ninguna relación formal con TVE, ETB, Tele Madrid, TV3, A3, TELE5, Canal Sur, Canal 9, etc., o las emisoras de radio, entes que suministran el servicio. Lo mismo ocurre con los servicios que presta la policía, las personas que recogen las basuras en las ciudades o limpian las calles.

Los servicios pueden **recibirse de forma esporádica y existir vinculación** con quien los proporciona. Una persona puede estar abonada para asistir a las corridas de toros de la Feria de San Isidro o de la Feria de Sevilla, o a los Festivales de Verano de Santander, acontecimientos que tienen lugar una vez al año, o tener contratada una póliza de asistencia médica que incluya entre sus prestaciones un chequeo anual gratis.

Finalmente, es posible **encontrar servicios que se reciben esporádicamente y en los que no existe vinculación formal** con quien los proporciona. Sería el caso de los alquileres de coches, utilización de servicios postales o de mensajería, transportes públicos, estancias en hoteles, aparcamiento públicos o almuerzos en restaurantes.

5.3. ¿En qué medida interviene el consumidor en el diseño de su servicio?

Generalmente los consumidores adquirimos bienes estandarizados. Raramente los diseñamos a medida. Sólo en ocasiones, por ejemplo, cuando encargamos muebles o nos hacemos ropa, intervenimos en el diseño de aquello que compramos.

Tratándose de servicios **el comprador puede intervenir en su diseño** muchas veces. Pensemos en la contratación de una póliza de seguro, en la que el tomador determina los riesgos cubiertos, las coberturas y los beneficiarios. Diseña, en definitiva, su propia póliza de seguros; seguramente diferente de la de otro cliente, dada su situación personal. Otras veces el consumidor no puede diseñar el servicio, como sucede cuando viaja en un transporte público o acude a un espectáculo. La participación del consumidor en la prestación del servicio puede ser física, como sucede cuando acude a un autoservicio para lavar su coche o maneja un cajero automático.

También puede existir **participación intelectual** como ocurre cuando se exponen ideas, problemas, deseos o necesidades ante profesionales, como médicos, investigadores de mercado, abogados, sicólogos, agentes de seguros, etc.

Los servicios también se pueden contemplar considerando dos dimensiones adicionales; el **grado de estandarización** del producto y el **grado de contacto** con el vendedor.

Existen servicios con un alto grado de contacto con el vendedor y muy estandarizados. Por ejemplo, la asistencia sanitaria en centros de salud pública. Otros servicios pueden suponer un alto grado de contacto con el proveedor pero estar poco estandarizados; por ejemplo, la docencia cuya impartición depende de las características del profesor y de los alumnos.

Un servicio puede representar poco contacto con el vendedor y encontrarse muy estandarizado, como sucede con el servicio hotelero o el que se recibe en la ventanilla de un banco. Finalmente, un servicio puede suponer poco contacto con el suministrador y estar poco estandarizado, como sucede con los espectáculos en general, conciertos en directo, etc.

5.4. ¿Cómo es la naturaleza de la demanda del servicio con relación a la oferta?

Muchos productos tienen una demanda regular a lo largo del tiempo: los seguros, las reparaciones de electrodomésticos, los servicios de asesoramiento legal o los bancarios, son demandados de forma aproximadamente estable durante todo el año. Otros, como la estancia en hoteles y en apartamentos, o los viajes en avión presentan fluctuaciones estacionales, es decir su demanda es irregular a lo largo del tiempo. La máxima afluencia de pasajeros de líneas aéreas tiene lugar durante los meses de verano. Los mínimos se registran en enero o febrero. Lo mismo sucede con los apartamentos de vacaciones. Los hoteles encuentran mucha demanda de habitaciones de lunes a viernes, pero en fin de semana se encuentran casi desocupados.

Los servicios se pueden contemplar relacionando la **rigidez de la oferta** y las **fluctuaciones de la demanda**. Existen servicios con fluctuaciones estacionales de la demanda importantes y sin restricciones de oferta –salvo casos excepcionales– como la electricidad, el gas, el teléfono o los servicios de urgencia hospitalaria.

Puede haber servicios con fluctuaciones estacionales de la demanda grandes y que la oferta sea rígida. Los restaurantes en fin de semana, los hoteles en vacaciones o durante la semana laboral los transportes públicos en horas punta o los servicios de asesoría fiscal, coincidiendo con la época en que se hace la declaración de la renta, etc., tienen una gran demanda en ciertos momentos y la oferta puede resultar insuficiente. En otros la demanda cae y la oferta puede resultar excesiva, como sucede con los hoteles en fin de semana, o los apartamentos en zonas costeras en invierno.

Es fácil encontrar servicios con pocas fluctuaciones de demanda y que la oferta existente sea capaz de proporcionarlos, como los arreglos dentales, los servicios bancarios, la limpieza en seco o los servicios de mensajería.

Finalmente, existen servicios con exceso de demanda no estacional, debido a que la oferta no está muy desarrollada. Por ejemplo, un servicio de transporte en una zona con fuerte crecimiento demográfico en donde sólo se realicen trayectos muy esporádicos, por estar el servicio mal atendido.

5.5. ¿Cómo se distribuye el servicio?

Para comprender cómo se entregan los servicios hay que fijarse en dos aspectos; si el comprador **se desplaza** a la empresa o viceversa, y en **cuántos lugares** se puede adquirir el servicio. Un comprador puede acudir a adquirir el servicio a un sólo punto de venta, por ejemplo, un teatro o una peluquería. Puede acudir a diversos establecimientos como sucursales bancarias o las hamburgueserías Mc Donald´s.

Otras veces el vendedor acude al comprador sólo a un lugar, como sucede cuando se llama al fontanero o a un taxi, quienes se desplazan expresamente para atender a un cliente solamente. Otras veces un mismo desplazamiento permite atender a varios clientes, como sucede con los repartos que realizan las empresas de mensajería, como Seur, UPS o TDN.

5.6. ¿Cuánto duran los beneficios de los servicios?

La duración –o los efectos– de los servicios constituye un criterio adicional para acabar de comprender su naturaleza. Algunos servicios duran toda la vida, como la educación recibida o un viaje de ensueño.

Sin embargo, **la duración de los servicios es variable**, incluso tratándose del mismo, pues depende del beneficiario. Un corte de pelo puede recibirse cada quince días, o cada cinco meses, dependiendo de los gustos del consumidor. La limpieza de las alfombras que realiza una casa especializada se puede demandar todos los meses o dos veces al año, dependiendo del grado de uso que se haga de ellas, o del interés por la limpieza que muestre su propietario.

En principio, es difícil precisar cuándo un consumidor volverá a demandar de nuevo el mismo servicio, porque la duración de sus beneficios es incierta, o variable según cada persona. Es más fácil predecir cuándo se demandarán de nuevo los bienes, porque su vida puede prefijarse dentro de unos límites razonables. Así, una lavadora dura 5 años, un televisor 12.000 horas y una nevera alrededor de 15 años. No obstante, prever la repetición de compra de los bienes también es difícil, aunque no tanto como cuando se trata de los servicios.

5.7. ¿Qué relación de poder se crea entre el comprador y el vendedor del servicio?

En los procesos de compra se crea una relación de dominancia, especialmente cuando se trata de servicios. Cuando un consumidor adquiere un servicio aparece una relación de **dominancia** y un **compromiso**, variables ambos, para continuar la relación de intercambio.

- Puede surgir una relación de dominancia elevada y un compromiso elevado para continuar con las transacciones. Por ejemplo, en una peluquería o tintorería, el cliente exige (domina) y esa relación supone un compromiso elevado, pues el cliente está interesado, en principio, en continuar como tal si quedara satisfecho.
- La dominancia puede ser elevada y el compromiso bajo. El consumidor exige, pero puede no estar interesado en continuar siendo cliente. Esto sucede en líneas aéreas, en hoteles o con taxistas.
- La dominancia puede ser baja y el compromiso alto. Ante un abogado, un médico o docente, el cliente no domina, pero puede estar interesado en continuar recibiendo el servicio.
- Finalmente, tanto la dominancia como el compromiso pueden ser bajos, como sucede con los servicios de policía.

Esta relación entre comprador y vendedor y el deseo de continuarla tiene sus implicaciones. Dominancia y compromiso alto (peluquería) suponen que los consumidores están dispuestos a cooperar con quien suministra el servicio, responden mejor a la publicidad y evitan enfrentamientos (quejas) directas con el vendedor.

Cuando la dominancia es alta y el compromiso bajo (restaurantes) existe tendencia a mostrar disconformidad y a cambiar de proveedor. Si la dominancia fuera baja y el compromiso alto (ante el médico o abogado) la tendencia al cambio de suministrador del servicio es reducida y la respuesta a la publicidad mínima. Cuando la dominancia y el compromiso sean bajos (policía, funeraria) el interés por la cooperación y por la búsqueda de alternativas son mínimos.

Esta exposición pone de manifiesto el enfoque multicriterio de los servicios y proporciona puntos de vista para comprender su complejidad, mayor, sin duda, que la de los bienes.

6. EL PESO DE LOS SERVICIOS EN LA ACTIVIDAD ECONÓMICA

A continuación figuran dos cuadros, fácilmente interpretables, en los que se aprecia el impacto del sector servicios sobre el empleo y sobre el producto interior bruto en España.

Mano de obra empleada por sectores

AÑO	AGRICULTURA	INDUSTRIA*	SERVICIOS
1900	67	16	17
1920	57	23	20
1940	51	25	24
1960	40	29	31
1974	23	37	40
1987	15	32	52
1991	11	33	56
1998	8	36	56

Fuente: Cuadrado y Del Río (1993: 75) y datos del INE Cifras al 31 del diciembre, en porcentaje.
* Incluye construcción.

Cuadro 1.3

Se observa que la terciarización de la economía española se ha acelerado durante el período 1960-1998. En la actualidad el sector servicios emplea más de la mitad de la mano de obra en España.

Contribución porcentual al PIB por sectores. Precios base 1970

AÑO	AGRICULTURA	INDUSTRIA	CONSTRUCCIÓN	SERVICIOS
1970	11,55	32,95	8,25	47,23
1975	10,83	35,09	7,36	46,72
1980	10,68	35,18	5,71	48,23
1985	10,59	33,97	5,25	50,19
1990	9,09	33,52	6,80	50,59
1998	4,43	30,16	7,66	57,74

Fuente: INE.

Cuadro 1.4

En este cuadro se aprecia que la contribución de los servicios a la formación del PIB se acerca, en la actualidad al 57,74%. El peso específico de la agricultura es progresivamente menor. La industria y la construcción experimentan una tendencia a la baja, aunque con pequeñas oscilaciones, consecuencia de distintas coyunturas económicas.

Lo más destacable de estos cuadros es que a principios de la década de los noventa el sector terciario absorbía ya más del 50% del empleo, y su contribución a la formación del Producto Interior Bruto también superaba esta cifra.

En el apartado que se expone a continuación se analizan las causas que explican el desarrollo de los servicios en las economías modernas.

7. FACTORES QUE EXPLICAN EL DESARROLLO DE LOS SERVICIOS

El crecimiento de los servicios en los países más avanzados se justifica analizando una serie de factores que pueden clasificarse en económicos, sociológicos, técnicos y legales.

7.1. Factores económicos

Las causas económicas tienen que ver con el desarrollo y sus consecuencias sobre las personas, la productividad de las empresas, sus necesidades de capital, el aprovechamiento de economías de escala y las estrategias de crecimiento.

A. Incremento de la riqueza

A medida que las sociedades se desarrollan las personas manifiestan cambios en sus actitudes y comportamientos. Los mayores niveles de renta y cultura suponen estilos de vida más sofisticados y nuevos valores respecto a sociedades más atrasadas.

Las personas desean vivir más cómodamente y desarrollar sus deseos y aficiones, estrechamente relacionadas con los servicios, como viajar o asistir a conciertos, aprender a pintar, a tocar algún instrumento o navegar. Tienden a valorar menos las actividades manuales y manifiestan poco interés por realizar personalmente algunas tareas simples y rutinarias, como la limpieza u otras tareas domésticas.

Por otra parte, el ritmo de vida y las exigencias profesionales hacen que las personas cuenten con menos tiempo y deseos para llevarlas a cabo, y tienden a encargar su realización a terceros. El incremento de la riqueza de las sociedades y las consecuencias que apareja explica que surjan personas o empresas que limpien viviendas o coches, preparen y sirvan a domicilio comidas, o mantengan piscinas y jardines.

B. Cambios en la composición de la demanda de los consumidores

La Teoría Microeconómica también ayuda a explicar el crecimiento de los servicios a medida que se desarrollan las economías. Las leyes de Engels, formuladas hace casi 150 años, siguen explicado el comportamiento del gasto de las familias.

Cuando las rentas de los consumidores son bajas las dedican casi íntegramente al consumo de bienes para subsistir, como alimentos y ropa, o a pagar los consumos de luz y agua. Si la renta se incrementara en un determinado porcentaje no cabría esperar un aumento físico en la misma proporción en el consumo de bienes básicos. Puede que se compraran alimentos más caros o sofisticados, pero las sucesivas elevaciones de renta no se destinarán íntegramente a su consumo.

Tal vez se adquirirán alimentos de mayor calidad. Sin embargo, los consumidores no dedican íntegramente a la compra de alimentos sus sucesivos aumentos en sus ingresos, por razones puramente físicas o fisiológicas. No comen o beben el doble porque sus ingresos se dupliquen. Su organismo no lo toleraría. No existe proporcionalidad constante entre la renta y el consumo de algunos bienes no duraderos.

Tratándose de bienes de consumo duradero también existen límites al consumo. Los incrementos de renta se podrían destinarse a adquirir mejor mobiliario y enseres, o ropa más cara, pero estos gastos tendrían carácter esporádico. Además, el espacio físico donde se habita es limitado y para muchos bienes no cabe la repetición en el consumo. Nadie desea tener varias lavadoras u hornos de microondas en la cocina de su casa. Los excedentes de renta se podrían canalizar a viajar, a visitar museos, acudir a conciertos o ser invertidos en títulos valores.

A medida que la renta aumenta, la utilidad o beneficios que proporciona continuar adquiriendo bienes disminuye. El ritmo de crecimiento en la adquisición de bienes llegaría en una situación límite a detenerse, porque la utilidad adicional de su consumo se anularía. Es decir, seguir comprando ya no reportaría ninguna ventaja o beneficio para el consumidor.

Sin embargo, esa sería una situación extrema. Lo más razonable es suponer que los consumidores dediquen fracciones progresivamente más elevadas de sus incrementos de renta a consumir servicios, sin que olviden la adquisición de bienes.

Dicho en términos económicos: la propensión al consumo de servicios crece con los aumentos de renta, mientras que propensión al consumo de bienes disminuye, sin que forzosamente tenga que llegar a anularse.

C. *Desarrollo del Estado del Bienestar*

Los Estados y las Administraciones intervienen en la economía de los países ofreciendo prestaciones sociales, como servicios de asistencia médica, residencias para personas mayores, actividades educativas e investigadoras, entretenimiento, cultura, extinción de incendios, transportes, comunicaciones, policía, limpieza, etc. El crecimiento y desarrollo económico generan una tendencia al aumento de los gastos sociales y de los servicios que aparejan, al menos en la mayoría de los países.

D. *Globalización de la economía*

Las empresas se localizan allí donde encuentren ventajas competitivas derivadas de un entorno legal más favorable, una mano de obra más cualificada o más barata, un transporte más rápido o económico, una mejor red de distribución, o unos costes finales de producción más bajos.

Los hornos de microondas de fabricantes europeos incorporan magnetrones fabricados por Toshiba en Japón, principalmente. AEG los fabrica en Francia para después reexportarlos al resto del mundo. Algunos modelos de Volvo, fabricante de automóviles sueco, se construyen en Holanda y montan motores Renault, importados de Francia.

Muchas grandes empresas actúan en mercados globales y ello genera una gran demanda de servicios, como información sobre legislación extranjera, precios de las divisas o cotizaciones de títulos y mercancías en los mercados internacionales, y servicios, como comunicaciones, transferencias monetarias, transportes de materias primas o de productos ya manufacturados, investigaciones comerciales, estudios o análisis económicos, etc.

E. *Diferencias de productividad entre sectores*

Los economistas explican la terciarización de la economía –especialmente la utilización que hace de la mano de obra– basándose en las diferencias de productividad entre sectores económicos, derivada de los avances tecnológicos.

Sostienen que la productividad del trabajo en las actividades industriales es mayor que la encontrada en el sector servicios. La razón de este comportamiento la explica el desarrollo tecnológico –que afecta de forma especial a la industria de transformación– que permite producir mayores cantidades de bienes cada vez con menor necesidad de mano de obra y en menos tiempo.

Por ejemplo, la tecnología empleada a principios de siglo en mecanizar la carcasa de la caja de cambios de un coche exigía 17 minutos de trabajo a una persona medianamente cualificada. Hoy en día la robotización permite hacerlo en cinco segundos. La tecnología actual mecaniza 204 carcasas en diecisiete minutos. Esto significa que las empresas industriales necesitan menos mano de obra, incluso para producir cantidades elevadas de producto final y, consecuentemente, el valor de la producción por trabajador también aumenta.

En general, la prestación de servicios necesita menos inversiones de capital que la producción de bienes. Esto también explica que la productividad de los servicios crezca menos que la de los bienes. Por otra parte, el componente humano en la prestación de servicios es fundamental y las personas son difícilmente sustituíbles por máquinas en el desarrollo de muchas actividades.

Las tecnologías necesarias para la prestación de servicios –salvo que el servicio se base en ellas– no son, generalmente, tan costosas como las industriales. Para proporcionar un servicio de asesoramiento legal, para instalar una peluquería o un taller de reparación de automóviles, por ejemplo, no hace falta ninguna tecnología forzosamente cara, que pueda quedar anticuada pronto.

El desarrollo tecnológico libera excedentes de mano de obra industrial que encuentra empleo en el sector servicios. No debe entenderse que los servicios destruyan empleo en el sector industrial, o que absorban de continuo excedentes industriales a medida que las empresas quiebren; es decir, que el fracaso industrial sea la causa de una terciarización de la economía, sino que las expectativas de generación de empleo son mayores en el sector terciario por simples razones técnicas o tecnológicas.

El empleo de mano de obra en el sector servicios tiene carácter extensivo pues la posibilidad de su sustitución por tecnologías o bienes de equipo es más difícil. Por el contrario, el sector secundario genera menos empleo, como consecuencia de la sofisticación tecnológica. Una planta siderúrgica avanzada emplea, en la actualidad, la décima parte de la plantilla que era necesaria en los años 60. Unos grandes almacenes como El Corte Inglés, o una compañía aérea, como Air France o Alitalia, mantienen sus plantillas e incluso las incrementan para mejorar la calidad de sus servicios a los clientes. Las personas resultan esenciales en la prestación de servicios.

Si la productividad del sector servicios es menor que la industrial y se observa que la contribución al PIB crece, es obvio que ello es debido a la elevada generación de empleo en el sector terciario. Consecuentemente, cabe esperar una fuerte correlación, en el mismo sentido, entre el desarrollo tecnológico y el crecimiento del empleo en los servicios en las economías.

Debe añadirse, además, que la mano de obra empleada en el sector de producción suele encontrarse más especializada y es menos transferible que la del sector terciario. Un técnico en mecanizar piezas con máquinas de control numérico es un trabajador muy especializado. Costará un gran esfuerzo y tiempo hacerle un experto en electrónica; tal vez nunca se consiga. Por el contrario, un empleado de ventanilla en una entidad bancaria sería fácilmente convertible en vendedor de billetes de avión en una terminal de aeropuerto.

El empleo en el sector servicios es, generalmente, más estable que en la industria. Dejando de lado las variaciones estacionales de algún sector como el del turismo, las razones pueden ser diversas. Una de ellas es debida a la presencia del sector público en actividades como educación, sanidad, transportes, comunicaciones, etc. que resisten mejor las situaciones coyunturales adversas, a pesar de algún recorte presupuestario. En fases económicas recesivas el sector servicios recoge excedentes de mano de obra industrial. En España ha sido frecuente que trabajadores en desempleo, procedentes de sectores en reconversión, hayan puesto en funcionamiento bares o pequeñas tiendas de alimentación.

Finalmente, el valor añadido de los servicios es mayor que en los bienes industriales. El precio que cobra un abogado por una consulta es casi todo valor añadido. En los bienes se pagan las materias primas, el trabajo, el consumo de los equipos necesarios para producirlos, la energía consumida y otros costes, así como un margen de beneficio. Los precios pueden ser mayores en los bienes, pero el porcentaje que representa el valor añadido sobre el precio final es mayor en los servicios.

F. Exigencias de capital y de dimensión empresarial

La inversión mínima necesaria en instalaciones industriales es generalmente más elevada que la exigida en el sector servicios. La cantidad de recursos financieros inmovilizados por trabajador es mayor en las actividades productivas que en las de servicios. Aparentemente y desde una perspectiva exclusivamente financiera, parece más factible la creación de empresas de servicios. Sin embargo, algunas empresas de servicios necesitan realizar inversiones muy elevadas, como sucede con las compañías aéreas o las cadenas hoteleras.

La empresa industrial se enfrenta al problema de una dimensión mínima que permita desarrollar su actividad con costes soportables. Un abogado puede prestar servicios de asesoramiento desde su propio domicilio. Le bastan sus conocimientos, sus textos de consulta, un teléfono y disponer de una habitación para recibir a sus clientes. Si deseara hacer crecer su empresa podría asociarse con otro abogado y comprar o alquilar un local. Su empresa puede crecer con incrementos marginales de dimensión pequeños. Sin embargo, actuando así podría llegar crear una organización de asesoramiento legal de dimensión nacional o internacional, como Arthur Andersen o Price Waterhouse, y tener cientos o miles de empleados.

Por el contrario, la dimensión mínima de partida de las empresas industriales viene determinada por patrones técnicos, que no son perfectamente divisibles. La tecnología impone una dimensión mínima de empresa que condiciona la inversión inicial.

Por ejemplo, una máquina que extrusione plástico para fabricar botellas para envasar leche puede que sólo sea rentable a partir de 300.000 unidades diarias. Una central lechera que envasara 200.000 litros/día obtendría pérdidas con su utilización, debida a la subactividad, salvo que produjera y vendiera 100.000 envases a otra central. Podría argumentarse que la central lechera debería comprar una máquina que permitiera producir 200.000 envases diarios. Es posible que esa máquina no exista, porque las tecnologías no generan bienes que sean muy divisibles. Las empresas industriales se enfrentan con frecuencia a problemas de sobrecapacidad instalada o de infracapacidad.

En general, las necesidades de inversión en el sector servicios no son tan cuantiosas como las exigidas por la producción de bienes, son más fraccionables, más fácilmente incrementables, no existen dimensiones mínimas tan estrictas, ni las tecnologías son forzosamente tan caras. Consecuentemente, parece más sencillo crear una empresa de servicios que una industrial.

G. Economías de escala

Cuando una empresa es pequeña, las funciones de dirección; planificación, organización, decisión y control pueden recaer en una misma persona, o en un grupo reducido de ellas. Las funciones de empresa; financiación, producción, marketing y gestión de recursos humanos también pueden recaer en una o varias personas, no muchas. Sin embargo, las unidades de gran dimensión no realizan todas las funciones de empresa por ellas mismas, por razones de especialización o eficiencia y economías de escala.

Algunas empresas transformadoras no poseen almacenes para albergar su producción ni se preocupan por los aspectos logísticos. Encargan estas tareas a empresas especializadas. Otras veces los vehículos que emplean son alquilados. Les resulta más gravoso comprarlos, mantenerlos y pagar conductores que alquilarlos. Son muy pocas las empresas que distribuyen sus productos en sus propios establecimientos, por razones de eficiencia en el canal. Lo hacen mejor y con menor coste los intermediarios. Los fabricantes de automóviles subcontratan a especialistas la producción de accesorios, como ventiladores o sistemas de iluminación y conjuntos incorporables, como suspensiones o sistemas de frenado, que posteriormente ensamblan en sus coches.

Es frecuente que las empresas grandes demanden servicios de inspección y verificación contable, asesoramiento legal, análisis económico, investigación comercial, limpieza, transporte, seguridad, mantenimiento de instalaciones o consultoría.

Las empresas encargan a terceros estas tareas debido a las ventajas que se derivan de la especialización del trabajo propia y ajena. No hacerlo sería cargarse con una estructura compleja y poco flexible, que afectaría negativamente a la productividad derivada del alto grado de especialización. Las empresas tendrían más mano de obra contratada, que debería ser formada, remunerada, motivada y controlada. Ello complicaría la gestión de los recursos humanos, incrementaría los costes de estructura, elevaría el punto muerto de la empresa y reduciría el margen neto de la explotación.

En muchas ocasiones es más rentable subcontratar los servicios que desarrollarlos internamente, por razones de especialización, o sencillamente, porque vayan a ser utilizados sólo con carácter esporádico, como puede ser el caso de los estudios de mercado o la auditoría anual de cuentas.

Las dificultades de adaptación para conseguir la autosatisfacción de todas las necesidades, por una parte, y su inconveniencia, por razones económicas, de organización y control, por otra, explican que se acuda a terceros para obtener determinados servicios.

H. Estrategia empresarial

Las empresas productoras de bienes también crean servicios, porque mediante ellos pueden generar ventajas competitivas y conseguir posicionarse en el mercado. Tratándose de algunos productos, como coches o electrodomésticos, las diferencias materiales de los bienes en sí mismos son casi inexistentes. Los servicios adicionales, y diferenciadores, pueden adquirir diversas formas. Generalmente son instalaciones de los productos, mantenimiento gratuito, extensiones de las garantías y asesoramiento. Es fácil encontrar ejemplos.

Los fabricantes de coches japoneses ofrecen garantías totales de mayor duración que sus competidores en Europa. Mercedes Benz regala el mantenimiento de sus furgonetas durante un año, e incluso el consumo de combustible. Singer regala a los compradores de sus máquinas de coser un curso de corte y bordado. Nestlé, Carbonell o Gallo, entre otras empresas, proporcionan a los compradores de sus productos un servicio de asesoramiento, en materia de nutrición, por correo o telefónico.

I. Crecimiento empresarial

Las empresas pueden crecer de forma intensiva, desarrollando oportunidades dentro de las actividades actuales; extensiva, adquiriendo proveedores, distribuidores o competidores; y diversificada buscando actividades distintas de las actuales. Algunas empresas pueden encontrar frenos a su expansión cuando tratan de crecer de forma intensiva o extensiva.

Un productor de refrescos podría crecer de forma intensiva creando una nueva bebida. Crecería de forma extensiva si adquiriera cultivos de los frutos y plantas que necesita para elaborar sus refrescos. A veces no es posible crecer de forma intensiva o extensiva. Tal vez el mercado no desee un producto nuevo. El crecimiento extensivo podría verse frenado por falta de recursos financieros para materializar las adquisiciones, o porque existan acuerdos de defensa de la competencia.

El crecimiento diversificado puede ser una estrategia adecuada para empresas con dificultades de crecimiento intensivo o extensivo. Además, ese crecimiento diversificado podría conseguirse mediante la prestación de servicios, que serían los «nuevos productos».

Algunas empresas están actuando en este sentido. Por ejemplo, Singer se está introduciendo en el mercado de la educación preescolar, porque no encuentra posibilidades de crecimiento en el mercado de las máquinas de coser, con nuevos productos. Las amas de casa ya no cosen, porque no tienen tiempo, ya que pueden trabajar fuera de ella, porque desean hacer otras cosas más interesantes, o prefieren comprarse la ropa ya confeccionada. En todo el mundo ha disminuído la venta de máquinas de coser. Singer tampoco puede crecer de forma extensiva: no puede adquirir proveedores, por razones de defensa de la competencia según las leyes estadounidenses, ni conseguir más distribuidores, pues ella misma comercializa sus propios productos en sus propias tiendas.

Algunos laboratorios farmacéuticos han diseñado programas de medicina preventiva que se ofrecen a empresas industriales. IBM no sólo vende equipos informáticos y *software*, sino también ha creado un servicio de ayuda a sus clientes, el *helpware*. Coca Cola ha creado programas de educación multimedia. Fabricantes como Chicco y Prenatal acabarán, previsiblemente, ofreciendo programas de orientación escolar, además de sus productos habituales para niños y mujeres embarazadas, debido a la caída de las tasas de natalidad y a la intensificación de la competencia. Fácilmente se aprecia que la oferta de servicios puede ser una estrategia de crecimiento empresarial diversificado.

7.2. Factores demográficos

A. Incremento de la esperanza de vida

A principios del siglo XX la esperanza de vida era de cincuenta años, aproximadamente, en las economías más desarrolladas. En la actualidad las expectativas de vida se han incrementado en unos veinticinco años por término medio.

Una mayor esperanza de vida ha contribuído a la expansión de los servicios, especialmente los relativos a la salud y al ocio. Una vida más larga ha desarrollado y modificado la demanda de asistencia médica, especialmente, la relacionada con algunas enfermedades ligadas a la vejez. También ha aumentado la demanda de la atención a personas mayores, como residencias, asistencia a domicilio, viajes, otros servicios sociales y programas y actividades orientadas a llenar el tiempo libre.

7.3. Factores sociológicos y sociales

B. Más tiempo libre

Como consecuencia de los avances tecnológicos, la mejora de las técnicas de la gestión empresarial y de los logros sociales, disfrutamos cada vez de más tiempo libre. La progresivamente más alta productividad de los equipos industriales permite obtener mayores cantidades de bienes, de más calidad, empleando para ello menos tiempo. Las técnicas de planificación y organización empresarial racionalizan el trabajo y también incrementan la productividad y liberan tiempo.

Estos factores permiten acortar la jornada laboral. Además de las razones técnicas o económicas, la presión de los movimientos sindicales ha sido una fuerza motriz de primer orden que ha conseguido la reducción de la jornada laboral de noventiséis horas semanales, hace escasamente un siglo, a cuarenta, e incluso menos, además de poder disfrutar de vacaciones pagadas.

El mayor tiempo libre debe ser llenado y hacerlo genera una demanda de servicios. Turismo, música, visitas a museos, teatro, asistencia a cursos de idiomas, etc. son formas inteligentes de aprovechar el tiempo. Ha surgido una preocupación por el ocio inteligente captada tanto por las empresas como por los poderes públicos que se ha materializado, en el segundo caso, en políticas culturales, muy relacionadas con la prestación de servicios.

B. Urbanización y complejidad de la vida moderna

El grado de urbanización de una sociedad condiciona la estructura de consumo y la producción de servicios, especialmente el transporte, la distribución de bienes y otros derivados de una población concentrada.

Hasta no hace mucho tiempo las personas raras veces se desplazaban, o si lo hacían no se alejaban mucho de sus asentamientos. Eran propietarios de sus casas, o tierras, y todos sus vecinos lo sabían. No hacían falta papeles para demostrarlo. Si poseían dinero lo guardaban, oculto, en sus casas. Si tenían que dar algún mensaje, o entregar algún objeto, se desplazaban hasta donde debían hacerlo. Si trabajaban en el campo no necesitaban hacer ejercicio físico adicional. Cuando morían legaban a sus herederos sus bienes, sin mayores complicaciones. Cada cual se prestaba muchos servicios a sí mismo.

En nuestra sociedad para demostrar que somos propietarios de nuestras viviendas tenemos que poseer una escritura pública que lo acredite, depositamos nuestro dinero en entidades financieras, necesitamos haber aprendido a conducir o empleamos un transporte público para desplazarnos. Para comunicarnos precisamos teléfonos o servicios de mensajería. El legado de los patrimonios a los descendientes supone pagar impuestos y necesitamos que alguien nos asesore cómo hacer la declaración de la renta de la forma más ventajosa. En nuestra sociedad necesitamos notarios, entidades financieras, transportes, médicos, llamadas telefónicas, asesores económicos, legales y fiscales, mecánicos, taxistas, carteros, peluquerías... La complejidad de la forma actual de vida es causa de una demanda progresiva de nuevos y más sofisticados servicios.

C. Incremento de la población activa femenina

Parte de las actividades desarrolladas por el ama de casa tradicional, o a ella atribuídas, se abandonan, por lo menos parcialmente, cuando la mujer trabaja fuera de su domicilio. Ello genera una demanda de nuevos servicios. El cuidado de los hijos, al menos su vigilancia durante el horario laboral, la preparación de la comida o la limpieza doméstica son tareas encomendadas a otras personas. Así, surgen guarderías, personas que llevan los niños a los colegios o se emplean en los hogares, empresas que limpian alfombras, ropas, cristales o llevan comidas preparadas a domicilio.

D. Mejora de la calidad de vida

En la actualidad el tamaño de las familias ha disminuído. Esta circunstancia unida al hecho del trabajo de la mujer fuera de casa ha generado hogares con ingresos duales que permiten obtener unos excedentes de renta cuyo destino es el consumo de servicios, tal como se ha expuesto antes.

E. Nuevos valores sociales

Los cambios culturales generan una demanda de nuevos servicios. Dentro de los valores sociales actuales destacan dos, principalmente, por su impacto en la demanda de servicios; preocupación por la ecología y por la estética. La conservación medioambiental ha generado nuevos servicios o potenciado otros.

Entre los primeros destaca la necesidad de recogida de residuos para ser eliminados o reciclados. Esos residuos son productos químicos, aceites de motor, papel, cartón, latas de todo tipo, envases de vidrio o pilas. Se han creado empresas especializadas en su transporte hasta las plantas de reciclado o vertederos selectivos.

También, la preocupación por el medio ambiente ha incrementado la demanda de servicio de transportes colectivos. El deseo de poseer un cuerpo más bello y sano explica la proliferación de gimnasios y centros de estética.

7.4. Factores técnicos

A. Aumento de la complejidad de los productos

Una de las características etnográficas y antropológicas de las sociedades menos tecnificadas es su tendencia a la autosuficiencia. Cada persona es capaz de satisfacer todas sus necesidades, si bien es cierto que en ellas también puede haber especialización en algunas tareas colectivas.

En nuestra sociedad poseemos productos complejos, cuya utilización requiere un proceso de aprendizaje que no es corto, y que supone una demanda de servicios de formación. Tal es el caso de los coches o de los ordenadores. Difícilmente una persona sola puede aprender a conducir –sin riesgos para el coche– o a sacarle todo el partido posible a su ordenador. Necesita que alguien le enseñe a conducir, preferiblemente un profesor de autoescuela, o recibir formación para aprender a manejar un procesador de textos, una base de datos o un paquete estadístico.

B. Incremento de nuevos productos

Constantemente las empresas lanzan al mercado nuevos bienes modificados o mejorados. Algunos no plantean problemas de uso a los consumidores, como puede ser el caso de los coches, cuyo manejo apenas ha experimentado modificaciones desde su invención. Otros bienes, nuevos o mejorados, requieren procesos de aprendizaje –y generan demanda de servicios de formación– como los lenguajes de programación de ordenadores que sustituyen a otros menos potentes o perfeccionados, los escáners de uso médico, las redes informáticas, la máquina herramienta sofisticada, etc. En la actualidad es necesario contar con formadores para poder emplear satisfactoriamente muchos bienes o servicios.

C. La tecnología

La prestación de determinados servicios sólo es factible gracias al desarrollo tecnológico. Obviamente, el transporte aéreo sólo es posible porque se inventó el avión. Las entidades financieras atienden a sus clientes fuera de horarios comerciales mediante cajeros automáticos o mediante redes informáticas. Muchos fabricantes ofrecen *E-mail* para que los consumidores hagan sus consultas y tienen páginas en Internet.

Las compañías aéreas facilitan sus billetes con máquinas parecidas a cajeros automáticos. Algunas empresas han informatizado sus almacenes y atienden los pedidos mediante comunicación vía *modems*. En Francia, la red Minitel permite a sus usuarios disponer de información como la que puede encontrarse en la guía de teléfonos y en revistas similares a las guías de ocio.

Estos servicios no podrían prestarse si no se hubieran desarrollado tecnologías como la informática, los sistemas expertos, la fibra óptica o las comunicaciones por vía satélite. El desarrollo tecnológico en estas áreas, que se antoja imparable, nos permitirá contar en el futuro con nuevos servicios, algunos ya conocidos o en estado larvario, especialmente relacionados con las comunicaciones, como redes informáticas, accesos a bancos de datos, posibilidad de realizar todo tipo de operaciones de compra o venta de bienes y servicios por ordenador, reservar viajes, alquilar coches, pagar impuestos o contactar con otras personas.

La tecnología ofrece grandes posibilidades para prestar servicios o mejorarlos. Un banco puede ampliar su horario de atención al público gracias a los cajeros automáticos o permitir realizar operaciones financieras por teléfono. Los establecimientos comerciales emplean escáners para facturar a sus clientes y terminales en el punto de venta (TPV) para facilitar los pagos. Los ordenadores también sirven para hacer de reservas de vuelos en cualquier parte del mundo. Gracias a la informática las empresas de estudios de mercado pueden desarrollar investigaciones de mayor calidad, empleando paquetes estadísticos más sofisticados, o mejorar sus presentaciones. Los hospitales pueden hacer electrocardiogramas a sus pacientes mediante unos aparatos que se acoplan a los teléfonos. Las entidades financieras suministran de forma inmediata los saldos y movimientos de cuenta de sus clientes o realizan transferencias instantáneas.

La tecnología ayuda a que los consumidores se impliquen más en el consumo de servicios, pues permite desarrollar sistemas de autoservicio, como los cajeros automáticos, los surtidores de gasolina *selfservice*, los túneles lavacoches o las máquinas que expiden billetes en los aeropuertos.

También contribuye a mejorar la calidad de los servicios. Las bases de datos permiten conocer a los clientes, hacer un seguimiento de sus gustos o de sus quejas y del modo en que se satisfacen. Los teléfonos 900 facilitan las consultas gratuitas y las reclamaciones. Los teléfonos *hot line* permiten una atención continuada a los clientes.

Finalmente, el ritmo del progreso tecnológico es, incluso, un factor que también contribuye al desarrollo de los servicios. Algunas tecnologías quedan rápidamente obsoletas, como las informáticas. La arquitectura de los ordenadores evoluciona muy rápidamente, y ello genera obsolescencia funcional y riesgo económico para los consumidores, que temen adquirir equipos caros que pronto se verán superados.

El *leasing* o alquiler con opción de compra es una solución muy empleada por aquellas empresas que necesitan emplear tecnologías cambiantes. Ese alquiler es, en definitiva, un servicio generado por un desarrollo tecnológico acelerado.

7.5. Factores legales

La desregulación y la privatización de industrial públicas es un fenómeno que se aprecia en muchos sectores económicos. Bancos, empresas aéreas o empresas distribuidoras de combustibles, entre otras, han observado cómo en los últimos años el marco jurídico que regulaba su actividad se ha resquebrajado. En el año 1981 se liberalizó el sistema financiero español. Antes, en España, Iberia (y sus filiales), CLH o Telefónica eran monopolistas de los bienes o servicios que proporcionaban. Pero hoy estos mercados se han desregulado y han desaparecido los monopolios. Esta situación propicia el desarrollo de nuevos servicios, pues estimula la competitividad.

Las consecuencias de la desregulación son una fuerza motriz para el desarrollo de nuevos servicios o su perfeccionamiento. La primera consecuencia es que posibilita entrar en los mercados. La desregulación estimula la competencia. En España, hoy en día, pueden operar distintos transportistas aéreos, además de Iberia; Air Europa o Air Nostrum, son un ejemplo. Podemos comprar teléfonos Sony, Panasonic, Siemens o Motorola, además de los modelos de Telefónica; adquirir gasolina Avanti, Total, Agip o BP además de combustibles CLH.

Además de diferenciar la oferta, la desregulación beneficia a los consumidores porque se fomenta la **competencia de precios**. Basta comparar algunas tarifas de Iberia con las de Air Europa en trayectos similares. Aún más importante puede ser que como consecuencia de la desregulación se incentive el desarrollo, la especialización o la diferenciación de servicios.

Si bien una consecuencia inmediata de la desregulación puede ser la competencia de precios, a largo plazo esta estrategia no suele perdurar, y las empresas deben desarrollar otras estrategias competitivas, frecuentemente basadas en la **mejora de la prestación del servicio**. Una compañía aérea, que hubiera perdido su poder de monopolio, podría recuperar cuota de mercado acercando a los pasajeros hasta los núcleos urbanos, mejorando su puntualidad, llevando los equipajes al domicilio de los pasajeros o a sus hoteles, o proporcionando comunicación telefónica en los aviones para que los pasajeros pudieran comunicar retrasos, o cambios de destino por razones de tráfico aéreo, es decir mejorando el proceso de prestación del servicio o desarrollando otros nuevos, desconocidos hasta el momento. En la actualidad, Iberia reparte los billetes a domicilio, expide la tarjeta de embarque en el momento de hacer la reserva y permite elegir asiento.

Un distribuidor de combustible podría competir con las empresas que hubieran entrado en su sector, admitiendo más medios de pago que los actuales, o permitiendo el pago aplazado, ampliando su horario de suministro, en lugar de cerrar entre las 23 pm y las 7 am o prestando algún servicio adicional, como reparación de pinchazos al momento, comprobación de los niveles de aceite, circuito de refrigeración y de la batería de los coches, o limpiando sus cristales eficazmente, especialmente en verano.

Los empleados de un banco podrían desplazarse hasta al domicilio de los clientes para atenderles, incluso en días festivos, en asuntos como la apertura de una cuenta o la formalización de un préstamo, actos que requieren una firma. Ante la pérdida de su poder de monopolio Telefónica instala los equipos en un plazo de tiempo más cortos que antes y repara las averías incluso en días festivos.

En resumen, la **desregulación supone un incentivo** para desarrollar, mejorar o diferenciar los servicios, beneficiando a los consumidores.

Finalmente, la modificación de los códigos deontológicos profesionales es una causa que también contribuye al desarrollo de los servicios. En otros países los abogados o los médicos aplican técnicas de marketing para desarrollar su actividad. Realizan actividades de promoción y acuden a los medios masivos para comunicarse con el mercado. Algunos hospitales hacen ofertas de operaciones de cirugía plástica no reparadora, cuando por razones estacionales encuentran exceso de camas. Así, es posible arreglarse la nariz o hacerse un *lifting* en vacaciones con un descuento del 10 ó 15% sobre las tarifas normales aplicadas durante el resto del año.

En España los Colegios Profesionales aún no autorizan que arquitectos, ingenieros, médicos o abogados promocionen sus servicios y apliquen técnicas de marketing para desarrollar su actividad. Pero todo es cuestión de tiempo.

8. RESUMEN

En este capítulo se han definido los conceptos de bien y de servicio, ambos consecuencias de actividades de transformación. El modelo molecular de Shostack ayuda a diferenciar y a comprender la naturaleza de los productos, bienes (tangibles) y servicios (intangibles).

Los servicios se han clasificado atendiendo a su naturaleza, el sector de actividad donde se encuadran, su función y según la contabilidad pública y también es válida para ellos el enfoque según el comportamiento del consumidor

Se han expuesto también sus características; intangibilidad, inseparabilidad, heterogeneidad, carácter perecedero y ausencia de propiedad. Estas características resultan básicas para desarrollar estrategias específicas de marketing para los servicios. También se han expuesto las dimensiones de aquéllos atendiendo al objeto del servicio; grado de vinculación de sus receptores con las empresas; participación del consumidor en el diseño del servicio; relación de equilibrio entre la oferta y la demanda de los servicios; cómo se distribuyen éstos; cuánto duran sus beneficios y qué relaciones de dominancia y continuidad se crean.

Se ha ilustrado con cifras la evolución del peso de los servicios en España desde los puntos de vista de su contribución al PIB y la mano de obra que emplean. También se han analizado los factores que explican el desarrollo de los servicios en las economías más desarrolladas que son de naturaleza económica como el incremento de la riqueza, cambios en la demanda, desarrollo del estado del bienestar, globalización de la economía, diferente productividad entre sectores, exigencias de capital y de dimensión empresarial, estrategias de crecimiento empresarial.

Los factores demográficos, sociológicos y sociales se resumen en un incremento de la esperanza de vida, mayor tiempo de ocio, urbanización y complejidad de la vida moderna, incremento de la población activa femenina, mejora en la calidad de vida y nuevos valores sociales.

Por último, los factores técnicos que explican el desarrollo de los servicios son el aumento de la complejidad de los productos y sus constantes lanzamientos al mercado, el desarrollo tecnológico. No debe olvidarse que la desregulación y la alteración de los códigos deontológicos profesionales estimula la creación, modificación y mejora de los servicios.

CAPÍTULO II

IMPLANTACIÓN DEL MARKETING EN LAS EMPRESAS DE SERVICIOS

1. INTRODUCCIÓN

Uno de los errores de marketing que se cita con mayor frecuencia es el fracaso de las empresas de servicios que han adoptado los esquemas de funcionamiento de marketing de organizaciones productoras de bienes. Las empresas de servicios difieren en muchos aspectos de estas últimas.

El objetivo de este capítulo es resaltar las características distintivas de las empresas de servicios que exigen la implantación de un marketing diferente, exponer P's adicionales de *mix* de marketing que debe adoptarse por las empresas de servicios; sintetizar las principales causas que justifican las dificultades de adopción de los principios de marketing en las empresas de servicios; y tratar de identificar los factores clave –cambios de cultura, marketing interno, de relaciones y diseño de la organización empresarial– para implantarlos con éxito.

2. EN QUÉ SE DIFERENCIAN LAS EMPRESAS DE BIENES DE LAS DE SERVICIOS

Existen una serie de diferencias fundamentales entre las empresas que producen bienes y las que suministran servicios. Según Lovelock (1981b) y Shaw (1991) esas diferencias pueden derivar de la propia naturaleza de los productos o depender de factores competitivos. Para estos autores no procede aplicar los conceptos generales de planificación de marketing al marketing de los servicios. Los puntos de divergencia son, a su juicio, los siguientes.

2.1. Estandarización

Esta palabra debe entenderse como sinónimo de homogeneización. Una empresa productora de bienes puede crearlos todos idénticos y con la misma calidad. Los bienes son fácilmente estandarizables, pues se producen empleando alguna **tecnología**, que mejora los costes de producción, y esto, indudablemente, repercute positivamente en los consumidores.

La estandarización de los servicios es más difícil, pues conseguirlo supone homogeneizar el comportamiento de las personas que los proporcionan. Cada servicio prestado podría ser considerado como un acto único e irrepetible. Estandarizar un servicio supone, en general, olvidarse del consumidor y de sus preferencias, o de sus necesidades, y no parece que sea una estrategia aconsejable.

Pensemos en tratamientos de belleza, en campañas publicitarias, auditoría de cuentas, asesoramiento fiscal o en cirugía estética. Es evidente que todas las personas no pueden ser tratadas por igual. Seguramente, estandarizar un servicio sea hacerle poco deseable para algunos de sus potenciales consumidores. Sin embargo, otra cosa bien distinta es homogeneizar la forma en que se presta el servicio –por ejemplo, la forma en que son atendidos los clientes en un banco, en un establecimiento de una cadena hotelera o por una empresa de mudanzas– deseable para que los consumidores no perciban diferencias de calidad cada vez que lo reciben.

El efecto de la estandarización –o su ausencia– sobre los consumidores guarda relación con el riesgo percibido, o temor a no acertar con la elección. Cuanto más estandarizado esté un producto menor será ese riesgo. Puede proponerse que, *a priori*, el riesgo percibido de los bienes suele ser menor que el de los servicios.

2.2. Costes y precios

Las empresas productoras de bienes pueden calcular los costes con relativa facilidad. Los bienes incorporan materias primas, mano de obra directa, amortización de elementos de producción y otras cargas directas. La **contabilidad analítica** sirve para presupuestar costes y valorar desviaciones, en cantidad, en precio o ambas simultáneamente.

Conocidos los costes la fijación del precio es inmediata. Generalmente, se aplica un margen bruto –un porcentaje– sobre aquéllos, que permita absorber las cargas fijas de la empresa, es decir, las no ligadas con la actividad transformadora, como seguros, sueldos de personal administrativo o impuestos, y que proporcione un beneficio o margen neto de explotación.

Cuando se trata de poner precios a los bienes el analista se desenvuelve en un entorno de valoraciones tangibles, como son los consumos de materiales o de energía. Por otra parte, la estandarización de los bienes facilita los cálculos de costes. Todos los bienes de una misma categoría incorporan los mismos materiales, mano de obra y otras cargas directas, y dentro de una misma unidad de explotación cuestan lo mismo.

Así como la contabilidad analítica calcula eficazmente los costes de los bienes, no ha demostrado ser de gran utilidad cuando se trata de valorar el *coste de producción de los servicios*, precisamente porque las dificultades de estandarización de éstos.

Pensemos en el coste de producción de un asesoramiento legal. Un abogado puede tardar una hora en recibir, atender y proporcionar un consejo a un cliente. Con otra persona, con idéntica problemática, puede que tarde quince minutos o dos horas, dependiendo de la capacidad de expresión o de comprensión del cliente. Este abogado encuentra serias dificultades para determinar el tiempo estándar de una consulta, porque sobre él inciden muchas circunstancias

El precio de un servicio guarda una estrecha relación con la **calidad percibida** en su prestación. No importaría mucho pagar una cantidad elevada a un abogado si su consejo resolviera un problema grave. Lo mismo puede decirse de los honorarios de un cirujano plástico que elimina definitivamente una imperfección física que crea complejos a una persona. En los servicios el precio tiene una componente de percepción subjetiva más importante que en los bienes. Con éstos es más fácil ser objetivo a la hora de valorarlos, debido a su base tangible.

Más adelante se tratará específicamente la fijación de precios de los servicios, pero se puede adelantar que su cuantificación debe hacerse estimando una cantidad razonable que pueda pagar el mercado. El proveedor del servicio deberá ingeniárselas para suministrarlo de forma que pueda obtener un margen. Los precios de los bienes se estiman a partir de los costes, pero **los costes de los servicios** se adaptan o se limitan a partir de los **precios asequibles** para el mercado, mediante un proceso de ajuste hacia atrás.

Sucede, además, que los precios de los servicios pueden tener **un componente espacial y temporal**, cosa que no ocurre, en principio, con los bienes. Una cadena hotelera no aplica los mismos precios a establecimientos de igual categoría en poblaciones con distinto nivel de vida. Un dentista con dos consultas en dos barrios con diferente poder adquisitivo no cobra igual precio en ellas por realizar un empaste. Por el contrario, un polo de Lacoste o un Seat Ibiza tienen el mismo precio recomendado en toda España.

La temporalidad de los precios de los servicios se debe a que no se pueden almacenar. Esta característica permite que los precios constituyan un instrumento de control de la demanda. Un hotel los fija distintos según se trate de la semana laboral o del fin de semana. Esta estrategia de precios puede atraer a distintos segmentos de mercado: personas de negocios de lunes a jueves, o turistas de viernes a domingo. Los bienes –salvo descuentos de la naturaleza que sean– cuestan lo mismo siempre. Por unos zapatos se paga la misma cantidad cualquier día de la semana.

En resumen, la fijación de precios de bienes y servicios difiere, y la estimación de costes se hace a la inversa con estos últimos. Los precios de los servicios tienen un componente más subjetivo, ligado a la calidad, y su adecuación espacial y temporal es más acusada que en los bienes. Tratándose de éstos, las estrategias de precios –de introducción, desnatado, desnatado rápido– parecen más adecuadas que para los servicios, aunque también son importantes para ellos. Estas ideas serán tratadas con mayor profundidad en el capítulo 6.

2.3. Productividad

La productividad definida como cantidad de producto por unidad de factor se mide con facilidad cuando se trata de bienes. Basta con dividir la cantidad de producto entre la cantidad de factor necesario –o sus valoraciones monetarias– para su obtención.

Así, se puede obtener la cantidad de bien por Kg de acero, por hora de trabajo necesario o por peseta invertida en un proceso de producción. De esta forma se obtiene la productividad de las materias primas, de la mano de obra o de los capitales invertidos. Si una tecnología permite obtener más cantidad de producto final por unidad de factor –materia prima, mano de obra, o capital– se dice que su productividad es mayor. Si con un Kg de acero se fabrican diez destornilladores, y una tecnología, o mejora de proceso, permite producir doce, se dirá que se ha conseguido incrementar la productividad.

La productividad de los servicios podría cuantificarse de la misma forma que la de los bienes, pero esa medición sería incompleta, porque sólo tendría una dimensión numérica. Si un asesor ha atendido a diez clientes durante un día y otro lo ha hecho con seis, no puede decirse que el primero sea más productivo que el segundo.

Para valorar la productividad de los servicios debe prestarse, además, atención a la **calidad del proceso** de su prestación. Puede que el asesor que atendió a seis clientes haya prestado un servicio de mayor calidad, porque les dedicara más tiempo y se haya interesado más por sus problemas. Quien ha atendido a más personas tal vez haya conseguido diez clientes mal asesorados y mal atendidos y, en consecuencia, insatisfechos.

Unos grandes almacenes pueden emplear la relación ventas por empleado para medir la productividad de sus vendedores, y una entidad financiera podría hacerlo con sus comerciales a través del número de nuevos clientes que consiguen. Ambas empresas deberían, además, tratar de medir el grado de satisfacción de los clientes con los empleados que los atienden, o la tasa de fidelidad al establecimiento, derivada de un trato satisfactorio. Un vendedor puede conseguir más clientes que otro todos los años, pero eso no le convierte en un vendedor más productivo, porque no se sabe si consigue retenerlos como clientes, es decir, fidelizarlos.

Cuando se habla de aumentar productividad de los bienes se hace referencia a procesos o tecnologías que permiten incrementar la cantidad de producto por unidad de factor. La idea de productividad de los servicios guarda relación con la calidad en su prestación, con la forma de mejorar la atención a los clientes. En resumen, la medición de la productividad de los bienes descansa sobre una base tangible, y la de los servicios incorpora, además, elementos intangibles. Además, los consumidores de servicios pueden participar en el proceso de la prestación, reduciendo la necesidad de mano de obra. Esto ocurre en restaurantes en régimen de autoservicio o en gasolineras donde el conductor se sirve el combustible. En el capítulo 8 se profundiza sobre estos conceptos.

2.4. Equilibrio entre oferta y demanda

Las empresas que producen bienes se encuentran con mucha frecuencia con fluctuaciones estacionales en la demanda, como es el caso de los juguetes, los bronceadores, los productos anticelulíticos, el cava, los helados, los turrones o los refrescos. Otras veces la **estacionalidad** proviene del lado de la oferta, como es el caso de las frutas y hortalizas, o pescados, sujetos a ciclos de maduración, recolección o migración naturales.

Las empresas que producen bienes pueden **acumular excedentes** para atender pedidos que superen su capacidad productiva en ese momento. Las empresas constituyen *stocks* para no incurrir en costes de oportunidad por no poder atender a sus clientes. Consiguen mantener un ritmo de actividad aproximadamente constante diversificando su producción. Un fabricante de artículos deportivos producirá esquíes en verano, para venderlos en invierno, y trajes de baño en invierno para ser vendidos en verano. Durante todo el año podrá producir pelotas de tenis o calzado deportivo. Las empresas de cosméticos pueden producir cremas anticelulíticas y bronceadoras, que se venderán cuando se aproxime el verano, y en la estación estival producir filtros solares para esquiadores o protectores labiales para el frío. Durante todo el año fabricarán gel de baño o espumas de afeitar.

El **exceso de capacidad temporal**, consecuencia de comportamientos irregulares de la demanda, genera problemas derivados de la subactividad, exceso de mano de obra empleada y de recursos financieros, que pueden mitigarse diversificando la producción, como el fabricante de artículos deportivos ya mencionado, porque existe un desfase en el tiempo en la generación de bienes y su consumo. Cuando cae la demanda de un producto las empresas producen otro para mantener un nivel de actividad constante.

Planificando adecuadamente la producción, y almacenando excedentes, es posible reducir los efectos de las fluctuaciones estacionales de la demanda y de la oferta sobre las ventas de las empresas, sobre la ocupación de sus instalaciones, la mano de obra que emplean y las necesidades de financiación de los ciclos de explotación.

Los servicios se producen y se consumen al mismo tiempo. No se almacenan. Las camas vacías de un hotel, los asientos sin ocupar de un avión o de un cine, no se pueden trasladar a otro lugar con mayor demanda de estos servicios en ese momento. Las empresas que prevean excesos de oferta de sus servicios deben acudir a **estrategias de precios** y promociones, que se resumen en reducciones de aquéllos para tratar de conseguir estimular la demanda.

Resumiendo, para mitigar los efectos de los excesos de capacidad derivados de fluctuaciones estacionales de la demanda, las estrategias varían según el sector de actividad: los fabricantes de bienes diversifican la producción y los suministradores de servicios recurren a estrategias de precios para atraer a diferentes segmentos de mercado.

2.5. Economías de escala

A medida que aumenta la actividad en las empresas productoras de bienes, los costes fijos medios disminuyen, porque las cargas de estructura se reparten entre un mayor número de unidades terminadas. Los costes variables por unidad de producto se mantienen o disminuyen, porque se obtienen mejores precios de los proveedores de factores productivos. En consecuencia, los costes medios disminuyen, lo que permite reducir los precios. Otra opción es mantenerlos, e incrementar así el margen neto de explotación, o beneficio.

Las empresas productoras de servicios tienen una **estructura de costes** distinta de la de las empresas que crean bienes, pues en ellas los costes fijos son, por lo general, proporcionalmente más altos que en las empresas manufactureras. Estos costes fijos no pueden ser asignados a ningún servicio en concreto, porque los servicios son difícilmente estandarizables.

Un asesor fiscal encontrará serias dificultades para asignar qué fracción de su factura de teléfono, del sueldo de su personal administrativo o del recibo de la luz corresponde a cada consulta de sus clientes. Por el contrario IBM, Renault o Fagor saben cuánto cuesta producir cada uno de sus modelos, precisamente porque su producción se encuentra estandarizada.

Las empresas de servicios a medida que crecen no suelen reducir sus precios. Las razones pueden ser dos. Por una parte, es posible que no sean capaces de saber qué servicios son los causantes del aumento de la actividad y de la rentabilidad. Por otra, para crecer ofreciendo servicios es necesario, generalmente, incurrir en nuevos costes fijos.

Por ejemplo, un abogado debería asociarse con más colegas y contratar más personal administrativo si quisiera atender a más personas, y seguramente necesitaría alquilar o comprar una oficina de mayores dimensiones. Ingresaría más dinero porque atendería a más clientes, pero el aumento de los beneficios lo absorberían los nuevos sueldos, el alquiler de los locales o la amortización del préstamo que pidió, una mayor contribución urbana, gastos de teléfono más elevados, etc. Lo mismo le sucedería a un salón de peluquería, a una empresa de mensajería urgente o de mudanzas, que necesitarían mayores locales, instalaciones, vehículos y personal.

En resumen, las empresas que producen bienes pueden reducir los precios a medida que incrementan la producción – siempre que exista exceso de capacidad –o aumentar su rentabilidad si no los bajan. Las empresas de servicios pueden ver cómo aumenta su rentabilidad a medida que aprovechan al máximo su capacidad– es difícil saber qué servicio es el causante, si fueran varios los que se prestan –pero si tratan de incrementar su dimensión, incurren en nuevas cargas de estructura que pueden absorber los aumentos de los beneficios, salvo que el servicio fuera prestado aplicando una tecnología más productiva.

El crecimiento permite que las empresas industriales sean competitivas en costes y precios, estrategias que no son, *a priori*, tan válidas en el sector servicios, especialmente cuanto más intangibles sean éstos.

2.6. Curva de experiencia

La curva de experiencia supone que los costes de producción se reducen en un determinado porcentaje, variable por sectores y empresas, cuando la producción acumulada se duplica. Así, por ejemplo, un fabricante de electrodomésticos podría ver cómo el coste de fabricar una lavadora se reduce en un 20% cuando su producción acumulada pasa de 1.000.000 a 2.000.000 de unidades. Esto le permitiría bajar sus precios.

Para poder encontrar una curva de experiencia es preciso que los productos se encuentren muy estandarizados, cosa que no sucede con los servicios. Tratándose de éstos la experiencia puede servir para mejorar la atención a los clientes, la calidad del servicio y de su prestación, pues *se aprende haciendo.*

En consecuencia, el efecto de la experiencia puede ser opuesto según se trate de productores de bienes o de servicios. A los primeros les permite bajar los precios, y a los segundos subirlos, porque la mayor calidad supone un mejor servicio y esto permite elevar los precios que se cobren por ellos. En el capítulo 6 se vuelve sobre este concepto y su influencia sobre la fijación de los precios de los servicios.

2.7. Lanzamiento de nuevos productos

Las empresas que lanzan productos a los mercados siguen un proceso secuencial que comienza, a grandes rasgos, con la generación de ideas y su criba, *test* de concepto, análisis de rentabilidad, los ensayos en los mercados de prueba y finalmente, si conviene, el lanzamiento definitivo del producto.

Los bienes son tangibles. Se pueden ver y tocar. En caso de insatisfacción se pueden devolver. Con los servicios no sucede esto. A un espectador no se le devuelve el dinero que pagó por una ver una película que no le gustó.

La creación de servicios básicos es relativamente sencilla y menos costosa que la de productos. Por ejemplo, crear una cuenta corriente es una tarea simple y poco costosa; basta fijar un tipo de interés y ofrecer una tarjeta. Modificarla también es sencillo, y puede conseguirse alterando el tipo de interés o incorporando un seguro.

Diseñar bienes o modificarlos es muy costoso. Crear y alterar los atributos tangibles de un bien supone diseños, inversiones costosas y tiempo. Por ejemplo, Danone gastó muchos millones de francos en producir un yogur más cremoso; fabricar pañuelos de papel plegados supuso a una conocida marca europea una inversión de 8.000 millones de ptas.; rediseñar el Peugeot 405 –tapa del maletero, pilotos, salpicadero, etc.– representó muchos millones de pesetas; cada prototipo de Seat Ibiza que se destruyó al hacer pruebas de seguridad costó más de diez millones de pesetas.

Si se obvia el coste del proceso de innovación, el **riesgo de lanzamiento** de nuevos servicios es mayor que el de lanzar bienes nuevos. La causa radica en el riesgo de pérdida de **confianza** o credibilidad defraudada en caso de fracaso. Un bien que no responde a expectativas se puede rediseñar y el comprador puede comprobar tangiblemente los cambios introducidos. Un comprador de servicios defraudado pierde la confianza en la empresa que los suministra, con el agravante de que no cuenta con una base tangible que le haga cambiar de actitud, aunque los servicios hayan mejorado.

Conseguir recuperar su confianza cuesta más tiempo, y seguramente más dinero, que cuando se trata de bienes. En el capítulo 5 se analizará con más detenimiento el proceso de desarrollo de servicios.

2.8. Barreras de entrada en el mercado

Las empresas desean protegerse de sus competidores y crean barreras para impedir que otros penetren en su sector. Esas barreras pueden ser diversas clases. La más simple es la **legal**, mediante la cual las empresas patentan productos tangibles o bienes. Pero los servicios, por ser intangibles, no se pueden patentar. No se puede impedir que otra empresa ofrezca el mismo servicio. No existen barreras legales que protejan a los servicios de la posible aparición de competidores.

Otras barreras son de naturaleza estratégica. Los productores de bienes crean diversas **marcas** para un mismo producto introduciendo pequeñas modificaciones, como hacen los productores de detergentes, tabaco, aceites para motores, por ejemplo, con objeto de dificultar la penetración de marcas competidoras, porque cuantas más marcas existan en un mercado más difícil es conseguir notoriedad.

Por el contrario, cuando existen pocas marcas en un mercado es más fácil penetrar en él y atacar a la competencia. Cuando Ferrero Roche se introdujo en España sólo se encontró con tres competidores importantes, Trapa, Lindt y Nestlé, en el segmento de mercado en el que pretendía introducirse. En menos de un año consiguió una cuota del 40%. Si hubiera habido más marcas le habría costado más tiempo, o hubiera tenido que invertir más para conseguir notoriedad. Tal vez no hubiera conseguido nunca la cuota que alcanzó. Pero los servicios poseen una característica que dificulta la creación de barreras de entrada, y es que, generalmente, no tienen marca, y es más complejo o costoso crearla.

Otra barrera la constituyen las necesidades de **recursos financieros**, para invertir en activos fijos y circulantes. En algunos sectores de bienes esas necesidades son muy cuantiosas, como en el de automoción, construcción naval o petroquímica. Sin embargo, prestar servicios no exige en muchas ocasiones inversiones elevadas, como son los casos de asesoramiento legal, los de mensajería o el lavado de coches. Otros, incluso, no requieren inversión alguna, como servicios que se prestan en el domicilio de los clientes, como la docencia, el cuidado de niños o el servicio doméstico.

En general, las exigencias de inversión son menores en el sector servicios que en el industrial, y por ello las barreras de entrada en aquél son más débiles. No obstante, existen excepciones, como las compañías aéreas o las cadenas hoteleras, que requieren inmovilizaciones financieras muy elevadas.

A veces las empresas productoras de bienes fijan **precios** bajos para desestimular a posibles futuros competidores, pues la escasa rentabilidad que se obtiene alarga los plazos de recuperación de las inversiones. Esta estrategia puede resultar perjudicial cuando se trata de los servicios, porque los precios absolutos se asocian a la calidad. Un precio bajo podría asociarse a mala calidad.

Puede proponerse que, en general, el establecimiento de barreras de entrada en el sector servicios es más difícil que en el de bienes y que, en caso de conseguirlo, serán más débiles. Marcas, diferenciación de productos y precios son estrategias de marketing para posicionar, crear imagen y competir en un mercado. Claramente, los bienes tienen un panorama más halagüeño a la hora de aplicarlas.

2.9. Dificultad para mantener ventajas competitivas y estructuras de los mercados

La estructura del mercado y el tipo de producto, bien o servicio, influyen en el **posicionamiento** y en su duración. Las empresas de servicios se enfrentan a serias dificultades para mantener ventajas competitivas. Cuando ofrecen servicios básicos es fácil que se produzcan **imitaciones**, como sucedió con las cuentas corrientes con elevada remuneración en España, a finales de los años ochenta. Estamos acostumbrados a que los productos que ofrecen las entidades financieras sean rápidamente imitados por los competidores. Las supercuentas y las guerras de tipos de interés de los préstamos hipotecarios son ejemplos muy representativos de lo que ocurrió hace algún tiempo. Los servicios básicos tienden a ser muy parecidos y ello dificulta el posicionamiento duradero.

Las empresas de bienes pueden diferenciar sus productos basándose en una tecnología sofisticada y conseguir mantener su posicionamiento por precio, calidad o atención a un segmento –o todas estas características simultáneamente– a medio y largo plazo en el mercado.

Los productores de bienes se desenvuelven, frecuentemente, en mercados oligopolísticos; pocos y grandes fabricantes. Las empresas de servicios compiten, por lo general, **en mercados** más parecidos a la **libre concurrencia**, con numerosas empresas de dimensión no muy grande. En España existen unos pocos fabricantes de coches, once productores de detergentes, más de ciento diez entidades financieras y más de 70.000 talleres de reparación de automóviles.

La experiencia ha puesto de relieve que cuando los mercados se encuentran muy fragmentados es más fácil, en teoría, conseguir **diferenciar los servicios**. Pero esta diferenciación y el consiguiente **posicionamiento** tiende a ser efímero, pues el establecimiento de barreras de entrada es difícil, especialmente si se trata de servicios básicos, como la limpieza en seco, el lavado de coches o un seguro multirriesgo del hogar. Las empresas de servicios se ven forzadas a innovar con mayor frecuencia, pero el posicionamiento conseguido se desvanece rápidamente.

En España estamos acostumbrados al caso del Banco Santander, muy innovador, que compite en un mercado muy concurrido, cuyos productos financieros, la mayoría, básicos, eran imitados muy rápidamente, haciendo que su posicionamiento fuera efímero.

2.10. Realización de cambios

Los cambios de cultura empresarial siempre son costosos, pero lo son aún más en las empresas de servicios. Tratándose de bienes el efecto del componente humano sobre la calidad, aun siendo importante, no lo es tanto como en las empresas de servicios.

El proceso de producción de bienes se encuentra estandarizado. Cambiar de tecnología sólo requiere adiestramiento técnico en la mayoría de los casos. La propia tecnología es la que impone las conductas a las personas.

Sustituir una tecnología, que ofrecerá un bien distinto, mejorado, plantea problemas financieros o técnicos. Hará falta obtener recursos para llevar a cabo la inversión, y formar a la mano de obra para aprovechar la nueva tecnología, que se supone más productiva y de mayor calidad. En principio, no parece que surjan dificultades especiales desde el punto de vista humano, salvo que su adopción tuviera consecuencias sobre el empleo.

En las empresas de servicios **el factor humano forma parte de la tecnología** de su producción y resulta fundamental, pues es quien determina en gran medida la calidad de su prestación. Mejorarla supone una mayor implicación personal de quien suministra el servicio.

Mejorar la calidad de los bienes se consigue, generalmente, mediante la tecnología. Hacerlo con los servicios puede suponer, frecuentemente, cambios de cultura o de filosofía empresarial o desarrollar una gestión de recursos humanos motivadora, aspectos que se verán más adelante, en este mismo capítulo.

2.11. Mayor implicación de los clientes y de los productores

Cuando los consumidores adquieren bienes compran productos estandarizados a vendedores que, tal vez, se limiten a ser poco más que "cobradores". Con frecuencia, cuando se trata de servicios, los **clientes intervienen en el diseño del producto**, pues lo crean a medida de sus necesidades, tanto más cuanto más intangible sea. Un empresario debe exponer sus objetivos a la agencia de publicidad que desarrollará para él una campaña de comunicación; una persona que acuda a un abogado no puede esperar un buen servicio si no le expone correctamente su problema; un paciente no puede esperar un tratamiento que cure su enfermedad si no detalla todos sus síntomas al médico.

Los productores de los servicios no son solamente asesores o simples cobradores, debido a que colaboran con el cliente en el diseño del producto; forman parte del él, e intervienen decisivamente en su calidad.

2.12. Dificultades de gestión de la calidad

Los productos manufacturados se fabrican de acuerdo con unas normas de calidad que se pueden medir y verificar. Valorar la calidad de un servicio es más complicado, porque depende de factores objetivos y subjetivos. La **calidad objetiva** se puede juzgar. Por ejemplo, si la ropa enviada a la tintorería se devuelve realmente limpia o si el avión llega puntualmente a su destino. Pero la **calidad subjetiva** depende de las expectativas de los consumidores. Si la ropa enviada a la tintorería volvió limpia eso es calidad objetiva; pero si el cliente pensó que los empleados debieron ser más amables de lo que fueron realmente, tal vez juzgue que la calidad global fue mala, porque no encontró el servicio que esperaba. Un cliente a quien no le importe lo simpáticos que sean los empleados valorará la calidad de este servicio como buena si le entregan la ropa limpia.

Por otra parte, la calidad de los servicios es difícil de estandarizar, debido a la componente personal de sus prestaciones. Puede suceder, además, que el proveedor del servicio proporcione una cadena de **prestaciones delegadas** a terceros, y que no tenga capacidad de intervención. Por ejemplo, una agencia de viajes que venda unas vacaciones que incluyan un viaje en avión, una estancia en una isla tropical y la posibilidad de excursiones adicionales, puede garantizar la calidad de un hotel, pero no la amabilidad de sus camareros en ese momento, o la puntualidad del avión que transporta a los turistas o que no exista una huelga de controladores aéreos.

La satisfacción de un servicio depende de las expectativas de los consumidores. Si el productor las supera, los consumidores quedarán satisfechos; de lo contrario, no. Gestionar la calidad de un servicio supone fijar unos mínimos razonables exigidos por el mercado, que se cree espera encontrar un consumidor medio.

2.13. Importancia del factor tiempo

Muchos servicios se prestan en tiempo real, como un viaje en avión, el lavado del coche, un almuerzo en un restaurante o un concierto. Existen límites en lo que respecta a la **duración** esperada del servicio. Las empresas que los prestan en tiempo real deben tener en cuenta las expectativas de duración de la prestación del servicio que tengan de los consumidores.

Un exceso sobre la esperada afectará negativamente a la calidad percibida del servicio, y proporcionará una mala imagen, aunque objetivamente el servicio en los demás aspectos haya sido bueno. Así, por ejemplo, es frecuente oir a algunas personas quejarse del servicio lento en un restaurante, aunque la calidad de los platos sea excelente, o de lo que debe esperarse en la cola de la ventanilla de una entidad financiera.

Cuando se trata de bienes la importancia del factor tiempo es mucho menor, e incluso puede ser irrelevante. Las quejas relacionadas con él tienen que ver con el tiempo que tardan en ser atendidos, pero una vez que se compra y consume el bien la lentitud referida generalmente se olvida. Los efectos del tiempo sobre la percepción de la calidad de los servicios se tratan en el capítulo 9.

3. MARKETING DE BIENES Y DE SERVICIOS. PUNTOS EN COMÚN Y ESPECÍFICOS

3.1. Función de marketing y *mix* de marketing

Conceptualmente, la función de marketing es un proceso de captación, estimulación, comprensión y satisfacción de necesidades de los consumidores que involucra a toda una organización. La función de marketing en las empresas puede considerarse el resultado de tres componentes.

- Las **fuerzas del mercado**, o conjunto de variables económicas, legales, culturales, tecnológicas, y otras específicas de las empresas, como clientes, competidores, proveedores, que generan oportunidades y amenazas para crear bienes y servicios.

- El conjunto de **actividades de marketing** que las empresas desarrollan para situar los productos en los mercados, denominado *mix* de marketing, y que básicamente incluye decisiones de producto, precio, distribución y comunicación.

- El **proceso de ajuste** entre las fuerzas del mercado y el *mix* de marketing para poder atender a los consumidores.

Debe quedar muy clara la diferencia entre actividades de marketing (marketing *mix*) que consisten diseñar el producto, fijar su precio, distribuirlo y comunicarse con el mercado y función de marketing, cuyo contenido es mucho más amplio. Las actividades de marketing (*mix*) las desarrolla un departamento específico, de marketing, pero la función de marketing debe ser asumida por todos los miembros de la organización, en todos sus niveles; estratégico, táctico y operativo.

Para desarrollar la función de marketing satisfactoriamente las empresas de servicios deben adoptar el principio de **empresa orientada al consumidor**, o al mercado, que significa que deben reconocer que el activo más importante que tienen son los consumidores, y todo el factor trabajo en ellas debería estar de acuerdo en que es necesario hacer los mayores esfuerzos para que los consumidores estén satisfechos, y poder seguir operando con ellos en el futuro.

3.2. *Mix* de marketing común entre bienes y servicios

Para configurar el *mix* de marketing y decidir si una actividad empresarial tiene que formar parte de él deben considerarse,

- El volumen de gasto de esa actividad respecto al total de gastos de la empresa.
- La capacidad de actuación de la empresa sobre esa variable o actividad. Por ejemplo, si una empresa se encontrara con que los precios los fija la Administración –como sucede con las tarifas telefónicas, los precios del gas, del agua o electricidad– el precio no sería una variable de su *mix* de marketing.

Las organizaciones que producen bienes y servicios desarrollan actividades de marketing que son comunes. Otras, como se verá, son específicas de las empresas de servicios. El común denominador de *mix* de marketing para toda empresa es, esquemáticamente, el siguiente.

- Decisiones de producto sobre,
  - Diseño de atributos funcionales y de prestaciones
  - Decisiones de modificación y eliminación de productos
  - Diseño de líneas y gamas de productos
  - Denominaciones de marca
  - Determinación de la calidad
  - Diseño de envases
  - Garantías de los productos
- Decisiones de precios sobre,
  - Políticas y estrategias de precios
  - Condiciones de pago
- Decisiones de distribución sobre,
  - Selección de canales
  - Cobertura geográfica del mercado
  - Localización de puntos de venta

  - Asignación de territorios a los vendedores
  - Logística y distribución física de los productos
- Decisiones de comunicación sobre,
  - Publicidad
  - Venta personal
  - Promoción de ventas
  - Relaciones públicas
  - *Publicity*

3.3. Elementos específicos del *mix* de marketing de los servicios

Las empresas de servicios comparten elementos de *mix* de marketing comunes con las productoras de bienes, pero poseen rasgos específicos (Booms y Bitner, 1981: 50 y Brown y Fern, 1981; 205).

Con relación al producto, en las empresas de servicios los clientes presencian cómo se producen éstos; se encuentran presentes en la *planta de producción*. La ventanilla de un banco, un avión o la consulta de un médico son plantas de producción. Esto supone que debe favorecerse la tangibilización del producto y el entorno físico –decoración, limpieza, atmósfera, etc.– donde se genera. Por el contrario, a los compradores de bienes no les importa cómo es el lugar, ni dónde está, ni qué aspecto tiene donde éstos se producen.

La calidad del producto también se genera en el momento de la prestación del servicio, y en ella suelen influir más los aspectos personales que los estándares técnicos. Las circunstancias que influyen en la prestación del servicio son muchas; las características del vendedor, los deseos, necesidades, gustos, conocimientos, actitudes, cultura, personalidad, etc., de los clientes hacen que frecuentemente cada servicio prestado constituya un acto irrepetible.

Respecto al precio, tratándose de los servicios, el valor de intercambio interactúa con la calidad. También es un instrumento para conseguir equilibrar los desajustes estacionales que surgen en la prestación de algunos servicios, como hostelería o comunicaciones. Los precios del mercado sirven también para determinar y ajustar los costes de producción. La fijación de precios viene determinada en gran medida por la capacidad de pago del mercado donde se presta el servicio, lo que conduce a la necesidad de adaptaciones espaciales.

La distribución de los servicios también posee rasgos específicos. Generalmente es necesario el contacto cara a cara con el proveedor, como sucede con médicos o abogados. Ello tiene sus implicaciones sobre la localización de los puntos de venta y su accesibilidad, sobre todo si son servicios básicos. Los consumidores buscan comodidad en la compra de servicios básicos o de conveniencia y los suministradores deben esforzarse en llegar a los clientes.

Por ejemplo, los bancos pueden atender a sus clientes de cuentas corrientes ampliando la red de sucursales, incluso aplicando tecnologías como los cajeros automáticos para ampliar el horario del servicio. Por otra parte, el proceso de entrega –local, decoración, limpieza, atmósfera, amabilidad– debe cuidarse más que en los bienes, pues los servicios se producen y consumen simultáneamente

La fuerza de ventas de los servicios desarrolla funciones de marketing y debe poseer unas características especiales. En ella la formación es un factor clave. Debe poseer además otras cualidades como, discreción, capacidad de compromiso, deseo de proporcionar la mayor calidad, empatía, y unas actitudes muy positivas hacia el trabajo, los consumidores y la empresa. Para ella deben diseñarse sistemas de incentivos diferentes de los que puedan aplicarse en empresas productores de bienes. Su aspecto personal es, también, muy importante.

La promoción de los servicios tiene lugar allí donde se generan o entregan. Esto supone que las estrategias de tangibilización y el cuidado del entorno físico resultan esenciales.

3.4. Tres P's adicionales para los servicios

Desde el punto de vista de los servicios las cuatro P's del mercado asciende a siete. Las tres nuevas P's son las personas (*people*), los procesos (*process*) y la atención al consumidor (customer service).

La inclusión de la quinta P (*people*), las **personas**, es consecuencia de una de las características básicas de los servicios, su inseparabilidad. Los servicios no pueden sustraerse de las personas que los suministran, quienes, incluso, llegan a ser un factor clave de diferenciación y de posicionamiento. El cuidado de un niño, el asesoramiento legal, las reparaciones de los bienes o la docencia sólo pueden ofrecerlos personas. La calidad de un servicio depende mucho de la persona que lo preste. Por el contrario, la calidad intrínseca de un bien no depende del establecimiento donde se adquiera ni de quién sea el vendedor.

La sexta P (*process*) hace referencia a los **procedimientos**, mecanismos o rutinas en la prestación de un servicio, y afectan a su calidad. Algunas compañías aéreas exigen a los pasajeros presentarse en su mostrador para expedir el billete o la tarjeta de embarque. Iberia permite hacer la reserva por teléfono y elegir asiento, proporciona la tarjeta de embarque con mucha antelación si no se va a facturar el equipaje e incluso entrega los billetes a domicilio. Algunos bancos acuden a los domicilios de los clientes para formalizar pólizas de préstamos. Otros exigen que los clientes se desplacen a las oficinas. Existen entidades financieras que comunican a sus clientes los saldos de sus cuentas cada tres movimientos y otras envían solamente un extracto mensual, muy detallado, de todas las operaciones realizadas. La mayoría de los restaurantes admiten tarjetas de crédito, pero otros no. Claramente, los procedimientos de prestación del servicio son distintos.

La séptima P (*customer service*) el **servicio al consumidor** es consecuencia de la adopción del principio de empresa orientada al consumidor. El servicio al cliente pretende conseguir una relación duradera con el mercado. El Corte Inglés, por ejemplo, es una empresa que descansa sobre varios puntales, uno de los cuales es la calidad del servicio al consumidor, es decir, en atenderle bien y conseguir su satisfacción y en última instancia, fidelizarle.

4. EL MARKETING EN EL SECTOR DE LOS SERVICIOS: ALGUNAS SITUACIONES Y ACTITUDES

En el capítulo anterior se han puesto de relieve las características de los servicios tales como intangibilidad, heterogeneidad, imposibilidad de almacenamiento, etc. Además de las diferencias entre bienes y servicios que descansan sobre estas características, existen otras adicionales que explican por qué el marketing de los servicios posee su propia especificidad. Veamos cuáles son (Lovelock, 1981a: y Cowell, 1988: 46; Zeithaml y Bitner, 1994).

4.1. El sector servicios ha asumido los principios de marketing recientemente

Los conceptos y herramientas de marketing han ido acuñándose a lo largo de casi un siglo. El vocablo marketing data *oficialmente* de 1911. La definición de su campo de actividades se ha modificado con el tiempo, pero siempre ligado a actividades productoras de bienes. El marketing de los bienes lleva –formalmente– más de cincuenta años de ventaja al de los servicios.

Sin embargo, el principio de marketing de empresa orientada a los consumidores todavía no ha sido adoptado por muchas organizaciones, incluso productoras de bienes. Para muchos directivos el marketing sólo son técnicas de ventas, publicidad, relaciones públicas o investigación comercial. Estas deficiencias se agudizan aún más cuando se trata de los servicios. Es frecuente encontrar empresas de este sector que consideran que el desarrollo de productos, la localización de puntos de venta, la fijación de precios, etc., son aspectos de la gestión de la empresa al margen del ámbito del marketing.

Decisiones de productos, precios, marcas, publicidad, estudios de audiencias, segmentación, posicionamiento, previsión de ventas, etc. se asocian casi inconscientemente a empresas productoras de bienes. Aún cuesta pensar que abogados, médicos, taxistas, lavanderías o empresas de mensajería apliquen estrategias de marketing. Un abogado, por ejemplo, podría segmentar el mercado de sus clientes en dos grupos; personas físicas y personas jurídicas, y aplicar tarifas distintas, o especializarse en la problemática más frecuente de sus segmentos de mercado.

Un grupo de médicos podría abrir ambulatorios privados especializados en geriatría en los cascos antiguos de las ciudades y en pediatría en las zonas de ensanche, donde habitarán parejas jóvenes. Un veterinario podría hacer un análisis de entorno y encontrar interesante instalar su clínica canina en una zona donde se construirán viviendas unifamiliares. Podría segmentar su mercado objetivo en animales activos o sedentarios y ofrecer tratamientos adaptados a su actividad física, a precios diferentes o paquetes de asistencia que combinen diferentes prestaciones sanitarias a precios distintos.

Algunas empresas de servicios tal vez nunca hayan pensado en aplicar conceptos de marketing para desarrollar su actividad. Por ejemplo, los hospitales no han creído que tengan que *hacer marketing*, porque siempre han tenido largas listas de espera. Sin embargo, en la actualidad y lentamente van adoptando, tímidamente, una filosofía de marketing que se traduce en que permiten elegir hora de visita, o especialista, o las comidas. Podrían mejorar la prestación de su servicio si hicieran seguimientos de los postoperatorios en lugar de decir a los pacientes *«llame, si tiene algún problema»*. También podrían tener bases de datos para recordar a los pacientes la conveniencia de revisiones. Los dentistas podrían hacer descuentos por cantidad en los empastes, precios familiares, o citar a sus pacientes para una hora real, reduciendo tiempos de espera innecesarios. Tal vez pocos hayan pensado en un servicio de urgencia a domicilio para aquellas afecciones que lo permitan.

4.2. Escasa valoración de los conocimientos de marketing

El refrán *el buen paño en el arca se vende* ha dejado de ser cierto. Lo fue para empresas orientadas a la producción, es decir, empresas que se encontraban con mercados muy grandes y desabastecidos, con una demanda garantizada. Sin embargo, la concepción actual de empresa orientada al consumidor no persigue exclusivamente la venta y el beneficio económico, sino también la satisfacción del mercado. Desde esta perspectiva no basta con que los productos –bienes o servicios– sean objetivamente buenos. Hace falta, además, conseguir que los principios de marketing impregnen a todos los departamentos de la empresa, y desterrar los prejuicios relativos a la escasa formación del profesional del marketing, en muchos casos titulado superior.

Durante muchos años los puestos más elevados del organigrama de la empresa los han ocupado personas procedentes de titulaciones como la ingeniería, sociología, el derecho o la gestión de empresas, en este último caso especialistas en finanzas casi siempre. Dentro de la empresa la gestión de los recursos humanos o la dirección financiera se asocian a titulaciones universitarias, mientras que el marketing se vincula a personas cuya única escuela es su experiencia. En muchas empresas se menosprecian las actividades de marketing, por considerarlas banales, o carentes de contenido científico.

Las ofertas de empleo de empresas productoras de bienes que aparecen en los medios de comunicación solicitan, en un elevado porcentaje, profesionales expertos en marketing; directores de producto, de marca, etc. Sin embargo, cuando se trata de servicios, las ofertas de empleo se asocian a tareas frecuentemente comerciales, como captación de clientes para entidades financieras o aseguradoras, en las que seguramente sean más valoradas las cualidades o aspecto personal –especialmente si son mujeres– que los conocimientos de marketing.

En general, según las opiniones dadas por directivos de empresas de servicios que antes han trabajado en el sector de producción de bienes, en las empresas que proporcionan aquéllos los conocimientos de marketing son menos apreciados que en las entidades manufactureras.

4.3. Inadecuación de estructuras organizativas

Las empresas de servicios tienen tipificadas algunas categorías profesionales como, por ejemplo, director de sucursal bancaria o director de hotel. A ellas les son encomendadas algunas tareas de marketing, tanto si creen en ellas como si no creen. Frecuentemente deben dirigir a las personas que se encuentran en contacto con el público. Esos puestos del organigrama, que no se altera, responden a una estructura jerárquica organizativa muy rígida –en cierto modo, militar– y quienes los ocupan acceden a ellos por el paso del tiempo o a través de algún sistema rutinario de promoción interna. Esto significa que personas que no hayan adoptado los principios de marketing con orientación al consumidor tengan que desempeñar funciones para las cuales éstos sean básicos.

La inadecuación de estructuras organizativas por su rigidez, porque responda a esquemas caducos y no se hayan remodelado, o una deficiente gestión de recursos humanos, dificultan la implantación del enfoque de marketing orientado hacia el consumidor. En cierto modo, se produce en algunas empresas de servicios, generalmente de corte financiero, una burocratización o funcionarización –en sentido peyorativo– en los modos de actuar de las personas que las alejan de las pautas de conducta deseables desde la óptica del marketing.

4.4. Impacto de la legislación y regulación de actividades

Algunas actividades económicas relacionadas con los servicios se encuentran sometidas a control gubernamental, como el suministro de energía eléctrica, cuyo precio debe ser aprobado por el Gobierno. Las entidades financieras ven cómo los tipos de interés los fijan las autoridades monetarias, y las empresas aseguradoras encuentran que las primas tienen que ser aprobadas por el Gobierno. Otras veces son los colegios profesionales quienes implantan un código deontológico, o imponen conductas, como las tarifas mínimas que deben cobrarse por la prestación de servicios, o la prohibición de desarrollar actividades de comunicación o promoción. Estas restricciones colisionan frontalmente con la adopción de prácticas de marketing en las empresas de servicios que son habituales en las productoras de bienes.

4.5. Carencia de puntos de referencia para hacer comparaciones

Cuando se trata de bienes de consumo las empresas generalmente los distribuyen a través de intermediarios. Es posible registrar información por productos, marcas, mercados, tamaños de envases, etc. Una empresa puede comprar datos de paneles de detallistas y valorar su actuación y la de sus competidores en el mercado. Con los servicios podría hacerse lo mismo, pero la gran mayoría de sus suministradores los venden sin contar con intermediarios, y esto dificulta la construcción de paneles.

4.6. En algunos sectores existe oposición a las actividades de marketing

La imagen del marketing no es buena dentro de algunas profesiones. Es frecuente que profesionales de la abogacía, la medicina o la ingeniería consideren las actividades de *mix* de marketing poco profesionales, e incluso manifiesten una cierta hostilidad frente a ellas, por considerarlas impropias para la actividad que desarrollan e, incluso, contrarias a la ética. Creen que *si un profesional es bueno, no debe hacer marketing*. Confunden, sin duda, la producción de un servicio con su marketing.

4.7. Existen empresas de servicios pequeñas

Muchas organizaciones que prestan servicios son pequeñas, como peluquerías, talleres de reparaciones, etc. y se encuentran muy en contacto con sus clientes. Estas empresas no necesitan aplicar las técnicas de marketing de medianas o grandes empresas. En algunas de ellas pueden ser consideradas irrelevantes, e incluso menospreciadas. Además, otras las desconocen, o tal vez no sea necesario aplicarlas. Sin embargo, en todas ellas debe desarrollarse la función de marketing.

4.8. Existen empresas con exceso de demanda

Algunos servicios puros, como la enseñanza universitaria o la sanidad tienen una oferta conocida –matrícula máxima, cupos de alumnos por titulación, o número de camas– para la cual existe exceso de demanda. Esto significa que no necesitan identificar a sus consumidores y desarrollar actividades de *mix* de marketing tan complicadas como en las empresas que producen bienes, para los cuales aquéllas constituyen un nexo de unión entre los productores y su mercado. Sin embargo, aunque exista exceso de demanda se puede asumir el principio de marketing de empresa orientada el consumidor para ofrecer la mayor calidad en la prestación del servicio.

4.9. Algunas empresas de servicios han disfrutado de situaciones de monopolio

En sectores como el transporte en sus diversas modalidades, las comunicaciones o los combustibles, ha sido frecuente encontrar monopolios estatales. En las empresas de estos sectores no ha existido conciencia de función de marketing. Se han encontrado con una demanda garantizada y se han limitado, en todo caso, a desarrollar actividades de *mix* de marketing. En la actualidad, debido a la desregulación y a la aparición de competidores, se ven abocadas, además, a desarrollar la función de marketing. Iberia o Telefónica constituyen un claro ejemplo en este sentido. Ambas empresas han comenzado a mejorar la calidad de los servicios para competir con otras empresas que se han introducido en su sector. Con el tiempo cabe esperar que las empresas antes monopolistas abandonen su mentalidad burocrática y funcionarial, para adoptar los principios de empresas orientadas al consumidor.

4.10. Las empresas de servicios no han investigado el mercado

Las empresas productoras de bienes han acudido con mayor frecuencia e intensidad a la investigación de mercados para desarrollar productos, fijar precios o segmentar los mercados. Las empresas de servicios deberían investigar más sobre la calidad de servicio que esperan los consumidores, o qué perciben. De esta forma podrían mejorar la satisfacción del mercado.

4.11. Existen deficiencias de comunicación y relación en las empresas de servicios

Esas deficiencias se ponen e manifiesto entre la dirección y los consumidores, y también entre los empleados y los directivos de las empresas. Esta realidad seguramente es debida a que existen demasiados niveles en las organizaciones que dificultan la comunicación, es decir, como ya se ha indicado, las estructuras organizativas pueden ser inadecuadas.

Otras veces la comunicación de la empresa con el mercado ha exagerado atributos de los servicios que han podido ser frustrantes para los consumidores; por ejemplo, fotos de hoteles o de destinos turísticos mucho más atractivas que la realidad. Otras veces se ha insistido en características de los servicios que no han resultado ser reales; por ejemplo, asegurar la reparación de coches o la entrega de paquetes en un tiempo que, finalmente, ha resultado ser más largo que el prometido.

4.12. Existen empresas de servicios sin orientación al consumidor

Esto se traduce en que el diseño de los servicios no tiene en cuenta las preferencias de los consumidores, ni tampoco se fijan normas de calidad que agradarían al mercado. La empresa orientada al producto vive de espaldas a la realidad. Un cambio de orientación podría generar mucha satisfacción en los consumidores. Las empresas orientadas al producto suelen diseñar servicios olvidándose de los consumidores y suelen fallar al relacionar el servicio en sí con su posicionamiento en el mercado. Es decir, ofrecen servicios que tal vez no deseen los consumidores, y destacan atributos que tal vez no valoren.

4.13. Algunas empresas de servicios han seguido políticas de recursos humanos ineficaces

Algunas organizaciones han hecho selecciones de personal poco afortunadas. Tampoco han sido capaces de definir los roles de los trabajadores, ni han podido equilibrar el trabajo de las personas con las tecnologías que emplean, en el sentido de que han puesto a las personas al servicio de la tecnología y no a la inversa. Es frecuente encontrar empresas de servicios que emplean sistemas de incentivos sólo monetarios, olvidando otros, como la realización de las personas con su trabajo.

4.14. Algunas empresas se han fijado demasiado en el precio

Cuando las empresas de servicios se encuentran con variaciones estacionales de la demanda, como ocurre con los hoteles, transporte aéreo o salas de cine, han empleado estrategias de precios para conseguir alisar los picos estacionales. Así, es posible ir de vacaciones fuera de temporada pagando menos, alojarse en un hotel en fin de semana con tarifas especiales o ir al cine el día del espectador pagando una entrada más barata.

Estas estrategias son efectivas, pero es posible que las empresas que las practican se fijen demasiado en el precio y olviden otros elementos de marketing que también son importantes para los consumidores, como el producto en sí y los elementos adicionales que rodean la prestación de los servicios; ambiente, trato, etc., aspectos que inciden directamente sobre la satisfacción del consumidor.

5. IMPLANTACIÓN DEL MARKETING EN EMPRESAS DE SERVICIOS

Las empresas productoras de bienes encuentran que sus departamentos de marketing pueden desarrollar perfectamente las actividades de *mix* marketing; producto, precio, distribución y comunicación. En las empresas de servicios es necesario, además, desarrollar la función de marketing por todas las personas de la organización. Para que las empresas de servicios puedan actuar con éxito deben tener en cuenta lo siguiente.

5.1. Tres principios básicos para atender al consumidor

- **Orientación al consumidor**, concepto que ya se ha expuesto en este capítulo. Para que una empresa de servicios se encuentre orientada hacia el consumidor deben adoptarse una cultura y estructura organizativa adecuadas, que no coincide necesariamente con las adoptadas por las empresas productoras de bienes. A continuación se exponen las principales diferencias entre las empresas orientadas al mercado y al producto, que serán desarrolladas a lo largo del capítulo.

ORIENTACIÓN AL PRODUCTO	ORIENTACIÓN AL CONSUMIDOR
Características dominantes	**Características dominantes**
• Muy especializadas. • Decisiones muy centralizadas. • Relaciones y comunicación formalizadas. • Preocupadas por la tecnología.	• Escasamente especializadas. • Decisiones muy descentralizadas. • Relaciones y comunicación poco formalizadas. • Preocupadas por los consumidores.
Características secundarias	**Características secundarias**
• Descripción detalladas de las actividades. • Muchos niveles en el organigrama. • Departamentos especializados por funciones. • Se valora mucho la eficiencia.	• Descripciones no detalladas del trabajo. • Pocos niveles en la organización. • Departamentos pensados en producto/cliente. • Se valora la eficacia.
Valores dominantes	**Valores dominantes**
• Eficiencia, obediencia, fidelidad, motivación monetaria.	• Eficacia, flexibilidad, creatividad, dinamismo, espíritu de grupo, capacidad de innovación, motivación personal.

Fuente: Adaptado de varios autores.

Cuadro 2.1

- **Consistencia**. Significa que debe tratarse de ofrecer el servicio –especialmente su proceso– lo más estandarizado posible y con la mayor calidad, de forma que los consumidores lo perciban igual en todas partes, como sucede, por ejemplo, con las hamburgueserías McDonald's, o las empresas de alquiler de coches Avis o Hertz, cuyo funcionamiento es idéntico en cualquier lugar. La consistencia implica, desde el punto de vista humano, la adopción del principio de empresa orientada al consumidor. Además, si consigue estandarizar el proceso de prestación del servicio se facilita su introducción en otros mercados. Ello implica conocer cuál es el grado de consistencia esperado por los clientes. También es conveniente utilizar en la medida de lo posible alguna tecnología que permita estandarizar el servicio; por ejemplo, cajeros automáticos, teléfonos gratuitos (900), redes informáticas, etc.

- **Identidad**. Las empresas de servicios deben crear una imagen propia que debe ser transmitida el mercado. Los fabricantes de bienes se apoyan en sus productos, pues son tangibles, para hacerlo. Pero cuando se trata de servicios es más difícil conseguirlo.

  Las personas en contacto con los clientes deben transmitir esa imagen y deben haber sido formadas para ello. Además de la consistencia del servicio mencionada, los elementos tangibles como signos visuales, uniformes, arquitectura, decoración, grafismo, etc. resultan esenciales para reforzar la estandarización en todos los órdenes, como sucede con empresas como Barclays Bank o las hamburgueserías McDonald´s, que emplean colores, decoración y grafismo idéntico en cualquiera de sus locales.

Para conseguir prestar servicios de acuerdo con los tres principios expuestos las empresas deben desarrollar programas de relación con los consumidores, y de comunicación y formación interna. También deberán diseñar un sistema de incentivos y recompensas. Las empresas de servicios deben implantar marketing de relaciones y marketing interno.

5.2. Marketing de relaciones

Consiste en un conjunto de estrategias y actuaciones encaminadas a mantener y mejorar las relaciones con los clientes (Berry, 1983: 25). Las empresas deben evolucionar desde el marketing de las transacciones al marketing de las relaciones. Las diferencias básicas entre ellos son las siguientes.

El **marketing de transacciones** se caracteriza porque,

- Centra su interés exclusivamente en la venta. Lo importante es sólo vender.
- Resalta las características de los bienes o los servicios, no los beneficios que pueden proporcionar su consumo.

- Planifica a corto plazo. Es un marketing miope.
- Pone poco énfasis en la atención al cliente y en su satisfacción.
- Se compromete poco con los clientes, mantiene un contacto escaso o moderado con ellos tras la compra.
- La calidad del producto es competencia exclusiva del departamento de producción.

El **marketing de relaciones** se caracteriza por,

- Poner un gran **interés en conservar los clientes** y en proporcionarles satisfacción, pues los considera el activo más importante de la empresa.
- **Resaltar los beneficios** que pueden obtener los consumidores con los bienes y servicios que adquieren, más que destacar sus características o atributos funcionales.
- Planificar y poseer **visión a largo plazo**.
- Defender que **la calidad debe preocupar a todos** los miembros de la organización

Fácilmente se aprecia que la implantación del marketing de relaciones es una consecuencia de la adopción del principio de marketing orientado al consumidor. Sin embargo, para conseguir implantarlo tienen que darse, además, **tres condiciones**.

- Los consumidores deben **desear un servicio periódico**, como por ejemplo, la revisión del coche, el teléfono, una cuenta corriente, o un tratamiento de belleza.
- Los consumidores deben poder **controlar la selección del proveedor** del servicio, como hacen con su dentista, peluquero, abogado, banco o agencia de publicidad.
- Deben **existir alternativas de elección** de proveedores, como sucede con bancos, abogados o restaurantes, y los clientes deben tener posibilidades de cambiar de suministrador del servicio. El caso opuesto sería el de las empresas eléctricas, que actúan en régimen de monopolio en su territorio y de las que se es cliente porque no existe otra opción.

Las empresas que deseen implantar los principios del marketing de relaciones deben desarrollar las siguientes estrategias,

- Diseñar un **servicio básico** que desee el cliente o el segmento de mercado para atraerle. Por ejemplo, un banco podría ofrecer con la cuenta corriente, una tarjeta, un seguro de vida y domiciliación de recibos. Podría añadir servicios adicionales –con coste para los consumidores– como asesoramiento fiscal, operaciones con el extranjero, etc. Las empresas se encuentran con muchos tipos de clientes. Deben identificar necesidades comunes, y ello supone estudiar quién es el mercado objetivo, sus necesidades, los puntos fuertes y débiles de la empresa y de la competencia.

- **Estandarizar la relación**. Es decir, tipificarla y homogeneizarla para prestar los servicios siempre de la misma forma. Para conseguirlo debe tratarse de emplear alguna tecnología, como bases de datos para atender a los clientes; teléfonos de llamada gratuita o máquinas para hacer encargos o pedidos, como reservar billetes, consultar saldos o formas de pago; cajeros u otras máquinas para retirar o ingresar dinero o realizar otras operaciones, etc.

- **Aumentar el servicio**, es decir, añadir extras al servicio básico, sin coste para el cliente. Una taller de reparaciones podría lavar los coches que en él se reparan. Una compañía aérea podría ofrecer películas, incluso en vuelos nacionales, o la recogida y entrega de equipajes a domicilio. Una tintorería podría recoger y entregar la ropa a domicilio. Un hotel podría ofrecer prensa, intérpretes, baños con teléfono, servicio de habitaciones durante las 24 horas del día, limpieza de calzado, etc., todo ello sin coste adicional

- Fijar un **precio de relaciones**, es decir, los mejores precios para los mejores clientes. Pueden ser precios más bajos, o servicios adicionales que se regalan, como viajes, estancias en hoteles o alquiler de coches gratis. Iberia y American Express ofrecen estos regalos a sus clientes asiduos, mediante un sistema de acumulación de puntos canjeables.

- Mostrar que la empresa sabe **valorar a los clientes**. Las bases de datos con información sobre sus gustos son esenciales para crearles productos especiales, hacerles regalos o tener otras atenciones, como felicitarles el día de su cumpleaños o en Navidad, como hace El Corte Inglés.

- Aplicar los principios de **marketing interno**, cuyo concepto y contenido, se expone en el próximo apartado.

5.3. Marketing interno

A principios de los ochenta comenzó a difundirse un concepto de marketing nuevo: el marketing interno. Dejando de lado la controversia que le rodea, sobre si es marketing o no, pues para algunos estudiosos su objeto es propio de los recursos humanos, puede definirse como el conjunto de estrategias y tácticas para **emplear y conservar en la organización a las mejores personas**, para que desarrollen mejor su trabajo, aplicando para ello los principios y conceptos de marketing para vender la empresa y su actividad a sus empleados (Grönroos, 1983).

El marketing interno tiene por objeto conseguir que las personas en contacto con el público se encuentren concienciadas de la importancia de su cometido y motivadas para desarrollar su trabajo con la mayor calidad. Para ello debe tratarse al empleado como a un cliente, y su trabajo como un producto.

Los **principios del marketing interno** son los siguientes.

- El personal de la empresa es el primer mercado a atender.
- Los empleados deben comprender que deben actuar como se les indica, y que en ciertas ocasiones han de prestar servicios adicionales.
- Los empleados deben aceptar que los servicios de formación y otras actividades de la empresa se encaminan a apoyarles en su contacto con los clientes.
- La formación de cada miembro de la empresa tiene como objetivo que cada trabajador sepa qué hace, por qué y acepte su función en el seno de la organización.
- Todo trabajador debe tener una visión muy clara de cómo son las relaciones que la empresa desea con sus clientes y en qué medida participa cada persona de la empresa en ellas.
- Debe mejorarse la capacidad de comunicación y venta de las personas que están en contacto con el público.
- La información integral debe funcionar en los canales. Deben crearse flujos de información internos e interactivos entre los directivos y los trabajadores. Ese clima informativo debe ser abierto.
- Debe facilitarse una comunicación interna masiva. Los directivos deben informar de las estrategias de la empresa y de los resultados que se obtienen. Para ello se pueden emplear vídeos, material

impreso, como folletos, circulares, alguna revista interna o reuniones periódicas.

- La empresa debe proporcionar herramientas para que las personas en contacto con el público puedan actuar. Para ello debe describirse el trabajo que se desea realicen, explicar cómo se espera que atiendan a los clientes y cómo deben resolver sus dudas. También deben explicarse y justificarse los sistemas promoción profesional, los sueldos y los incentivos.

5.4. Cambios en la cultura empresarial

Para que una empresa aplique marketing de relaciones y marketing interno debe encontrar una cultura empresarial favorable. La cultura empresarial es el conjunto de creencias básicas, forma de tomar las decisiones, procedimientos y reglas de actuación, formas de entender el entorno y la realidad de la empresa, que se consideran correctas para su gestión.

La cultura la forman los mensajes no escritos, tal vez inconscientes, que llenan el vacío entre lo que es formalmente impuesto y las conductas que se observan. Afecta a los principios que se comparten, las ideologías, los valores, las creencias, las expectativas y las normas de actuación; es creada por ellas mismas, con el transcurso del tiempo. Actúa cuando es aceptada por sus integrantes. Algunos de sus elementos son los siguientes.

- La **capacidad de las personas** para afrontar nuevas situaciones, consecuencia de los cambios que puedan producirse en el entorno económico, en los valores de la Sociedad, en la tecnología, etc. Esa capacidad podrá ser elevada, lo que favorece la adaptación de una empresa a la nueva situación o reducida, e incluso nula. Por ejemplo, la adopción de la informática ha revolucionado los centros de información y poder en las empresas. Su incorporación como tecnología de gestión ha permitido crear nuevos servicios y mejorar otros. Algunas personas se han opuesto a ella, pues les ha hecho perder poder. Otras la han aceptado y modificado la organización de la empresa para mejorar su gestión.

- Cómo se fijan los **objetivos**. En algunas empresas se imponen desde los órganos más elevados, como el Consejo de Administración. En otras se acuerdan entre las personas tras escuchar a aquellas que tengan alguna responsabilidad, sin que importe su posición jerárquica.

- El **sistema de motivación**. Existen empresas que recompensan a sus empleados con primas monetarias. En otras se inculcan otro tipo de motivaciones, sociales o personales, como el reconocimiento del grupo, la satisfacción de los consumidores, o la propia autosatisfacción por el trabajo bien hecho.

- Los **valores** de las empresas pueden ser diversos. Para algunas lo verdaderamente importante es el cliente y su satisfacción, como sucede con El Corte Inglés, los hoteles NH o BMW. Otras, esencialmente empresas industriales, centran su interés sólo en la cuenta de resultados.

- La capacidad de **trabajo en equipo** es un elemento más de la cultura de la empresa. Las personas, según sus niveles, se agrupan en unidades de trabajo con capacidad y responsabilidad para planificar, decidir y controlar. Este esquema de trabajo fue adoptado por Volvo, hace ya varias décadas. En la actualidad comienza a ser adoptado por muchas empresas que copian el modelo empresarial japonés.

La adopción del marketing interno y de relaciones sólo es posible si existe una cultura favorable, cuyos principales rasgos sean la valoración de la importancia de los clientes y la creación de una estructura organizativa que fomente la participación, la información y estimule la motivación de los trabajadores.

No puede esperarse un buen servicio sin una cultura empresarial apropiada. Si no existiera deberá cambiarse, aunque ello represente tiempo. Las fuerzas que ayudan a conseguirlo son varias.

- La primera la constituyen los **cambios tecnológicos y/o competitivos**. La informática, por ejemplo, ha modificado los valores de las empresas, las fuentes de poder, los sistemas de control, e incluso los propios organigramas, que se han simplificado y han reducido su número de niveles.

- Para conseguir cambios de cultura también suele ser necesario incorporar **personas** con nuevas ideas y estilos de dirección, que no empleen relaciones de poder para imponer conductas, sino que se basen en relaciones no formales. Deben conseguir obediencia por convencimiento, no por responsabilidad o temor. La experiencia ha puesto de manifiesto que los cambios de cultura empresarial no se pueden imponer. Seguramente, con el tiempo en las empresas no habrá jefes, sino líderes. Al fin y al cabo, dirigir es educar.

- Otro principio para conseguir los cambios es la **participación**; todo aquel que tenga algo que decir que contribuya a la mejor gestión de la empresa, que lo diga. El poder debe ser compartido, y la información y la comunicación deben fluir hacia arriba y hacia abajo.

- Finalmente, los cambios de cultura se ven favorecidos por la creación de **estructuras transitorias de organización**, que a través de grupos piloto planifican y gestionan coherentemente los cambios, sin introducir constantemente modificaciones.

5.5. Valores esenciales en las empresas de servicios

Si desarrollar una cultura es importante en cualquier empresa, lo es aún más en las que prestan servicios, debido a que emplean intensivamente personas. Los valores clave correspondientes a la cultura de una empresa de servicios guardan relación con dos características de éstos. Por una parte, la forma en que se presta o entrega el servicio y su resultado final, y por otra, su carácter de rutinario o no rutinario.

El proceso en la prestación del servicio, por ejemplo, la forma en que atiende el recepcionista de un hotel o de un taller, el empleado de una tintorería o de un restaurante, se encuentra fuertemente condicionado por la cultura de la empresa.

En principio, cualquier empresa de servicios los ofrece con carácter rutinario y no rutinario. Por ejemplo, una tintorería ofrece un servicio rutinario que consiste en recoger la ropa, limpiarla y entregarla al cliente y un restaurante ofrece una carta y sirve los platos que desean los comensales. Sin embargo, los clientes pueden quejarse porque les han estropeado una prenda o porque los alimentos no estén en buenas condiciones, o hayan sido mal cocinados. La atención de las reclamaciones constituye un servicio –adicional– no rutinario, que debe prestarse satisfactoriamente, pues de lo contrario la imagen de la empresa se vería afectada muy negativamente. Precisamente, la cultura de la empresa incide de forma particularmente intensa sobre la prestación de servicios no rutinarios.

Los **valores deseables** –la cultura– **para una empresa de servicios** son los siguientes.

- **Orientación al consumidor** –nuevamente– en todos los empleados de la empresa, para poder prestar la máxima calidad. Tratándose de servicios rutinarios la calidad se puede supervisar. Por ejemplo, el tiempo que se tarda en pagar un talón en una entidad financiera, en servir un café, o en cambiar el aceite a un coche. Sin embargo, el seguimiento de la calidad es más difícil en servicios no rutinarios, como atender las reclamaciones de un pasajero cuyo equipaje se haya perdido, o del cliente de un hotel cuya reserva de estancia haya sido traspapelada. Un empleado con orientación al consumidor prestará servicios no rutinarios con gran calidad.

- **Flexibilidad.** Cuando se prestan servicios rutinarios se pueden proporcionar reglas escritas de lo que deben hacer los empleados. Por ejemplo, se pueden resumir, y pasar por escrito, los pasos que deben seguirse para atender a un cliente que desee enviar un paquete a través de un servicio urgente. Pero los servicios rutinarios también pueden convertirse en no rutinarios. Si el paquete se extravía y el cliente reclama, se le comunicará que se le indemnizará a razón de 500 ptas. Kg, por ejemplo. Esta advertencia se puede imprimir en el resguardo de los envíos, para que los clientes lo sepan de antemano. Si el paquete pesara diez kg. la indemnización sería de 5.000 ptas. El cliente tal vez pueda demostrar que el valor de lo que envió era de 50.000 ptas. Un empleado orientado a la venta hará caso omiso de las argumentaciones del cliente, y le abonará sólo las 5.000 ptas. que prescriben las normas. Un empleado con orientación al consumidor y flexible, abonará la indemnización solicitada. La flexibilidad es un valor esencial en las empresas de servicios que deseen atender con calidad a sus clientes. No obstante, debe aplicarse a discreción pues de lo contrario podría afectar negativamente a la cuenta de explotación.

- **Creatividad.** Una fuerza de ventas creativa permite innovar, generar soluciones y mejorar el diseño de los servicios. La creatividad se ve estimulada debido a la gran diversidad de necesidades y deseos de los consumidores. Puede ser, incluso, un arma para diferenciarse competitivamente.

5.6. Las empresas de bienes y servicios no pueden organizarse de la misma forma

A medida que las empresas, todas, y en especial las de servicios, vayan adoptando el principio de marketing de orientación al consumidor deberán modificar sus organigramas. En líneas generales se pueden considerar dos sistemas de organización empresarial: el modelo jerárquico y el modelo orgánico, que constituyen modelos opuestos, y entre los cuales se pueden adoptar posiciones intermedias (Bowen y Bowers, 1986).

Los principios en que se basa el **modelo jerárquico** son los siguientes,

- Las **funciones de dirección**; organización, planificación, decisión y control corresponden a los superiores.

- Las **tareas** que realizan las personas **se clasifican por especialidades**, como fundir, cortar, soldar, pintar, abrir cuentas corrientes, freir hamburguesas o vender seguros de responsabilidad civil.

- Las **tareas están definidas rígidamente**: cada persona sólo puede realizar el trabajo que se le ha encomendado, exclusivamente.

- La **autoridad es estricta e indiscutible**: sólo el superior es quien puede dar órdenes. El jefe es el jefe.
- Cada persona de la organización sólo **recibe órdenes de su superior**.
- La **comunicación es vertical**, descendente y sólo transmite órdenes. No existe comunicación ascendente, de los empleados a los superiores, salvo para responder o rendir cuentas.
- La **fidelidad y la obediencia ciega** son muy valoradas por los superiores.
- Se supone que el **conocimiento y el control corresponden al líder formal**.
- Las personas trabajan porque no tienen más remedio que hacerlo para vivir y, en consecuencia, **la única motivación** que entienden y valoran **es la económica**.

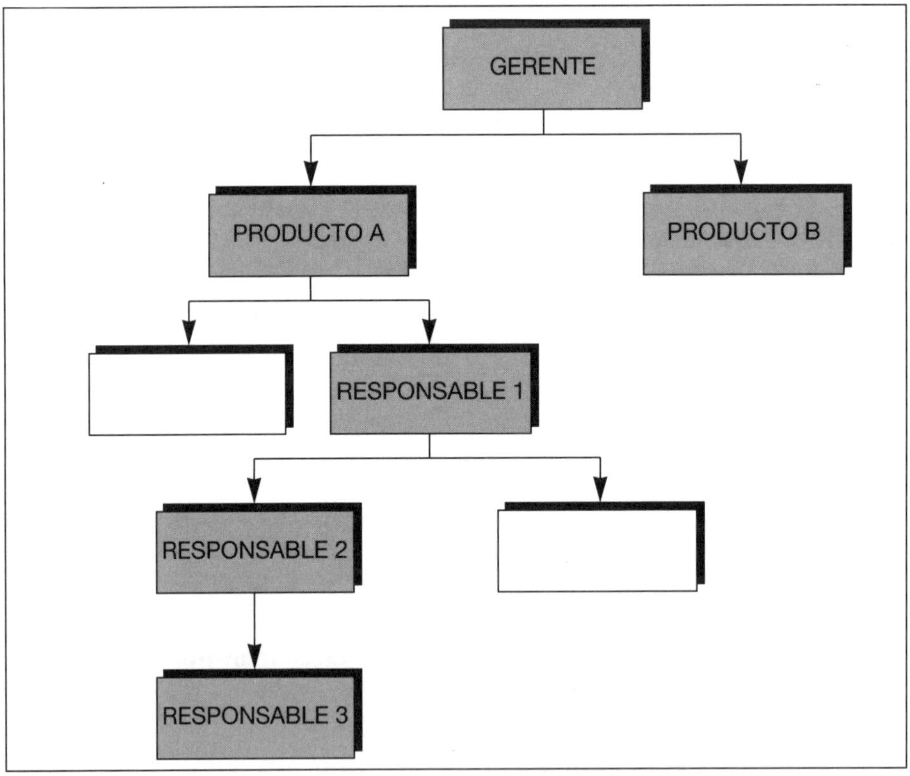

Gráfico 2.1

El sistema de jerarquía lineal puro no es ya válido y debería ser abandonado. Se diseñó para que en las empresas industriales se pudiera mejorar el rendimiento del factor trabajo en una época en que era retribuído según su productividad. Todo aquello que permitiera incrementarla suponía una mejora económica para los trabajadores. Este modelo de organización tuvo sentido en mercados desabastecidos, con exceso de demanda y en empresas tecnificadas orientadas a la producción. En la actualidad debería encontrarse en desuso, pues es poco incentivador y muy rígido.

El **modelo orgánico** se basa en que,

- Las tareas a desarrollar se clasifican en **subunidades o departamentos**; por ejemplo un departamento financiero, de producción, de cuentas corrientes, de asesoría fiscal, contable, laboral, etc. que guardan relaciones y contactos con el resto de la empresa.
- Las **tareas,** las actividades asignadas a las personas, son **flexibles y se redefinen** mediante la interacción de los miembros de la organización.
- Los **grupos son consultados** y participan en la toma de decisiones, y el control es menos jerárquico.
- La **comunicación es vertical y lateral**: hacia los superiores y hacia los compañeros.
- Las **funciones de dirección**; planificación, organización, decisión y control se **sitúan en todos los niveles** de la empresa. Se supone que todo empleado en su nivel puede planificar, organizar, decidir y controlar su trabajo.

El esquema que figura a continuación responde a una forma orgánica de organizar la empresa, es un organigrama funcional.

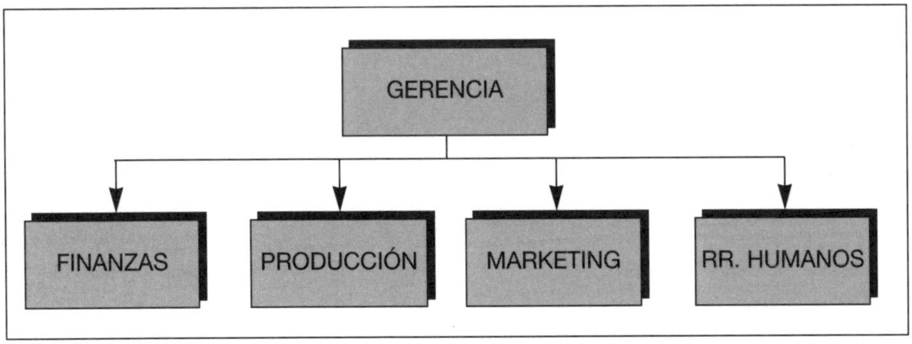

Gráfico 2.2

Algunos empresarios conocedores de las particularidades de las empresas de servicios ironizan sobre la estructura jerárquica de estas organizaciones. Generalmente, en las productoras de bienes a medida que se desciende en el organigrama disminuye el poder de las personas. Los directores generales tienen más poder que los gerentes, y éstos más que los directores de financieros, de producción, marketing o recursos humanos, y éstos más que los jefes administrativos o de ventas, quienes a su vez tienen más poder que los trabajadores manuales, etc.

En una empresa de servicios el organigrama del poder podría invertirse. En un banco, por ejemplo, los empleados que se encuentran en contacto con los clientes tienen mucho más poder que el presidente. Se trata, sin embargo, de distintas clases de poder: los empleados tienen mucho poder no formal y poco poder formal; el presidente tiene mucho poder formal y poco poder no formal.

Para organizar una empresa de servicios y poder diseñar su organigrama deben definirse algunos principios de dirección específicos para este tipo de empresas. Esos principios se desprenden de las propias características de los servicios, especialmente la inseparabilidad, intangibilidad y el alto grado de contacto con los consumidores.

Como premisa de partida se puede proponer que **los organigramas de las empresas productoras de bienes no pueden ser trasplantados a las de servicios**. En el del gráfico 2.2. se aprecia que en la empresa existe separación de funciones, incluso podría hablarse de independencia de las mismas.

Esta forma de organizar las empresas proporciona un excelente resultado cuando se trata de bienes, para los cuales existe separación entre producción y consumo, es decir, se producen en un lugar, son vendidos en otro y tal vez consumidos en un tercero. Se intuye que las actividades de marketing en las empresas de bienes –especialmente la comunicación y la distribución– son muy importantes porque constituyen un puente de unión entre el fabricante, el distribuidor y el consumidor.

En las empresas de servicios no existe esa separación entre la producción y el consumo. Un viaje en avión se produce y se consume simultáneamente y lo mismo sucede cuando se lava un coche o se acude a un concierto. En las empresas de servicios **no deben separarse los departamentos de producción y marketing** y para ello podría crearse la figura de un coordinador interfuncional, cuya misión fuera aunar esfuerzos de producción y marketing, y solucionar posibles conflictos.

Construir un organigrama general para las empresas de servicios es muy difícil, pues dependerá de diversos factores, como el tamaño de la empresa, la naturaleza del servicio, su grado de intangibilidad o la amplitud del mercado. No obstante, el organigrama funcional expuesto, modificado para una empresa de servicios, podría ser el siguiente.

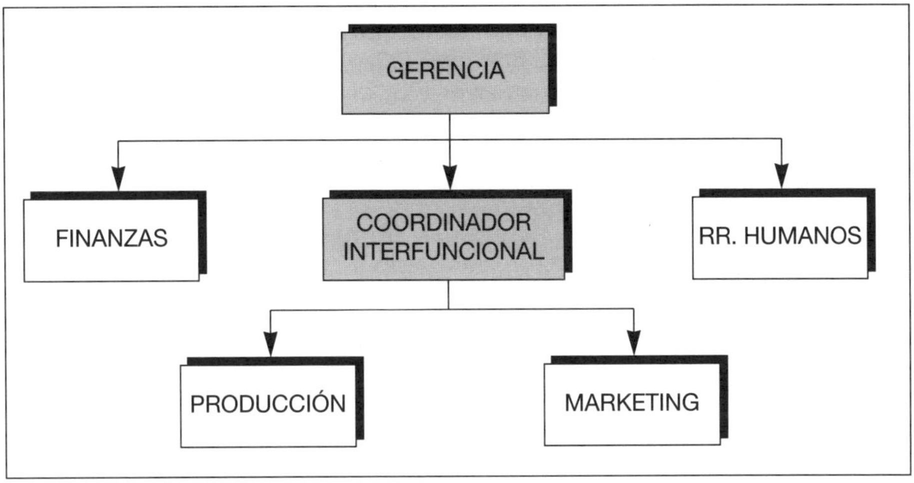

Gráfico 2.3

5.7. Principios de organización para las empresas de servicios

Los principios de organización para las empresas de servicios se apoyan en el grado de tangibilidad de los productos y su grado de contacto con los clientes. Esos principios son los siguientes.

- Las empresas de servicios deben, en principio, adoptar una **estructura jerárquica descentralizada** en la cual el factor humano pueda tomar decisiones y asumir responsabilidades. En el sector financiero es frecuente que en las oficinas pequeñas sólo concedan préstamos hasta una determinada cuantía. El cliente que necesite importes mayores debe acudir a la oficina principal. Esto supone molestias, desplazamientos y pérdidas de tiempo. La centralización supone, generalmente, en todo tipo de servicios, una prestación mejorable.

- Cuanto mayor sea la **cualificación** exigida al factor trabajo mayor poder tendrá, y menor será el grado de centralización de la organización. Una consultora emplea a personas muy cualificadas. Su organigrama responderá al modelo orgánico. En una empresa de transporte urgente o en una hamburguesería la cualificación es baja, y podrán adoptar el modelo jerárquico, aunque no sea el más deseable.

- El **sentido de la comunicación** en la empresa depende del grado de estandarización del servicio. Cuando los servicios sean homogéneos la comunicación podrá ser vertical. Cuando los servicios no se encuentren estandarizados la comunicación deberá ser, además, lateral. Por ejemplo, en un hotel el servicio, en general, se encuentra estandarizado. La comunicación podrá ser vertical: el director dará órdenes a los recepcionistas, gobernantas y *maitres*. Estos se dirigirán a quienes se encuentren por debajo de ellos; botones, limpiadoras y camareros. Pero en una consultora debido a las diferentes problemáticas que se atienden la comunicación deber ser también lateral, el trabajo se hará en grupo y deberán compartirse los conocimientos y las experiencias.

- Cuanto más dinámico y complejo sea el **entorno** de una empresa, más información procede de él. Uno de los objetivos del diseño de la organización es facilitar los flujos de información, que se consigue mediante la integración o colaboración entre departamentos. Las empresas con entornos estables, como los hoteles, las compañías aéreas o los restaurantes desarrollan sistemas de comunicación tendentes a ser verticales. Si el entorno es dinámico, como sucede con las consultoras, que trabajan enfrentándose a problemas económicos, legales o tecnológicos, muy complejos y cambiantes, la comunicación deberá ser, además, lateral, entre personas de un mismo nivel jerárquico y entre departamentos.

- **A medida que se reduzca el contacto con el cliente** se puede rutinizar la producción del servicio. La comunicación debe ser horizontal en tareas no rutinarias y puede ser vertical en tareas rutinarias o estandarizadas, como cocinar hamburguesas, transportar paquetes o limpiar ropa. Además, cuando una tarea es rutinaria, también es analizable o descomponible en fases. Entonces es factible entregar órdenes escritas de lo que debe hacer cada persona. En caso contrario, cuando las tareas no son rutinarias, como poner tratamientos médicos, atender a un cliente en una consultora o diseñar una campaña publicitaria, las normas escritas no son posibles; el servicio no es estandarizable y debe aumentar la comunicación horizontal, en grupos y entre grupos, para intercambiar experiencias y aprender unos de otros.

- **Cuanto mayor sea el contacto con un cliente**, más autónomas, mayor poder tendrán y más responsables serán las personas o los departamentos en las empresas, porque más posibilidades tienen de desarrollar la función de marketing. Un auditor, un médico o un publicista tendrán mucha más autonomía de gestión que un camarero, un cocinero, un repartidor de paquetes o un lavacoches.

5.8. Cuatro modelos de organización de una empresa de servicios

Tal vez estos principios parezcan muy etéreos y convenga concretar más. Atendiendo a la **tangibilidad** y al grado de **contacto** con el cliente se pueden proponer cuatro modelos de organización de una empresa de servicios.

- Empresas que proporcionen **productos intangibles** con **alto grado de contacto** con los clientes, como servicios médicos, legales, de investigación comercial, de publicidad, consultoras de gestión empresarial, etc. Por ser los productos intangibles, los clientes tienen más dificultades para elegir solos y necesitan más de la colaboración de los proveedores para obtener el servicio. La orientación al consumidor, la flexibilidad y la creatividad son esenciales. Estas empresas necesitan una estructura orgánica, procesos de toma de decisiones descentralizados, actividades de trabajo definidas por el propio empleado, que desarrolla funciones de marketing en cada situación, y comunicación lateral, entre grupos o departamentos.

- Empresas que proporcionen **productos intangibles con poco contacto con los clientes**, como entidades financieras no especializadas, de seguros, empresas de alquiler de coches, de mensajería o compañías aéreas y hoteles. Pueden adoptar una estructura híbrida en la que domine la jerárquica y sea más centralizada que en el caso anterior, pues las tareas se encuentran estandarizadas. Las normas de actuación proceden de los órganos de gestión superiores, pero la comunicación debe ser también lateral y los trabajadores pueden –y deben– participar en programas de mejoras del producto y de definición de sus propias funciones.

- Empresas que suministren **productos poco intangibles pero con mucho contacto con los clientes**, pueden adoptar una estructura híbrida en la que domina la orgánica. Las decisiones estarán descentralizadas, las funciones preestablecidas y especializadas en los departamentos. La comunicación será lateral.

- Empresas que proporcionen **productos poco intangibles con poco contacto con los clientes**, como restaurantes baratos o en régimen de autoservicio, hamburgueserías o pizzerías, como McDonald's o Telepizza. En este caso se puede adoptar una estructura organizativa jerárquica, con decisiones centralizadas, funciones preestablecidas y especializadas para cada persona de la organización. La empresa se organizará por secciones y la comunicación será vertical. Los empleados se limitan a recibir órdenes y los clientes eligen entre las opciones que se les ofrecen –la carta o menú de un restaurante– sin que aquéllos tengan un papel importante en la elección, pues la intangibilidad reducida y la estandarización de los productos facilitan la percepción de calidad, sobre la que los empleados tienen menos capacidad de acción, salvo que puedan prestar servicios no rutinarios. Las normas escritas sobre cómo deben actuar los empleados son eficaces. Cuando la intangibilidad de los productos sea baja –por ejemplo, comida rápida– y la calidad del servicio debida al empleado sea poco importante, se puede adoptar una estructura o reparto de funciones que concentre a los empleados de mayor cualificación por encima de los menos cualificados en los departamentos o secciones.

6. RESUMEN

A lo largo de este capítulo se han revisado las diferencias fundamentales entre las empresas que producen bienes y las que prestan servicios, que tienen que ver con la estandarización de los productos, la estimación de costes y precios, la medición de la productividad, la gestión de la calidad, la obtención de economías de escala, el establecimiento de barreras de entrada al sector y la solución a los problemas de la estacionalidad de la oferta y de la demanda.

A continuación se han tratado las diferencias que existen en la dirección de marketing de los bienes y de los servicios, y se han propuesto tres P's adicionales para las empresas de servicios; personas, procedimientos y proceso de prestación del servicio.

También se han puesto de relieve las dificultades existentes para la adopción de los principios de marketing en ellas; la adopción reciente de los principios de marketing, empresas de tamaño reducido, situaciones de monopolio, cultura empresarial contraria, oposición a actividades de marketing en el sector, regulación del sector, inadecuación de estructuras organizativas, conocimientos de marketing escasos, principios de marketing no madurados.

Se ha tratado, además, la necesidad de asumir la función de marketing, no sólo las actividades de *mix*.

Por esta razón se han desarrollado varios apartados que han tratado la cultura de la empresa, en especial la de los servicios, cuyos valores esenciales son la orientación al consumidor, la flexibilidad y la creatividad; el marketing de relaciones, el marketing interno y la organización de la empresa de servicios, sus principios y los modelos más adecuados, acordes con la tangibilidad de los productos y el grado de contacto con los clientes.

CAPÍTULO III

PLANIFICACIÓN ESTRATÉGICA DE LAS EMPRESAS DE SERVICIOS

1. INTRODUCCIÓN

El objetivo de este capítulo es exponer los cuatro pilares básicos de la planificación estratégica de las empresas; la misión de la organización, la segmentación de mercados, la identificación de la competencia y el posicionamiento de los servicios. No es suficiente que las empresas definan su actividad o establezcan sus objetivos. Es necesario, además, delimitar el mercado que atenderán y cómo se relacionarán con el entorno que se consigue tras definir la misión.

Uno de los componentes de ésta es el mercado relevante y los segmentos que en él se pueden detectar. Se tratará el concepto de segmentación, las ventajas que proporciona, los criterios que pueden ser tenidos en cuenta para fragmentar el mercado, cómo elegirlos y las estrategias de segmentación que se pueden seguir.

Las empresas también deben saber quiénes son sus competidores para detectar sus puntos fuertes y débiles y adoptar las estrategias ofensivas y defensivas más convenientes. Finalmente, se estudia el posicionamiento como proceso de creación de valor. Se analiza el proceso en sus diversas etapas; *identificación de atributos relevantes, opciones e implantación de estrategias.*

2. LA MISIÓN DE LA EMPRESA

Todas las organizaciones tienen un **fin**, que constituye su razón de ser: una compañía aérea se crea para transportar personas o cosas; una asesoría proporcionará consejos e información para que alguien tome decisiones o pueda encontrar solución a sus problemas; las empresas de mudanzas se constituyen para llevar de un lugar a otro enseres, y las salas de espectáculos para ofrecer entretenimiento.

Pero, además, los empresarios persiguen **objetivos** o metas a alcanzar a corto, medio o largo plazo, que pueden ser diversos. Unos desearán una elevada rentabilidad para sus inversiones, otros buscarán la mayor cuota de mercado posible y tal vez existan dirigentes que sólo quieran que sus empresas sobrevivan en unos mercados cada vez más competitivos. Es posible que algunos pretendan retener a sus clientes actuales y mantenerlos satisfechos a largo plazo, o que sus bienes, o servicios, contribuyan a incrementar el bienestar social de los consumidores.

Los dos conceptos que se han citado, fines y objetivos, no son suficientes para llegar a comprender a fondo la complejidad de las relaciones de las empresas con su entorno. Si se prestara atención a los fines y objetivos, exclusivamente, sólo podría decirse, por ejemplo, que una compañía aérea nace para solucionar la necesidad de transporte y obtener un beneficio tras el pago de impuestos del 5% sobre su volumen de ventas. Sin embargo, estas afirmaciones sólo muestran aspectos parciales de la empresa.

La naturaleza de una organización lleva implícito su fin. Un objetivo es una meta a alcanzar. Sin embargo, conocer los fines y los objetivos de las empresas no es suficiente para poder identificar muchos aspectos claves, como saber quiénes son sus clientes o cómo se relacionarán con ellos, o con otras fuerzas del mercado, como los competidores, los proveedores o sus propios trabajadores. Para conseguir comprender en toda su extensión una empresa debe definirse su misión, que es concepto mucho más amplio y complejo que el de fin u objetivos.

Por **misión de una empresa** se entiende el **conjunto de creencias** sobre lo que debe ser su actividad, en lo que respecta a **quién será su mercado** y qué bienes o **servicios se ofrecerán**, cuáles serán los **valores** y creencias con relación a los consumidores, proveedores y distribuidores y **en qué se diferenciar**á de los competidores.

La delimitación de misión ayuda a determinar las relaciones con los mercados, proporciona un sentido a lo que se hace en todos los niveles de la organización. La misión refleja la visión de la empresa a largo plazo en términos de lo que quiere ser y a dónde quiere llegar.

2.1. Componentes de la misión

El concepto de misión es fácil de comprender. Pero se hace necesario definir con mayor precisión sus componentes o su contenido concreto. Para ello deben encontrarse respuestas a una serie de interrogantes.

A. ¿Cuáles son las creencias, valores, aspiraciones y prioridades de la empresa?

Las empresas se relacionan con una serie de grupos. Por un lado se encuentran los clientes y ante ellos debe tomarse una actitud. La misión de la empresa orientada al mercado debe considerar al **cliente** como un **activo irremplazable**, que exige los mayores esfuerzos para ser conservado. También debe definirse en la misión qué se pretende con los intercambios con ellos, que debería ser ofrecer calidad de servicio, confianza, bienestar y precios justos. Desde una perspectiva actual las empresas deberían incluir como componentes de su misión los principios de marketing de relaciones ya expuestos en el capítulo anterior.

La misión también ha de contemplar **sus relaciones con los proveedores y los distribuidores**. Si la orientación empresarial fuera la del marketing social, debería considerarse a estas fuerzas del mercado como colaboradoras de la empresa y actuar en términos de tratar de conseguir el cumplimiento de los objetivos que las partes deseen, y que es mejor actuar como socios que como enemigos, porque al final, las guerras, sean del tipo que sean, no las gana nadie. Todos pierden algo en ellas. Tal vez todo.

Respecto a los empleados, una misión de la época en que vivimos debería incluir los principios del **marketing interno**, ya expuestos en el capítulo anterior, que se resumen en un buen trato a los trabajadores, en el reconocimiento a su trabajo, en la creación de un sistema de recompensas justo y motivador, en proporcionar seguridad en el empleo y posibilidades de promoción.

Las empresas también se relacionan con la Sociedad. En ella existen valores, como el respeto al medio ambiente, y creencias, como el sentimiento de que las empresas no deberían ser sólo organizaciones con ánimo de lucro. Las empresas deben definir en su misión en qué medida actuarán respondiendo a esos valores; por ejemplo, contribuyendo a mejorar el medio ambiente, adoptando tecnologías que no dañen la naturaleza, o favoreciendo la difusión de la cultura, a través de donaciones de obras de arte, financiando actividades artísticas y culturales, u otras relacionadas con la ocupación del tiempo libre. Una empresa orientada al marketing social debería incluir en su misión el principio de contribución a conseguir mejorar la calidad de vida de las personas, atendiendo a las demandas sociales que pudieran surgir en cada momento

De acuerdo con lo expuesto, la misión de una compañía aérea podría ser la de atender las necesidades de transporte que pudieran tener los consumidores en cada momento; proporcionar un servicio de calidad superior al que ofrecen otros transportistas, atendiendo a los consumidores según sus necesidades de desplazamiento y recursos; conseguir la máxima seguridad de pasajeros y cosas; crear para sus empleados unas condiciones de trabajo en las que a través de la participación y reconocimiento se sintieran motivados y vinculados a la empresa; respetar a los competidores, no permitiendo llegar a acuerdos desleales en materia de tarifas o ventajas para conseguir trato preferente en las entradas, salidas y estacionamiento de sus aviones en los aeropuertos. También podría considerar destinar una fracción de sus beneficios para contribuir a mejorar las condiciones de vida de las personas, patrocinando actividades culturales o recreativas, subvencionando proyectos de investigación de interés social o invirtiendo en infraestructuras.

La misión de una entidad financiera podría ser el propósito de vincularse al territorio donde opera e identificarse con él; querer ser líder en servicio por ofrecer los productos que el mercado necesita y demanda; conseguir la vinculación de los clientes tras proporcionarles el debido asesoramiento y satisfacción con el servicio que ofrece la entidad; mantener siempre satisfechos y motivados a los empleados a través de la formación, el reconocimiento de su trabajo y equilibrio entre autoridad concedida y la responsabilidad exigida. Con relación a los accionistas la entidad financiera podría tratar de mantener su aplicando políticas de reparto de beneficios sensatas y conseguir su colaboración como financiadores demostrando conductas prudentes y capacidad de previsión.

B. ¿Cuál es el mercado de la empresa?

La respuesta a esta pregunta supone **definir quiénes serán los consumidores** a los que la empresa atenderá. Las organizaciones pueden dirigir su oferta a diferentes grupos, siguiendo criterios diversos. Algunas empresas atienden a todo tipo de consumidores, como Telefónica, RENFE, Iberia, el Banco Bilbao Vizcaya o Seguros Plus Ultra. Cuando es necesario especializan sus servicios y a sus empleados para atender a los distintos grupos de consumidores, como sucede con las empresas financieras.

Algunas empresas de transporte se especializan en hombres de negocios, que viajan en pequeños reactores o helicópteros, o se dedican exclusivamente al tráfico de mercancías, como UPS, Seur o MRW.

Consultoras de gestión como Arthur Andersen o Peat Marwick atienden sólo a personas jurídicas y otras empresas sólo prestan asesoría a personas físicas. Las cajas de ahorros históricamente se han dirigido a consumidores con rentas más bajas que los clientes de los bancos. Las pizzerías y hamburgueserías se orientan generalmente a los jóvenes, y los restaurantes caros a hombres y mujeres de negocios, o a personas con poder adquisitivo elevado. Los restaurantes de menú del día atienden durante la semana laboral a las personas que no tienen tiempo para ir a comer a sus casas.

Las empresas deben definir con precisión cuál será su **mercado objetivo**, pues éste condicionará todas las actividades de marketing relativas al producto, su precio, la comunicación y la distribución.

No es lo mismo asesorar a una empresa que a un particular, pues sus problemas o situaciones difieren; las tarifas aéreas de las personas no son las mismas que las de las mercancías, pues éstas se facturan por el volumen ocupado en los aviones; los tipos de interés que se aplican a los préstamos a la industria no son los mismos que los cobrados por préstamos al consumo; la comunicación de los servicios –los medios, los soportes y los mensajes– variará según las características del mercado al que se dirijan, según sean personas físicas o jurídicas; la distribución de los servicios no se hará de la misma forma según quiénes sean los clientes; una lavandería recoge y entrega a domicilio la ropa lavada a clientes industriales, como hoteles y oficinas, pero los particulares deben acudir el establecimiento.

C. ¿Cuál será la amplitud del mercado?

Las organizaciones deben delimitar la **extensión del territorio** donde operará. Perfilarla depende de factores definidos en la misión, como el grado de conocimiento que se desee llegar a adquirir sobre él y la integración o vinculación con el territorio donde se actuará. Existen otros factores más restrictivos, como la propia dimensión de la organización, que puede limitar su capacidad de expansión el mercado, si fuera pequeña; el grado de concurrencia en el sector, que en caso de ser elevado puede frenar las posibilidades de expansión del mercado; o el tamaño de los segmentos de mercado a los que se desea atender, que pueden ser pequeños, sin posibilidades de crecimiento, o tal vez se encuentren saturados con otras ofertas.

D. ¿Cuáles son los objetivos de la empresa?

Uno de los componentes de la misión de la empresa lo constituyen los objetivos que se persiguen con su actividad. Entre los posibles pueden citarse la rentabilidad, máxima o tan sólo suficiente, el crecimiento de las ventas, conseguir cuota de mercado, la calidad del servicio, la innovación, crear o mantener la imagen o la atención a un segmento de mercado determinado. Las empresas pueden, no obstante, buscar la consecución simultánea de más de un objetivo.

Las grandes empresas generalmente no buscan elevadas rentabilidades. Para muchas les es suficiente con sobrevivir, mantener su cuota de mercado, conseguir un beneficio suficiente para retribuir a los accionistas o poder autofinanciarse para acometer determinadas inversiones. En empresas pequeñas o medianas, el crecimiento o la rentabilidad son objetivos frecuentemente perseguidos.

En la medida de lo posible, **los objetivos deben ser cuantificados** y referidos a un **marco temporal**. Hablar de la fijación de un beneficio máximo es impreciso. Una empresa que haya obtenido pérdidas en un ejercicio, maximiza sus beneficios reduciéndolas en el siguiente. Debería expresar sus objetivos en otros términos: por ejemplo, reducir las pérdidas a la mitad, o ganar 100.000.000 de ptas. en el plazo de un año.

Por otra parte, si los objetivos no se cuantifican, o por lo menos no se explicitan, se dificultan las tareas de control y de auditoría de resultados, porque faltan puntos de referencia.

Los objetivos de las empresas deben ser **realistas y factibles**, además de **consistentes** o compatibles con la misión. No se pueden maximizar ventas y beneficios simultáneamente. No se puede dar gran calidad a bajo precio, ni la alta rentabilidad es compatible con una cuota de mercado elevada, que normalmente exige precios bajos que implican, consecuentemente, márgenes reducidos. Un objetivo de rentabilidad no es compatible con otro de máxima calidad o servicio. Si uno de los componentes de la misión es la calidad de servicio, una empresa debería valorar si es compatible con un objetivo de rentabilidad elevada, pues prestar calidad es caro y reduce los beneficios.

Las empresas deben **jerarquizar sus objetivos** en el caso de que deseen alcanzar varios, supuesto que sean compatibles entre sí y con la misión. Por ejemplo, podría desearse alcanzar una cuota de mercado del 10% y una rentabilidad mínima del 5%. Debe darse prioridad a alguno de estos objetivos. Quizá interese el objetivo de cuota, para mantener la posición de la empresa en el mercado. A lo mejor es prioritaria una rentabilidad del 5% para ganar la confianza de los accionistas o de las entidades financieras, o porque es necesario que la empresa se autofinancie.

E. ¿Cuáles serán los principales bienes o servicios que se ofrecerán en el mercado?

En las empresas todos los productos no tienen la misma importancia. En las cajas de ahorros los productos financieros más importantes, tratándose de personas físicas, son las libretas de ahorro y las imposiciones a plazo. En los bancos tienen mayor relevancia las cuentas primadas y diversas formas de ahorro previsión. La auditoría contable constituye la actividad principal de empresas como Arthur Andersen o Price Waterhouse. La línea más rentable de Iberia es el puente aéreo Madrid-Barcelona. En las cartas de los restaurantes algunos platos se demandan más que otros.

Sin embargo, lo más importante no es, necesariamente, lo más demandado o vendido. Esta afirmación puede resultar paradójica y debe justificarse. Las empresas que diversifican sus productos deben identificar sus cabezas de línea, es decir, aquellos que representan su actividad principal y que proporcionan los mayores márgenes. Estos productos serán objeto de un control especial, dado su impacto económico sobre la empresa y su supervivencia. Pero el interés por identificar esos productos no debe entenderse sólo desde el punto de vista económico. Los productos importantes no tienen por qué ser, forzosamente, los más rentables, incluso podrían acarrear pérdidas.

SAS es una compañía aérea escandinava. Su fin es evidente, el transporte. Pero uno de los componentes de su misión es proporcionar un servicio de calidad, especialmente para hombres y mujeres de negocios, que constituyen un grupo muy importante de sus pasajeros. Estas personas desean que existan vuelos para volver a sus casas al final del día, una vez finalizadas sus gestiones, o que les permitan hacer conexiones con otros aeropuertos para, a través de otras compañías, dirigirse a otros países. El producto importante para SAS son precisamente esas líneas, cuyos trayectos y horarios permiten desarrollar su misión, incluso aunque no sean tan rentables como otras.

En una entidad financiera orientada a jóvenes este grupo de clientes constituye un segmento de mercado importante. Los productos desarrollados para ellos son básicos, aunque no resulten tan rentables, globalmente, como los ofrecidos a personas físicas de mayor edad y renta, o a clientes industriales.

En resumen, **los productos importantes** para las empresas son aquellos **más directamente relacionados con su misión**, y que comprometen su desarrollo. No tienen por qué ser necesariamente los más rentables de la cuenta de explotación.

F. ¿Cuál es la actividad actual de la empresa y cuál será la futura?

Cuando las organizaciones definen su corren el peligro de hacerlo en términos demasiado amplios o demasiado estrechos. La definición de la misión obliga a delimitar a qué actividades se dedicarán. La matriz de Ansoff, que será ampliada en el capítulo 5, constituye una herramienta para comprender las estrategias de las empresas con relación a sus productos.

	Productos	
Mercados	**Actual**	**Nuevo**
Actual	Penetrar en el mercado	Desarrollar el producto
Nuevo	Desarrollar el mercado	Diversificar

Una empresa aseguradora, como Aurora, La Estrella, AGF o Plus Ultra, que actuara en el mercado nacional con un producto conocido, como un seguro obligatorio de automóvil, debería seguir una estrategia de **penetrar en el mercado**, es decir, trataría de incrementar su cuota de participación en él, seguramente captando clientes de otras empresas. Mapfre en su actual estrategia trata de atraer clientes de otras aseguradoras ofreciendo primas muy atractivas en el seguro de automóviles. Air Europa persigue captar los clientes de Iberia a base de ofrecer tarifas más reducidas. Airtel trata de hacer lo mismo con Telefónica, siguiendo una estrategia de precios más bajos que la del antiguo monopolio. American Express anima a sus clientes, mediante la oferta de regalos, a que proporcionen nombres de otras personas para que la empresa pueda dirigirse a ellas y conseguir hacerlas clientes.

Si una aseguradora ofreciera un producto nuevo, por ejemplo, un servicio de asistencia integral a personas y cosas en el mercado actual, debería **desarrollar el producto**, es decir, debería conseguir difundirlo entre los clientes actuales y potenciales para que fuera aceptado. Muchas empresas de servicios están siguiendo esta estrategia; por ejemplo, aseguradoras que lanzan modalidades de asistencia integral a personas mayores, para atender su salud, ocio, necesidades de acompañamiento y de labores del hogar.

Si una empresa se introdujera con un servicio actual en un mercado nuevo debería **desarrollar el mercado**, es decir debería conseguir clientes. Sería el caso de Seguros Aurora o BBV en mercados donde no tengan presencia en la actualidad, en España o en el extranjero. Estas empresas podrían conseguir clientes arrebatándoselos a las allí establecidas, o identificar y captar nuevos segmentos con necesidades aún no satisfechas por la oferta actual. Muchos hoteles españoles ofrecen precios especiales para captar clientes, generalmente turistas, un nuevo mercado, durante los fines de semana. Los bancos que se introducen en segmentos nuevos como los jóvenes, como el Central Hispano, con la cuenta Hispano 20 o Caja Laboral con su Super Libreta 55 orientada a personas maduras o de la tercera edad, ofrecen servicios actuales, fórmulas de ahorro conocidas, a mercados nuevos, hasta ahora desatendidos.

Finalmente, las empresas diversifican cuando los productos y los mercados son nuevos. Por ejemplo, algunas compañías aéreas han conseguido rentabilidades adicionales ofreciendo paquetes de viajes que incluyen estancias en hoteles.

Hace años, American Express definió su misión en términos tan amplios como información y entretenimiento. Se planteó una estrategia de diversificación. Estuvo a punto de adquirir la editorial McGraw-Hill y los estudios Disney. Afortunadamente para ella, no lo consiguió. En la actualidad su misión es conceder crédito a las clases económicamente más favorecidas y ofrecer productos financieros. Su misión es mucho más precisa ahora, y compatible con una estrategia de desarrollo de productos, como su introducción en el sector de la inversión mobiliaria.

Una asesoría no debería concebir su misión como la de prestar asesoramiento, en general, pues a ella podrían acudir personas físicas o jurídicas con problemas legales, financieros, contables, laborales, sentimentales o estéticos. La empresa debería delimitar su misión a prestar asesoría económica que podría ser financiero-administrativa, comercial, fiscal o laboral.

A veces, la diversificación de bienes o servicios encaja perfectamente con la misión de la empresa. Por ejemplo, Peugeot produce coches, camionetas, vehículos todo terreno, furgones, ciclomotores y bicicletas. Uno de los aspectos que definen su misión es la producción de elementos de transporte para solucionar las necesidades de desplazamiento por tierra de personas o cosas, y lo consigue a través de su oferta.

La duda que puede surgir es, **¿cómo de amplia debe ser la misión?** Como norma debería adoptarse el criterio de no definirla tan estrechamente que impida el crecimiento o tan ampliamente que se pierda la orientación de la empresa. La definición de la misión ideal debería ser tal que pudiera ser **compatible** con cualquiera de las **estrategias de la matriz de Ansoff**.

American Express definió su misión en términos muy amplios. Le hubiera sido muy difícil mantener su norte con actividades tan dispares. Peugeot diversifica mucho su producción. Podría pensarse que su misión es demasiado amplia y poco precisa, porque una bicicleta y un furgón tienen pocos puntos en común, salvo un bastidor y unas ruedas. Pero ambos vehículos son compatibles con la misión de producir bienes para satisfacer la necesidad de transporte de las personas o las cosas. Peugeot, al definir su misión con precisión ha encontrado posibilidades de crecimiento.

Si Peugeot hubiera definido su misión en términos tan amplios como producir bienes para satisfacer todas las necesidades de transporte de personas y cosas, debería añadir a su oferta actual aviones, trenes y barcos. Esta misión es demasiado amplia para poder ser llevada a la práctica. Peugeot no posee la tecnología necesaria para diversificar tanto su producción. Además, encontraría competidores mucho más cualificados para ello.

G. ¿Qué tecnología se aplica

La creación de bienes y servicios requiere algún tipo de tecnología. Generalmente se tiende a asociar la tecnología a la transformación de materias primas para convertirlas en bienes. Sin embargo, crear y prestar servicios puede requerir el apoyo tecnológico, que podrá variar en su grado de sofisticación según cuál sea la misión de la empresa.

Uno de los componentes de la misión que cabe esperar encontrar en una agencia de viajes es proporcionar un servicio rápido y de calidad de reserva y venta de billetes de medios de transporte. Necesita ordenadores para hacer las reservas de los pasajeros de autobuses, trenes o aviones, y poder confirmarlas al momento, e incluso extender los billetes. También necesita terminales para poder cobrar con tarjeta a sus clientes.

Para prestar un servicio continuado y de calidad una entidad financiera puede requerir el uso de cajeros automáticos y de consultas por teléfono. Un restaurante de comida rápida tiene como misión ofrecer alimentos baratos, similares en todos los establecimientos, a personas que no tienen mucho tiempo para consumirlos. Empleará una tecnología de preparación de alimentos muy distinta a los que usará un restaurante que quiera ofrecer platos cocinados con métodos tradicionales a clientes que deseen pasar un rato agradable en el local. Un equipo de decoradores podrá ofrecer dibujos de sus proyectos a los clientes, pero si deseara prestar un servicio de mayor calidad y a medida de los deseos de los consumidores podría emplear tecnologías informáticas de realidad virtual para ofrecer diseños interactivos.

2.2. Cómo se desarrolla e implementa la misión en la empresa de servicios

Concebir la misión no es sencillo. Tal vez en una organización de nueva creación este proceso no resulte muy complicado, pero en empresas antiguas, que hayan seguido orientaciones a la producción o la venta, modificar la misión y adaptarla a los tiempos que corren puede encontrar muchas resistencias.

Definir la misión supone que algunas personas deben encargarse de ello. Puede ser un grupo de ejecutivos que a través de reuniones periódicas vayan perfilando su contenido. Los aspectos que deben identificar ya han sido expuestos a lo largo de este capítulo. No obstante, conviene sintetizarlos. Son los siguientes.

- Definir el fin de la empresa.
- Identificar los mercados y los servicios relevantes.
- Definir las estrategias coherentes con el fin de la empresa.
- Buscar un equilibrio entre amplitud y estrechez de la misión.
- Diferenciar la empresa de otras del sector, es decir, posicionarla.
- Orientarse al consumidor en lugar de al producto.
- Conseguir, si fuera preciso, un cambio en la estructura organizativa para que la misión pueda ser implantada.
- Finalmente, comunicar a los grupos, empleados, mercado, proveedores y distribuidores la misión de la empresa.

Antes de definir su misión la empresa debe estar preparada para ello, en el sentido de que tiene que haber una sensibilidad que favorezca ese desarrollo. Hace falta que la propia cultura de la empresa no constituya un freno. En general, desarrollar la misión es un **proceso lento**. La misión recoge principios de gestión, valores para la empresa y actitudes para con los grupos del mercado. Desarrollarla es crear o modificar una cultura, una forma de entender cómo debe actuarse en el mercado. Es posible que desarrollar una misión haga que la empresa cruja.

Conseguirlo no es fácil. Hace falta **consenso** entre todos los grupos; desde los cuadros superiores hasta los empleados de menor nivel. El desarrollo de la misión debe comenzar por los puestos más altos del organigrama y descender a lo largo y ancho de él. La conducta es un mejor comunicador que las palabras. Los empleados deben ver que sus superiores actúan y son coherentes con los planteamientos de la misión que se está desarrollando.

Además, los componentes de la misión no deben variar constantemente porque es un **proyecto de futuro**, a largo plazo, que deberá evolucionar para acomodarse a las situaciones cambiantes del mercado, pero esos cambios deberán estables, no turbulentos.

En el capítulo 2 se ha insistido en el **marketing interno** y en el **de relaciones**. Resulta obvio que ambos deben ser componentes de la misión, pues recogen principios de gestión, de trato y valores hacia los grupos que forman parte del entorno de la organización y su mercado. Ambas clases de marketing constituyen valores fundamentales en las empresas que deseen orientarse al mercado, o que incluso deseen ir más allá, pues hayan adoptado los principios de marketing social encaminado a aumentar el bienestar de la Sociedad.

Las empresas con estructuras organizativas muy jerarquizadas, autocráticas, poco flexibles, en las que las personas sólo obedecen, sin posibilidades de participación ni de creatividad, son incompatibles con el desarrollo de una misión orientada al mercado, o al marketing social.

Conseguir cambios es difícil. Existen resistencias a perder poder por parte de quienes lo han detentado. Descentralizar y flexibilizar una organización supone conceder más autonomía y exigir mayor responsabilidad a personas que antes eran simples ejecutores de órdenes. Este proceso supone sentar ante una misma mesa a grupos que antes mantenían una relación jerárquica, pero que ahora deben colaborar. Tal vez algunas personas vean frustradas sus expectativas de promoción profesional, y por ello se opongan a los procesos renovación de estructuras organizativas.

Una empresa anticuada desde el punto de vista organizativo no puede desarrollar una misión. Tendrá sólo un fin y unos objetivos. Pero sólo esto resulta muy pobre e incompatible con una concepción de empresa moderna. Ha costado muchos años conseguir el desarrollo de una conciencia de empresa que incluya entre sus valores a los trabajadores y al mercado. Incluso existieron dos sistemas económicos enfrentados por concepciones empresariales opuestas. Una vez llegada la convergencia, olvidar el pasado sería un error. Dada la orientación al consumidor necesaria en las empresas de servicios ese olvido podría ser, además, una torpeza.

3. SEGMENTACIÓN EN EL MERCADO DE SERVICIOS

3.1. Concepto

Uno de los componentes básicos de la misión, quizá el más importante, es el mercado a atender. Algunas organizaciones se dirigen a la totalidad de los consumidores, como sucede con las compañías aéreas, los bancos o las empresas aseguradoras. Otras se centran en algún grupo de personas con alguna característica distintiva, como sucede con American Express o con las clínicas de adelgazamiento, que se orientan a consumidores con rentas elevadas. Generalmente, las empresas encuentran en el mercado distintos grupos de consumidores y les ofrecen productos que se adapten a sus deseos o necesidades. Es decir, las empresas segmentan los mercados. Los beneficios que representa una segmentación acertada son muy importantes, algunos de los cuales son los siguientes.

Las empresas pueden **diseñar los productos a medida** de las necesidades de los consumidores. Debido a que éstos no tienen todos las mismas características, cabe la posibilidad de encontrar grupos que tengan necesidades diferentes o que se fijen en distintos atributos de los productos, como el precio o la calidad, la relación precio/calidad, etc.

Las personas que acuden a un hotel tienen una necesidad básica, que es alojamiento, pero los turistas y los hombres y mujeres de negocios buscan beneficios adicionales, que podrían ser precios asequibles los primeros, o salas de conferencias y fax los segundos. Incluso es posible que se detecte algún grupo de personas cuyas necesidades no se encuentren satisfechas, lo que supone haber detectado una oportunidad de negocio, que convendrá analizar con detenimiento, para llegar a saber si resultará interesante explotar. Por ejemplo, el hotel podría detectar que las personas mayores no acuden a él porque no encuentran sistemas de seguridad en los baños, como barras, pasamanos, etc. La instalación de estos elementos podría atraer a un nuevo grupo de clientes.

La segmentación ayuda a **establecer prioridades**. El análisis del mercado puede poner de manifiesto segmentos sin atender. Las empresas se dirigirán a ellos según diversos criterios: el potencial de compra del segmento, su accesibilidad, su carácter complementario con otros grupos que ya atiende la empresa, posibilidades de la empresa en el nuevo segmento descubierto, etc. Un Banco podría encontrar que no tiene clientes jóvenes, cuyas necesidades son distintas de las de los mayores. Sucede que su nivel de renta no es muy alto, y su estructura de gasto se orienta al consumo, más que a la inversión. El Banco podría crear productos financieros para los jóvenes, especialmente préstamos al consumo o para realizar estudios. Este segmento es complementario de otros ya existentes, y con el tiempo, si consiguiera vincularlo, se convertiría en un grupo de clientes con alto nivel de renta que demandaría otro tipo de productos y sería más rentable.

En tercer lugar, el conocimiento de los diversos segmentos **permite identificar quiénes son los competidores** más directos, que son los que atienden a los mismos segmentos. Este conocimiento ayuda a establecer las estrategias defensivas o agresivas más convenientes. Las empresas no deben olvidar que los competidores son los que cubren las mismas necesidades, no los que ofrecen exactamente los mismos productos o servicios. Así, los competidores de los cines pueden ser los teatros, los museos y las salas de exposiciones, porque todos ellos permiten ocupar el tiempo libre.

La segmentación permite **conocer los deseos y gustos** de los consumidores con la posibilidad de satisfacer sus necesidades, y en consecuencia, enfocar la producción de acuerdo con la orientación de la empresa hacia el consumidor. La segmentación ayuda a conseguir consumidores fieles por adaptarse a sus necesidades o gustos. En general, la segmentación **facilita el desarrollo** de otras actividades de marketing como la fijación de precios, la comunicación y distribución.

3.2. Proceso de segmentación

El proceso de segmentación puede resumirse en los siguientes pasos: identificación del mercado relevante, selección de criterios de segmentación, valoración de los segmentos y selección de estrategias.

Definir el **mercado relevante**, equivale a delimitar el mercado al cual se dirigirán las empresas. Cuando se define la misión uno de sus componentes básicos es el mercado a atender. Sin embargo, la definición inicial de la misión no hipoteca el futuro. En el apartado anterior se ha expuesto que la definición no debe ser tan amplia que la organización actúe desorientadamente, ni tan estrecha que impida su desarrollo. Esto significa que una vez delimitado el mercado relevante las empresas pueden dirigirse a otros. En la práctica el mercado relevante va a depender del atractivo que la empresa encuentre en él, condicionado por una serie de factores (Porter 1985).

En primer lugar, depende de la **intensidad de la competencia**. Para las empresas resulta mucho más interesante actuar en mercados en los que exista poca competencia, evidentemente. Los competidores no deben contemplarse sólo desde el punto de vista actual, sino también desde la perspectiva de amenazas de entrada de otros nuevos. Cuanto menor sea esa probabilidad de entrada tanto más atractivo resultará el mercado. Debido a que los servicios no se pueden patentar, el establecimiento de las barreras de entrada es más difícil respecto a los bienes. Es fácil encontrar mucha competencia en la prestación de servicios básicos, porque son fácilmente imitables, como sucede con las cuentas corrientes, los seguros obligatorios de automóvil, los bares o la limpieza en seco. Los servicios profesionales como la cirugía o el asesoramiento legal son más difícilmente imitables. A veces, la prestación de un servicio requiere una tecnología sofisticada o elevadas inversiones, como sucede con el transporte aéreo o con los hoteles. En ambos casos existen barreras económicas muy importantes que representan protección en el sector.

Los bienes y servicios deseados y adquiridos por un segmento de población pueden verse amenazados por la **aparición de sustitutivos**. Cuanto menor sea la probabilidad de su aparición, tanto más interesante resultará el segmento. En general, los servicios no especializados tienen muchos sustitutivos, como sucede con los restaurantes de menú del día, las tintorerías, la mensajería urgente o las peluquerías.

El **poder de los proveedores y de los distribuidores** condiciona la efectividad de las actividades de marketing en el mercado. Cuanto mayor sea ese poder, más elevado será el peligro para la empresa y menos atractivo resultará el mercado. En las empresas turísticas se subcontratan muchos servicios. Los agentes venden viajes o estancias, pero son otros quienes transportan o alojan a las personas. Un viaje atractivo en un folleto puede resultar un desastre si las prestaciones delegadas a terceros fracasan. Las empresas aseguradoras que ofrecen asistencia en viaje, o a los automóviles, se encuentran con que la calidad del servicio depende de lo que hagan sus proveedores. Esto significa que su selección y control deben ser muy cuidadosos.

Una vez considerado el mercado relevante, deben definirse **criterios de segmentación**, es decir soportes que sirvan para dividirlo. Pueden ser criterios basados en características de los consumidores o en su comportamiento. Se expondrán aquellos criterios adecuados para segmentar el mercado de los servicios, si bien es cierto que existen más, que son especialmente válidos para el mercado de los bienes.

Los primeros son **objetivos** e indiscutibles. Dependen de dónde vivan los consumidores, y cuáles sean su edad, sexo, renta, situación familiar y estatus socioeconómico. Estos criterios han demostrado ser útiles para encontrar grupos de consumidores diferentes cuando se trata de bienes. Existe ropa específica para hombres o mujeres; medicamentos pediátricos o para mayores; los bienes que compra un matrimonio de edad madura no son los mismos que los que interesan a un joven que acaba de estrenar su primer empleo; una persona con un alto nivel de renta compra algunos bienes distintos de otras personas con rentas bajas. Los habitantes de climas fríos y húmedos compran bienes como estufas, ropas de abrigo, ruedas especiales para sus coches, etc. muy distintos de los que viven climas cálidos.

Los consumidores de servicios se pueden segmentar desde un punto de vista **geográfico**. Por ejemplo, los aficionados a deportes como aerobic o los usuarios de los gimnasios suelen vivir en las ciudades. Las consultoras de gestión se localizan en las ciudades a donde acuden los empresarios deseosos de consejos. Los servicios de ayuda domiciliaria no se demandan en zonas rurales, donde existe una mayor proximidad y confianza entre las personas.

Existen empresas que prestan servicios en mercados de dimensión diferente. Algunas compañías aéreas que operan en Canarias o en el norte de Escocia se limitan al tráfico entre islas. Otras actúan en mercados nacionales, como LAN o Air Nostrum. Iberia o British Airways actúan en todo el mundo. Algunas entidades financieras tienen mercados de dimensión provincial como las Cajas de Ahorros, mientras que los bancos y compañías de seguros actúan en uno o en varios países.

El **sexo** de los consumidores justifica segmentos de mercado diferentes para algunos servicios. Existen médicos ginecólogos y médicos andrólogos. Los centros de estética de hombres y mujeres prestan servicios distintos debidos a diferencias anatómicas o culturales entre sexos, como depilación o afeitado, cuidado de las uñas de los pies o tratamientos contra la calvicie.

La **edad** es también un criterio válido para segmentar el mercado de los servicios. Los niños pequeños necesitan guarderías y las personas mayores residencias geriátricas. Los servicios financieros que puede demandar un joven, esencialmente algún producto de ahorro y préstamos al consumo, son distintos de los que puede querer una persona adulta, interesada en desgravaciones fiscales o en planes de pensiones previendo su jubilación. Lo mismo sucede con los viajes, cuyos destinos y ritmo pueden variar según la edad de los consumidores. La lista de servicios diferenciados por la edad podría ser interminable; hamburgueserías, discotecas, conciertos de rock, etc. parecen servicios pensados en jóvenes. Restaurantes de lujo, cirugía estética, asesoramiento fiscal, cruceros, etc. se asocian casi instintivamente a personas maduras o mayores.

Los criterios basados en características **sociodemográficas** son renta, estudios, profesión y clase social. El mercado de los servicios se puede segmentar según estos criterios. Las personas con rentas altas, profesiones cualificadas o de clase social elevada –tal vez todo al mismo tiempo– pueden acudir a restaurantes de lujo, están interesadas en asesoría fiscal, pueden pagarse viajes a países exóticos e intervenciones de cirugía plástica con objeto de mejorar su imagen. Alquilan coches, viajan en clase preferente en los transportes públicos, y acuden a hoteles y restaurantes de lujo. Muchas actividades domésticas las encomiendan a terceros, como la limpieza, la cocina o el mantenimiento de sus casas. Estas personas consumen seguros de responsabilidad civil, de asistencia en viaje, de vida, de accidentes, de invalidez, suscriben planes de pensiones, etc. y acuden a gimnasios y a centros de estética.

Otra forma de segmentar el mercado se basa en **criterios sicográficos**, que recogen los estilos de vida de las personas, que se desprenden de sus actitudes y personalidad. Pero los estilos de vida de las personas están condicionados por el conjunto de variables que aisladamente se han tenido en cuenta en la segmentación sociodemográfica. Tratar de explicar el consumo de servicios basándose en la personalidad es arriesgado. Las empresas no pueden identificar la personalidad de sus clientes ni pueden localizarlos atendiendo a este criterio. Además, existen criterios de segmentación mejores que los basados en las características de los consumidores. Estos criterios se basan en sus respuestas y se exponen a continuación.

El mercado también puede segmentarse por los **beneficios** que se buscan con el servicio, por el uso que se hace de él, y por las respuestas de los consumidores a las actividades de marketing.

En un mismo producto los consumidores pueden encontrar beneficios o ventajas distintas. Para algunas personas el agua mineral es un producto beneficioso para su riñón. Para otras puede ser un buen diurético, o neutralizar el ácido úrico en la sangre. La segmentación basada en beneficios buscados supone los consumidores buscan ventajas en el consumo, y se centra más en lo que se busca que en quién busca. Por ejemplo, tratándose de una entidad financiera, un segmento de mercado puede estar interesado en tipos de interés bajos; a otro podría interesarle un servicio rápido con una gran amplitud de horario; puede haber consumidores que deseen una gran variedad de productos financieros. La entidad podría prestar todos estos servicios pensando que existen consumidores interesados en ellos. Pensaría en la utilidad que proporcionan, no en si los desearían hombres o mujeres, mayores o jóvenes, personas con rentas altas o bajas.

Los estudiantes de un master pueden buscar beneficios distintos en él. Esos beneficios pueden ser conocimientos, especialización, promoción profesional y económica, deseo de realizar un mejor trabajo, estatus o reducir parcialmente la jornada laboral.

Un hotel puede ofrecer un menú del día o restaurante a la carta. Los clientes que demandarán uno otro servicio se identifican fácilmente. Los primeros pueden ser personas que se alojan en el hotel. Los segundos serán probablemente habitantes de la ciudad que acuden a él por alguna razón especial. La oferta del servicio se puede diferenciar en diferentes locales; cafetería o restaurante. El servicio hecho tangible en la decoración, vajilla, mantelería, ambiente, uniforme de los camareros y su trato será diferente. Finalmente, en el hotel, todos los servicios no exigen el mismo nivel de calidad de prestaciones. No es tan importante un servicio de habitaciones permanente como la limpieza de las instalaciones o el trato amable, rápido y fluído en recepción.

Las empresas que se orientan al mercado deberían segmentarlo de acuerdo con este criterio, pues es el que tiene en cuenta los intereses de los consumidores, no los de las empresas.

Las empresas de servicios pueden segmentar el mercado según los beneficios buscados siempre que sean capaces de contestar afirmativamente a estas tres preguntas.

- ¿Pueden **identificarse los clientes** por niveles de servicio exigido?
- ¿Puede **diferenciarse** claramente la **oferta de servicios**?
- ¿Todos los productos exigen el **mismo nivel de servicio**?

Desde el punto de vista del **uso** que se hace de los productos, el mercado de los consumidores se pueden clasificar en usuarios grandes, medianos y pequeños. Las empresas no tratan por igual a estos segmentos. Los bancos, por ejemplo, no cobran los mismos tipos de interés ni comisiones a todos los clientes. Algunos reciben un trato preferente. Las cuentas que no alcanzan un saldo determinado están menos retribuídas que aquéllas que poseen mayor movimiento y saldo. Las compañías aéreas ofrecen regalos a los grandes usuarios y American Express actúa en los mismos términos, mediante un sistema de acumulación de puntos proporcionales a las compras realizadas con la tarjeta. Los precios de los hoteles varían según la frecuencia de uso. Son más bajos para las empresas que envían a muchos clientes que para los particulares. A las empresas no les interesan demasiado los pequeños usuarios. Prefieren a los grandes y actuar con ellos según los principios de marketing de relaciones.

3.3. Condiciones para la segmentación

Las empresas que consigan identificar segmentos de mercado deben fijarse en otros aspectos para determinar si esos segmentos son viables. Para que los mercados puedan segmentarse han de verificarse una serie de requisitos.

En primer lugar, los consumidores tienen que **desear productos diferentes** y, además, esas preferencias deben ser identificadas y asociadas a distintos grupos de personas. Por ejemplo, los clientes de una entidad financiera no quieren todos un mismo producto a la vista, que puede ser una libreta o una cuenta. Un niño puede desear una libreta donde pueda ver impreso el saldo de sus ahorros. Una persona adulta posiblemente prefiera una cuenta corriente para disponer de su dinero y hacer pagos mediante un talonario. Un comerciante tal vez desee una cuenta preferente que retribuya un saldo medio elevado con un alto interés. Una empresa industrial quizá quiera una cuenta que admita descubiertos hasta cierto límite. Un joven deseará una cuenta de ahorro vivienda para desgravar en sus declaraciones de impuestos. Existen, como puede apreciarse, segmentos de mercado con deseos y necesidades diferentes.

Los segmentos han de ser **identificados y evaluados** cuantitativamente y además tienen que tener una **dimensión suficiente** que garantice una rentabilidad. Por ejemplo, es posible pensar que la clase social podría ser un buen criterio para explicar el consumo de servicios relacionados con la cultura, como conciertos o seguros de responsabilidad civil. Sin embargo, las fronteras entre clases sociales son vagas e imprecisas. Por el contrario, el sexo es un buen criterio de segmentación cuando se trata de servicios de estética, y la edad si se tratara de atención médica.

Evaluar el segmento de hombres y mujeres no es una tarea difícil. Basta para ello una pirámide de edades. Si se pretendiera cuantificar el tamaño de los segmentos por perfiles sicográficos la tarea sería mucho más difícil de cara a medir el tamaño del segmento y localizarlo. Las empresas deben considerar criterios de segmentación que sean sencillos y operativos.

Los segmentos encontrados deben poder ser tratados con un **programa de marketing** específico, adaptado a ellos. Deben ser significativos y capaces de generar una rentabilidad que justifiquen actividades de marketing especiales para ellos. Deben ser **accesibles**, es decir, tiene que ser posible comunicarse con ellos a través de medios y soportes publicitarios o de la propia fuerza de ventas de las organizaciones.

Los segmentos han de mostrar una **estabilidad** razonable a lo largo del tiempo. De lo contrario el diseño de las variables de marketing quedaría caduco cada poco tiempo, y la actuación de la empresa sería ineficaz.

Un problema que puede surgir es que una misma persona pueda pertenecer a distintos segmentos según el momento del tiempo. Por ejemplo, un ejecutivo de una empresa puede desear viajar en clase *business* cuando se desplace por razones de trabajo, pero optar por clase turista cuando viaje con su familia. Lo mismo podría suceder cuando esa persona elija un hotel. Las empresas de servicios pueden encontrar dificultades para ofrecer un mismo servicio a diferentes segmentos, por ejemplo, un hotel durante la semana laboral a ejecutivos y en fin de semana a esas personas y sus familias. Estas dificultades suelen solucionarse mediante estrategias de precios, que se tratarán en los capítulos 6 y 8.

3.4. Estrategias de segmentación

Las empresas pueden adoptar tres tipos de estrategias ante los segmentos detectados; marketing **diferenciado, indiferenciado y concentrado.**

Pueden desarrollar un único programa de marketing para todo el mercado. Ha sido el caso de Telefónica cuando poseía el monopolio de las comunicaciones. Cualquier persona física o jurídica podía ser cliente de la empresa. Bastaba con pagar una cuota de conexión, un alquiler periódico y los pasos consumidos. Los clientes se limitaban a ser un número al cual llamar. Lo mismo sucede con las empresas de mudanzas en la actualidad. Prestan un servicio de transporte de objetos. Facturan por volumen de carga, tiempo de montaje y desmontaje y distancia recorrida, y no distinguen quién pueda ser el cliente. Estas empresas practican un marketing indiferenciado a todos sus clientes. No les importa quiénes sean. No existe diferenciación del servicio.

Otras organizaciones encuentran en el mercado distintos grupos de consumidores, con características muy dispares y consideran que un producto único no puede atender todas las necesidades de las personas. En un hotel pueden alojarse distintos grupos de personas. Los hombres y mujeres de negocios desean servicio de fax, salas de conferencias, servicio de recepción 24 horas, etc. Los turistas quieren precios razonables y especiales para niños, habitaciones múltiples, programas de animación, etc. Telefónica aplica distintas tarifas según quiénes sean los clientes y a qué horas se hagan las llamadas.

Finalmente, algunas empresas encuentran grupos de consumidores distintos, pero atienden sólo a alguno de ellos. Por ejemplo, American Express se ha centrado en los consumidores con las rentas más elevadas o en hombres y mujeres de negocios. Los hoteles de lujo se han especializado en personas que pueden pagar unos precios muy altos por alojarse en ellos, inasequibles para la mayoría del mercado. Las clínicas de estética privadas ofrecen servicios de escultura dental, adelgazamiento o cirugía plástica. Sólo algunas personas pueden pagar los precios que cobran, y a ese nivel socioeconómico ofrecen sus servicios.

En resumen, las empresas pueden adoptar **tres estrategias para atender al mercado**: marketing indiferenciado, diferenciado y concentrado. La primera consiste en que las empresas (mudanzas, por ejemplo) actúan ignorando la posible existencia de segmentos, atienden al mercado considerándolo como un único grupo; en la segunda, las organizaciones (bancos y cajas de ahorros) reconocen segmentos de mercado distintos y adaptan sus programas de marketing para ellos; la tercera (clínicas de lujo) supone que las empresas también reconocen la existencia de segmentos, pero se centran en alguno de ellos. El resto lo ignoran.

4. IDENTIFICACIÓN DE LAS UNIDADES ESTRATÉGICAS DE NEGOCIO.

Las formas clásicas de organizar la empresa han sido por productos, mercados, clientes o mixta. El concepto de unidad estratégica de negocio (UEN) rompe el esquema de departamentalización clásica. Una UEN se encuentra definida esencialmente por:

- El **mercado objetivo**, es decir, el que atiende, en la actualidad o desea atender.
- Las **necesidades** que satisface.
- La **tecnología** que emplea.

La identificación de las UEN es necesaria para desarrollar los procesos de planificación y control de actividades y asignación de responsabilidades.

Un banco es una empresa diversificada que presta servicios financieros. La entidad ofrece sus préstamos a personas físicas y a personas jurídicas, que son segmentos diferentes, con necesidades distintas. Las personas físicas necesitan ese dinero para consumir bienes duraderos o para adquirir sus viviendas. Las empresas recurren al préstamo para financiar su actividad. Las personas físicas pueden ser jóvenes, adultos o tercera edad, con rentas altas, medias o bajas, trabajadores por cuenta propia o ajena. Las personas jurídicas pueden ser comercios, aseguradoras, instituciones públicas, auditorías, empresas siderúrgicas, químicas o fabricantes de automóviles, etc. Cada grupo de clientes tiene necesidades distintas.

Los jóvenes demandan préstamos baratos para el consumo, préstamos hipotecarios o cuentas de ahorro vivienda. Los adultos desean cuentas corrientes, tarjetas de crédito, planes de pensiones y gestión de sus carteras de valores. Las personas mayores demandan inversiones seguras y rentables cuyos rendimientos complementen sus pensiones. Los inversores conservadores preferirán activos financieros de renta fija. Los más arriesgados desearán una cartera de valores de renta variable. Existen, como puede verse, distintos segmentos de mercado, con diferentes necesidades y deseos.

Los comercios desean cuentas preferentes de alto interés y descuento comercial. Las empresas desean necesitan financiar sus ciclos de explotación, que son inversiones a corto plazo, sus activos fijos o inmovilizados, sus operaciones con el exterior, etc. Quieren préstamos en buenas condiciones y poder pagar la nómina de sus empleados a través de la entidad.

Todos, además, desean un buen servicio, que sea puntual, competente y amable. Los bancos y cajas de ahorros encuentran distintos grupos de consumidores con necesidades diferentes y les ofrecen los productos que desean. Con este objeto crean divisiones internas u organizaciones específicas vinculadas a ellas.

Las tecnologías que emplean las entidades financieras son variables. Conceden préstamos a las personas físicas, hasta cierto importe, justificando unos ingresos. Otras veces utilizan sistemas expertos, como el antiguo Banco de Bilbao hace algunos años. Algunas operaciones se pueden ordenar por teléfono o realizarse a través de cajeros automáticos, como retirar dinero, consultar saldos, ingresar efectivo o conseguir dinero con cargo a cuenta de crédito. Existen públicos objetivos distintos, tecnología y necesidades diferentes.

Además de los aspectos reseñados, las UEN deben definir sus **objetivos y políticas**. Los objetivos son metas concretas que se deben alcanzar. Las políticas son principios generales que inspiran la actividad de la empresa.

Por ejemplo, alcanzar una cuota de mercado del 15% para finales de año, son objetivos. Proporcionar la mayor calidad posible o poder encontrar el servicio en muchos establecimientos son ejemplos de políticas. En el capítulo 8 se profundizará sobre la planificación en la empresa.

5. ANÁLISIS DE LA COMPETENCIA

5.1. Ventajas que supone analizar a la competencia

La mayoría de las empresas actúan en unos mercados progresivamente más competitivos. Para actuar con éxito en ellos no basta con definir la misión de la empresa, los productos, o la población objetivo. Las empresas deben estudiar cuidadosamente a sus competidores, porque así podrán tener un mayor éxito en los mercados. Podrán conocer a qué competidor atacar, de cuáles deben defenderse y con cuáles serán aconsejables las alianzas. Conocer a los competidores supone,

- **Planificar** con mayor probabilidad de éxito estrategias para neutralizar los puntos fuertes de la competencia y destacar aquellos servicios en los que se tienen ventajas relativas.
- Ayudar a los clientes potenciales a **evaluar** con mayor realismo los **servicios** que se ofrecen respecto a los de los competidores.
- Conseguir mayor seguridad en el mercado tras conocer los **puntos fuertes y débiles** de las empresas que actúan en el mercado, incluida la propia.

5.2. Identificación de competidores

Las empresas deben examinar y evaluar a aquellas empresas que pueden tener un impacto significativo sobre ellas. Son las siguientes.

- **Competidores directos** actuales, es decir, empresas que prestan los mismos servicios y con la misma eficacia. Por ejemplo, los grandes bancos españoles son competidores directos entre sí, y lo mismo puede decirse de empresas aseguradoras como Aurora, La Unión y el Fénix o Plus Ultra; también compiten directamente entre ellas Air Europa e Iberia. No debe olvidarse que ser competidor directo no significa que se ofrezcan exactamente los mismos productos en los todos los mercados. Se puede ser competidor en algún producto o mercado. Por ejemplo, Telefónica y Airtel son competidoras directas en telefonía móvil. Aviaco encuentra a Air Nostrum competidora en la línea Madrid-Pamplona, especialmente.

- **Nuevos competidores**. Se trata de empresas que se encuentran experimentando un proceso de expansión geográfica dentro de un mercado nacional. Por ejemplo, las cajas de ahorros vascas encontraron en La Caixa, a finales de los años ochenta un nuevo competidor. Las entidades financieras que operan en Madrid encuentran competidoras a cajas vascas que se han establecido en esta ciudad. En sectores que han sido objeto de regulación, los antiguos monopolios, encuentran competidores nuevos; Iberia se ha encontrado con Air Europa, que amplía su red de vuelos; Telefónica compite con Airtel en telefonía móvil.

- **Empresas que pueden entrar en el mercado**, es decir, que pueden prestar los mismos servicios. Las empresas penetran en los mercados mediante **tres estrategias**; a través de la **imitación** de servicios ya existentes, **ampliando su sistema de distribución** o sirviéndose de una **tecnología de bajo coste**. Por ejemplo, las empresas aseguradoras han encontrado en los bancos y cajas de ahorros a nuevos competidores, pues las entidades financieras también ofrecen seguros; y viceversa, porque las empresas de seguros ofrecen planes de ahorro y de pensiones, como los bancos y cajas. Una consultora tradicionalmente contable y financiera puede prestar asesoramiento mercantil a través de sus actuales delegaciones, que constituyen su sistema de distribución, y competir con despachos de abogados mercantilistas. Algunas empresas de servicios que los prestan con tecnologías de bajo costo son los talleres de reparaciones de coches, los gimnasios, las peluquerías, las empresas de mensajería o las lavanderías. Por el contrario, las compañías aéreas o las empresas que desarrollan aplicaciones informáticas como IBM o Microsoft utilizan tecnologías muy sofisticadas y caras.

5.3. Fuentes de información sobre la competencia

Las empresas pueden conocer a sus competidores utilizando diversos medios. No significa que todas las organizaciones sean capaces de emplearlos todos. Son los siguientes.

- **Informes** anuales o memorias de accionistas, donde se describen los logros de las empresas, su situación económico financiera y los objetivos que se desean alcanzar.

- **Folletos o catálogos** en los que se describan los productos que se ofrecen al mercado. A través de ellos se puede conocer la cartera o conjunto de productos que ofrecen.
- Información que aparece en la **prensa** económica nacional o internacional; en revistas como Actualidad Económica, Expansión, Cinco Días, Dinero, Time, New York Times, Euromoney o Frankfurter Allemande.
- También se puede encontrar información en **bases de datos o en Internet**.

Informaciones suministradas por **proveedores** relativas a planes de inversiones, niveles de actividad, eficiencia, etc. También se puede contratar a personas que actualmente prestan sus servicios en empresas de la competencia. Debe advertirse que estas prácticas pueden colisionar con la ética de los negocios.

5.4. Diseño de una base de datos para estudiar a los competidores

En la actualidad la tecnología informática permite desarrollar bases de datos que pueden recoger sistemáticamente información relevante y actual sobre los competidores reales o virtuales, y evaluar así puntos fuertes y débiles para desarrollar con éxito estrategias competitivas. El contenido de la base de datos podría ser el siguiente,

- **Denominación** del competidor; identificación de su misión; análisis de sus objetivos económicos y no económicos perseguidos; posibilidades de crecimiento y grado de adaptabilidad de sus estrategias.
- **Naturaleza** de los servicios que presta y procedimientos que emplea; composición de su cartera de productos, grado de especialización en la oferta de servicios, grado de innovación de su oferta; mercados donde actúan y penetración en los mismos. Esta información permite valorar las posibilidades de expansión en los mercados, así como evaluar puntos fuertes y débiles.
- Número de **puntos de prestación** del servicio –sucursales bancarias, de empresas de seguros, delegaciones de consultoras– y localización geográfica de los mismos. Esta información es útil para conocer la posición de la empresa en el mercado, evaluar el potencial de éste y el grado de libertad de actuación para desarrollar estrategias de precios, de distribución, de comunicación o de diferenciación de los servicios.
- **Datos económicos** de los competidores como, como rentabilidad actual y pasada, la situación financiera respecto a solvencia, endeudamiento y liquidez.

- Información sobre quiénes son los principales **clientes** de los competidores, su evolución y cuál es la situación actual y expectativas de futuro, grado de fidelidad, así como su pertenencia a grupos. Estos datos también se harán extensivos a los **proveedores** o prestatarios de servicios, si es que los hubiera.
- Datos sobre su **estructura organizativa**; principios de organización asumidos, sistemas de planificación y control de actividades; grado de implantación de principios de marketing interno y de relaciones; cultura empresarial o valores y sistemas de retribución y motivación.
- Información sobre su **infraestructura física**; antigüedad de instalaciones, de equipos o elementos de inmovilizado, importancia de la infraestructura para la prestación de los servicios. También puede ser interesante conocer el grado de adopción de nuevas tecnologías para prestar los servicios con mayor calidad.
- Datos sobre el **factor humano**, como tamaño de la plantilla, cualificación, grado de sindicación y conflictividad laboral.

Una vez que las empresas detectan a sus competidores deben identificar las estrategias que seguirán y cómo deberán responder a ellas. Las empresas deben conseguir ventajas competitivas respecto a sus competidores, es decir, posicionarse en el mercado.

6. POSICIONAMIENTO EN EL MERCADO DE SERVICIOS

La misión de la empresa requiere definir el mercado y los segmentos que se atenderán. Un concepto íntimamente ligado a la segmentación e identificación de los competidores es el de posicionamiento. Posicionar un producto en un mercado es dotarle de unas características que lo diferencian del resto de la oferta.

6.1. Características del posicionamiento

El objetivo del posicionamiento es diferenciar en la mente de los consumidores los productos que ofrecen las empresas. Para conseguir esa diferenciación debe conseguirse que sea (Kotler, *et al.* 1995),

- **Importante**, es decir, debe proporcionar un beneficio valorado por los consumidores. Por ejemplo, una compañía aérea puede reducir el precio de sus tarifas, mientras presta un servicio idéntico en calidad de transporte, puntualidad y atención a bordo. Un banco puede ofrecer un mayor interés para sus cuentas corrientes mientras el resto de los servicios ligados a ellas son iguales a los de sus competidores. Estas diferenciaciones son importantes. Por el contrario, si un banco enviara los extractos de las operaciones en papel reciclado y los competidores no, la diferenciación entre entidades sería nimia, por lo menos para muchos de los consumidores.

- **Distintiva**. Esto significa que la diferenciación no debe ser ofrecida por los competidores. En España Telepizza no cobra sus *pizzas* si se retrasa en la entrega más de media hora. Otros competidores no actúan así. El Banco Santander ofrecía un abono de mil pesetas en cuenta si las reclamaciones por errores en los extractos no se atienden en el día. Era el único banco que lo hacía.

- **No imitable** quiere decir que las empresas de la competencia no puedan adoptar la estrategia de posicionamiento. Por ejemplo, el Banco Santander solía tomar la iniciativa en las guerras de tipos de interés y era el primero en reducir los precios del dinero. Ese posicionamiento le duraba uno o dos días, porque los demás le imitaban rápidamente. Pero un banco que desplazara a los empleados a los domicilios de los clientes en horarios especiales, por la tarde o en días festivos, para atenderles mejor en operaciones financieras seguiría una estrategia difícilmente imitable, pues podría colisionar con los intereses de los sindicatos o con una cultura empresarial de otras entidades, resumible en *trabajo sólo de 8 a 3*. En general, tratándose de servicios, el posicionamiento es imitable, porque no se pueden patentar y cuanto más básicos sean más fácilmente se imitan. Uno de los componentes del valor de los servicios es la calidad del equipo humano, que se encuentre influenciada por su formación y cultura empresarial. La calidad del servicio desde un punto de vista humano, no se improvisa y esta puede ser una arma de diferenciación difícilmente imitable a corto plazo.

- **Comunicable y comprensible** para los consumidores. Comunicar un servicio con horario más amplio no es difícil, y el mercado lo puede comprobar. Pero otros elementos de diferenciación como una mayor formación de los empleados o unos programas informáticos más sofisticados son más difícilmente comunicables. Un banco que quisiera diferenciarse sobre estas características debería hacerlas tangibles, por ejemplo, mediante el trato de sus empleados e impresos y documentos de nuevo diseño. En el próximo capítulo se tratan con profundidad las estrategias de tangibilización de los servicios.

- **Rentable** para la empresa y **asequible** para el mercado. Si una mejora del servicio no es rentable ni los consumidores pueden pagarla debe ser descartada. La apertura de un banco durante las 24 horas del día no mejora el servicio, multiplica los costes y los clientes no estarían dispuestos a pagar los servicios más caros. El banco podría buscar otras alternativas para atender a los consumidores en horario nocturno; emplearía cajeros automáticos y órdenes telefónicas.

6.2. El proceso de posicionamiento

La metodología para posicionar los servicios debe comenzar por identificar los niveles de posicionamiento; después se identifican los atributos se valoran las diferentes estrategias que pudieran encontrarse y finalmente se implementa la que se considere más conveniente.

El posicionamiento de los servicios puede hacerse desde distintos **niveles**. Existe posicionamiento para el **sector**, para la organización y para el producto. Por ejemplo, se podría decir que el sector financiero ha adoptado más nuevas tecnologías que el de la consultoría legal, o que el sector de alquiler de automóviles ha conseguido una implantar una cultura empresarial orientada al mercado.

Desde un nivel de **organización** se tienen en cuenta las dimensiones que diferencian unas empresas de otras. Se puede decir que un banco destaca por la atención que prestan los empleados y otro sobresale por la alta retribución de los depósitos. Los hoteles Novotel, Ibis o Astaire se posicionan en Francia como establecimientos de calidad, económicos, muy orientados a alojar familias, o grupos de turistas. En España, los hoteles NH se posicionan como establecimientos orientados a prestar calidad de servicio. Estos son casos de posicionamiento de organizaciones.

American Express lanzó al mercado la tarjeta de crédito platino. En 1984 era la única tarjeta de estas características. El BBV creó una libreta de ahorro con ciertas características de libreta de ahorro tradicional de caja de ahorros. Seguros Aurora fue la primera aseguradora que adoptó el sistema de peritación instantánea *drive-in*. Estos son ejemplos de empresas que han conseguido posicionarse desde la **dimensión producto.**

Una vez elegido el nivel de posicionamiento las empresas deben **identificar los atributos relevantes** para la diferenciación dentro de los segmentos de mercado a los que se dirigen. Los consumidores eligen los servicios basándose en las diferencias percibidas, que no siempre tiene por qué ser el más valorado. Por ejemplo, el atributo más valorado en el transporte aéreo es la seguridad. Pero los pasajeros de las líneas aéreas perciben todas ellas igualmente seguras, porque existe una normativa de revisiones técnicas que debe cumplirse. La elección entre compañías debe buscarse en otros atributos, como la conveniencia de los horarios de los vuelos o la atención a bordo. Esos atributos pueden ser muy diferentes entre empresas, que deben investigar el mercado para detectarlos. Una de las técnicas más fiables es el uso de mapas perceptuales.

Identificar los atributos que servirán para posicionar entidades desde la dimensión organización o producto supone comenzar con una investigación cualitativa en la una serie de personas identifiquen los atributos importantes para ellas y que pueden servir de base para conseguir el posicionamiento. A partir de esa información se pueden confeccionar cuestionarios para ser tratados con las técnicas estadísticas adecuadas (Grande y Abascal, 1999).

6.3. Un ejemplo de medición de posicionamiento. Un mapa perceptual de entidades financieras

A continuación se expone un caso de posicionamiento de entidades financieras desde la dimensión empresa para ilustrar la metodología de los mapas (Abascal y Grande, 1994).

Para posicionar entidades financieras se comenzó con una fase cualitativa en la que una serie de personas manifestaron que los atributos más importantes de las entidades y que las diferencian son,

- El dinamismo.
- Su calidad de funcionamiento.
- La cualificación de su equipo humano.
- Variables económicas que las definen.
- Factores de conveniencia para atraer clientes.

El estudio de las percepciones puede resultar altamente interesante. Las ventajas más inmediatas que proporcionan son las siguientes.

Permite conocer la **imagen de la entidad y de su posicionamiento** en el mercado con relación a las demás. Ello permite identificar quiénes son las entidades competidoras. Aquellas que sean percibidas de forma similar parecen, en principio, competidoras.

El estudio debe permitir **detectar de puntos fuertes y débiles**. Las entidades pueden conocer cómo percibe el mercado sus atributos y obrar en consecuencia. Este conocimiento ayuda a analizar y valorar las estrategias adoptadas, o puede sugerir la adopción de otras.

Los atributos a considerar para diferenciar y posicionar las entidades financieras fueron: el grado de desarrollo observado en la entidad; su imagen de estar orientada al gran ahorrador o al pequeño ahorrador; si se trataba de una entidad para adultos o para jóvenes; si era acogedora.

Se valoraron además otros atributos, como la oferta de productos adicionales al ahorro; coste de las comisiones; solvencia de la entidad;

dimensión de la red de sucursales; agilidad en las gestiones; interés de las promociones; puntualidad en la información de operaciones realizadas; coste de los préstamos; crecimiento de la entidad; grado de innovación; amplitud de la red de cajeros; facilidad para hacer gestiones; premios al ahorro; extractos claros; errores escasos; reclamaciones satisfactorias; rentabilidad interesante y atención personalizada.

Las entidades financieras consideradas fueron; Banco Bilbao Vizcaya; Banco Santander; Banco Central Hispano; Banco Atlántico; Banesto; Barclays Bank; Chasse Mannhattan Bank; Credit Lyonnais; Bilbao Bizkaia Kutxa; La Caixa; Caja Laboral Popular; Caja Postal y Caja Rural.

A continuación se muestra el mapa de posicionamiento de las entidades financieras.

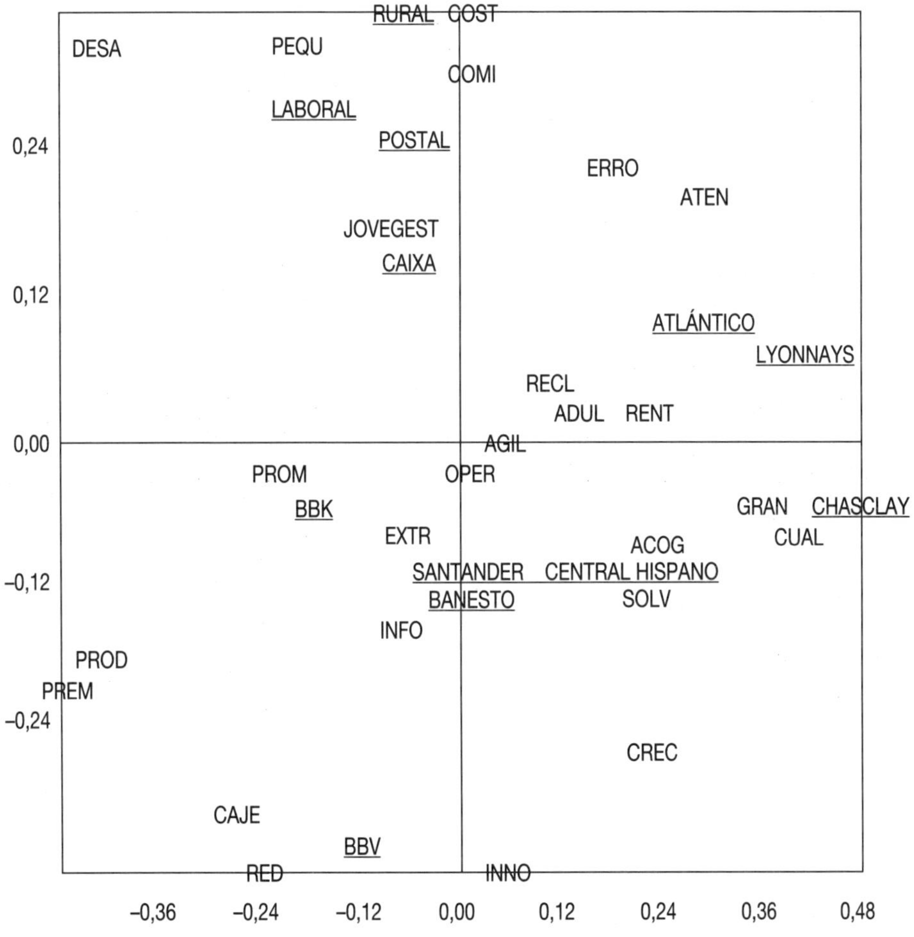

Tras su examen se concluye la existencia de tres grupos de entidades.

- Grupo 1, formado por el Banco Bilbao Vizcaya y Bilbao Bizkaia Kutxa, y por los bancos Santander, Central Hispano y Banesto.
- Grupo 2, formado por las Cajas: La Caixa, Laboral, Postal, y Rural.
- Grupo 3, formado por Banco Atlántico, y los bancos extranjeros Barclays Bank, Chasse Mannhattan y Credit Lyonnais.

En el primer grupo de entidades, **Bancos y BBK**, lo que más destaca es:

- Poseer una red de cajeros amplia.
- Poseer una red de sucursales amplia.
- Premiar al ahorro con regalos.
- Ser entidades que innovan.
- Ofrecer productos adicionales.

En el segundo grupo de entidades, **Cajas de Ahorros**, se perciben las siguientes características:

- Son entidades en desarrollo.
- En ellas las gestiones fáciles.
- Son para el pequeño ahorrador.
- Son para jóvenes.

En el tercer grupo, fundamentalmente **Bancos Extranjeros**, la imagen positiva que de ellos se tiene es que destacan por,

- La cualificación del personal.
- Su atención personalizada.
- Ser para grandes ahorradores.
- Ser entidades acogedoras.

6.4. Cuántas diferencias promover

Las empresas pueden encontrar que sus servicios se diferencian de los que ofrecen los competidores en más de un aspecto. Un banco podría encontrar que es percibido como una entidad que ofrece el trato más amable, posee los empleados más cualificado y cobra los menores intereses y comisiones.

Es fácil cometer errores de posicionamiento. El primero puede ser el **sobreposicionamiento**. En el ejemplo que acaba de exponerse los bancos extranjeros se diferencian por la cualificación del personal, su atención personalizada, ser para grandes ahorradores y ser entidades acogedoras. Estas entidades no deberían centrarse sólo en conseguir diferenciación basada en un atributo, porque ocultarían otros, que también son importantes para los consumidores.

El error opuesto se denomina **posicionamiento confuso**, que consiste en proporcionar demasiadas asociaciones. Los bancos mencionados no pueden insistir en todas ellas. De cara a su posicionamiento en el mercado se le pueden plantear la duda sobre qué diferenciarse. Algunos teóricos del marketing proponen que las empresas deben insistir sólo en uno de los aspectos que las diferencian de las demás. En nuestro caso la entidad financiera debería optar por uno de los tres atributos diferenciadores. Sin embargo, otros autores no están de acuerdo.

Como norma general, una empresa debe insistir en todos aquellos atributos que puedan ser valorados por los segmentos que atiende. No es necesario que todos grupos los valoren por igual, sino que cada segmento considere importante alguno de ellos. Como puede observarse este planteamiento es coherente con una orientación de empresa al consumidor.

6.5. Valorar las opciones de posicionamiento

En general, las empresas pueden optar por alguna de las opciones siguientes.

Posicionarse por las características de servicio. Las empresas crean un servicio y lo comunican al mercado, siguiendo un enfoque orientado al producto, que debería ser abandonado. Hace algunos años el Banco Santander ofreció la posibilidad de que los clientes realizaran operaciones por teléfono. Este nuevo servicio se llamó *el banco en casa.*

Reforzar la posición frente a los competidores. Consiste en valorar la imagen actual como un punto fuerte que diferencia a la empresa de sus competidores. Por ejemplo, Avis es la segunda empresa en el sector de alquiler de automóviles. Su mensaje al mercado es «*Somos los segundos. ¿Por qué viajar con nosotros?... Nosotros nos esforzamos más*». Su posicionamiento actual, en segundo lugar, lo utiliza como una arma. Cree que su mensaje hará pensar a los clientes que la empresa se esfuerza en llegar a ser la primera y que obtendrán un mejor servicio. Fagor ofrece una garantía de cinco años para sus electrodomésticos, e insiste en que es superior a la de sus competidores. BMW resalta que su servicio de asistencia lo ofrece las 24 horas del día, frente a horarios más reducidos de sus competidores. Air Europa se posiciona frente a Iberia destacando que sus tarifas son más bajas.

Ocupar un nicho libre. Esta estrategia consiste en encontrar un atributo que no caracterice a ningún competidor y conseguir que se asocie a la empresa. En caso que se ha expuesto, ninguna entidad financiera se ha asociado a costes de préstamos bajos. Existe un nicho de mercado, pero habrá que considerar si el posicionamiento conseguido por conceder préstamos baratos es duradero, por ser imitable. Además, el nicho de mercado deberá permitir conseguir un posicionamiento importante, rentable, etc., como ya se ha expuesto.

Algunas empresas de servicios han ocupado nichos de mercado. Un ejemplo lo constituyó Líneas Aéreas Navarras, que cubría algunas necesidades de transporte aéreo desde Pamplona a Granada y Santiago, no atendidas por Aviaco. La compañía Norjet volaba entre Biarritz a Madrid para atender a los pasajeros guipuzcuanos que por razones de conveniencia no deseaban hacerlo desde Bilbao. Euskal Air se constituyó para cubrir líneas no atendidas por Iberia. En su día el Banco Hispano Americano encontró que no existía ninguna entidad financiera orientada a los jóvenes y creó el servicio Hispano 20, con intención de atenderles, y en última instancia, vincularles.

Posicionamiento basado en los beneficios o ventajas buscadas por los consumidores. Esta forma de posicionarse es posiblemente una de las más inteligentes. Para conseguirlo las empresas deben detectar qué es lo que desea el mercado, y ofrecerlo. En el caso de los bienes los ejemplos de este tipo de posicionamiento son múltiples; el chicle Trex protege contra las caries, la leche Pascual ayuda o no engordar, Coca Cola Light tiene menos de una caloría por vaso, Font Vella es el agua que aligera peso.

En el sector servicios también se encuentran ejemplos. El Corte Inglés abre los domingos porque es un buen día para comprar los que no tienen tiempo de hacerlo durante la semana. Los hoteles Novotel ofrecen habitaciones múltiples pensando en viajes familiares. SAS y Swiss Air ofrecen horarios de vuelos para que todo el que lo desee pueda regresar a dormir a su casa. Telefónica, una vez perdido su monopolio trata de mejorar su servicio y repara los teléfonos rápidamente para evitar incomodidades a los abonados incluso en días festivos, y ofrece teléfonos que permiten atender llamadas simultáneas. Airtel trata de posicionarse por tarifas más bajas en telefonía móvil, beneficio muy importante hoy en día dado el coste de uso de este tipo de comunicaciones. Algunas marcas de ordenadores ofrecen garantía de servicio de reparaciones en el lugar donde se encuentran instalados, para diferenciarse de otros competidores.

Debe hacerse una observación. Puede pensarse que el posicionamiento basado en las características de los servicios es similar al basado en beneficios. La diferencia entre ambos está en que el primero responde a una orientación de empresa al producto y el segundo, al consumidor. No deben ser confundidos.

Reposicionarse. A veces, las empresas se han posicionado durante años destacando una serie de ventajas para los consumidores. Las ventajas diferenciales se pueden haber perdido, porque los competidores también las ofrecen. El reposicionamiento consiste en una estrategia de diferenciación basada en destacar nuevos atributos. Es fácil encontrar ejemplos en bienes de consumo. Por ejemplo, la leche condensada se adquiría hace años como leche fácil de conservar. La tecnología UHT proporciona leche líquida que se conserva meses. La leche condensada se ha reposicionado y se ofrece como un ingrediente de repostería.

Los servicios también se pueden reposicionar. IBM ante la competencia de otros fabricantes ofrece un nuevo servicio el *helpware* o asistencia a usuarios. Algunas líneas férreas ofrecen viajes culturales de varios días de duración como alternativa al transporte regular hace algunos años. Los balnearios se han reposicionado como lugares de descanso y tranquilidad para personas que llevan una vida profesionalmente muy activa, evitando la imagen de ser centros de salud para personas mayores.

6.6. Implementación de las estrategias

En la práctica las empresas se posicionan en el mercado a través de variables de *mix* de marketing. Veamos algunos ejemplos.

- **Producto**. Barclays Bank utiliza su tarjeta para posicionarse con un servicio innovador, pues permite realizar con ella cualquier operación bancaria. Iberia ofrece el puente aéreo Madrid-Barcelona hasta altas horas de la noche, para permitir que hombres y mujeres de negocios puedan hacer frente a compromisos sociales. El libretón BBV combina las ventajas de una libreta de ahorro y una cuenta corriente.

- **Precio**. Otras veces las empresas bajan sus precios para posicionarse, como Airtel, que ha reducido tarifas de la telefonía móvil, Air Europa los precios de los pasajes, el Banco Santander solía reducir el primero el precio del dinero, y Mapfre ofrece seguros de automóvil más baratos que otras de las aseguradoras.

- **Distribución**. Algunas entidades financieras ofrecen más cajeros automáticos para que sus clientes puedan realizar más fácilmente sus operaciones en cualquier lugar y hora del día. La red Servired es más amplia que 4B. Otras veces las empresas amplían el número de oficinas o sucursales para facilitar la distribución de sus servicios, como sucede con entidades financieras, aseguradoras, agencias de viajes y servicios de mensajería. Algunas empresas de limpieza en seco recogen y entrega las prendas a domicilio y varias pizzerías reparten a domicilio sus productos. Empresas de mensajería como Seur o MRW recogen y entregan a domicilio los paquetes.

- **Comunicación.** A veces el posicionamiento trata de conseguirse con algún mensaje. Aviaco comunica «volamos para unir». Iberia lanzó hace años el mensaje «ponemos alas a tus sueños». Spanair comunica «Nosotros no esforzamos más», British Airways transmite «la línea favorita del mundo», e IBM «servicio rápido, fiable para cada consumidor, todos los días, siempre».

- **Personas**. Avis insiste en la calidad de sus trabajadores cuando afirma «No somos los primeros, por eso nos esforzamos más». BBV presume de la calidad de servicio que proporcionan sus empleados y los hoteles NH afirman que la calidad de servicio es su principal objetivo.

7. RESUMEN

La definición del mercado relevante exige el tratamiento de la segmentación de mercado. En este sentido se ha desarrollado su concepto, el proceso de segmentación y los criterios genéricos y de comportamiento que se deben seguir para dividir un mercado con éxito, así como las condiciones que deben darse para conseguir una segmentación eficaz: consumidores con necesidades diferentes, segmentos identificados y evaluados cuantitativamente y grupos estables. También se han tratado las estrategias de segmentación que pueden seguir las empresas de servicios; marketing diferenciado, indiferenciado y concentrado.

Se han expuesto las características que definen las unidades estratégicas de negocio, clases de competidores, algunas fuentes de información que se pueden emplear para identificarlas y cómo se podría diseñar una base de datos de competidores.

El último apartado del capítulo se ha dedicado al posicionamiento. y se ha expuesto conceptos claves, relacionados con el valor de los servicios. A continuación se han tratado las características del posicionamiento, que debe ser importante, distintivo, no imitable, comunicable y rentable. El capítulo ha finalizado con el proceso de posicionamiento y sus dimensiones, un ejemplo de aplicación de mapas perceptuales para medir el posicionamiento, valoración de las opciones del mismo y estrategias de *mix* de marketing para conseguirlo.

CAPÍTULO IV

EL COMPORTAMIENTO DE LOS CONSUMIDORES DE SERVICIOS

1. INTRODUCCIÓN

El objetivo de este capítulo es presentar el comportamiento de los consumidores de servicios. Comenzará con la exposición de un modelo verbal que explica las fases que secuencialmente siguen, se propondrá una metodología para conocer las necesidades y deseos de los consumidores de servicios y se comentarán algunos frenos que existen para la implantación de la investigación comercial en las empresas del sector terciario.

A continuación se expondrán unas características adicionales de los servicios, básicas para comprender el comportamiento de las personas, y un concepto fundamental que explica la conducta de los compradores de cualquier tipo de productos, que se denomina riesgo percibido. Se analizarán, además, las diferencias de comportamiento entre los consumidores de bienes y de servicios, en aspectos como búsqueda de información, impacto de los grupos de influencia, valoración de alternativas, percepciones y conductas postcompra. A lo largo del capítulo también se propondrán algunas estrategias de reducción de riesgo y otras de comunicación. Finalmente se desarrollarán tres ejemplos de comportamiento del consumidor, relativos a reparaciones de automóvil, entidades financieras y servicios médicos.

2. UN MODELO GENERAL DE COMPORTAMIENTO DEL CONSUMIDOR

El comportamiento de los consumidores, tanto de bienes como de servicios, se puede explicar de la siguiente manera.

Ante el nacimiento de las necesidades, las personas tratan de satisfacerlas y comienzan a **buscar información** cuando encuentran posibles proveedores capaces de atender sus demandas. Esta búsqueda de información les hace ir percibiendo alternativas. Paralelamente aparecen preferencias, y los consumidores jerarquizan las ofertas que encuentran de acuerdo con sus gustos y adecuación para satisfacer sus necesidades.

Posteriormente **analizan las alternativas** que han ido considerando, y tras haber aplicado algún criterio de **decisión**, optan por alguna de ellas y realizan el acto de compra.

Una vez consumido el bien o el servicio podrán haber encontrado lo que buscaban o, por el contrario, no haber alcanzado la satisfacción. Es decir, aparecerán **actitudes posteriores** a la compra. Si el producto les ha agradado seguramente volverán a adquirirlo cuando lo necesiten de nuevo; serán **fieles** a la marca o al proveedor del servicio. Si no quedaran satisfechas analizarán todas las fases del proceso que han seguido, y tratarán de encontrar la causa de su insatisfacción. Podrán culpar al producto, al proveedor, al distribuidor o a sí mismas. También desarrollarán actitudes hacia ese producto que no les ha agradado, y tal vez se forjen una imagen negativa de él o del proveedor; quizá reclamen y exijan una nueva prestación, o la devolución del dinero que han pagado.

El proceso, como puede apreciarse, es muy sencillo y cualquier persona que recapacite reconoce que estas son las fases que secuencialmente sigue para realizar sus compras. Este modelo es válido tanto para bienes como para servicios, pero éstos, dadas sus características, introducen algunos rasgos específicos en el comportamiento del consumidor, que se desarrollarán en los próximos apartados.

3. NECESIDADES Y DESEOS DE LOS CONSUMIDORES DE SERVICIOS. LA INVESTIGACIÓN DE MERCADOS EN EL SECTOR TERCIARIO

Una primera pregunta que surge es cómo se pueden **conocer las necesidades** de los consumidores. Tratándose de bienes existen respuestas triviales. Se necesitan bienes de primera necesidad para subsistir. Otras veces se compran para mejorar las condiciones de vida o para diferenciarse socialmente y mostrar un estatus, como sucede con los bienes de lujo. También existen compradores de bienes que los adquieren por diversión, o para ocupar el tiempo libre. La compra puede tener un componente lúdico. Conocer las necesidades de los consumidores y los motivos de compra conduciría a profundizar en sociología o sicología del consumo, pero eso es otra materia distinta del marketing. De la misma forma que existen necesidades básicas de bienes, para subsistir, también existen necesidades básicas de servicios, como atención médica, reparaciones, comunicaciones y cuidado de la estética del cuerpo, por ejemplo.

La identificación de las necesidades de los consumidores se encuentra condicionada por los principios de marketing que imperen en la empresa, que fueron expuestos en el capítulo 2, pero que conviene recordar. Las organizaciones orientadas al producto los crean y tratan de imponerlos por todos los medios al mercado. Las empresas orientadas al consumidor lo investigan y tratan de ofrecer aquello que puede interesar a los consumidores, convencidas de que sus beneficios les serán útiles. No se fijan en el producto en sí, sino en los beneficios o utilidad que pueda interesar a los consumidores.

Las empresas de servicios pueden conocer las necesidades del mercado basándose en la intuición, aplicando procedimientos de prueba y error, o utilizando técnicas de investigación comercial.

La **intuición** como técnica de análisis del mercado, en exclusiva, responde a personas que ofrecen lo que creen que pueda interesar a los consumidores. Tal vez acierten, pero muy probablemente actúen sesgadamente, y de forma inconsciente siguen un enfoque de empresa orientada al producto.

Los procedimientos de **prueba y error** son muy arriesgados. La oferta repetida de productos que no interesen al mercado genera una secuencia de fracasos que afecta muy negativamente a la imagen de las empresas y que dificultará la introducción de otros productos en el futuro, incluso con virtuales expectativas de éxito.

Indudablemente, para conocer las necesidades y el comportamiento del consumidor de servicios deben aplicarse las técnicas de **investigación comercial**, pues garantizan el conocimiento objetivo y contrastable.

Sin embargo, el desarrollo de la investigación comercial en las organizaciones que prestan servicios encuentra dificultades adicionales a las que se detectan para ser implantada en otros tipos de empresas. Esas dificultades son las siguientes.

- **Actitudes hacia la investigación comercial** en las empresas de servicios. Si bien las investigaciones también abundan en el sector servicios existen algunos frenos a su adopción. Esos frenos pueden ser de diversa naturaleza. Algunos sectores profesionales la consideran contraria a la ética, como sucede con médicos, abogados, arquitectos, etc. Otras veces, las organizaciones que proporcionan servicios son pequeñas y actúan en ámbitos geográficos tan reducidos que no justifican los gastos de una investigación, que pueden ser elevados. Esto sucede con empresas de fontanería, talleres de reparaciones de automóviles, agencias de empleo doméstico o lavanderías, etc. También han existido empresas que han actuado en régimen de monopolio, como ha sucedido en España con el transporte aéreo o las telecomunicaciones. Han considerado inútiles las investigaciones de mercado por no tener competencia. Otras veces ha sucedido que no se han realizado investigaciones en el sector servicios por falta de formación suficiente en los dirigentes de las empresas, que no las han valorado debidamente. Algunas empresas pequeñas no han desarrollado investigaciones porque se han encontrado muy en contacto con los clientes, quienes proporcionan la información que podría conseguirse mediante estudios de mercado.

- La **calidad de las fuentes secundarias**. En general, la información secundaria para desarrollar investigaciones es menos abundante y se encuentra más dispersa cuando se refiere a los servicios. No existen muchas estadísticas difundidas que puedan resultar de utilidad.

- Problemas derivados de la propia **naturaleza de los servicios**. Recordemos algunas características de los servicios: son intangibles, no se pueden patentar y son difícilmente estandarizables. El hecho de ser intangibles supone que es más difícil, cuando no imposible, hacer *test* de producto: sin embargo se pueden desarrollar *test* de concepto, es decir, qué sugiere un supuesto servicio o cómo se entiende. Además, las dificultades de estandarización de los servicios plantean problemas para explicar exactamente en qué consisten y desarrollar *test* de concepto. Debido a que los servicios no se pueden patentar se reducen los incentivos para invertir en procesos de I&D. Por eso las empresas tienden más a la mejora de los servicios básicos existentes que a desarrollar otros nuevos, cuyo posicionamiento puede ser más efímero que el de los bienes. Por otra parte, la participación de los clientes en la producción de los servicios contribuye a que las investigaciones sean más complicadas, porque los servicios se prestan en un entorno físico; los consumidores se encuentran presentes en la planta de producción y los proveedores colaboran con ellos. Sin embargo, los consumidores proporcionan información de primera mano, y las empresas se encuentran con que no es necesario buscarlos, porque acuden a ellas. Todos estos condicionamientos invitan a sugerir que la investigación empírica de los servicios debería basarse en técnicas cualitativas como la seudocompra, la observación o pruebas de laboratorio.

4. ALGUNAS CARACTERÍSTICAS ADICIONALES DE LOS BIENES Y DE LOS SERVICIOS

En el capítulo 2 se han expuesto las principales diferencias entre las empresas que producen bienes y las que prestan servicios. Desde el punto de vista del consumidor también existen diferencias de comportamiento, que deben conocerse para diseñar con éxito las estrategias de marketing. A continuación se van a exponer y explicar existen tres características esenciales en los productos, fundamentales para comprender el comportamiento de los consumidores. Esas tres características se denominan de búsqueda, de experiencia y de credo.

Las **características de búsqueda** son aquellas que los consumidores pueden exigir y conocer antes de comprar un producto, como su aspecto, prestaciones, color, diseño, precio, dureza, olor, tamaño, suavidad, etc.

Las **características de experiencia** son las que sólo se perciben después de la compra o durante el consumo, como la textura y el sabor de los alimentos consumidos en un restaurante, la calidad de un músico en directo, la comodidad de los asientos de un avión o la eficacia de unas sesiones de acupuntura. Algunos productos tienen características de búsqueda en grado máximo, como la ropa, las joyas o los muebles y pueden ser evaluados fácilmente antes de ser adquiridos. Otros, como un concierto, un viaje en avión o la calidad de la cocina en un restaurante carecen prácticamente, de características de búsqueda, y sólo las tienen de experiencia. Su evaluación antes de ser consumidos es más difícil.

La **característica de credo** consiste en la confianza en haber acertado con el proveedor del servicio y con la calidad esperada de su prestación, es muy difícil de evaluar, incluso después de haberlos comprado o consumido. A un consumidor le es difícil asegurarse de que en un taller le hayan alienado la dirección de su coche correctamente, que su médico haya acertado con un tratamiento o su abogado con un consejo. Los consumidores albergan serias dudas sobre lo acertado de su elección y compra, cuyas consecuencias se antojan inciertas.

Los bienes pueden ser estandarizados, pero conseguir homogeneizar los servicios es más difícil, y eso explica que la calidad percibida de su prestación sea variable. La **inconsistencia de los servicios** justifica que en ellos sean importantes las características de experiencia, porque los consumidores no están seguros de cómo lo recibirán cada vez.Cuanto más tangible sea un producto más características de búsqueda tendrá. Cuanto más intangible sea, más dominarán las características de credo. Es decir, en los bienes tienden a dominar las primeras, y en los servicios las segundas.

Las características que se han expuesto en este apartado son importantes para comprender el riesgo percibido de los productos, concepto esencial para entender el comportamiento del consumidor, y por qué el proceso de evaluación difiere entre bienes y servicios.

5. RIESGO PERCIBIDO. CONCEPTO, MEDICIÓN Y ESTRATEGIAS PARA SU REDUCCIÓN

Ante la posibilidad de la compra los consumidores se enfrentan a una decisión que podrá tener consecuencias positivas o negativas. Ello les hace sentir **temor**. Consideran que la decisión es arriesgada, pues podría tener **repercusiones no deseables** sobre su integridad física, sobre su satisfacción tras la compra. Tal vez tengan miedo a no saber sacar partido al producto, o tras la compra puedan pensar que fue demasiado caro. En consecuencia, cabe **distinguir cinco clases de riesgo**: físico, sicológico, social, funcional y financiero.

Por ejemplo, ante la posibilidad de adquirir un horno de microondas un comprador puede sentir riesgo físico ante el temor de recibir una descarga eléctrica o quemaduras si el aparato no se cerrara herméticamente. El riesgo sicológico se debe al temor a no saber si se hará una compra acertada, porque se desconoce el uso que se hará de él. El riesgo funcional consiste en la inseguridad de no saber usar el horno, de ser incapaz de sacarle todo el partido posible. El riesgo financiero lo determina el temor a pagar una cantidad de dinero elevada por el aparato, a que tras la compra se pueda encontrar en otro establecimiento a un precio inferior, o a que el horno no se pueda devolver, en caso de insatisfacción, y recuperar el dinero pagado. El riesgo social es el temor a que otras personas no aprueben la compra que se ha hecho o que la persona que compra quede mal ante otros; por ejemplo, porque usa un desodorante poco eficaz o acude a un hotel que se considera barato para el estatus de la persona. Algunos factores que condicionan el grado de riesgo son los siguientes.

- Grado de **conocimiento de los productos**. Si los consumidores han tenido experiencias previas con ellos, menor será el riesgo percibido. Cuantas más marcas de bienes o servicios hayan probado más información interna habrán conseguido y menos información externa demandarán. Un consumidor experto será mucho menos influenciable por terceros. Esto tiene implicaciones importantes a la hora de comunicarse con el mercado. Si los productos, bienes o servicios, son antiguos, cabe esperar que la comunicación con el mercado persiga recordar su existencia o insista sobre su consumo. Cuando son nuevos tratará de educar sobre su conveniencia e interés para reducir el riesgo percibido. Habrá que distinguir si se trata de servicios totalmente nuevos o servicios básicos que se han modificado. En este último caso el consumidor no necesita tanta información sobre el servicio, y en muchos casos basta con comunicar su existencia: la experiencia y los criterios del consumidor hacen el resto. Este podría ser el caso de los consumidores que optan por cuentas corrientes o préstamos en condiciones más ventajosas. Por el contrario, un servicio como la multipropiedad es casi desconocido en España. El proceso de búsqueda de información sobre él será exhaustivo para las personas interesadas. De todo esto se pueden extraer conclusiones importantes para el diseño de estrategias de comunicación, que se tratarán más adelante. Se puede adelantar que a mayor conocimiento de un producto tanto más simple será el proceso de comunicación, porque el riesgo percibido es menor.

- El **precio**, ya que cuanto más elevado sea éste mayor será el riesgo financiero. Cuando se trata de bienes, el riesgo puede paliarse parcialmente a base de proporcionar garantías de devolución del dinero, o con períodos de prueba de los bienes sin compromiso de compra. Con los servicios esto no es posible. Las empresas de servicios generalmente no devuelven el dinero a los compradores insatisfechos, ni los servicios se pueden probar. Pero una estrategia aconsejable podría ser volver a prestar el servicio de forma gratuita, cuando fuera posible. Tampoco debe olvidarse que el precio de los servicios va ligado a la calidad percibida en su prestación. Un precio elevado sugiere alta calidad, no implica necesariamente riesgo financiero elevado, pero debe tenerse en cuenta que deben resultar asequibles para el mercado. Fijar precios a los servicios suele exigir desarrollar investigaciones *ex profeso*.

- La **disparidad de precios** o las expectativas de encontrarlos más baratos también generan riesgo financiero. Los consumidores que no son muy expertos juzgan los productos por sus precios. Un mismo bien o servicio que pueda ser adquirido a precios muy distintos genera riesgo. Por eso es muy frecuente que los productos de muchos proveedores tengan un único precio recomendado en todo un territorio, como sucede con los coches, la ropa o los electrodomésticos. Sin embargo, es frecuente que la misma entidad financiera aplique diferentes tipos de interés a sus préstamos en distintas localidades. Si los precios son homogéneos se disipan las dudas de los compradores que temen encontrar el producto que acaban de adquirir a un menor precio, situación ciertamente enojosa.

- **La complejidad y disparidad de las alternativas**. Cuanto mayores o más complicadas sean las alternativas de elección mayor será el riesgo percibido. El riesgo de comprar sal es mínimo, pues se trata tan sólo de cloruro de sodio. Por el contrario, comprar un equipo de música o una máquina de fotos supone mucho más riesgo, porque la oferta es muy amplia y variada en calidad, prestaciones y precios. Cuando se desea contratar un seguro para automóviles la complejidad de alternativas unidas a la disparidad de precios elevan el riesgo percibido al máximo. En España, por un seguro aparentemente igual para automóviles, las diferencias pueden ser de más del 90%. Ciertamente, contratar un seguro así supone un elevado riesgo percibido.

Los consumidores recogen información como estrategia para reducir el riesgo: se fijan en modelos diversos, comparan precios, calidades, preguntan por la utilidad de los productos y por su satisfacción a otros usuarios, piensan si realmente les merece la pena la compra y se aseguran de que en caso de no quedar satisfechos puedan devolverles el dinero. Las empresas que ofrecen bienes también desean reducir el riesgo de los consumidores, para que adquieran sus productos. Informan sobre ellos, asesoran, permiten períodos de prueba antes de tomar la decisión final de comprar y dan garantías de devolución del dinero en caso de insatisfacción.

Los servicios son intangibles, inseparables, inconsistentes, perecederos y su calidad depende de las personas que los proporcionan. No es lo mismo comprar un horno de microondas que valorar la conveniencia de elegir una agencia de publicidad o contratar un seguro de responsabilidad civil. El riesgo percibido del horno puede ser muy grande, pero es posible reducirlo al mínimo, pues puede verse, probarse, asegurarse de su utilidad, y si el consumidor no se encuentra satisfecho pueden devolverle el dinero.

Contratar una campaña de comunicación con una agencia supone riesgo financiero, porque tal vez no la desarrollen bien y no se consigan los resultados deseados. Ese dinero se puede perder. Puede que el contratante no quede del todo satisfecho, lo que implica riesgo sicológico. Además, no es posible hacer pruebas con la agencia antes de contratar con ella, ni devolverá el dinero en caso de insatisfacción. Lo mismo sucede cuando se elige cirujano o abogado.

El riesgo percibido es, en general, más elevado cuando se trata de servicios. Esa mayor percepción se debe a la inexistencia de objetos físicos que permitan emitir juicios objetivos. También contribuye el hecho de que frecuentemente se paga el servicio antes de consumirlo, como ocurre cuando se contratan seguros, se compran las entradas de un espectáculo, o unas vacaciones. Además, no existen garantías de devolución del dinero para los compradores de servicios en caso de insatisfacción.

Sucede, también, que los consumidores aprendemos a consumir bienes antes que servicios. A veces esperamos hasta ser adultos para consumir asesoría fiscal, seguros de accidentes, mudanzas o reparaciones de electrodomésticos. El contacto con los servicios es mucho más tardío que con los bienes. Somos, en general, compradores de servicios menos expertos que de bienes.

Las estrategias para la reducción del riesgo percibido no pueden ser las mismas para los bienes y los servicios. La intensidad del riesgo está determinada por dos características de las decisiones, que son el **grado de daño** que pueden aparejar y el **grado de certeza** con que el consumidor las toma.

La matriz que se expone a continuación proporciona pistas para valorar la cuantía de riesgo percibido de los productos. En ella los grados de certeza con que se toma una decisión admiten diversos niveles: pueden ser muy inciertos, inciertos, poco inciertos y nada inciertos. Las consecuencias de una decisión pueden ser muy perjudiciales, perjudiciales, poco perjudiciales y nada perjudiciales.

Consecuencia de la decisión

Grado de certeza de la decisión	Muy perjudicial	Perjudicial	Poco perjudicial	Nada perjudicial
Muy incierta	Riesgo alto	Riesgo alto	Riesgo alto	Riesgo medio
Incierta	Riesgo alto	Riesgo alto	Riesgo medio	Riesgo bajo
Poco incierta	Riesgo alto	Riesgo medio	Riesgo bajo	Riesgo bajo
Nada incierta	Riesgo medio	Riesgo bajo	Riesgo bajo	Riesgo bajo

Por ejemplo, un trasplante de corazón es una decisión con resultados inciertos y tan perjudiciales como la muerte. El riesgo es máximo. La compra de agua mineral es una decisión que se toma en condiciones de certeza, pues el consumidor sabe perfectamente qué compra, cuánto tiene que pagar por ella aproximadamente y a qué sabe. Además, las consecuencias de su decisión no le perjudican nada. Estos ejemplos constituyen extremos opuestos de riesgo. Caben situaciones intermedias, como la elección de fontanero o de zapatos.

Algunos servicios con riesgo percibido alto son las reparaciones en general, la contratación de un seguro, la elección de médico, el alquiler de coches o de vivienda y la docencia superior. Cuando se trata de elegir hotel, tintorería, mensajero, empresa de mudanzas, o entidad financiera el riesgo es medio. Sin embargo, es difícil encontrar casos de riesgo bajo para los servicios, salvo, quizá, los espectáculos.

5.1. Estrategias de reducción de riesgo para bienes y servicios

La matriz que acaba de exponerse puede ser útil para evaluar el grado de riesgo percibido por los consumidores que deben desarrollar estrategias para su reducción, que a grandes rasgos son las siguientes,

- Buscar información sobre los productos en la publicidad.
- Buscar información sobre los productos en los establecimientos.
- Buscar información en los grupos de convivencia –familia, amigos– que hayan usado los productos.
- Buscar información en fuentes fiables, como informes en revistas de asociaciones de consumidores, especializadas en consumo o en los productos que se buscan.
- Buscar alternativas suficientes para poder hacer comparaciones.

- Comprar marcas familiares, que se hayan experimentado en el pasado.
- Comprar los productos en establecimientos de confianza.
- Probar antes los productos, si fuera posible, o consumir muestras gratuitas.

Los compradores de bienes reducen el riesgo siendo fieles a las marcas que adquieren o al establecimiento, y recogiendo información sobre las características de los bienes, es decir, fijándose en características de búsqueda. La influencia de otras personas puede ser considerable.

La experiencia ha puesto de manifiesto que cuando se trata de servicios los consumidores emplean la estrategia de ser fieles al establecimiento o al proveedor, que puede ser la sucursal bancaria habitual, el mismo taller de reparaciones de automóviles, abogado, médico o electricista. También se acude a los grupos de convivencia, como familia, amigos o compañeros de trabajo. Puede observarse que los consumidores de servicios buscan en los grupos características de experiencia para reducir el riesgo.

5.2. Estrategias de reducción de riesgo específicas para los servicios

La causa más importante que explica el mayor riesgo de los servicios es su intangibilidad, y las empresas deben desarrollar estrategias precisamente para hacerlos tangibles. Desarrollar con éxito estas estrategias no siempre es fácil. Veamos algunas.

Diseño del entorno físico donde se presta el servicio. El usuario de un transporte público, una línea de autobuses, por ejemplo, busca rapidez, puntualidad, comodidad y seguridad. Para hacer tangible la puntualidad se pueden ofrecer folletos con un horario previsto de paradas y destinos. La imagen de comodidad se puede reforzar con adhesivos que comuniquen la instalación de aire acondicionado, aseos, bar y salón de fumadores. La seguridad mecánica se hace tangible mostrando los certificados de la ITV y adhesivos que pongan de relieve la instalación de dispositivos ABS y ASR, así como extintores y martillos para romper los cristales de las ventanas de socorro. La rapidez se hace tangible mediante grafismo oblicuo en la carrocería, que de sensación de escasa resistencia aerodinámica, con colores *ácidos* o metalizados.

Una compañía aérea debe hacer tangible la seguridad del transporte. A ello contribuyen los folletos explicativos de las características de los aviones, de los niveles de exigencia a los pilotos y de las revisiones periódicas a que se someten los aparatos. También puede ser de interés dejar ver elementos de seguridad como linternas o chalecos salvavidas. La decoración del avión en tonos que no trasmitan agresividad, como azules, grises o verdes ayuda a hacer tangible la seguridad, que se puede reforzar con música suave. Una decoración chillona acompañada de música agresiva no son buenos compañeros de viaje cuando el avión se mueve más de la cuenta.

Una persona que desee obtener el carné de conducir se matricula en una autoescuela esperando aprender a conducir rápidamente y aprobar a la primera. Desea conocimientos y seguridad. La autoescuela puede hacer tangible la calidad de sus enseñanzas mostrando una relación de alumnos que hayan aprobado –ocultará sus fracasos, lógicamente– y unas aulas limpias, con *posters*, luces, diagramas y motores seccionados. La seguridad se hará tangible con coches limpios, sin abolladuras ni óxido. Un restaurante hace tangible su categoría mediante la limpieza, la decoración y exponiendo los alimentos frescos para que los clientes perciban su calidad. Un taller de reparación de automóviles también puede hacer tangible algo tan etéreo como su competencia. A ello le ayuda el orden de las herramientas, la limpieza de suelo y la disposición de las máquinas y bancos de trabajo

El diseño del entorno físico debe tener en cuenta lo siguiente.

- **Condiciones ambientales** como temperatura, iluminación, ruidos, música, olores y colores.
- **Diseño de la planta**, es decir, superficie, estilo, colocación y distribución del mobiliario
- **Signos y símbolos**, como folletos, fotografías, carteles, directorios, señales, flechas de orientación, rótulos de identificación de personas o áreas, etc.

Las empresas deben **proporcionar garantías**. El AVE es un tren que ofrece rapidez y la puntualidad. Consigue hacer tangible estas características comprometiéndose a devolver el importe de sus tarifas si se retrasa, mensaje que repite dos veces durante el viaje. Un profesional, médico o abogado, por ejemplo, puede hacer tangible su formación y competencia colgando en la sala de espera de los clientes sus títulos y diplomas de asistencia a cursos, seminarios o congresos.

El Banco Santander ofreció en 1995 a sus clientes un abono en cuenta de mil pesetas si los errores cometidos no se subsanaban en el mismo día en el se presentaban las reclamaciones. La placa que se fija en la entrada de los talleres en la que se indica que tienen la consideración de establecimiento recomendado por el RACE o por el Automóvil Club Vasconavarro constituye una garantía de calidad del establecimiento. Algo parecido sucede cuando en un establecimiento de hostelería se anuncia que ostenta la condición de establecimiento recomendado por las guías Michelin o BMW. Otras veces en estos establecimientos se muestran fotos de sus gestores con personajes célebres del mundo de los negocios, la política o el espectáculo, como garantía de su calidad.

Debe cuidarse el **aspecto de las personas** que suministran el servicio. Un paciente que acuda a una consulta médica espera encontrar asepsia y salud. Unas batas blancas impecables ayudan a hacer tangible la asepsia. Los uniformes de los empleados en establecimientos de hostelería, su diseño y limpieza, proporcionan imagen de su calidad. La bata del recepcionista de un taller de coches le confiere un cierto aire de científico y transmite sensación de competencia profesional al establecimiento. Además, la uniformidad de las personas homogeneiza la imagen del proceso de prestación de los servicios, factor que reduce el riesgo percibido de forma importante, pues el consumidor se encuentra en un ambiente que le resulta familiar, como sucede en las hamburgueserías McDonald´s o en las oficinas de AVIS.

En la medida de lo posible deben utilizarse **tecnologías.** Las empresas pueden utilizar tecnologías para hacer tangibles los servicios. Las clínicas de adelgazamiento muestran, con la ayuda de ordenadores, una imagen estilizada de sus clientes para que vean su figura después del tratamiento. Los arquitectos y decoradores utilizan programas de realidad virtual para que se puedan ver sus diseños de viviendas, habitaciones. baños o cocinas. Las agencias de viaje pueden hacer lo mismo con los escenarios que visitarán sus clientes mediante técnicas de realidad virtual.

Pueden emplearse **mensajes verbales y no verbales**. A veces, la tangibilización de un servicio puede transmitirse con un mensaje. El Corte Inglés para comunicar el servicio que supone la carta de compra –no cargar con paquetes– emplea la frase «*no le pesará*». Otras veces se puede mostrar una actitud para transmitir un mensaje. Por ejemplo, las azafatas de un avión también pueden contribuir a hacer tangible la seguridad del transporte aéreo. Les basta con mostrarse serenas en todo momento durante los vuelos.

6. EL COMPORTAMIENTO DE LOS CONSUMIDORES DE BIENES Y SERVICIOS ES DIFERENTE

Zeithaml (1981) formula una serie de diferencias entre los consumidores de bienes y de servicios en la búsqueda de información, en la valoración de atributos, en la consideración del número de alternativas de compra, en el riesgo percibido, en la fidelidad a la marca y en la atribución de su insatisfacción. Existen algunas diferencias más entre los consumidores de bienes y servicios, que serán expuestas por razones de contexto, en el apartado relativo a venta personal.

6.1. Las fuentes de información

Cuando los consumidores desean adquirir un bien o un servicio pueden acudir a diversas fuentes para obtener información. Puede ser personales, como familiares, amigos y vendedores, o impersonales, como la publicidad. Cuando se compran bienes se tiende a utilizar ambas fuentes. Antes de adquirir un coche se puede preguntar a otras personas –otros propietarios o vendedores– o fijarse en la publicidad –revistas, folletos, pruebas publicadas en prensa, etc.

Los consumidores buscan **información para reducir el riesgo**. Cuanto más elevado sea, más intensa será esa búsqueda. Para elegir peluquería la búsqueda de información será mucho más simple que para elegir compañía de seguros o cirujano cardiovascular, porque los riesgos percibidos no son comparables. Las empresas que proporcionen servicios que aparejen riesgo elevado, medible según se lo expuesto en el apartado anterior, deben desarrollar las estrategias propuestas para reducirlo.

La intensidad de búsqueda de información también depende de características propias de los consumidores. Entre ellas se distinguen la autoconfianza, la educación, los ingresos y la edad. Cuanto mayores sean estos identificadores más autónomos serán los consumidores por poseer más criterios propios, más cultura y experiencia, y menos acudirán a fuentes de información externas.

Tratándose de los servicios se acude a **fuentes información personales** porque la decisión es más compleja que cuando se trata de bienes, los criterios de comparación son imprecisos y las compras de servicios no son tan frecuentes como las de los bienes. Pero existen, además, otras razones.

- Los **medios de comunicación** pueden proporcionar características de búsqueda para los servicios con menos éxito que con los bienes, dado su componente intangible. Por el contrario, las fuentes de información personales pueden proporcionar características de experiencia. Cualquiera reconoce que antes de irse de vacaciones a una isla tropical es mejor obtener información de otras personas que hayan estado en ella, o en una agencia de viajes, en lugar de fiarse o fijarse sólo en las fotos de un folleto, cuyas características de búsqueda son muy pobres, casi nulas. Cuanto menos estandarizados estén los servicios, como sucede con los que prestan los profesionales, más compleja e intensa será la búsqueda de información, y más se tenderá al empleo de fuentes de información personales.

- En segundo lugar, es posible que **no existan fuentes impersonales** de comunicación, como sucede con las empresas que actúan en ámbitos geográficos muy reducidos, como las peluquerías, las tintorerías o los talleres de reparación de automóviles. Otros suministradores de servicios, como médicos o abogados, encuentran por razones deontológicas imposibilidad para comunicarlos al mercado en términos de marketing: la publicidad en cualquiera de sus manifestaciones está taxativamente prohibida.

- Generalmente los consumidores encuentran más **dificultades para identificar atributos** cuando se trata de servicios porque son intangibles, y por eso prefieren la ayuda de otras personas para encontrarlos. Es frecuente que una persona pregunte a otra cómo es su dentista o cómo es el servicio en cierto hotel, o si un determinado abogado es competente. Sin embargo, esa misma persona es capaz de valorar por sí misma productos tangibles, como unos zapatos, un televisor o un bolígrafo.

Cuando se adquieren servicios los consumidores tienen a buscar información empleando fuentes personales que se concretan en grupos de influencia. Estos grupos de influencia pueden ser de **influencia informativa** y de **influencia de valor**. En los primeros las personas consideran a quien proporciona información es una persona más experta que ellas, y que es, por lo tanto, muy creíble. Por ejemplo, un piloto de carreras podría anunciar un aceite para motores de coche, o un financiero conocido la conveniencia de adquirir ciertos valores. Las empresas de servicios que ofrecen productos con características de experiencia o de credo deben acudir a personajes célebres como parte de su estrategia de comunicación.

En la influencia de valor las personas siguen los consejos de un influenciador, porque lo asocian a un estilo de vida que desean imitar. Por esta razón personajes célebres del mundo del espectáculo o de los negocios pueden actuar como influenciadores a través de la comunicación.

Unas preguntas que podrían formularse son ¿cómo afectan los grupos de influencia a los consumidores?, ¿son los mismos para todos los servicios? Resulta evidente que los grupos que influyen en la elección de centro de estética, o salud, de enseñanza, taller de reparaciones o abogado no pueden ser los mismos. La respuesta a estos interrogantes se proporciona a continuación.

Los consumidores perciben **dos conjuntos de dimensiones principales en los servicios**, que pueden resultar de interés para el diseño de estrategias de comunicación, basadas en la influencia de los grupos (Horne *et. alt* 1985: 35). El primer conjunto de dimensiones engloba el grado de contacto cliente con el proveedor de servicio, la abundancia de proveedores, los beneficios múltiples a largo plazo que se derivan del consumo del servicio y dependencia personal del proveedor.

El segundo grupo de dimensiones agrupa la tangibilidad de los resultados, el número de personas que reciben simultáneamente el servicio, su estandarización y la escasez del número de lugares donde se puede comprarlo. Observe el siguiente gráfico.

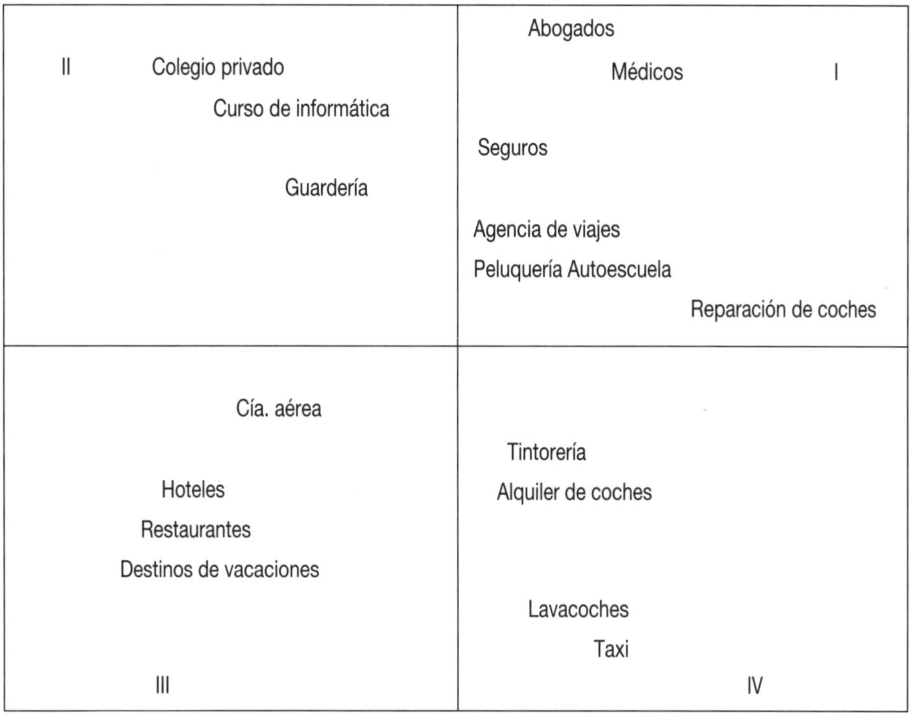

El eje vertical recoge el primer grupo de dimensiones. Cuanto más hacia arriba se sitúe sobre él un servicio más se asociará a ese conjunto de dimensiones. Por ejemplo, los servicios que proporcionan los abogados o los médicos suponen un contacto elevado cliente-proveedor, además abundan los proveedores, los beneficios que se derivan del servicio se prolongan en el tiempo, como sucede con un tratamiento médico o un consejo legal, y la dependencia personal del proveedor es elevada, como sucede con los pacientes con sus médicos.

Por el contrario, los servicios situados en la parte inferior del eje, como lavado de coches o taxis, suponen un contacto fugaz con el proveedor del servicio –unos minutos, que es lo que dura la carrera del taxi–, los beneficios duran poco tiempo, como sucede cuando se lava el coche, y la dependencia personal de proveedor es nula.

La segunda dimensión del grupo de servicios se mide en el eje horizontal. Los situados en la parte izquierda se reciben de simultáneamente por un grupo elevado de personas, se encuentran estandarizados y se adquieren en pocos lugares. Sirva de ejemplo el transporte aéreo o las salas de cine. Caben, no obstante situaciones intermedias, o combinaciones entre estas dimensiones, como puede apreciarse en el gráfico.

¿Qué tienen que ver estas dimensiones de los servicios con los grupos de influencia? Los consumidores del cuadrante I acuden a grupos de influencia informativa pero escasa influencia de valor. Esto significa que la comunicación más efectiva con ellos se conseguirá a través de personas que sean consideradas expertas desde un punto de vista social. En el cuadrante III la comunicación será más efectiva si se acude a grupos de influencia cuyo estilo de vida sea deseado o envidiado por los consumidores a los que se dirigen los mensajes.

Tratándose de los servicios que aparecen en los cuadrantes II y IV, el grupo de influencia no es ninguno de los anteriores. En este caso el influenciador del servicio sería *«el hombre de la calle»*. Puede apreciarse que el conocimiento del comportamiento del consumidor proporciona pistas muy interesantes para el desarrollo de estrategias de comunicación, que serán tratadas con mayor profundidad en el capítulo 7.

6.2. Las percepciones

Cuando se trata de bienes los consumidores perciben en ellos dos clases de atributos, que son significativos y sociales. Los atributos significativos guardan relación con la utilidad de los bienes: un reloj sirve para medir el tiempo, un coche para desplazarse y la ropa para protegerse de las inclemencias del tiempo. Pero un coche puede ser barato o de la marca Mercedes, un reloj podrá ser de marca desconocida o Rolex y la ropa, confeccionada, o de un modisto italiano de alta costura. Los bienes caros y distintivos poseen atributos sociales. Sus dueños muestran con ellos su estatus.

Los servicios poseen también **atributos significativos y sociales**. Una persona acude a un hotel barato para pasar la noche, simplemente porque necesita alojamiento, o a uno de lujo porque ello puede tener repercusiones sociales, pues habrá personas que perciban su estatus por alojarse en ese hotel.

Pero los consumidores de servicios distinguen más atributos que los significativos y los sociales. Anteriormente se ha hecho referencia a la importancia del factor tiempo en la prestación de servicios, sobre todo cuando se prestan en tiempo real. Los consumidores de servicios perciben más riesgo que los de bienes, como se ha expuesto repetidas veces en este capítulo.

Además, perciben que la compra de servicios les exige más esfuerzo que la adquisición de bienes, cosa que es cierta, pues la búsqueda de información y la valoración de alternativas es más costosa. Los consumidores sienten también que tienen más control sobre la situación que cuando compran bienes, puesto que intervienen en su diseño. También son más críticos y exigentes con los proveedores de servicios que con los proveedores de bienes.

Un aspecto muy interesante en el comportamiento del consumidor de servicios es el efecto de la **masificación**. Si los servicios se producen y se consumen al mismo tiempo, el consumidor se encuentra en la *planta de producción*, que puede ser un banco, un restaurante, una sala de espectáculos o la consulta de un médico. Esos lugares podrán encontrarse más o menos concurridos; desde estar masificados a encontrarse casi vacíos. Pues bien, las aglomeraciones tienen consecuencias sobre las percepciones de los consumidores.

Puede decirse que, en general, sin masificación las personas se encuentran mejor, eligen más a gusto y se encuentran más satisfechas con sus compras. Por el contrario, la masificación crea ansiedad, inseguridad, irritación, dificulta la elección y crea dudas sobre lo acertado de la compra. Estos hechos se han podido comprobar con la adquisición de bienes.

Tratándose de los servicios puede decirse lo mismo. Pero conviene distinguir entre masificación y densidad de personas. La masificación no es deseable, pero la densidad sí. Un restaurante concurrido puede dar imagen de calidad, y lo mismo puede decirse de un taller de reparaciones o de la consulta de un médico. Si estos lugares se encontraran vacíos los consumidores albergarían serias dudas sobre la calidad de los servicios que recibirán de esos proveedores.

Si el proceso de comportamiento del consumidor de servicios se descompone en una fase de búsqueda y evaluación, en otra de producción y consumo y otra de postconsumo, la masificación –o concurrencia– tiene efectos variables.

- En la fase de **búsqueda y evaluación** la masificación es un indicador de calidad y reduce el riesgo. Las personas que buscan un restaurante y encuentran uno concurrido piensan que debe de ser bueno y que merecerá la pena comer en él.

- La masificación en la fase de **producción y consumo** tiene efectos perjudiciales. A los consumidores no les gusta hacer cola, y tal vez busquen otro proveedor de servicio. Esto significa que los proveedores no deben permitir que sus establecimientos se masifiquen. Deberán contar con una organización personal y material que favorezca, si fuera posible, la fluidez en la prestación del servicio.

- En la fase de **postconsumo**, una vez adquirido el servicio la masificación sufrida o experimentada tiene efectos positivos porque reduce la posible insatisfacción postcompra. Los consumidores piensan que si tantas personas han actuado en los mismos términos no todas pueden haberse equivocado.

De todo lo expuesto se pueden extraer conclusiones con implicaciones estratégicas. Veamos algunas.

- Determinadas empresas de servicios pueden conseguir **equilibrar oferta y demanda** para evitar la masificación sin dejar de proporcionar imagen de establecimientos concurridos. Para conseguirlo se pueden **ampliar los horarios**, como hacen algunos restaurantes que atienden a los clientes de 12:30 a 16:30 en lugar de 14 a 16 como era frecuente hace algún tiempo. Los cines pueden ofrecer pases matinales de las películas y los bancos ampliar su horario de atención al público, abriendo por la tarde, como se hace en la actualidad, o media hora antes por las mañanas.

- Otras **soluciones** son **de naturaleza arquitectónica**, frecuentes en entidades financieras y de seguros, como atención en múltiples mesas para que no se formen colas aparentemente interminables, o instalación de mamparas que den imagen de establecimiento concurrido pero no masificado, con sensación de cierta intimidad.

- Los consumidores no ocupados sienten que el tiempo transcurre más lentamente. Las empresas deben **proporcionar un rol** a los clientes o consumidores que los mantenga distraídos, para evitar que las esperas tengan efectos disuasorios sobre la intención de recepción del servicio. Puede consistir en convertirles en espectadores de vídeo como sucede en muchos bancos, en lectores de revistas, en las consultas de servicios profesionales, o en consumidores de aperitivos en la barra de un restaurante mientras esperan a pasar al comedor. Lo importante es proporcionar un rol a las personas y transmitir sensación de control, y evitar la crispación o el *amotinamiento.* En el capítulo 9 se volverán a tratar estas ideas, desde la óptica de la calidad del servicio.

- La **ansiedad hace que el tiempo transcurra más lentamente**. Esto significa que las empresas deben dar alguna explicación a los consumidores sobre la causa del retraso en la prestación del servicio. Las esperas inciertas, sin que se sepa cuándo se va a ser atendido se hacen eternas. Esto recuerda a las esperas a ser embarcado en un avión, o los tiempos consumidos sin ninguna explicación en la cabecera de la pista de despegue...

Además de estas ideas se puede decir que,

- Las empresas de servicios **no debe permitirse que algunos consumidores "se cuelen"**, especialmente los que llegan los últimos.
- Cuando **los servicios sean personalizados** o no rutinarios, **mayor es la disposición del consumidor a esperar** para obtenerlo. Esto quiere decir que la cola en el banco o en el aeropuerto es menos llevadera que la espera a ser recibido por un abogado o médico de prestigio.
- En general, **cuando se espera solo el tiempo se hace más largo** que si la espera se hace en grupo

6.3. Valoración de alternativas

Los compradores de bienes utilizan características de búsqueda para valorar su calidad: color, tamaño, olor, sonido, peso... Cuando una persona desea comprar un bien existen características de búsqueda que son objetivas. Además, a partir de ellas puede plantearse alternativas de compra, establecer preferencias y decidir según sus propios criterios. Pero los servicios poseen menos –o ninguna– características de búsqueda.

La valoración de atributos y alternativas de compra es más complicada cuando se trata de bienes, por las siguientes razones.

Los **criterios de elección** no aparecen tan claros. Cuando se trata de bienes los intermediarios, los distribuidores, constituyen una fuente de información para tomar decisiones. Aconsejan a los clientes y les ayudan a decidirse. También los productores de los bienes proporcionan criterios de decisión a través de la comunicación. Pueden insistir en la economía de sus productos, en la calidad, en la duración en los beneficios que reporta su consumo, etc.

Un fabricante de coches puede comunicar que sus modelos consumen cinco litros de combustible cada 100 Km, o que sus motores duran 300.000 km. Un fabricante de electrodomésticos podrá comunicar que sus lavavajillas sólo consumen 50 l. por lavado o que sus televisores montan tubos de baja radiación. Fabricantes y distribuidores proporcionan características de búsqueda que los consumidores considerarán para forjarse criterios de elección entre marcas. Pero cuando se llama a un fontanero o se acude a un dentista el trato es directo, no existen intermediarios que aconsejen, y la decisión de contratar sus servicios es más arriesgada, porque no se dispone de criterios de selección, salvo que se acuda a grupos de influencia que tengan experiencia –características de experiencia– con los proveedores de estos servicios.

En segundo lugar, es **difícil valorar la calidad** de los servicios antes de consumirlos, porque tienen menos características de búsqueda. Poseen, sin embargo, características de experiencia, de credo o confianza. Ha de acudirse a fuentes de información personales, otros consumidores con experiencia, si es que el comprador los conoce o tiene acceso a ellos. Cuando los servicios son totalmente intangibles la calidad *a priori* la determina el precio. Un abogado o un cirujano muy caro se supone que es muy buen profesional y prestará muy buen servicio. El precio puede ser un buen criterio de evaluación de calidad de los servicios.

Es **más complejo reunir información**: los precios de los servicios no se exponen como los de los bienes, y otras características no se dan a conocer masivamente. Los consumidores que deben valorar alternativas de compra de servicios lo tienen más difícil que las personas que desean comprar bienes. Recoger información sobre servicios requiere tiempo. Pensemos en el deseo de contratar un seguro de automóvil. Habrá que recorrer distintas oficinas de empresas aseguradoras, exponer la situación relativa al modelo de coche, su precio, accesorios que incorpora, equipamiento y coberturas deseadas repetidas veces, y esperar a que un empleado calcule las primas con la ayuda de un ordenador. Lo mismo le sucedería a la persona que deseara pedir un préstamo hipotecario en las mejores condiciones, o buscara un destino para sus vacaciones. Por el contrario, valorar alternativas de compra de bienes, electrodomésticos, por ejemplo, puede ser un proceso tan sencillo como examinar folletos o catálogos con características y precios, o mirar un escaparate.

A veces a los consumidores de servicios les es **difícil**, incluso, **especificar el servicio** que desean. El propietario de un coche puede acudir a un taller y explicar que su vehículo «*no tira*», sin que sea capaz de dar más detalles. Su problema puede tener múltiples causas, que él desconoce, y las soluciones también pueden ser múltiples, incluso variables según el taller que visite, pues puede encontrar alternativas de arreglo diversas. Una persona que acuda a un médico porque se encuentre mal, tal vez no sea capaz de explicar correctamente sus síntomas. Si visitara a varios especialista puede incluso que le diagnosticaran enfermedades distintas en función de los síntomas que incorrecta o parcialmente consiga explicar.

La **calidad de los servicios puede variar con cada caso**, pues existen dificultades de estandarización. Cada servicio prestado puede constituir un acto único e irrepetible, debido a la componente personal del proceso de su prestación del servicio. A veces no sirve de mucho preguntar a otras personas sobre cómo han percibido la calidad de los servicios, porque cabe la posibilidad de encontrar opiniones o juicios muy dispares.

Tratándose de servicios **no existen tantos parámetros objetivos** de evaluación como sucede con los bienes, porque tienen, generalmente, menos características de búsqueda, sobre todo cuanto más intangibles sean. Posiblemente el precio del servicio sea la única pista que puedan seguir los consumidores, debido a la asociación precio calidad.

Cuando los servicios poseen componentes tangibles, los consumidores valoran la calidad considerando también el **entorno donde se presta el servicio**. Por ejemplo, el aspecto de un hotel es también un indicador de su calidad, aparte de los precios que cobren. En general, es más difícil valorar la calidad de los atributos de los servicios.

6.4. Valoración de los atributos de los servicios

Existe una técnica de investigación comercial, que se denomina **análisis conjunto**, que permite medir el grado de importancia de los atributos de los servicios. Su aplicación e interpretación –será desarrollada con más profundidad en el próximo capítulo– es muy sencilla, como se puede apreciar en el ejemplo que se expone a continuación.

Sea una empresa turística que desea medir la importancia de los atributos de un viaje a un destino determinado. Ese viaje se podrá realizar en avión, o en otro medio de transporte, podrá ofrecer un régimen de pensión completa o no, y podrán realizarse excursiones opcionales. La tabla que figura a continuación presenta las opciones expuestas. Uno indica que el proyecto de viaje las tiene en cuenta, y cero que no las tiene en cuenta. Los consumidores tienen que ordenar las combinaciones de atributos según sus preferencias.

En la tabla 4.1, el orden de preferencias lo ha proporcionado una persona cualquiera. Para ella un viaje en avión, con pensión completa y que ofrezca excursiones opcionales es la opción preferida, por eso su orden es 1. La menos interesante es aquel viaje que sólo ofrece pensión completa: su orden de preferencias es el último, el 8. Aplicando la técnica de análisis conjunto se llega a obtener que la utilidad o interés del viaje es las suma de tres atributos.

Orden de preferencia	Viaje en avión	Pensión completa	Excursiones opcionales
1	1	1	1
2	1	1	0
3	1	0	1
4	0	1	1
5	1	0	0
6	0	1	0
7	0	0	1

U = 3,41 A + 2,58 PC + 1,91 EXC

Tabla 4.1

Los coeficientes del modelo miden la utilidad de los atributos del viaje. Así, la utilidad de viajar en avión es 3,41; es lo que más valoran los consumidores. Lo que menos les interesa son las excursiones opcionales, pues su utilidad es 1,91. En una posición intermedia se encuentra la posibilidad de alojarse en régimen de pensión completa, cuya utilidad es 2,58.

Esta técnica es muy sencilla de aplicar y hoy en día resulta casi indispensable su empleo para diseñar bienes y servicios, para decidir qué atributos son los más importantes o indispensables para los consumidores. Podría repetirse con muchas personas y obtenerse la utilidad o interés medio de cada atributo. También permitiría estudiar la utilidad por segmentos de mercado, por edades, sexo, nivel de estudios, profesión, etc. En el capítulo 5 se volverá sobre ella, como instrumento para desarrollar nuevos servicios.

6.5. Los consumidores de servicios contemplan la posibilidad del autoservicio

Es posible que algunos servicios no profesionales pueda prestárselos el consumidor a sí mismo. Una persona puede lavar su propio coche, teñirse el pelo en su casa, arreglar un grifo o limpiar sus alfombras. Cuando se trata de bienes los consumidores los compran, dada su complejidad, como sucede con los electrodomésticos o los coches, porque no pueden construírselos, sencillamente. Aparecen, no obstante, excepciones como la confección de la propia ropa o la construcción de muebles de bricolaje.

Existen consumidores que encuentran atractivo el autoservicio. Algunas personas prefieren servirse ellas mismas la gasolina en los surtidores, en lugar de permitir que lo haga un empleado. Otras prefieren un cajero automático al trato con una persona en la ventanilla de una entidad financiera. Existen personas que optan por restaurantes *self service*, o prefieren el minibar de la habitación de su hotel, en lugar de la cafetería. Algunos clientes de compañías aéreas sacan sus billetes en máquinas expendedoras, no en agencias de viajes o en los mostradores de los aeropuertos.

Que existan consumidores que prefieran el autoservicio tiene consecuencias económicas importantes, especialmente sobre la **productividad** del sistema económico en **general** y sobre las **empresas**.

Por ejemplo, la venta de una lavadora por 100.000 ptas. supone la recuperación de todos los costes y, además, un margen de beneficio. Si la empresa la instala en los domicilios de los compradores, tiene que contar con personas que lo hagan, y no suele cobrar por ello, o si lo hace la cantidad es reducida. En general, el desarrollo de los servicios hace que la productividad global desde un punto de vista macroeconómico caiga, porque los bienes incorporan cada vez más servicios que no generan ingresos.

Sin embargo, desde una perspectiva microeconómica, el autoservicio incrementa la rentabilidad de la empresa, porque parte del coste de la producción del servicio es absorbido por los propios consumidores, que participan en el proceso de la prestación del servicio, debido a que los servicios son extensivos en la utilización de mano obra y necesitan, generalmente, poco capital. El trabajo desarrollado por los consumidores incrementa la productividad de los servicios porque los clientes ahorran costes de mano de obra.

A las empresas les interesa el consumidor *selfservice*. Pero hay que ofrecerle algún **incentivo** para que participe en el proceso de producción del servicio, que generalmente se traduce en un precio más bajo o en ahorros de tiempo.

Por ejemplo, los restaurantes autoservicio son más baratos porque no hay que pagar camareros que atiendan a los clientes. Sin embargo, el autoservicio no siempre supone **precios más bajos** para los consumidores.

Existen otras **primas o premios**. En las gasolineras el precio del combustible es el mismo, tanto si atiende un empleado como si el conductor se sirve a sí mismo. En este caso, el autoservicio beneficia al consumidor porque el repostaje se realiza, teóricamente, en menos tiempo. Su colaboración se ve compensada con un **ahorro de tiempo** y con otros beneficios como los que desea el conductor meticuloso interesado en llenar al máximo su depósito para controlar los consumos, evitar rayas en la pintura o derramamientos de combustible. Estos pueden ser los beneficios, no un precio del combustible más bajo. Lo mismo sucede con el cliente de una entidad financiera que utiliza los cajeros automáticos. Gana tiempo, pues evita colas, o dispone de su dinero en cualquier momento del día.

Algunos consumidores encuentran atractivo prestarse servicios a sí mismos y no es necesario bajar los precios, no ofrecer contraprestación alguna, de la naturaleza que sea, para que los consuman. Una pregunta que podrían formularse las empresas es si existe un grupo de consumidores que encuentre atractivo el *hágalo Ud. mismo,* y si esa propensión varía entre servicios.

La respuesta que puede proporcionarse, en este momento, es que el perfil del consumidor *selfservice* es impreciso. Apenas se ha investigado. Se trata generalmente de personas con actitudes positivas hacia la tecnología, lo que significa que suelen ser más bien jóvenes y cultas. Esa actitud podría constituir un criterio de segmentación de mercados. Determinar ese perfil exigiría investigaciones en profundidad *ex-profeso.*

6.6. Satisfacción e insatisfacción postcompra

Cuando los consumidores compran bienes o servicios, y los consumen, pueden encontrarse satisfechos o insatisfechos. En este segundo caso pueden culpar al producto, al vendedor o a ellos mismos. Cuando existe insatisfacción se produce un fenómeno que se denomina **disonancia**, que consiste en un estado mental relativo a la duda sobre haber acertado o no con la compra. La disonancia puede ser física o emocional.

La disonancia **física** surge ante la inconsistencia entre la percepción de las características del producto o servicio y las que esperaban los consumidores. Por ejemplo, un equipo de música que no proporciona la calidad de sonido que de él se esperaba, la frustración tras una operación de cirugía plástica o tras unas vacaciones poco satisfactorias en un país exótico generan disonancia física.

La disonancia **emocional** aparece cuando no se aprecia correspondencia entre la calidad del bien o servicio con el precio que se ha pagado por él. Por ejemplo, una persona puede creer que la máquina de fotos que se ha comprado es buena, pero demasiado cara para lo que ofrece, que un abogado ha pasado una minuta muy elevada para solucionar un problema que se antojaba poco complicado, o un dentista ha cobrado una cantidad excesiva por realizar una intervención rutinaria.

Los factores que explican la disonancia son los siguientes.

- El **precio.** Cuanto mayor sea éste más elevada será la disonancia y mayor será la duda sobre si ha acertado o no con la compra del producto. Por este motivo, la fijación de precios de los servicios, en particular, deberá responder a precios razonables y asequibles para el mercado.

- La **variabilidad de los precios**. Si un mismo bien o servicio se puede encontrar a precios muy dispares la disonancia tras su compra será elevada. Por ejemplo, las guerras de tipos de interés generan disonancia en las personas que solicitan préstamos personales o hipotecarios.

- **Importancia sicológica del producto**. Aquellos que son muy deseados por los consumidores no generarán disonancia. A mayor deseo menor disonancia. Una operación de cirugía estética con resultados inicialmente satisfactorios genera menos disonancia que la contratación de un seguro obligatorio de automóvil.

- **Prestaciones** del producto. Cuanto más responda a lo que se espera de él menor será la disonancia o duda sobre lo acertado de su compra.

- **Número de alternativas**. Cuanto mayores sean las posibilidades de elección mayor será la duda sobre lo acertado de la compra. Contratar el servicio telefónico, con sólo dos proveedores en España representa menos disonancia que reparar el coche, sector en el que existen decenas de talleres en cualquier ciudad de dimensión media.

- **Similitud de alternativas**. Cuanto más parecidas sean éstas mayor será la disonancia. Cuando se contratan seguros, los consumidores encuentran que la oferta de las diversas compañías es muy similar, aparentemente, pero las primas varían sustancialmente. Ello genera una elevada disonancia tras haber contratado con alguna de ellas.

- **Credibilidad de la fuente de información**. Si la persona que manifiesta sus dudas o reparos sobre la compra que otra realiza es considerada como gran conocedora del producto aparecerá una fuerte disonancia. Si la opinión no es muy fiable aparecerá poca disonancia.

- La **comunicación** (publicidad, promociones, etc.) de otros proveedores del producto es también una fuente de duda sobre lo acertado de la compra, porque proporciona información tal vez no tenida en cuenta que podría haber resultado interesante para tomar la decisión.

Cuando se trata de bienes los productores proporcionan garantías y los vendedores suelen devolver el dinero, lo que permite reducir la disonancia y el riesgo percibido. Los consumidores encuentran en los bienes características de compra que les permiten hacer elecciones bastante seguras y ello contribuye a reducir la disonancia física. Ante la insatisfacción tras la compra los consumidores pueden devolver los bienes y recuperar su dinero. También pueden reclamar ante tribunales, juntas arbitrales del consumidores u otras organizaciones que defienden sus derechos.

Pero los servicios tienen características de credo o de experiencia. La forma en que los consumidores resuelven sus quejas o insatisfacción cuando se trata de servicios depende de dos variables, que son el grado de **concentración del sector** y el **grado de contacto con los clientes** (Stiff y Pollack, 1983: 54).

El grado de concentración de un sector lo determina número de empresas que existen en él. Algunos servicios, como medicina general, reparaciones domésticas o peluquerías están poco concentrados. Existen muchas empresas que los prestan. Por ejemplo, en España existen más de 70.000 talleres de reparación de automóviles. En otros sectores, como el transporte aéreo, el alquiler de coches, las telecomunicaciones, los servicios postales o tratamientos oncológicos, la concentración es elevada. Existen pocos y grandes proveedores. En algunos servicios el grado de contacto con los clientes es elevado, como sucede con las peluquerías, medicina general o educación básica. En otros, el contacto es casi inexistente o nulo, como sucede con las telecomunicaciones, aparcamientos de coches o su alquiler.

Cuando se trata de servicios que suponen un contacto elevado con los consumidores y el grado de concentración del sector es bajo, generalmente existe regulación pública o privada para la prestación del servicio, plasmada en leyes o en códigos deontológicos. La regulación mencionada afecta a las condiciones del lugar donde se presta el servicio, como horarios, limpieza, asepsia, seguridad o higiene de los locales, o prácticas admitidas y prohibidas en los servicios profesionales. El número de alternativas para recibir el servicio es elevado.

La mayoría de estos servicios están personalizados, suponen una participación activa por parte de los consumidores, son difíciles de estandarizar, y también son difíciles de evaluar antes de comprarlos. Es difícil reducir la disonancia física. Los consumidores intervienen en su diseño y cada servicio constituye un acto singular e irrepetible. Basta pensar, por ejemplo, en un tratamiento médico o de belleza, en la reparación de un coche o en una campaña publicitaria.

Esta circunstancia hace que los consumidores de esta clase de servicios se sientan responsables cuando perciben mala calidad en su prestación. Cuando no se encuentran satisfechos tienden a culparse a sí mismos. Atribuyen parte de su insatisfacción a su propia incapacidad para exponer sus necesidades. Por este motivo también manifiestan menos quejas, en general, en caso de no quedar satisfechos. Una persona que acuda al médico para que le ponga un tratamiento y éste no resultara efectivo podría culparse a sí misma de no haber sabido explicar correctamente sus síntomas. Una prenda que no haya sido satisfactoriamente limpiada en la tintorería puede ser debido a que el cliente no supo explicar la naturaleza del agente que causó la mancha. Una persona puede que no culpe mucho a su abogado porque el consejo que le haya dado no haya sido eficaz, porque puede pensar en la posibilidad de una explicación de su problema.

Cuando se trata de servicios profesionales –médicos privados, abogados– existe autorregulación en el sector, mediante códigos deontológicos, para garantizar la calidad de las prestaciones. Los consumidores encuentran en este tipo de servicios características de credo, que se ven reforzadas precisamente por esos códigos deontológicos. Estas empresas son pequeñas y no suelen tener problemas serios con sus clientes. En caso de producirse suelen resolverse internamente, por los propios tribunales de honor y, excepcionalmente, por organismos de defensa de los consumidores.

En sectores con bajo contacto con los consumidores y escasa concentración, como reparaciones de automóviles o limpieza en seco, suelen producirse quejas con frecuencia. La disonancia suele ser elevada.

En España, la mayoría de las quejas de los consumidores tienen que ver con reparaciones de automóviles mal efectuadas o innecesarias, a su juicio. Los consumidores encuentran dificultades para valorar la conveniencia o la calidad de los servicios prestados. Por ejemplo, muchos clientes de talleres de coches sostienen que les han cambiado piezas sin haberlo pedido. No están seguros de que su sustitución haya sido necesaria. La disonancia del consumidor es elevada.

Estas empresas deberían insistir en la formación de sus trabajadores y en desarrollar estrategias de reducción de riesgo. Los consumidores podrían leer revistas que proporcionaran criterios de calidad de servicio, para poder elegir mejor, como las que publican las asociaciones de consumidores y otras que existen en el mercado.

Cuando el contacto con los clientes es elevado y la concentración sectorial es alta, como sucede con las compañías aéreas, empresas de mudanzas o de transporte urgente, los servicios tienden a estar estandarizados y no suele aparecer mucha disonancia en los consumidores. Estos pueden recoger suficiente información antes de comprarlos. Los problemas que suelen surgir están casi tipificados, como retrasos, pérdidas o deterioros de equipajes, etc. Cuanto mayores son estas empresas más estandarizados tienen los mecanismos de reclamación. También suelen proporcionar otros servicios para compensar el mal servicio prestado. Por ejemplo, una compañía aérea que se viera obligada a cancelar vuelos paga el hotel a sus pasajeros si fuera preciso, busca transporte alternativo, e incluso indemniza con una cantidad para atender algunos gastos. En este tipo de empresas el precio es una variable importante para los consumidores y un criterio importante para seleccionar proveedor.

Tratándose de servicios con poco contacto con los clientes y sectores muy concentrados, como telecomunicaciones, alquiler de coches, o seguros, etc. el grado de estandarización es elevado y, en consecuencia, las características de credo son pequeñas. Los consumidores tienen muy claro lo que van a adquirir. La disonancia suele ser mínima. Se emplean tecnologías informáticas y los servicios se producen casi como si de bienes se tratara. Los consumidores se fijan mucho en el precio y valoran especialmente la relación precio/calidad. Las reclamaciones son directas, al proveedor del servicio, como se hace con las averías en la red telefónica. En caso de insatisfacción es posible que el proveedor devuelva el dinero, en lugar de suministrar un nuevo servicio, como sucede cuando se avería un coche de alquiler.

En general, puede defenderse que los consumidores de servicios buscan mucha información cuando el sector está poco concentrado. En ellos el riesgo y la disonancia son más elevados. Se les puede recomendar que lean revistas en las que se hagan pruebas comparativas de bienes y servicios. Si los sectores se encuentran muy concentrados y regulados y existe competencia –transporte aéreo o telecomunicaciones– el riesgo y la disonancia son menores.

6.7. Fidelidad de los consumidores

Cuando los consumidores se encuentran satisfechos con sus compras seguramente serán fieles a la marca que ha adquirido o al establecimiento donde la han comprado. Por fidelidad se entiende la propensión a comprar la misma marca o frecuentar el mismo establecimiento para satisfacer una misma necesidad. La fidelidad a la marca de un bien o al proveedor de un servicio no son igualmente intensas y se pueden encontrar factores que las diferencian.

A. Ventajas derivadas de la fidelidad

En cualquier caso los proveedores de bienes y servicios desean encontrar consumidores que les sean fieles, por varias razones, entre ellas, porque,

- Facilita las ventas y reduce los gastos de promoción nuevos productos bajo la misma marca.
- Estabiliza las ventas y la cuota de mercado, y como consecuencia de ello, se simplifican las tareas de previsión.
- Si la fidelidad es intensa la sensibilidad de la demanda ante el precio se reduce. Esto implica una mayor libertad para subir los precios sin que las ventas se resientan.
- Los consumidores fieles actúan como prescriptores dentro de su grupo de influencia.
- Los consumidores fieles favorecen la distribución del producto debido a las presiones que hacen sobre los distribuidores para que se lo suministren.

B. Fidelidad a los bienes. Causas

A las empresas les interesa saber por qué sus clientes son fieles a las marcas. La principal de todas ellas es la satisfacción manifestada después de un acto de compra, es decir, la ausencia de disonancia. Existen, además, otros motivos que explican la fidelidad de los consumidores a los bienes o sus marcas. Son las siguientes.

- **El precio**. Debido a que en ausencia de otra información el precio es un indicador de calidad, el consumidor que busque calidad será fiel a la marca o establecimiento cuyo precio responda a esa imagen percibida de calidad. Otras veces el consumidor busca precios bajos. En estos casos será fiel a marcas o establecimientos que satisfagan sus deseos.

- **Imagen de superioridad** asociada a la marca o al establecimiento. Por razones puramente sicológicas el consumidor atribuye a la marca o al establecimiento sus propias características. Proyecta su yo sobre ellas y sólo aquello que encaje con la propia imagen será bien visto y se comprará. Esto explica que se adquieran marcas caras de ropa, electrodomésticos o coches.

- **Inercia** o comodidad. El consumidor compró una vez, le fue bien y por rutina sigue comprando lo mismo o en el mismo lugar.

- **Conformidad** con las normas del grupo con el que se convive o **imitación** a otras personas.

- El consumidor compra siempre la misma marca o acude al mismo establecimiento **para evitar el riesgo** de decisiones equivocadas. Siendo fiel a una marca las decisiones de consumo se simplifican.

- A veces en el mercado **no existen alternativas** dignas de consideración. Se es fiel a la fuerza, porque no queda más remedio, como sucede con las compañías que suministran electricidad o gas.

C. Fidelidad a los servicios. Causas

Los consumidores de servicios suelen ser más fieles a sus proveedores que los compradores de bienes a sus marcas. Ello es debido a diversos factores, como costes del cambio, disponibilidad de servicios sustitutivos y satisfacción encontrada con el actual proveedor.

Cambiar de proveedor de servicios apareja **costes monetarios**. Los costes monetarios son pagos que deben hacerse al nuevo proveedor. Por ejemplo, cambiar de dentista suele requerir una nueva revisión dental, que debe pagarse. Lo mismo sucede con el reconocimiento que realiza un médico privado o cuando se cambia de empresa de asistencia en carretera para un coche, que suelen pedir una cuota de ingreso. Si el consumidor es fiel al actual proveedor del servicio ahorra dinero.

Los **costes no monetarios** se resumen en esfuerzos de búsqueda del nuevo proveedor del servicio, que se desdobla en dos componentes; un coste **sicológico**, o fatiga o pereza que supone pensar en la posibilidad del cambio, y un coste **físico**, consecuencia del tiempo empleado y desplazamientos dedicados a la búsqueda. Otros esfuerzos adicionales vienen determinados por la valoración de alternativas y asunción de riesgos de decisiones no del todo satisfactorias. Generalmente, los consumidores suelen preferir seguir como están.

El conjunto de **alternativas de elección**, la disponibilidad de productos sustitutivos que tienen en cuenta los consumidores de servicios **suele ser menor** que cuando se plantea la compra de bienes. Cuando un consumidor acude a una tienda a comprar un bien –un aspiradora o un televisor– encuentra una gran variedad de marcas para elegir. Cuando acude al proveedor de un servicio éste sólo le muestra *su marca*. En un banco sólo se puede abrir una cuenta de ese banco y en una aseguradora sólo contrata el seguro *marca* de la entidad.

Por otra parte, cabe la posibilidad de que existan **pocos proveedores** de un servicio en el área geográfica donde habita el consumidor, como sucede con compañías aéreas, empresas de seguros o cirujanos plásticos, mientras que puede haber muchos detallistas de bienes como panaderías, perfumerías o papelerías. Sucede, también, que el menor número de alternativas de elección que consideran los consumidores es debido a que es más difícil obtener información sobre los servicios antes de comprarlos, debido a que poseen esencialmente características de experiencia o de credo. Para valorar esas alternativas ha de obtenerse información preguntando a otras personas. Cuando se trata de bienes las características de búsqueda se pueden valorar individualmente.

Otro motivo que explica la fidelidad a los proveedores de los servicios es la **confianza** que se deriva de una relación continuada. Esta confianza se observa con mucha frecuencia en entidades financieras, en las que los empleados llegan a conocer muy bien a los clientes. Lo mismo sucede con el médico de cabecera o con el taller de reparaciones del automóvil. Esa confianza se plasma en un mejor trato respecto a clientes menos conocidos.

7. EJEMPLOS DE COMPORTAMIENTO DEL CONSUMIDOR: REPARACIÓN DE AUTOMÓVILES, BANCOS Y SERVICIOS MÉDICOS

Antes de finalizar este capítulo resultará conveniente analizar algunos comportamientos del consumidor con relación a servicios que se utilizan con frecuencia; las reparaciones de automóviles, los servicios bancarios y los médicos. Un estudio exhaustivo sobre el comportamiento del consumidor acaba inexorablemente haciendo referencia a la calidad percibida de la prestación del servicio, que se mide tomando como referencia las expectativas de los consumidores. Si el proveedor del servicio las supera, la calidad habrá sido buena. Si no alcanza los niveles esperados por los consumidores la calidad será mala.

7.1. Reparación de automóviles

La reparación de automóviles se considera como uno de los servicios que más riesgo apareja. En España la mayoría de las quejas de los consumidores tienen que ver con reparaciones mal realizadas, a su juicio. La calidad del servicio puede medirse desde dos perspectivas diferentes; la de los proveedores y la de los consumidores. Las dimensiones de la calidad no tienen por qué ser coincidentes. Los clientes de los talleres de reparaciones consideran importante:

- La competencia y honestidad de los mecánicos.
- Que se escuchen sus versiones sobre la naturaleza del problema que les hace llevar su coche a reparar.
- Que se reparen las averías rápidamente.
- Que se proporcionen explicaciones de cómo se han reparado los coches.
- Facilidad de acceso al taller.
- Naturaleza del establecimiento: si se trata de un taller independiente o de un servicio oficial.
- Precios justos.

Otros atributos como:

- Los problemas y situación del sector de reparaciones.
- Calidad de los repuestos.
- Control gubernamental o administrativo que se ejerce sobre los talleres.

no son tenidos en cuenta por los clientes. Los propietarios de los talleres se fijan en otras dimensiones de la calidad. Valoran los conocimientos de mecánica de los clientes y algunos confiesan que la atención y trato prestado dependen de los conocimientos que les atribuyan. También consideran que la calidad de su taller está influenciada por la competencia de sus mecánicos y por los controles administrativos existentes. Otros aspectos, importantes para los consumidores, como las tarifas horarias, rapidez, explicaciones, la naturaleza del establecimiento o la facilidad de acceso son irrelevantes para los dueños. Algunos propietarios de talleres sostienen que los clientes insatisfechos lo están porque no entienden nada de mecánica, y que no saben valorar la calidad de las reparaciones. Los consumidores tienen la sensación de que sus conocimientos mecánicos son menospreciados.

Como puede apreciarse, las dimensiones de la calidad no son coincidentes para proveedores y clientes. Obsérvese que la orientación empresarial de los talleres es al producto, no se fijan en los clientes en general, ni parece que valoren lo que significa el marketing de relaciones, excepto, tal vez, cuando se trata de clientes con conocimientos de mecánica elevados.

La satisfacción del cliente es dudosa, dentro de este marco. La disonancia, elevada. La principal característica de los talleres, desde el punto de vista de los servicios, aparenta ser el credo. Lo ideal sería actuar en términos que permitieran que estos establecimientos tuvieran características de búsqueda y de experiencia. En definitiva, que los atributos tangibles de los talleres y los grupos de influencia fueran importantes para los consumidores, y por supuesto, que la orientación empresarial fuera al consumidor.

7.2. Servicios bancarios

Durante bastantes años las entidades financieras han seguido una política de localización de sucursales que resulten cómodas para los clientes y rentables por su situación geográfica, considerando el nivel de renta de la zona, la densidad comercial y el potencial de crecimiento demográfico. El sector financiero fue uno de los primeros en adoptar los principios de marketing y las técnicas de su *mix*. Su situación ha cambiado radicalmente en los últimos quince años debido a la liberalización del sistema financiero y a los procesos de fusiones y absorciones. A continuación se exponen cuáles son las características de los servicios bancarios que resultan importantes para los clientes (Grande, 1993).

Los clientes consideran muy importantes las siguientes características de las entidades financieras,

- Imagen de entidad solvente y bien gestionada.
- Localización de sucursales y horarios amplios.
- Tipos de interés con que se retribuye el ahorro.
- Tipos de interés de los préstamos e importe de las comisiones por los servicios prestados.

- Trato proporcionado por los empleados.
- Interés de la entidad por atender con calidad a los clientes.
- Capacidad de innovación de la entidad financiera.

Contra todo pronóstico, la mayoría de los consumidores –con rentas medias y altas– dan más importancia a la imagen de la entidad, a los factores de conveniencia y a la orientación hacia el consumidor que a otros atributos, como los tipos de interés activos y pasivos. A la hora de establecer diferencias entre entidades el trato proporcionado y el seguimiento de los problemas y asuntos que preocupan a los clientes son los aspectos más valorados. El segmento de mayor poder adquisitivo y los jóvenes valoran muy positivamente la adopción de nuevas tecnologías para la prestación de los servicios. Por el contrario, los clientes con las rentas más bajas valoran mucho los tipos de interés que retribuyen el ahorro, y las personas de más edad no valoran las nuevas tecnologías.

De todo esto se pueden extraer algunas conclusiones. Las entidades financieras se encuentran con que la mayoría de sus clientes actualmente valoran la orientación de la empresa hacia el consumidor y también nuevos productos basados en la adopción de tecnologías. Las entidades financieras deben innovar y adoptar nuevas tecnologías para prestar sus servicios, pues existen segmentos que las valoran, pero siguiendo un enfoque de marketing orientado al consumidor, es decir, desarrollando productos desde la óptica de la utilidad que desean los clientes y que aceptarán. Tampoco deben olvidar el marketing de relaciones ni el marketing interno.

7.3. Servicios médicos

Tarde o temprano las personas acabamos visitando a un médico. Los servicios médicos responden al concepto de servicio puro, sin elementos tangibles. Poseen características de experiencia y de credo, especialmente esta última en grado máximo. Además, los consumidores no tienen muchos criterios para evaluar la calidad de los servicios. La exposición de este apartado combinará resultados de algunas investigaciones desarrolladas por el autor en el ámbito de la calidad y organización de los servicios de urgencia, en instituciones sanitarias públicas y privadas, articulados sobre soportes teóricos proporcionados por especialistas (Sackmary, 1985).

Los servicios de urgencia médica poseen una característica: no existe mucho tiempo para buscar información sobre posibles proveedores. Las personas ante un accidente, no necesariamente serio, pueden tratar de asistirse a sí mismas, buscar ayuda en otras personas o acudir a un centro médico. Veamos qué factores condicionan la elección entre estas tres opciones. Según Sackmary (1985: 59),

- En general, existe resistencia a acudir a servicios de urgencia debido a ausencia de conciencia sobre su necesidad, o a una mala imagen preconcebida de la calidad de estos servicios.

- Las personas que han utilizado un servicio de urgencia son más propensas a acudir a él que otras que no lo hayan experimentado.

- Las personas que optan rápidamente por acudir a servicios de urgencia lo hacen porque tienen mejor imagen que las que prefieren otras *alternativas.*

Las visitas más frecuentes a los servicios de urgencia tienen que ver con fracturas óseas, cólicos hepáticos o renales, síntomas de apendicitis, quemaduras, intoxicaciones causadas por alimentos o productos químicos y ataques cardíacos.

Los consumidores sólo acuden a los servicios de urgencia cuando consideran que los síntomas que padecen son serios. Es aquí donde se producen errores de apreciación. Una persona puede considerar más grave una quemadura superficial en la cara que dolor en el abdomen, síntoma de un ataque de apendicitis, o malestar tras haber inhalado humo o gases tóxicos.

En general, las personas acuden a los servicios de urgencia cuando les son familiares, cuando tienen experiencia en su utilización. Pero son reacias a utilizarlos. En España, en la actualidad, no se pueden desarrollar actividades de marketing de servicios sanitarios, pero las instituciones públicas deberían realizar campañas de marketing social relativas al cambio de actitudes hacia los servicios sanitarios, contando con la ayuda de *test*imonios de personas con credibilidad.

Lo que sí puede proponerse es que cualquier persona involucrada en la prestación de un servicio sanitario, de urgencia o no, debe desarrollar la función de marketing y creer firmemente en el marketing de relaciones. Además, los responsables de los servicios deberían adoptar los principios de marketing interno. Tal vez, el camino que quede por recorrer aún sea largo.

8. RESUMEN

A lo largo de este capítulo se ha expuesto un modelo verbal de comportamiento del consumidor, válido tanto para bienes como para servicios, y tres características fundamentales de éstos: las características de búsqueda, de experiencia y de credo. Estos tres atributos son básicos para comprender el riesgo percibido de los consumidores, que ha sido tratado desde los puntos de vista financiero, sicológico, físico y funcional.

El núcleo fundamental de este capítulo lo han constituido las diferencias de comportamiento de los consumidores de bienes y servicios. Esas diferencias se aprecian en el proceso de búsqueda de información para reducir el riesgo percibido, y en sus fuentes, en la que predominan las fuentes personales.

Dada su trascendencia también se han analizado el papel de grupos de influencia. La importancia del concepto de riesgo justifica que se hayan dedicado sendos apartados a proponer estrategias de reducción de riesgos, con especial hincapié para los servicios. Posteriormente se ha expuesto una metodología para valorar atributos de los bienes y servicios, que basada en una técnica cuantitativa, sirve para medir la utilidad de los productos que se diseñen. La valoración de alternativas de compra es muy distinta cuando se trata de servicios, porque existen menos criterios de elección, menos proveedores y resulta más costoso encontrar información.

Las actitudes postcompra de los consumidores de servicios poseen rasgos específicos. Se han analizado la fidelidad a la marca, en general, y por qué es mayor en los consumidores de servicios que en los de bienes. También se han propuesto algunas estrategias de comunicación previas a la prestación de servicios, para reducir la disonancia o insatisfacción postcompra, basadas en el grado de concentración del sector y en el grado de contacto con los clientes.

Debido a que los servicios se prestan en un entorno físico se han tratado las consecuencias de la concurrencia y de la masificación sobre percepciones de los consumidores en las distintas fases del proceso de compra.

Finalmente se ha expuesto, sucinta y parcialmente, el comportamiento de los consumidores de tres tipos de servicios; reparaciones de automóviles, servicios bancarios y urgencias médicas. En ellos se han hecho comentarios sobre los indicadores de calidad, percepciones de proveedores y consumidores y recomendaciones sobre la necesidad de orientaciones empresariales al mercado y adopción de los principios de marketing interno y de relaciones.

PARTE II

Mix de Marketing para los Servicios

CAPÍTULO V

Planificación y Desarrollo de Servicios

1. INTRODUCCIÓN

A lo largo de este capítulo se expondrán conceptos fundamentales en la estrategia de desarrollo de servicios en las empresas. Comienza definiendo los conceptos de líneas de servicios y amplitud de gama, para seguir con unas recomendaciones de cómo debe configurarse la oferta. A continuación se expone el ciclo de vida del producto/servicio y se hace una crítica sobre su validez conceptual y práctica. Posteriormente se trata la formación de carteras y los problemas ante los que se enfrentan las empresas de servicios para constituirlas.

En este capítulo se trata con detenimiento el concepto de nuevos servicios, razones por las que las empresas los crean y la metodología a seguir para desarrollarlos, desde su concepción hasta su lanzamiento. También se analizan las estrategias de servicios, sobre la base de una matriz de Ansoff, ya expuesta en el capítulo 3, ampliada. Tampoco podía faltar una enumeración de causas que afectan a la difusión de los servicios y algunas causas que provocan su eliminación. Finalmente, se trata el factor humano en el proceso de creación de servicios.

2. GAMA Y LÍNEA DE SERVICIOS

Una **línea de servicios** es un conjunto de productos con características afines. Las empresas pueden ofrecer líneas más o menos amplias. En una entidad bancaria existen servicios activos y pasivos, constituídos por los préstamos en todas sus modalidades a cualquier persona física o jurídica y las diversas fórmulas de ahorro posibles. En una empresa aseguradora pueden existir dos líneas de servicios; para las personas y para las cosas. Una compañía aérea ofrece líneas de transporte para viajeros y para mercancías.

Las empresas que producen bienes ofrecen, por lo general, más líneas que las empresas de servicios. Por ejemplo, Yamaha lanza al mercado instrumentos musicales, motos, motores fuera borda y equipos electrónicos, entre otros productos. Algunos fabricantes de vehículos, como Peugeot, ofrecen vehículos industriales para transporte en carretera, para obras públicas, vehículos de turismo, motocicletas, bicicletas, máquina herramienta, etc.

Por **gama** debe entenderse la diversidad de bienes o servicios dentro de cada línea. La amplitud de la gama es variable, según sectores de actividad. Las empresas aseguradoras ofrecen a las personas seguros de asistencia en viaje, de asistencia médica, de accidentes, de vida, de responsabilidad civil, etc. Para las cosas existen seguros del hogar, del automóvil, de cosechas, etc. En un banco, dentro de la línea de pasivo existen cuentas corrientes, libretas de ahorro ordinario, cuentas de crédito, cuentas de ahorro vivienda, cuentas preferentes, bonos, cesiones temporales, IPF a plazo variable, fondos de inversión, planes de pensiones, etc. Una empresa de mensajería presta un servicio con una sola línea cuya amplitud de gama es muy reducida, pues se limita a transporte de cosas con sólo dos alternativas, normal o urgente. Una consultora ofrece asesoría laboral, mercantil, fiscal, contable, financiera, de recursos humanos, de marketing, etc.

2.1. Diseño de la gama de servicios

El conjunto de servicios que se comercializan puede configurarse eligiendo combinaciones que desempeñen determinadas funciones en la estrategia de ventas. Tales servicios reciben los siguientes nombres.

Cabezas de línea. Son aquéllos que proporcionan los mayores beneficios a las empresas. Por ejemplo, para Iberia el puente aéreo Madrid-Barcelona constituye, seguramente, su cabeza de línea. En las empresas aseguradoras los seguros del hogar son mucho más rentables que los de automóviles. Las agencias de viajes obtienen un mayor margen vendiendo paquetes de vacaciones que billetes para transportes públicos. En las cajas de ahorros las IPF suponen fondos disponibles a medio y largo plazo para la entidad con coste bajo, y son más rentables que otras fórmulas de ahorro. En un restaurante que ofrezca «alimentos para llevar» éstos son más rentables que los servidos en el local, pues aportan los mismos ingresos sin necesidad de contar con servicio de camareros.

Las empresas deben identificar sus cabezas de línea, porque son los productos que proporcionan los mayores márgenes sobre el coste, más contribuyen a recuperar las cargas de estructura y a obtener beneficios. Sin embargo, no debe olvidarse que al definir la misión (capítulo 3) se insistió en que las empresas deben identificar los productos con que atenderán al mercado. El producto más importante es el que responde a los componentes de la misión. No tiene por qué ser, forzosamente, el más rentable desde el punto de vista económico.

Productos reguladores. Su misión es amortiguar las variaciones estacionales de la demanda, que se presentan con mucha frecuencia en servicios como hoteles en zonas turísticas, transporte, espectáculos o comunicaciones. Las empresas fabricantes de bienes no suelen encontrar dificultades serias para crear productos reguladores. Un fabricante de artículos deportivos empleará poliester en verano para producir esquíes que venderá en invierno, y durante él tablas de *surf* que se demandarán en verano. Durante todo el año podrá producir raquetas de tenis o palos de golf.

Cuando se trata de servicios los productos reguladores son, en realidad, los mismos de siempre. Las empresas acuden a estrategias de precios para desestacionalizar la demanda, como sucede con los hoteles en fin de semana, cuyos precios de orientan a atraer turistas, o las tarifas telefónicas y eléctricas, más baratas por la noche o en fin de semana, con objeto de descongestionar las líneas y el consumo dentro de horarios de trabajo. Los cines cobran un menor importe el *día del espectador* para repartir la demanda a lo largo de la semana, evitando concentraciones excesivas los días festivos. En realidad, las empresas de servicios crean productos reguladores mediante estrategias de discriminación de precios para atraer o seleccionar distintos segmentos de mercado.

Productos tácticos. Sirven para entorpecer las actuaciones de la competencia o para responder rápidamente a una actuación de ella. En las empresas productoras de bienes los productos tácticos son los resultados de procesos de investigación y desarrollo que aún no se han lanzado al mercado y que se guardan a la espera de ser utilizados cuando convenga, por ejemplo, porque se ha perdido el posicionamiento de producto inicial o porque la competencia ha innovado. Los productos tácticos cuando se trata de los servicios son las innovaciones que mejoran las prestaciones. Por desgracia, los servicios tácticos son, con frecuencia, fácilmente imitables, por lo que el posicionamiento es efímero salvo que para su prestación se requieran elevadas inversiones en tecnologías, basadas en la informática y en las comunicaciones o en infraestructuras como edificios (los hoteles) o aparatos (aviones), que constituyan una barrera de entrada al sector.

Productos que preparan el futuro. Son aquellos que por sus avanzadas características permitirán a la empresa una posición privilegiada en el mercado en un futuro próximo, o que proporcionan una imagen de modernidad y de avance tecnológico. Por ejemplo, automóviles con cuatro ruedas directrices o con motores con recubrimientos cerámicos, como los desarrollados por Honda. Cuando se trata de servicios los productos que preparan el futuro son servicios que atienden una demanda latente, pero importante. Por ejemplo, empresas como Quavitae o Eulen proporcionan un servicio de telealarma para personas mayores que viven solas. Otras proporcionan compañía, envío de alimentos cocinados o ayuda domiciliaria a personas mayores que no se valen por sí mismas. Estos servicios anticipan el futuro. En nuestro país este tipo de necesidades de atención a los mayores las cubre la familia, pero los cambios sociológicos que se observan apuntan a una iniciativa distinta a la familiar para atender a las personas mayores.

Otras veces los servicios que anticipan el futuro quedan ligados al empleo de nuevas tecnologías, generalmente relacionadas con las comunicaciones. Hoy en día es posible hacer compras en El Corte Inglés a través de la tarjeta Ibertex. Las redes informáticas permitirán realizar muchas operaciones comerciales o financieras, como sucede con la red Internet, que ofrece catálogos de productos para hacer compras. El banco Barclays Bank ha creado un servicio de asesoría financiera personalizada, llamado Barclays Premier Banking, que puede solicitarse por teléfono o a través de la red Internet, cuyo *E-mail* es premier.banking@barcalys.es. Las empresas que emplean esas nuevas tecnologías y las que prestan servicios cuya demanda todavía se encuentra en estado larvario están anticipando el futuro.

3. EL CICLO DE VIDA DEL PRODUCTO/SERVICIO.

Desde las perspectivas de marketing, de formulaciones de estrategias empresariales y de planificación y desarrollo de nuevos productos, el concepto de ciclo de vida resulta fundamental. Se trata de una construcción teórica que supone que a los productos les sucede lo mismo que a los seres vivos; nacen, se desarrollan, alcanzan la madurez y, finalmente, mueren.

El ciclo de vida del producto es una construcción teórica muy ilustrativa, pero existen dudas sobre su eficacia operativa, e incluso sobre su existencia real, con la forma que propone la teoría. A *posteriori* es posible modelizarlo, pues basta con relacionar las ventas con el tiempo y encontrar alguna función matemática que se ajuste convenientemente.

En los planteamientos sobre el ciclo de vida del producto se considera que existen claramente cuatro diferentes fases: introducción, crecimiento, madurez y declive. En marketing fundamental se trata de investigar el conjunto de factores que afecta a cada una de las fases y al tránsito entre ellas.

La fase I se denomina de introducción. En ella el grupo de consumidores iniciales es muy reducido y no resulta rentable a la empresa innovadora. Tratándose de productos, las elevadas inversiones en I + D obligan a que los precios en un primer estado tengan que ser forzosamente altos para amortizar los costes que se han generado. Los precios también deben ser altos porque el grupo inicial de consumidores posee rentas altas y puede pagarlos.

Si se trata de un producto nuevo en cuanto a su concepción y características funcionales, no existirán, evidentemente, bienes sustitutivos, lo que induce a pensar que aparecerá una cierta rigidez de comportamiento de la cantidad demandada ante variaciones en los precios. Cuando los productos son nuevos debe favorecerse el aprendizaje y esto se consigue proporcionando la suficiente información y facilitando la disponibilidad del producto. De aquí se deduce que las inversiones en promoción y en comunicación resultan esenciales, así como el establecimiento de la adecuada red de distribución.

Hasta el momento la demanda ha crecido lentamente, los consumidores son personas con rentas altas y la estructura de mercado es de monopolio, el producto no se ha diferenciado de manera importante y se sigue una política de marketing concentrado en algún segmento. La distribución es selectiva y prima un especial interés por mejorar la calidad y favorecer el aprendizaje.

Algunos productos en fase I del ciclo de vida pueden ser las piezas cerámicas de los motores, o los vehículos con cuatro ruedas directrices, el disco láser para vídeo, la fibra óptica para uso doméstico, el disco óptico regrabable para ordenadores, etc. También existen servicios en fase I, como los servicios integrales para personas mayores, la multipropiedad en España, la cesión de vivienda a cambio de una pensión vitalicia o los servicios de acompañamiento y atención a la tercera edad.

El tránsito a una fase crecimiento de las ventas, o fase II, una vez superada la introducción, se consigue mediante de estrategias de desarrollo de la demanda. Los compradores ya aceptan el producto y la empresa se encuentra ante una estructura de mercado con competencia, pues habrán surgido algunos primeros imitadores. La estrategia empresarial se va a materializar en una reducción del precio tras incrementar los volúmenes de producción para beneficiarse de las economías de escala. El producto habrá que diferenciarlo de forma real o psicológica para adaptarlo a las características de los segmentos que se consideren interesantes. La distribución será intensiva y extensiva, y la empresa tratará por todos los medios de captar la demanda potencial del mercado.

Los sistemas de freno ABS en el automóvil, los hornos de microondas, etc., son productos en la fase II del ciclo de vida. También existen servicios en esta fase, por ejemplo, los planes de pensiones, los seguros de responsabilidad civil, la televisión por cable, la telefonía móvil, las redes informáticas o el agroturismo.

En la fase de madurez del producto las ventas crecen a un ritmo lento y la estructura de competencia es de oligopolio, dado que en la fase de crecimiento han aparecido imitadores. La estrategia de producto se centra en cambios frecuentes en los diseños y en una tendencia a reducir la amplitud de la gama. La política de precios a la baja es la adecuada para la ampliación del mercado. La comunicación tiene como objetivo mantener la fidelidad de los clientes. Se reduce el número de distribuidores y el grado de diferenciación del producto. Se planifica la eliminación o modificación del producto y se siguen políticas de precio concertadas o tácitas.

Productos en fase III son los encendidos de ruptor en el automóvil o los electrodomésticos convencionales. Las libretas de ahorro ordinario, las cuentas corrientes, los seguros obligatorios de automóvil, el transporte aéreo, el cine, los seguros de asistencia en viaje, la mensajería urgente y las tarjetas de crédito son servicios en fase de madurez.

En la fase de declive las ventas se retraen o crecen a un ritmo inferior al PIB. La estructura de competencia en el mercado tiende a ser de oligopolio con un menor número de empresas, cada vez más especializadas. Las empresas supervivientes reducen sus gamas y siguen políticas de precios tendentes a eliminar los productos, de forma rápida o lenta.

Las máquinas de escribir mecánicas, la televisión en blanco y negro, el tabaco en las economías desarrolladas, etc., son productos en fase de declive. Las libretas de ahorro infantil o los viajes transoceánicos en barco por razones de trabajo son servicios en fase de declive.

4. CARTERAS DE SERVICIOS

Considerando la cuota de mercado de una organización o su penetración en él y el potencial de crecimiento del mismo las empresas puede encontrarse ante cuatro situaciones.

Productos con cuota de mercado débil en un mercado con potencial de crecimiento elevado (Fase I y muy al principio de la II), denominados **productos dilema**. La estrategia será la de desarrollar la demanda. Es el caso de los servicios de asistencia a personas mayores, la televisión por cable o la multipropiedad.

Productos con fuerte cuota de mercado en mercados con gran crecimiento (fase II avanzada), llamados **productos estrella**. Las acciones de marketing han de orientarse a reforzar esa participación en el mercado. Es el caso de los planes de pensiones, de los seguros de responsabilidad civil individual, el agroturismo o de los balnearios dentro de la población joven.

Productos con cuota de mercado elevada en mercados con crecimiento débil (fase III iniciada o avanzada), llamados **vacas lecheras**. La actuación de marketing será la conducente a mantener la cuota de mercado y la demanda global. Es lo que deberían hacer las entidades financieras con las libretas de ahorro o las cuentas corrientes, el transporte aéreo en general y las aseguradoras que ofrecen asistencia en viaje. Estas empresas deben mantener su posición en el mercado y evitar que éste se contraiga. Para ello emplearán estrategias de precios, de diseño o rediseño de productos a medida de los deseos de sus clientes.

Productos con crecimiento débil (final de la fase III), y cuota de mercado débil, llamados **pesos muertos**. La empresa debe plantearse abandonar el producto o reposicionarlo. Por ejemplo, las entidades financieras han abandonado el ahorro infantil y las navieras han transformado sus barcos de transporte de pasajeros en embarcaciones para realizar cruceros y pasar las vacaciones. Los balnearios, que se encontraban en fase de declive como centros de salud, asociados generalmente a personas mayores se reposicionaron como establecimientos de ocio y descanso, dirigiéndose a un mercado más joven. Pasaron del final de la fase III, o inicio de la fase IV, a la fase II.

4.1. Algunos problemas con el ciclo de vida y los servicios

Si bien el concepto de ciclo de vida es muy sencillo y útil para tomar decisiones de marketing cuando se trata de bienes, surgen dudas cuando se trata de aplicarlo a los servicios debido a tres razones.

En primer lugar, y esto es una crítica general para cualquier ciclo de vida, independientemente de que se trate de bienes o servicios, **el ciclo observado puede tener cualquier forma**. Depende de la rapidez de la difusión de los productos, condicionada por muchos factores, como los que se han citado, además de las actuaciones de la competencia. En la práctica se han encontrado ciclos que son líneas ascendentes o descendentes, onduladas, etc. No existen evidencias empíricas sobre una forma determinada que prevalezca.

En segundo lugar, existe **indefinición en lo que se entiende por servicio**. En este sentido un servicio puede ser una prestación genérica, como transporte, asesoramiento o atención médica. El servicio puede ser de una clase concreta, como transporte aéreo, asesoramiento fiscal o revisiones del corazón. Finalmente, es posible que esos servicios tengan marca, como Iberia, Peat Marwick o Insalud. El ciclo de vida no es válido para productos genéricos, sólo lo será para las marcas.

En tercer lugar, y esta es la mayor limitación de la aplicación del concepto de ciclo de vida a los servicios, existen **dificultades** para que muchas empresas que los proporcionan desarrollen **carteras de productos equilibradas** por dos razones; porque ofrecen beneficios básicos o porque su oferta es tan reducida que no tienen posibilidades de combinarlos formando carteras. Por ejemplo, una lavandería, un restaurante de menú del día, un taller de reparaciones de automóviles, una autoescuela, una peluquería, un taxi o una empresa de mensajería tienen una oferta tan estrecha y tan básica que no es posible diversificarla. A lo largo de su existencia ofrecen el mismo servicio.

Algunas empresas de servicios, como los bancos, las consultoras o los hospitales pueden ofrecer una conjunto de servicios más amplio. Las entidades financieras disponen de un catálogo de productos que incluye varias decenas de servicios como cuentas de muchas modalidades, diversas fórmulas de ahorro previsión, variadas clases de préstamos, etc. Algunos son tan antiguos como el ahorro infantil o las cuentas corrientes. Otros son más nuevos, como los planes de pensiones. La renta vitalicia a cambio de la vivienda es un producto en fase I de su ciclo de vida. Una consultora puede prestar servicios de asesoramiento contable, fiscal, laboral, de marketing, de recursos humanos, auditoría contable, financiera, de marketing, etc. Puede combinar servicios en fases diversas; por ejemplo, podrá ofrecer auditoría contable, que es un servicio en fase III del ciclo de vida, con el desarrollo de aplicaciones informáticas que necesiten Internet, servicio en fase I.

Por el contrario, un lavacoches sólo ofrece un producto básico, limpieza de carrocerías y aspirado de interiores. Una tintorería, empresa de mensajería, aparcamiento, un aparcamiento, taxi o autopista ofrecen servicios básicos. Estas empresas podrán mejorar sus procesos de prestación de los servicios, pero éstos siguen siendo sustancialmente los mismos. La innovación afecta solamente al proceso de prestación del servicio, no a su esencia fundamental. Crecen al ritmo de la población o porque arrebatan clientes a la competencia, cuando pueden, mejorando la calidad de los procesos de prestación de los servicios.

Precisamente, es a través de él donde se pueden conseguir ventajas competitivas y posicionamiento frente a los competidores. Por ejemplo, una empresa de limpieza en seco se dedica a eliminar manchas de los tejidos. Su servicio básico no se altera con el tiempo. Pero puede fijar un horario de 12 horas diarias sin interrupción, o recoger y entregar la ropa a domicilio. Si la competencia no lo hace consigue un proceso de prestación de servicio de mayor calidad, que la diferencia de las empresas competidoras.

Resumiendo, las empresas de servicios, por lo general, encuentran más dificultades para crear carteras de productos diversificadas porque ofrecen pocas líneas, con una amplitud de gama muy reducida. Para constituir esas carteras se ven obligadas a incorporar nuevos servicios, es decir, deben diversificar y crear nuevos servicios.

5. NUEVOS SERVICIOS

5.1. Qué son servicios nuevos

La concepción del nuevo servicio es susceptible de entenderse de distintas maneras.

- En primer lugar, como **innovación total** en el mercado, es decir, la aparición de un servicio que se introduce en un mercado indefinido y no evaluado cuantitativamente. Por ejemplo, la televisión privada para abonados, como Canal +, los servicios de mensajería urgente o los planes de pensiones en España hace poco más de una década. Los productos totalmente innovadores aparejan un riesgo elevado, pues la respuesta del mercado es incierta.

- En segundo lugar, puede tratarse de **servicios conocidos** que se ofrecen combinadamente a un mercado que tiene cubiertas sus necesidades básicas. Sería el caso de una clínica que ofreciera un servicio integral de salud, que habitualmente se consigue visitando diversos especialistas, o una consultora integral de gestión de empresas. Un gimnasio podría añadir a sus instalaciones un servicio de estética y de nutrición equilibrada.

- En tercer lugar, puede tratarse de añadir servicios a los ya existentes, es decir, las empresas pueden **aumentar su oferta básica**. Por ejemplo, un banco podría ofrecer seguros a sus clientes de cuentas corrientes o de libretas de ahorro e instalar cajeros automáticos. Un hotel puede abrir una tienda de regalos, un gimnasio, un puesto de revistas o un restaurante de comida rápida para clientes con prisas, instalar aire acondicionado en todas sus habitaciones, mantener un servicio de recepción 24 horas o intérpretes. Una compañía aérea podría servir comidas en todos sus vuelos y una tintorería recoger y entregar la ropa a domicilio.

- Finalmente, las empresas de servicios pueden **ampliar su gama de productos**. Una compañía aérea podría volar a nuevos destinos, una universidad podría crear más titulaciones y una consultora ampliar los campos de aplicaciones de su actividad.

5.2. Razones para crear servicios

Los motivos que inducen a la empresa a crear nuevos productos o a modificar los existentes son, principalmente, los siguientes.

- **Motivos de mercado**. Se crean nuevos servicios porque aparecen nuevas necesidades y el mercado las demanda. Por ejemplo, en los países más desarrollados creciente incorporación de la mujer al mercado laboral y las nuevas formas de vida hacen que los hijos tengan menos tiempo para atender a sus padres mayores. La tercera edad necesita de residencias y otros servicios domiciliarios que antes eran prestados por sus familiares directos. Las amenazas que se ciernen sobre el futuro de las pensiones han propiciado el desarrollo de los planes de pensiones. La necesidad de comunicaciones urgentes favoreció la creación de servicios de mensajería. Las empresas que deseen ser competitivas deben orientarse al consumidor e investigar el mercado para proporcionar aquellos servicios que sean demandados.

- **Sustituir servicios** que hayan sido eliminados. En la actualidad muchas entidades financieras han suprimido las libretas de ahorro infantil, y han creado productos financieros específicos para adolescentes y jóvenes que no obtienen rentas propias.

- Ofrecer **servicios complementarios**. Por ejemplo, una compañía aseguradora puede crear planes de pensiones que sean complementarios de seguros de accidentes, de vida, de responsabilidad civil, de asistencia en viaje, de deceso, etc. De esta forma crearía una oferta integral de seguros para las personas. Un gimnasio podría ofrecer un centro de estética complementario de las instalaciones donde se realiza ejercicio físico. Una consultora podría prestar asesoría comercial además de la contable y financiera.

- Utilizar el **exceso de capacidad** derivada de una demanda estacional. Las plazas de toros y los pabellones deportivos permiten que tengan lugar en ellos conciertos, ballets y otras manifestaciones artísticas, distintas de los espectáculos habituales que se desarrollan en estas instalaciones. Algunos cines se alquilan para celebrar en ellos congresos y *simposiums*.

- **Defenderse** de la competencia. A veces las empresas crean servicios para reaccionar ante las innovaciones de la competencia. Para ello deben contar con servicios tácticos, tal como se ha expuesto al principio de este capítulo. Debe recordarse que los servicios básicos son fácilmente imitables, que, en general, no pueden patentarse, y que las barreras de entrada son débiles. Una buena forma de defenderse de la competencia podría ser mejorar la calidad del proceso de prestación de los servicios. Ello representa una forma inteligente de mantener un posicionamiento más duradero, que sólo empresas orientadas al mercado, que hayan asumido los principios de marketing interno y de relaciones pueden conseguir.

- Ocupar un **nicho de mercado**. Algunas empresas detectan nichos de mercado, segmentos muy especializados con unas necesidades o deseos muy específicos. Podrían citarse como ejemplo algunos bancos ingleses que han creado carteras de títulos pensando exclusivamente en la tercera edad, que desea rentabilidad, pero sobre todo seguridad y liquidez.

- Motivos de **rentabilidad**, como incrementar los beneficios, o combatir la estacionalidad de las ventas. Las empresas aseguradoras amplían la gama de sus productos para atender mejor al mercado, y también para beneficiar a sus cuentas de explotación. Los hoteles ofrecen sus salones a empresas que hacen presentaciones o demostraciones de sus productos para ganar más dinero. Algunas compañías aéreas ofrecen paquetes de viajes con estancias incluídas en fin de semana, cuando la demanda de vuelos se contrae.

- Motivos de **dinámica**. Algunas empresas desean proporcionar una imagen innovadora y de poseer capacidad de renovación de sus productos. En España tuvimos el caso del Banco Santander, pionero de muchas acciones bancarias, como el uso del teléfono para realizar operaciones. El BBV revolucionó el concepto de libreta de ahorro con su Libretón BBV, producto que funde muchas características de las libretas y de las cuentas corrientes.

- **Exigencias legales**. En la actualidad el cumplimiento de determinadas normativas se traduce en la creación de nuevos servicios, en su abandono o en su modificación. Por ejemplo, el respeto al medio ambiente ha convertido en obligatoria recogida selectiva de residuos, por empresas especializadas, en los países del norte de Europa. Las leyes españolas exigen auditoría contable para determinadas empresas. Para mejorar la seguridad del tráfico se han creado los servicios de inspección técnica de vehículos (ITV). Los locales públicos deben ser inspeccionados desde un punto de vista sanitario. Los aviones, ascensores, teleféricos y escaleras mecánicas son sometidos a revisiones periódicas, por razones legales, para garantizar la seguridad de sus usuarios. Las autoridades sanitarias de algunas comunidades autónomas obligan a que los niños se vacunen contra enfermedades como parotiditis, sarampión o hepatitis. También se crean servicios veterinarios para garantizar la salud de ganado vacuno, equino y porcino. En muchos ayuntamientos la vacunación de los perros contra la rabia es obligatoria.

La **presión social**, ante unos determinados intereses o valores, puede ser también una fuerza que incide en el desarrollo de nuevos servicios. Por ejemplo, los servicios de planificación familiar o el cuidado de los niños son servicios que responden a deseos de las nuevas familias en la sociedad actual.

6. ESTRATEGIAS DE SERVICIOS

Las ideas que se han expuesto los dos últimos apartados pueden plasmarse con mayor precisión en la siguiente matriz (Cuadro 5.1) de **estrategias de nuevos servicios** (Cowell, 1988). En ella existen cinco posibles situaciones de desarrollo para los servicios: servicios actuales, servicios modificados, servicios ampliados, servicios nuevos que se prestan mediante una tecnología relacionada con ellos y servicios nuevos que emplean alguna tecnología ajena a ellos. Los mercados pueden actuales o nuevos, o relacionados con proveedores o distribuidores de algún recurso necesario para prestar un servicio.

Servicios

MERCADO	Presente	Modificación del servicio: calidad, estilo, prestaciones	Extensión de la gama: variedad, tamaño...	Servicios nuevos con tecnología relacionada con ellos	Servicios nuevos basados en otras tecnologías
Presente	Estrategias de penetración en el mercado	Estrategias de reformulación de servicios	Estrategias de extensión de gama	Estrategias de desarrollo de servicios	Estrategias de diversificación lateral de servicios
Nuevo	Estrategias de desarrollo de mercado	Estrategias de ampliación del mercado	Estrategias de segmentación y de diferenciación	Estrategias de diversificación de servicios	Estrategias de diversificación longitudinal
Recursos y/o distribución			Estrategias de integración hacia adelante y hacia atrás		

Cuadro 5.1

Puede observarse que esta matriz es una ampliación de la de Ansoff, expuesta en el capítulo 3. Combinando las direcciones de desarrollo de los servicios con las opciones de actuar en mercados se pueden formular diversas estrategias de servicios. A continuación se exponen algunos ejemplos.

- **Penetración en el mercado**. Consiste en potenciar los productos actuales en los mercados en los que se actúa. American Express ha ofrecido recientemente en España regalos a los antiguos titulares de sus tarjetas si conseguían nuevos clientes. El Círculo de Lectores actúa en los mismos términos, ofreciendo regalos y descuentos si los socios antiguos consiguen otros nuevos.

- **Desarrollo del mercado**. Consiste en ofrecer productos actuales en mercados nuevos. Los hoteles NH y Meliá, entre otros, ofrecen estancias en fin de semana a un precio más bajo que durante la semana laboral para atraer a más clientes distintos de hombres y mujeres de negocios. Muchos hoteles ofrecen precios especiales a grupos de turistas. Bancos y cajas de ahorros abren nuevas sucursales en otras provincias para captar más clientes.

- **Reformulación o mejora de servicios**. Algunas compañías aéreas, como TWA, han rediseñado los asientos de sus aviones, en clase *Business*, aumentando su tamaño, tras escuchar las quejas de los pasajeros relacionadas con la estrechez de las butacas. British Airways entrega a domicilio los equipajes de ciertos pasajeros. Muchos bancos españoles abren algunas de sus oficinas también por las tardes, para atender mejor a sus clientes. También se pueden hacer consultas y ordenar operaciones por teléfono. Esencialmente, la reformulación de los servicios consiste, en la mayoría de los casos, en mejorar la calidad del proceso de su prestación.

- **Ampliación del mercado**. Supone prestar servicios modificados a un mercado nuevo. Algunas aseguradoras han mejorado sus servicios de asistencia al hogar, ya conocidos, que orientan a personas mayores añadiendo prestaciones especiales para estas personas, como acompañamiento, *catering* a domicilio, pequeñas instalaciones, etc. En muchas entidades financieras se han creado cuentas corrientes para pensionistas que incorporan ventajas adicionales a las ya existentes en las cuentas convencionales.

- Estrategias de **extensión de gama de servicios**. Suponen extender la gama de servicios en los mercados que actualmente se atienden. Las empresas de auditoría tradicionalmente contable en los 70, como Arthur Andersen o Price Waterhouse, han evolucionado hacia una auditoría integral de gestión financiera, comercial, de organización, y jurídica; mercantil, fiscal, etc. Los bancos en la actualidad ofrecen seguros de diversa naturaleza a sus clientes y prestan asesoramiento financiero y fiscal además de los productos financieros convencionales como cuentas corrientes, libretas de ahorro o préstamos. Las compañías de seguros además de proteger a personas y cosas ofrecen desde hace algunos años planes de ahorro, de pensiones y de jubilación.

- Estrategias de **segmentación de mercados**. Consisten en dirigirse a grupos de consumidores homogéneos desde el punto de vista de sus características que condicionan sus necesidades o deseos. En los años 60 el Banco del Bilbao creó el Banco de la mujer, para conseguir más clientes. Hace pocos años el Banco Hispano Americano creó el servicio Hispano 20, para captar clientes jóvenes y conseguir vincularlos. Banesto desarrolló la Cuenta 55, pensada en clientes de maduros, que poseen en España más del 50% de la riqueza en manos privadas. En la actualidad la mayoría de las empresas financieras se orientan hacia la tercera edad, tras haber descubierto su potencial económico. Algunos hoteles ofrecen precios especiales a familias durante los fines de semana, y también para la tercera edad durante todo el año. Transmediterránea ofrece su Tarjeta Azul para que los mayores viajen en barco y la red de Paradores de Turismo de España ofrece su Tarjeta Dorada para que se alojen en sus establecimientos a precios más bajos. Esta estrategia se asemeja a la de ampliación del mercado, pero difiere en que se desarrollan programas y estrategias de *mix* de marketing específicos para los segmentos a atraer.

- Estrategia de **desarrollo de servicios**. Consiste en ofrecer servicios nuevos aplicando tecnologías relacionadas con ellos en mercados que ya se atienden. Por ejemplo, los bancos ofrecen cajeros automáticos, los lavacoches permiten el autoservicio instalando para ello máquinas que el usuario puede manejar. También existen lavanderías en las que los clientes pueden limpiar sus prendas manipulando personalmente las máquinas.

- Estrategias generales de **diversificación**. Consisten en introducirse en mercados nuevos aplicando la misma tecnología relacionada con los servicios que se prestan. Por ejemplo, algunas compañías aéreas han conseguido aumentar sus ingresos mediante la oferta de viajes que incluyen la estancia en hoteles seleccionados por ellas. Además de transporte ofrecen un servicio nuevo, que es el alojamiento. En España ha sido posible comprar paquetes de viajes de vacaciones que combinan el desplazamiento en avión junto con la estancia en un hotel y coche de alquiler.

- **Diversificación lateral.** Consiste en que una empresa de servicios presta un servicio adicional, o complementario al suyo, a través de una empresa creada a tal efecto, o mediante servicios concertados con organizaciones independientes. Para ello empleará tecnologías distintas de la que aplica habitualmente. Por ejemplo, un banco o caja de ahorros podría crear o comprar una compañía de seguros para ofrecerlos a sus clientes junto con los servicios financieros tradicionales. Una compañía aérea podría adquirir o crear una empresa de alquiler de coches –tecnología distinta de los aviones– pensando en hombres y mujeres de negocios, o en personas que se encuentren de vacaciones. Un hotel tal vez estuviera interesado en poseer su propia sala de espectáculos *–tecnología de ocupación del tiempo libre* distinta del hotel– en una ciudad para complementar sus servicios.

- **Diversificación longitudinal**. Consiste en que las empresas de servicios los prestan empleando alguna tecnología adaptada para ello, pero distinta de la que necesitan habitualmente. Por ejemplo, El País, El Mundo, ABC o La Vanguardia –editados a través de máquinas rotativas– y otros periódicos españoles se ofrecen a través de la red informática Internet. Algunos periódicos como ABC o El Mundo se pueden conseguir en CD-ROM.

- **Integración hacia adelante**. Para ello, las empresas de servicios adquieren distribuidores. Por ejemplo, un banco puede comprar una compañía de seguros para mejorar la colocación de sus productos. Este fue el caso del La Unión y El Fénix que participa en AGF (Asurances Generales de France) para poder introducirse más fácilmente en el mercado francés.

- **Integración hacia atrás**. Consiste en que la empresa de servicios adquiere a algún proveedor. Por ejemplo, una cadena de tintorerías podría comprar la empresa que fabrica los productos químicos necesarios para la limpieza en seco. Una cadena de peluquerías podría adquirir los laboratorios que producen sus cosméticos, y un restaurante poseer una granja de animales de la que surtirse.

7. EL PROCESO DE CREACIÓN DE SERVICIOS NUEVOS. SUS FASES

Es frecuente encontrar personas que creen que los nuevos servicios son el resultado de la intuición, la casualidad o la suerte. Crear servicios nuevos supone la aplicación de la misma metodología que la empleada para desarrollar bienes. Las fases a seguir en la creación de productos nuevos, secuencialmente consideradas son la generación de ideas, su cribado, los *test* de concepto y de mercado, análisis de rentabilidad, lanzamiento y control del producto.

Estas fases son las enunciadas convencionalmente cuando se trata de productos. Pero debe añadirse una fase más, previa a las expuestas, que consiste en reexaminar la misión de la empresa y su situación actual, en términos de sus puntos fuertes y débiles, y el entorno externo de la empresa. Por ejemplo, la misión de American Express es atender a un segmento de mercado constituído por personas de nivel socioeconómico alto. Crear servicios orientados a otros segmentos iría en contra de su misión. Las empresas aseguradoras encuentran en la tercera edad un segmento para crear servicios nuevos. Muchas de ellas se encuentran desarrollándolos simultáneamente para no perder posiciones en el mercado.

Las empresas deben considerar la posibilidad de si deben ser ellas quienes presten los servicios nuevos, o por el contrario adquirirán a otras para que lo hagan. Por ejemplo, una empresa aseguradora podría crear un producto nuevo, consistente en atención médica a domicilio, reparaciones, instalaciones y obras en el hogar. Estas actividades podrían encomendarlas a terceros, y actuar ella como intermediaria entre los clientes y los proveedores del servicio. Tal vez pudiera incrementar su plantilla con los profesionales necesarios y prestar el servicio ella misma. La elección va a depender factores como la cultura de la empresa, dimensión de la plantilla existente, integración en la organización de distintas unidades estratégicas de negocio, etc.

Bajo el supuesto de que las empresas deseen desarrollar servicios nuevos, tras valorar las ideas que se acaban de exponer, y después de haber definido los objetivos que se persiguen con ellos –ampliar mercado, diversificación lateral o longitudinal, integración hacia adelante o hacia atrás, etc.– las fases a seguir son las siguientes.

7.1. Generación de ideas

La búsqueda de ideas para el lanzamiento de un nuevo servicio puede ser un proceso en el que intervienen diversos colectivos: los clientes con sus sugerencias, los científicos que comunican sus descubrimientos sobre tecnologías que pueden aplicarse, los competidores con sus actuaciones, los vendedores, que palpan la realidad del mercado y detectan necesidades o preferencias, y la propia dirección de la empresa. Se sobreentiende que las empresas se encuentran orientadas al consumidor, y que acomodarán su oferta a la demanda del mercado. Las organizaciones deben comenzar definiendo a qué usuarios de dirigirá el servicio nuevo.

Los consultores de una asesoría pueden encontrar que sus clientes se encuentran interesados en asesoramiento comercial, aparte del financiero o fiscal. Los clientes de un hotel podrían sugerir la conveniencia de un servicio de habitaciones 24 horas al día. Los empleados de una empresa de mensajería podrían detectar interés, por parte de los usuarios, de entrega y recogida de paquetes incluso en días festivos; los de una tintorería podrían encontrar que a los clientes les interesa también efectuar pequeños arreglos en la ropa, además de su limpieza.

Los métodos de obtención de la información para crear servicios nuevos pueden ser intuitivos, basados en las argumentaciones obtenidas tras un proceso no demasiado formal, de un conjunto de personas. Una técnica muy conocida es el *brainstorming*, o generación masiva de ideas u opiniones que se realiza en un colectivo en la que participan espontáneamente todos sus miembros.

Las empresas también pueden obtener información empleando métodos más formales, basados en un razonamiento sistemático, ordenado y corregido, dirigido a exponer la conveniencia del nuevo servicio y los beneficios que se derivan de su uso. Se pueden utilizar matrices de descubrimiento, que son cuadros de doble entrada en los que en una dimensión se recogen las características del servicio y en otra posibles tipos de usuarios interesados en esas características. Otra técnica se denomina análisis morfológico y consiste en un descomposición de los atributos que pudiera ofrecer un servicio con objeto de diseñarlo, mediante la combinación de tales atributos, que reúna aquellos que más le puedan interesar al consumidor.

7.2. Selección de ideas

Resulta casi un tópico comentar que la mayoría de los productos, bienes y servicios, no pasan la fase de cribado de ideas. Muchos se consideran inviables y son desestimados, porque no son compatibles con la misión de la empresa, sus objetivos, los posicionamientos buscados o sencillamente, el segmento objetivo identificado es muy reducido y no se garantiza una rentabilidad mínima. Otras veces se carece de la tecnología necesaria, de canales de distribución, o los recursos humanos o financieros son incapaces o insuficientes para prestar el servicio que se evalúa. En ocasiones, es posible que el nivel cultural de la población o su esquema de valores y prioridades constituyan obstáculos insalvables para la aceptación del servicio.

La selección de ideas es un proceso colectivo, en el que cualquiera que tenga algo que aportar debe hacerlo. Al principio las ideas son vagas, el servicio nuevo es sólo un concepto, no se encuentra claramente definido y se hace necesario un proceso de discusión en grupo para conseguir el suficiente nivel de concreción, para valorar los beneficios que encontrará el consumidor, evaluar el mercado potencial, la congruencia del servicio con la misión de la empresa y las posibilidades para desarrollarlo. Esa participación de todos los integrantes de la empresa en la generación y filtrado de ideas supone implícitamente una estructura organizativa flexible, participativa y ágil, que favorezca la comunicación.

Generalmente, existe acuerdo en el nuevo concepto, pero a medida que se va concretando es cuando surgen las discrepancias. Nuevamente, las ideas de marketing interno, de organigramas flexibles que favorezcan la comunicación, de participación y de empresa orientada al mercado hacen acto de presencia.

A continuación se expone una **lista de comprobación para cribar** convenientemente las ideas que se hayan generado. Las empresas deben fijarse en una serie de aspectos para determinar si se encuentran en condiciones de desarrollar servicios nuevos. Estos criterios son de diversa naturaleza y se exponen a continuación.

- **Financieros**, como coste de desarrollo del servicio, rentabilidad de la inversión en su desarrollo, contribución al beneficio y período de recuperación de las inversiones que se efectuarán.
- Grado de **competencia en el sector**; en concreto, número y tamaño de los competidores, porque la abundancia de competencia desestimula la creación de servicios nuevos.
- Grado de **fidelidad de los clientes**, beneficios que se espera les reportará el servicio en precio, calidad y otras ventajas derivadas de la cualificación de la fuerza de ventas de la empresa.
- **Recursos humanos**. Las empresas deben fijarse en la formación de su personal, en su motivación, en el conocimiento del servicio y en su grado de orientación al consumidor.
- **Aspectos estratégicos** del nuevo servicio dentro las líneas actuales, coherencia con la imagen de la empresa y los planes futuros de expansión.
- **Mercado del servicio nuevo** en lo que respecta a su tamaño esperado y posibles áreas geográficas donde se venderán los servicios.
- **Aspectos legales**; limitaciones por reglamentación procedente de poderes públicos o interna del sector.

7.3. Test de concepto

Una vez que las ideas hayan sido generadas y cribadas, el siguiente paso es proceder a un *test* de concepto. Esta prueba es muy sencilla, y se basa en una descripción o explicación de en qué consiste el servicio ante una muestra de sus potenciales consumidores. El *test* se basa en el supuesto de que un consumidor puede mostrar reacciones ante un servicio aun sin haberlo probado. Si el interés fuera reducido seguramente el servicio fracasará.

Algunos de los objetivos básicos del *test* de concepto son conocer si los servicios son creíbles y atractivos, identificar aquellos que puedan tener éxito, establecer prioridades, recoger datos sobre sugerencias dadas por el mercado relativas a usos del servicio, que podrían añadirse a las pensadas por la empresa, y detectar la existencia y perfil de los segmentos de mercado interesados. Los aspectos que en concreto deben comprobarse son los siguientes,

- La **aceptación** del concepto, es decir, la valoración positiva de su utilidad para el mercado.
- **Credibilidad** del concepto, o grado de confianza en la posibilidad de su desarrollo.
- La **predisposición a probar** el concepto o inclinación a consumirlo con regularidad en caso de encontrarlo en el mercado.
- **Originalidad**, o grado de diferenciación de otros servicios proporcionados por los competidores; es decir, el posicionamiento del concepto.

Una empresa podría descubrir que una idea sobre un servicio aparentemente bueno y con posibilidades de ser desarrollado no suscita interés. Tal vez el mercado considerara que ese servicio no es factible, en cuyo caso la empresa no debería lanzarlo. Desarrollar *tests* de concepto puede ahorrar mucho tiempo, esfuerzos y dinero a las empresas, y sobre todo evita deteriorar su imagen como consecuencia del fracaso de servicios que no interesan a nadie. No debe olvidarse que los servicios tienen unas características muy particulares, que son la experiencia y la el credo. Debido a su naturaleza intangible y al existir pocas –tal vez ninguna– características de búsqueda, el coste de los fracasos de los servicios es mayor que el de los bienes.

7.4. Valoración de atributos

En la actualidad las empresas orientadas a los consumidores pueden emplear una técnica denominada análisis conjunto para cuantificar la importancia de los atributos de los servicios (Grande y Abascal, 1999).

Este técnica mide el efecto conjunto de varias variables independientes (explicativas), generalmente nominales, sobre el orden de la variable explicada (una preferencia).

Su principal aplicación en marketing es que proporciona información cuantitativa sobre el sistema de valores que tiene un decisor a partir de una ordenación de preferencias sobre productos alternativos con distintos niveles de atributos.

La idea básica es que el consumidor debe elegir entre varias opciones imperfectas y la decisión final obliga a un compromiso: el sacrificio de algunas cualidades del servicio para la obtención de otras características más deseadas. No puede esperar que le se ofrezca un servicio *«bueno, bonito y barato»*. Un consumidor no puede esperar que un servicio tenga todos los atributos en grado máximo. Un hotel puede ser elegante y confortable, pero caro. Otro puede ser barato, pero poco confortable y anticuado. Las opciones son, casi siempre, imperfectas.

El análisis conjunto mide la importancia relativa de cada uno de los atributos que caracterizan a un producto, y ayuda a diseñar su combinación preferida, así como conocer la participación de cada atributo en la valoración total del producto.

Los estudios de este tipo comienzan seleccionando el conjunto de atributos que puede tener el producto y los niveles posibles (o gradaciones de los atributos). Por ejemplo, un producto bancario, una nueva cuenta corriente podría tener cuatro grupos de atributos: tipo de interés que se ofrece, un seguro de vida, comisiones que se cobran y tarjeta de crédito. Cada uno de estos atributos puede tener varios niveles o variantes, como se expone a continuación.

- Tipo de interés: 8%, 9%, 10%, representados por los niveles 0, 1 y 2.
- Incorporación de un seguro de vida gratis: no, sí, que son los niveles 0 y 1.
- Cobro de comisiones: no, bajo precio y alto precio, que son los niveles 0, 1 y 2.
- Tarjeta de crédito gratis: no, sí, o niveles 0 y 1.

Con estos atributos se pueden formar 3 x 2 x 3 x 2 = 36 posibles combinaciones o conceptos. A cada encuestado se le presentan estas combinaciones (o una selección) y se le pide (a través de diferentes procedimientos) que las ordene siguiendo un criterio de preferencia. Como los treintiséis posibles conceptos son demasiados y pueden confundir o cansar a las personas, se elige un subconjunto formado por nueve de ellos, de manera que se estudian los efectos principales obteniendo los mismos resultados que con el conjunto de los treintiséis. La elección que cumple esta propiedad se llama plan factorial incompleto. Algunos programas de ordenador los proporcionan, como el SPSS+.

En la Tabla 5.1 se describen los nueve conceptos (representativos de los treintiséis) según el nivel que tienen en cada atributo. La primera columna representa el tipo de interés; la segunda el seguro; la tercera el cobro de comisiones y la cuarta la tarjeta de crédito. La última columna indica el orden de preferencias de una persona.

0	0	0	0	6
0	1	1	0	4
0	1	2	1	3
1	1	0	1	8
1	1	1	0	5
1	0	2	0	1
2	1	0	0	9
2	0	1	1	7
2	1	2	0	2

Tabla 5.1

El primer concepto (0 0 0 0) tiene todos los niveles de atributo cero: es una cuenta corriente con un 8% de interés, no incorpora seguro de vida gratis, no cobra comisiones y no proporciona tarjeta de crédito gratis.

Al consumidor se le presentan los conceptos a través de descripciones verbales y/o gráficas. Generalmente se representa cada uno en un cartón o una tarjeta y se le pide que las ordene según sus preferencias. En esta caso, el 9 de la columna 5 indica el preferido, 8 el siguiente y 1 es el menos apreciado.

Aplicando los métodos de análisis conjunto para cada encuestado, se obtienen unas funciones de utilidad parciales para cada uno de los niveles de los atributos. A partir de ellas es posible conocer la utilidad total de las distintas combinaciones que con ellos puedan formarse. Basta con sumar la utilidades parciales de los atributos que configuran cada servicio que pudiera diseñarse. Suponiendo que dos personas hayan manifestado los siguientes órdenes de preferencias para las combinaciones de atributos de la Tabla 5.2.

643851972
634851972

Sus utilidades (Tabla 5.2) son las siguientes:

interés			seguro		comisiones			tarjeta		rsq
8%	9%	10%	no	sí	no	media	alta	no	sí	
0	0,33	1,67	0	0,50	5,67	3,33	0	0	1,50	0,97
0	0,33	1,67	0	0,50	5,33	2,67	0	0	2	0,93

Tabla 5.2

La Tabla 5.2 representa las utilidades de cada nivel para cada una de las personas consideradas y un índice de la calidad del ajuste, RSQ, comprendido entre cero y uno, valores máximo y mínimo que puede tomar. En ambos casos el ajuste es muy bueno pues RSQ se encuentra próximo a 1. Para ambos consumidores la característica más importante son las comisiones, y el nivel de mayor utilidad es que no haya comisión. Para la persona 1 la ausencia de comisiones es más importante (5,67) que para la segunda (5,33).

Niveles	1	2	3
Interés Importancia 17,70%	8% 0	9% 0,33	10% 1,67
Seguros Importancia 5,31%	No seguro 0	Sí seguro 0,50	
Comisiones Importancia 58,41%	Sin comisión 5,50	Baja comisión 3	Alta comisión 0
Tarjeta Importancia 18,58%	No tarjeta 0	Sí tarjeta 1,75	

Tabla 5.3

La Tabla 5.3 recoge las utilidades medias para el conjunto de personas (dos en este caso, pero podrían haber sido miles) y la importancia relativa de cada característica en porcentaje. Se observa que la característica comisiones es la más importante de todas; 58,41% y el seguro de vida la menos interesante; 5,41%.

Cuanto más altas sean las comisiones que se cobran menor será la utilidad y, en consecuencia, el atractivo que genera la cuenta. La hipótesis de base del modelo es que la utilidad total de un concepto o producto es igual a la suma de las utilidades asociadas a cada uno de las modalidades de los atributos. A partir de aquí se puede medir la utilidad total que le proporcionan a un consumidor las distintas combinaciones o productos y "jugar" con distintas alternativas.

El producto más apreciado será aquel que paga un 10% de interés, incorpora seguro de vida, no cobra comisiones y tiene tarjeta de crédito gratis: su utilidad total es de 9,42 puntos. Una cuenta cuyo atractivo sea que no cobra comisiones tiene una utilidad de 5,5. Ahora bien, si se pretendiera cobrar comisiones bajas se pierden 2,5 puntos de utilidad, y para compensarlo sería necesario incorporar tarjeta gratis (utilidad 1,75), seguro de vida (utilidad 0,5) y pagar un interés del 9% (utilidad 0,33) o bien un interés del 10% (utilidad 1,67) más tarjeta de crédito (utilidad 1,75).

Si se cobraran comisiones altas se perderían 5,5 puntos de utilidad que no se pueden compensar con las demás características. Si este estudio se hiciera para una muestra de consumidores se podría elegir la combinación o producto más adecuado para el mercado o para el segmento considerado. También es posible considerar cómo será valorado con relación a la competencia. Para ellos se tendrían en cuenta las utilidades de sus características.

7.5. Desarrollo del servicio

Consiste en concretar el concepto de servicio. En esta fase se definen sus atributos funcionales, el precio, la denominación de marca –si la hubiera– el canal distribución y las actividades de comunicación necesarias. Estas actividades de *mix* de marketing se ampliarán en capítulos posteriores. Conviene insistir, sin embargo, que desarrollar un servicio requiere concretarlo. Esta tarea es simple cuando se trata de bienes, pues se pueden diseñar maquetas o prototipos. Por el contrario, la intangibilidad de los servicios obliga a crear algún artificio que facilite su comprensión.

En la literatura anglosajona aparece con frecuencia el concepto denominado *blueprint*, que puede ser traducido a nuestra lengua como **diagrama de proceso de prestación del servicio (DPPS)**. Consiste en una descripción conceptual y gráfica de en qué consiste el servicio, cuáles son sus fases, cuánto tiempo exige cada una de ellas, qué problemas pueden surgir y cuáles son los niveles de tolerancia de los tiempos de su prestación. A continuación se ilustra un DPPS de un servicio muy simple, como es la limpieza de la ropa en una tintorería rápida.

Fase I. Entrada en la tintorería

Fase II. Identificación de la naturaleza del tejido de las prendas

Fase III. Identificación de los agentes causantes de las manchas: tinta, pintura, grasa...

Fase IV. Selección del proceso de limpieza: lavado o limpieza en seco

Fase V. Proceso de limpieza

Fase VI. Planchado: selección de temperatura de la plancha; con vapor o sin él.

Fase VII. Enfundado de las prendas: selección de bolsas de papel, plástico o ambas

Fase VIII. Entrega al cliente

Fase IX. Medición de la satisfacción del cliente. Fin del servicio: cobro o vuelta a la fase III.

Este esquema tan sencillo recoge las fases secuenciales de la limpieza de la ropa. Pero aún no está completo. Deben añadirse los tiempos previstos para cada una de ellas, así como los posibles problemas o incidencias que pudieran surgir y afectar a la calidad del servicio.

Por ejemplo, la Fase II puede durar 30 segundos por prenda, que es el tiempo que podría tardarse en encontrar y leer la etiqueta que explica la composición del tejido. La identificación de la naturaleza del agente causante de la mancha, Fase III, corresponde al cliente. Si la conoce y la comunica podrá esperar una limpieza correcta. Puede comprenderse ahora por qué se dice que los clientes se encuentran implicados en el proceso de la prestación del servicio. La Fase IV, la selección del proceso de limpieza, la determina un empleado, de acuerdo con la información que haya leído en la etiqueta de la ropa e identificada la naturaleza de las manchas. Cabe la posibilidad de que se confunda y estropee la prenda por haber elegido mal el proceso de limpieza.

La duración de la Fase V depende del tipo de limpieza que se vaya a proporcionar y de la tecnología que se emplee. Para manchas normales podría ser, por ejemplo, 30 minutos. El planchado podría durar 5 minutos por prenda. Doblar y guardar las prendas en fundas para que los clientes las transporten cómodamente podría suponer 1 minuto por unidad. Aquí podrían cometerse errores. Tratándose de tejidos sintéticos una mala selección de los envoltorios –plásticos– puede generar electricidad estática, que atrae el polvo y mancha las prendas.

Finalmente los clientes vuelven a la tintorería, pagan si se encuentran satisfechos y se marchan. En caso de no manifestar su conformidad se vuelve a la Fase II o III y se reinicia el proceso.

Evidentemente, este DPPS es muy sencillo. Tratándose de consultoría o de cirugía neurológica cabe esperar DPPSs mucho más complicados. En cualquier caso, las empresas de servicios deben desarrollarlos por tres motivos. Son los siguientes.

- Los DPPS **identifican las fases** que secuencialmente deben seguirse para prestar el servicio, lo que ayuda a su comprensión, tanto internamente para seleccionar ideas, cribarlas y configurar el servicio, como con futuros clientes para desarrollar pruebas de concepto.

- Ayuda a **detectar posibles problemas** en el proceso de prestación del servicio, valora su grado de importancia y permite imputar responsabilidades. Por ejemplo, una mala identificación por parte del cliente de la naturaleza de las manchas, en la Fase III, impedirá una limpieza satisfactoria; una mala selección del proceso de limpieza, Fase IV, por parte del empleado podría estropear irremediablemente la prenda; el planchado no satisfactorio, Fase VI, puede dejar la prenda con mal aspecto o dañada; un enfundado inadecuado podría volver a manchar la prenda en muy poco tiempo. En la Fase IX debería determinarse si el cliente pagará en metálico o se admitirán, además, tarjetas.

- El DPPS **permite fijar los niveles de tolerancia** de los tiempos que duran cada una de las fases. Por ejemplo, la Fase II, cuya duración es de 30 segundos podría durar uno o dos minutos, sin que ello afectara seriamente a la duración del servicio. La duración del lavado, prevista de 30 minutos podría alargarse otros 5 ó 10, sin que los clientes manifestaran quejas. Si se superaran los niveles de tolerancia la calidad de los servicios podría verse negativamente afectada.

- En resumen, **un DPPS es un modelo** que define un servicio y describe las fases que componen su prestación; permite que se comprenda y se detecten posibles carencias en la fase de su diseño. Consecuentemente, es un instrumento para medir la calidad de los servicios, pues identifica fases problemáticas y ayuda a determinar responsabilidades, que podrían imputarse a los clientes o a los prestatarios.

7.6. Análisis de la rentabilidad

Los productos que llegan a seleccionarse son objeto de análisis económico, con objeto de juzgar sobre su viabilidad económica. Para ello debe desarrollarse investigaciones comerciales con objeto de evaluar el mercado potencial y los precios.

Un método que puede resultar adecuado es el de los porcentajes encadenados. Por ejemplo, una clínica privada en una región determinada podría pensar en una póliza de asistencia médica integral. En principio, y dada las características del servicio, tal pensara que sólo puede resultar de interés para la clase social más acomodada –debido a su precio, que se adivina elevado– que España representa un 6% de la población por término medio. Si la región tuviera 500.000 habitantes el mercado potencial ascendería a 30.000 personas, aproximadamente, equivalente a unas 8.500 familias.

Un estudio de mercado adicional podría poner de manifiesto que un 10% de esas familias se encuentran realmente interesadas en el servicio, que representan 3.000 personas. Si los gastos de personal de la clínica, coste de intervenciones esperadas amortización de instalaciones, cargas de estructura, equipamiento, beneficio esperado, etc. ascendieran a 300.000.000 ptas. al año, la clínica debería fijar una póliza por persona de unas 100.000 al año para cubrir todos los costes. Se haría necesaria una investigación dentro del segmento objetivo para saber si el mercado se encuentra dispuesto a pagar un precio de esa magnitud. En caso negativo, el desarrollo del nuevo servicio sería inviable.

A la hora de valorar la rentabilidad de un servicio no debe olvidarse su carácter intangible, que imposibilita sea patentado. No se puede impedir que sea imitado, circunstancia que contraerá el mercado potencial y que afectará negativamente al posicionamiento conseguido.

En el capítulo 6 se expone la metodología de fijación de precios para los servicios, que complementa la exposición de los párrafos precedentes.

7.7. Test de mercado

Consiste en una prueba experimental en un área reducida o con una muestra seleccionada con objeto de conocer cómo es percibido el producto, su grado de aceptabilidad y la utilización que de él se hace. La información puede proceder de intermediarios, de grupos de consumidores a través de paneles o de encuestas directas a compradores.

La prueba de mercado constituye un eslabón fundamental en la cadena de la creación de nuevos productos. Los errores cometidos en su realización pueden ser muy graves. Algunas de las causas por las que fracasan los productos se deben a errores en las pruebas de mercado; por ejemplo, objetivos de la prueba mal determinados, muestra o mercado experimental mal seleccionados, mala interpretación de los resultados, extrapolaciones mal hechas o confianza en resultados poco significativos.

Debido a que los servicios son intangibles no se pueden crear prototipos que sirvan para hacer pruebas. A veces es posible desarrollar pruebas de mercado. Por ejemplo, una compañía aérea podría introducir algún servicio nuevo en ciertas líneas solamente. Los bancos ensayaron en España, hace años, sus cajeros automáticos sólo en determinadas sucursales. Sin embargo, no siempre es posible hacer un *test* de producto para los servicios. Desde el primer momento deben estar disponibles y ser ofrecidos con la calidad prevista, como sucede con los seguros de accidentes, los espectáculos, talleres de automóviles, limpieza en seco, cirugía o asesoría legal.

Las empresas deben desarrollar servicios dotándolos de atributos cuya importancia para los consumidores se puede detectar en investigaciones cualitativas y cuantificar aplicando técnicas, como el análisis conjunto, cuya utilidad, como se ha expuesto, es indiscutible. En cualquier caso los diagramas de proceso de prestación del servicio (DPPS) que se han expuesto antes constituyen una gran ayuda para comprender y valorar los servicios.

7.8. Lanzamiento del servicio y su control

Una vez superadas todas las fases descritas, los servicios se encuentran en condiciones de ser ofrecidos al mercado. Desde su lanzamiento se hacen necesarias dos clases de evaluaciones; la primera encaminada a verificar cómo encaja el servicio en la empresa, y la segunda a analizar cómo se ajusta a los deseos del mercado.

La primera evaluación tiene que ver sobre cómo se adapta el servicio a los planteamientos de la misión de la empresa, su impacto sobre la cuenta de explotación, si los empleados son capaces de prestarlo debidamente, etc. Por ejemplo, un restaurante de menú del día podría ofrecer comidas a la carta. Tal vez sea un servicio compatible con su misión y quizá pueda resultar rentable. Pero los empleados, tanto de cocina como los camareros, posiblemente no se encuentren en condiciones, por su formación, de prestar la calidad de servicio que esperan los clientes.

Una compañía de seguros especializada en asegurar cosas podrá encontrar dificultades para atender a personas, porque el proceso de prestación del servicio es distinto. En el segundo caso, además de conocimientos técnicos, hace falta adoptar más intensamente los principios de marketing de relaciones. Una empresa que preste asistencia en viaje a través de terceros podría fracasar en el intento de ofrecer servicios directamente a las personas, porque el factor humano se haya adaptado a una estructura organizativa excesivamente jerárquica y burocratizada, inadecuada para tratar directamente con el mercado. Por ejemplo, el antiguo Banco de Vizcaya, orientado al producto, ofrecía servicios con menor calidad –a juicio de algunos clientes– en su prestación que el Banco de Bilbao, más orientado al consumidor.

La segunda evaluación, la relativa a cómo se desarrolla el producto en el mercado, debe centrarse en cómo satisface las necesidades de los consumidores, sus intereses y en cómo es adoptado y se difunde. A menos que el producto represente una innovación total, las empresas deberían preguntarse si el servicio resulta más competitivo que el resto de la oferta, si los consumidores lo encuentran asequible en términos de precio y costes de adopción y si la comunicación es la adecuada para llegar a los segmentos objetivo.

En resumen, las empresas de servicios deberían hacerse una serie de preguntas relativas a si el nuevo servicio es una extensión coherente y compatible con las líneas actuales, y si será complementario de los productos actuales o, por el contrario, su lanzamiento los perjudicará. Por ejemplo, el lanzamiento de las tarjetas de débito por parte de las entidades financieras perjudicó a los cheques gasolina, producto que casi ha desaparecido. Es posible que un servicio nuevo acabe con otro. Además, deberán valorar si se puede prestar el servicio a través de los canales actuales, o será necesario crear otros nuevos, con distintos intermediarios.

8. LA MARCA DE LOS SERVICIOS

El concepto de marca lo tenemos asociado a los bienes. Hablamos de detergentes como Ariel o Skip o de coches Seat o Renault, pero nos referimos a servicios médicos o transporte aéreo, sin especificar denominaciones de marca. Sin embargo, a lo largo de los últimos años las empresas de servicios han adoptado denominaciones de marca para los servicios.

En algunos hoteles españoles existe una planta para ejecutivos, con este nombre u otro parecido. British Airways denomina a su transporte aéreo de personas Cityflyer, Cityexpress, Super Shuttle o Club World según cuál sea el lugar de destino. British Middland ha creado la denominación de marca Diamond Service. Cuando se trata de cosas se llaman First o Four Corners. RENFE ofrece AVE, Intercity, Talgo, Talgo Pendular, Expreso, Rápido y TER.

El grupo hotelero Accor proporciona alojamiento en hoteles Ibis o Novotel, en Francia. Caja Laboral Popular ofrece una libreta de ahorro que se llama Super 55. En el BBV la libreta se llama Libretón, la tarjeta de crédito, tarjetón BBV y los préstamos, Creditón o Hipotecón BBV. Las tarjetas de la Caja de Ahorros Municipal de Pamplona se llaman Líder y Megaplan. Banesto ha lanzado una libreta que se denomina Extralibreta. Las entidades financieras ofrecen tarjetas de crédito normales, oro y algunas, platino.

Otras empresas no han creado denominaciones de marca como Avis o Hertz, que alquilan un producto genérico, coches. Lo mismo sucede con consultoras como Arthur Andersen o Peat Marwick.

Las empresas de servicios crean denominaciones de marca por las mismas razones que los fabricantes de bienes. Las marcas sirven para posicionar los productos, pues permiten identificarlos y diferenciarlos de los competidores; facilitan la introducción de otros nuevos; constituyen una barrera de entrada; facilitan la repetición en el consumo y la fidelidad de los consumidores.

Todas estas ventajas se suman a otra clave para los empresarios: los consumidores están dispuestos a pagar un sobreprecio por productos con marca, pues ésta añade valor. Los productos sin marca compiten en precio, como sucede con las mercancías.

Sin embargo, cabe pensar por qué empresas como Avis o Arthur Andersen no crean marcas y otras como RENFE o BBV sí. Berry y Parasuraman (1991) proporcionan las siguientes claves para decidir si los servicios deben tener marca.

- Deben hacerse pruebas de notoriedad de imagen de la empresa. En principio, si se tratara de organizaciones muy conocidas se podría prescindir de la marca.

- Si los competidores emplean marcas las empresas que no lo hagan se verán forzadas a ello.

- Las empresas deben hacer *test* de notoriedad, si la marca añadiera algún valor al servicio, deberían adoptarla.

9. ALGUNOS FACTORES QUE AFECTAN A LA DIFUSIÓN DE LOS SERVICIOS

Las empresas deben conseguir que sus productos se difundan en el mercado y conseguir así el tránsito de unas fases a otras a lo largo del ciclo de vida. Además de lo acertado de actividades de *mix* de marketing, especialmente distribución y comunicación, la difusión de los bienes y servicios depende de varios factores como son sus ventajas diferenciales respecto a otros, comunicabilidad, divisibilidad y simplicidad.

Las **ventajas diferenciales** son atributos que hacen que un producto sea mejor, en algún aspecto, que otro, porque es más barato, de mayor calidad, funciona mejor, se puede comprar en más lugares, etc. Por ejemplo, las tarjetas de bancos y cajas permiten retirar dinero en más puntos que la tarjeta American Express, y además con unas comisiones inferiores. Ser cliente de Seguros Aurora supone contar con más sucursales y agentes para ser atendido, en caso necesario, que si se es asegurado de Lagun Aro, aseguradora dependiente del Grupo Cooperativas de Mondragón, cuyo ámbito de actuación geográfico es más reducido. Renault posee más puntos de asistencia mecánica en España que Nissan o Daewoo y las tarifas de Air Europa son más baratas que las de Iberia.

Que un producto sea **divisible** significa que puede ser adquirido para su prueba en pequeñas cantidades, gastando poco dinero. Un gel de baño nuevo es un producto divisible, porque se puede comprar un envase pequeño o utilizar una muestra de regalo. Por el contrario, una lavadora no es divisible, ni tampoco un coche. Pero tienen características de búsqueda que permiten valorarlos antes de comprarlos. Un servicio, como una consulta médica o una consulta legal, no es divisible. Precisamente, la intangibilidad de los servicios hace que no puedan ser consumidos antes de ser adquiridos. Eso los convierte en no divisibles, hecho que dificulta su difusión. Un tratamiento sicológico no se prueba, ni tampoco la puesta a punto de un coche, un arreglo dental, la consulta con un abogado o la reparación de un grifo. Se adquieren servicios completos que sólo se pueden evaluar una vez hayan sido recibidos.

Un producto es **comunicable** cuando es posible transmitir al mercado sus atributos, cuando se pueden proporcionar características de búsqueda. Por ejemplo, un horno de microondas es comunicable. Se puede dar información de su tamaño, color, potencia, tiempos de funcionamiento, etc., todo ello en un anuncio en TV o impreso. Lo mismo se puede hacer con un coche, una cámara de fotos o cadena de música.

Los servicios son menos comunicables que los bienes, pues en ellos son más importantes las características de experiencia o confianza. Un dentista, un mecánico o un fontanero no pueden proporcionar características de búsqueda de sus productos. Se desconoce su calidad hasta que prestan el servicio. Un consumidor no puede hacer comparaciones con otros profesionales si no prueba antes sus servicios, pero sí puede hacerlas entre bienes antes de consumirlos.

Cuando un producto es **sencillo de utilizar** se difundirá más rápidamente que otro más complejo, porque el riesgo funcional, o temor a no saber utilizarlo, es bajo. Los servicios suelen más complejos que los bienes porque frecuentemente incorporan un conjunto importante de atributos y suelen implicar a varios prestatarios. Se compra una lavadora, que es un bien, porque se desea el atributo limpieza para la ropa. Cuando se compran unas vacaciones se adquiere un transporte, descanso, conocimientos, compras, estancia, trato, alimentos... y, tal vez, imagen de estatus, asociado al destino del viaje.

Finalmente, los servicios –lo mismo que los bienes– deben encajar en **el sistema de valores sociales**, pues de lo contrario podrán ser rechazados. Por ejemplo, las residencias para personas mayores encuentran hoy en día resistencias para ser adoptadas –al margen de su precio– porque muchas personas creen que si llevan a ellas a sus mayores les están abandonando. El cuidado de los niños por *canguros*, o las guarderías, fueron servicios criticados hace años por muchas personas, que los identificaban con el desentendimiento egoísta de los pequeños por parte de sus padres. Un servicio de planificación familiar puede colisionar frontalmente con algunas ideas éticas o religiosas. Algunas personas rechazan la utilización de tarjetas de crédito porque asocian el pago en efectivo a un signo externo de riqueza.

10. POR QUÉ FRACASAN LOS SERVICIOS

Incluso aquellos servicios que se han lanzado al mercado tras un largo y minuciosos proceso de desarrollo pueden fracasar. Algunas razones son las siguientes.

- Los servicios pueden haber tenido **carácter imitativo**, lo que no representa para los consumidores ninguna ventaja real. Por ejemplo, si un banco creara un plan de pensiones y otro copiara el servicio, el mercado no percibiría ventajas diferenciales. El imitador no consigue diferenciarse y posicionarse.
- En segundo lugar, el mercado puede haberse **valorado mal** desde el punto de vista de su tamaño o desde la perspectiva de quiénes serán los usuarios. Una mala segmentación es causa del fracaso de los servicios.
- Las **actividades** de *mix* de marketing **mal desarrolladas**, como precios inadecuados, y deficientes actividades de distribución, promoción y comunicación hacen que los servicios fracasen.
- **Limitaciones internas** de las empresas, como estructuras organizativas inadecuadas, orientaciones a la venta, sistemas de incentivos poco motivadores, ausencia de marketing interno o de relaciones, o escasez de recursos son causas frecuentes de fracaso de productos que se han lanzado a los mercados.

- Finalmente, es posible que los servicios nuevos **no respondan a lo que se espera** de ellos y los consumidores se sientan defraudados.

11. ELIMINACIÓN DE SERVICIOS

Si bien la decisión del lanzamiento de servicios resulta compleja, la de su eliminación no lo es menos. Los efectos que puede tener la eliminación de un producto sobre la empresa pueden ser muy serios, como pérdida de clientes, imagen negativa, etc. Antes de ser eliminado un producto debe asegurarse que,

- La **contribución al margen bruto** de la empresa no se pueda incrementar. Aunque resulta paradójico, un servicio que genere pérdidas tal vez deba ser mantenido, pues su eliminación podría aumentarlas. Por ejemplo, suponiendo anualmente que el coste mantener una línea aérea fuera de 100.000.000 de ptas. y la facturación alcanzara 90.000.000, el razonamiento inmediato es que esa línea debería ser eliminada, pues genera unas pérdidas de 10.000.000 de ptas. Pero si la recuperación de costes fijos que consigue la línea fuera de 60.000.000, su eliminación impediría esta recuperación, con lo cual las pérdidas no serían de 10.000.000 sino de 60.000.000 de ptas. Paradójicamente, la eliminación de un servicio con pérdidas puede incrementarlas aún más. Es cierto, no obstante, que no se puede mantener indefinidamente una situación así, pero sólo deberían eliminarse aquellos servicios cuyos resultados negativos se prolonguen más de lo soportable.

- La eliminación del producto no vaya a **afectar negativamente al resto de las líneas** o gamas de productos. Las empresas aseguradoras obtienen una rentabilidad muy escasa con los seguros de automóviles, e incluso pérdidas. Sin embargo, siguen ofreciendo este producto, pues es complementario de los seguros de cosas como los del hogar, mucho más rentables, sin duda. Los clientes de las aseguradoras suelen contratar pólizas muy diversas para asegurar en una misma entidad sus bienes y sus personas. Si se eliminaran algunos servicios, como el seguro del automóvil, tal vez se perdieran clientes. En los bancos y cajas de ahorros las cuentas corrientes no son un producto muy rentable, pero no se puede eliminar, pues a los clientes se les considera como generadores de beneficios a través de otros productos como IPF, préstamos personales o hipotecarios. La eliminación de las cuentas podría suponer perder como clientes a sus titulares.

- Que no **existan reacciones negativas** por parte de los distribuidores, de los proveedores de o de los clientes. En el caso de los bienes existen ejemplos, como la eliminación del Seat 600 y del Volkswagen Escarabajo, que dañaron la imagen de empresa de Seat y Volkswagen.

Implícitamente se supone que la eliminación de los servicios tiene lugar en la fase de madurez o de declive. Sin embargo, también pueden ser eliminados servicios que se encuentren en fases del ciclo de vida previas a las señaladas. **Otras causas de eliminación** son las siguientes.

- Por **exigencias legales** ciertos servicios se ven forzados a desaparecer del mercado. Por ejemplo, en algunas zonas de España se han eliminado servicios ferroviarios en beneficio de líneas de autobuses.

- La **reducción del mercado potencial** puede ser la causa de eliminación de servicios. La reducción del censo de algunos animales empleados en actividades agrícolas ha hecho desaparecer algunos servicios veterinarios. La disminución de la natalidad ha obligado a cerrar muchos colegios nacionales de EGB.

- En otras ocasiones, los servicios deben ser eliminados para dejar paso a otros nuevos, desarrollados por **razones estratégicas**. Por ejemplo, el desarrollo y difusión de las tarjetas de débito colisionaba con productos como talones multiuso o cheques gasolina, que muchas entidades financieras eliminaron para favorecer la expansión del *plástico.*

- Como consecuencia de **absorciones o fusiones** se imponen procesos de racionalización que pueden aconsejar la eliminación de servicios. La fusión de Banco de Bilbao y del Banco de Vizcaya hizo que desaparecieran productos específicos de cada entidad –algunas fórmulas de ahorro– que fueron sustituídos por productos conjuntos, como el Libretón BBV, los planes de jubilación Norpensión, etc.

- La conservación del **medio ambiente** también puede ser causa de eliminación de servicios. Por ejemplo, el servicio de acumulación de residuos en vertederos se sustituye progresivamente por su reciclado o incineración.

La decisión de eliminación es compleja y es probable que existan resistencias por parte de diversos colectivos. Los trabajadores pueden ver ella una amenaza a su estabilidad laboral. La Dirección puede tratar de postponerla para ocultar deficiencias de gestión o porque la imagen de la empresa pueda verse deteriorada.

12. EL FACTOR HUMANO Y EL DESARROLLO DE LOS SERVICIOS

Para desarrollar correctamente servicios hace falta introducir cambios en la organización de la empresa. Por supuesto han de adoptarse los principios de marketing interno, pero además es necesario que existan diversos **roles en el proceso de desarrollo** de los servicios. No significa que existan tantas personas como roles, pues en una misma persona pueden confluir más de uno. Son los siguientes:

- El entusiasta, o persona que insiste en la conveniencia –de forma más afectiva que racional– del desarrollo del nuevo producto.
- El protector, o directivo que apoya al entusiasta en la tarea de vender internamente la idea de desarrollar el servicio nuevo.
- El auditor, que valora la conveniencia de lanzar el servicio tras considerar la misión de la empresa y los objetivos.
- El controlador, cuya misión es traducir a términos monetarios las consecuencias de desarrollar un servicio nuevo.
- El líder, o persona que forma un equipo para desarrollar el servicio.
- El estratega, generalmente un directivo que valora a largo plazo las consecuencias de lanzar el servicio.
- El juez, persona que actúa para resolver los conflictos que pudieran surgir en el equipo humano.

No existe mucha literatura sobre cómo debe organizarse el proceso de desarrollo de nuevos servicios. Si se toma como punto de referencia el de los bienes, además de los roles expuestos se pueden encontrar diversos tipos de organización, que se diferencian en la dedicación al desarrollo del servicio y en la amplitud y responsabilidad del equipo. De más simple a complejo, y de menos a más dedicación en el proceso, se encuentran las siguientes formas de organizar la creación de nuevos servicios.

- **Jefe de marca**, que es un ejecutivo con responsabilidad sobre el desarrollo de una marca o línea de productos, con dedicación a tiempo parcial al desarrollo de servicios nuevos.
- **Director de nuevos productos**, cuya función es coordinar todas las actividades para desarrollar los productos nuevos.
- **Comité de nuevos productos**, compuesto por personas responsables de distintas funciones, quienes a su vez coordinan cada una a su equipo.
- **Departamento de nuevos productos**, compuesto por personas que a tiempo completo tratan de desarrollar los servicios nuevos.

- **Equipo para la tarea** (*task force*), que es un equipo que se crea para desarrollar proyectos especiales, responsabilizándose del proceso completo del desarrollo del servicio nuevo, hasta que éste se crea, desapareciendo posteriormente.

- **Equipo para el proyecto** (*venture team*), que es un equipo permanente que realiza las mismas funciones del equipo para la tarea.

13. RESUMEN

Este capítulo ha comenzado definiendo dos conceptos básicos; líneas de servicios y amplitud de gama, así como algunas recomendaciones para determinar la amplitud de ésta, que debe incorporar cabezas de línea, productos reguladores, tácticos y que preparan el futuro.

Posteriormente se ha tratado el ciclo de vida del producto, un instrumento fundamental en el diseño de estrategias de productos, sean bienes o servicios. Esta exposición se ha completado con el tratamiento de las carteras de servicios, que presentan algunos problemas para su formación, derivados de la forma observada del ciclo de vida del producto, que no suele coincidir con la teórica, de la indefinición en lo que se entiende por servicio y de la estrechez de la oferta que generalmente caracteriza a las empresas de servicios.

A continuación se ha expuesto el concepto de servicio nuevo, en sus distintas acepciones; como innovación total, como combinación integral de ofertas existentes o como ampliación de la gama. También se han tratado los motivos por los que las empresas los crean, que pueden ser legales, para sustituir servicios que desaparecen, porque se desee crear una oferta complementaria, para utilizar un exceso de capacidad, para defenderse de la competencia, ocupar un nicho de mercado, para mejorar la rentabilidad o proporcionar imagen de empresa dinámica, por razones legales y por presión social.

La matriz de Ansoff sobre estrategias de servicios expuesta en el capítulo 3 se ha ampliado. De esta forma se describen e ilustran con ejemplos sencillos estrategias de penetración en el mercado y de desarrollo o ampliación del mismo; de reformulación de servicios, de extensión de su gama, de segmentación y de desarrollo de servicios; de diversificación general, longitudinal y lateral; de integración hacia adelante y hacia atrás.

A continuación se ha expuesto el proceso de creación de servicios nuevos y sus fases; compatibilidad con la misión, la cultura y la estructura organizativa de la empresa; generación de ideas y su cribado; prueba de concepto y valoración de atributos de la oferta que se diseña mediante la aplicación de técnicas de análisis conjunto; desarrollo del servicio y análisis de la rentabilidad.Finalmente, se han tratado la prueba de mercado, el lanzamiento del servicio y su control desde dos puntos de vista; cómo encaja en la empresa y si se ajusta a los deseos del mercado. También se ha tratado la posibilidad de poner nombre de marca a los servicios.

Posteriormente se ha dedicado un apartado a analizar factores específicos que afectan a la difusión de los servicios, que son sus ventajas diferenciales respecto a otros, la divisibilidad, la simplicidad y su integración en el esquema de valores sociales. A continuación se han expuesto e ilustrado con ejemplos una serie de motivos que explican por qué las empresas eliminan sus servicios, como son exigencias o acuerdos legales, reducción del mercado potencial, motivos estratégicos, procesos de racionalización derivados de fusiones y absorciones y conservación medio ambiental. También se han proporcionado unas recomendaciones previas a la eliminación de los servicios, como el examen de la contribución al margen bruto o los posibles impactos sobre el resto de las líneas o sobre los grupos humanos; empleados, proveedores, clientes, etc.

Por último, este capítulo ha terminado con la descripción de los roles que deben figurar en un proceso de desarrollo de servicios nuevos, y formas de organizarlo, además de insistir en la necesidad de diseñar estructuras organizativas flexibles y participativas; de contar con un clima adecuado y adoptar los principios de marketing interno.

CAPÍTULO VI

Los Precios de los Servicios

1. INTRODUCCIÓN

En este capítulo se revisarán algunos de los planteamientos sobre el precio desde el punto de vista de marketing de los servicios, y se propondrá una posible solución para su determinación. El esquema a seguir se basará en una revisión de las distintas denominaciones de los precios de los servicios seguido de un análisis de los objetivos que se persiguen con los precios.

A continuación se expondrán las dos políticas básicas de precios; de penetración y de desnatado, no sin antes haber hecho algunas consideraciones relativas al ciclo de vida y al posicionamiento de los servicios. Posteriormente se exponen algunas tácticas de precios, seguidas de técnicas para su fijación, aplicables a servicios con base tangible o servicios puros.

Finalmente, se revisa la metodología de fijación de precios teniendo en cuenta el grado de intangibilidad de los servicios y su nivel de estandarización.

2. LOS PRECIOS DE LOS SERVICIOS TIENEN MUCHAS DENOMINACIONES

Cualquier transacción de bienes no gratuita, distinta del trueque, supone pagar dinero. Cuando los agentes económicos intercambian a título oneroso un producto, una de las partes entrega un objeto tangible y la otra paga una cantidad monetaria, que se llama precio.

A lo largo de este libro el lector habrá percibido la gran complejidad de los servicios con relación a los bienes. Esa complejidad también se hace patente cuando se trata de fijar los precios, que empieza con la disparidad de denominaciones de los valores de intercambio de los servicios.

Cuando se trata de bienes, el valor monetario del intercambio siempre lo denominamos precio. Así, hablamos del precio de la gasolina, de los coches, de la ropa o de los electrodomésticos. Los servicios también se compran satisfaciendo una cantidad monetaria; también tienen un precio. Pero ese valor de intercambio posee denominaciones múltiples, según sea la naturaleza del servicio que se adquiere, o de la persona que lo presta. En la tabla 6.1. se muestran distintas acepciones de precios para los servicios.

Clase de servicio o naturaleza del prestatario	Denominación del precio
Agente de ventas, domiciliación de recibos....	Comisión
Alquiler	Renta
Autopista	Peaje
Cine, teatro, toros, fútbol, espectáculos...	Entrada
Compraventa de valores mobiliarios	Corretaje
Enseñanza	Matrícula
Médico	Honorarios
Peluquería, lavandería, restaurantes...	Precio
Pertenencia a un club o asociación	Cuota
Préstamo de dinero	Interés
Remontes en una estación de esquí	Forfait
Seguro	Prima
Servicio de consultoría	Precio, honorarios, minuta
Servicio médico asegurado	Iguala
Servicios municipales; policía, limpieza...	Tasa
Taxi	Carrera
Transporte en general, electricidad, telefonía...	Tarifa
Transporte marítimo o fluvial de personas	Pasaje

Tabla 6.1

3. CUÁNDO SE TOMAN DECISIONES DE PRECIOS

La rentabilidad de la empresa, su capacidad para generar recursos y, en definitiva, su supervivencia, están ligadas a los precios de los productos que fabrica, comercializa o a los servicios que proporciona.

El lanzamiento de un nuevo servicio apareja una decisión de precio. Pero existen otras muchas situaciones que obligan a tomar decisiones en materia de precios. Algunas de ellas son las siguientes.

- Cuando **las ventas** de los servicios **disminuyen**. Si Iberia percibiera que ha perdido pasajeros en beneficio de otras compañías aéreas que ofrecen tarifas más baratas, debería plantearse si las suyas son caras, porque no compensen otros servicios adicionales que ella ofrezca. Si se percibieran más caras significaría que la calidad del proceso de prestación del servicio no justifica unos precios aplicados más elevados. Un banco podría percibir que pierde clientes en beneficio de otro u otros: una causa probable podría ser que los tipos de interés que cobra o las comisiones que aplica por sus servicios son más elevados que los de la competencia, y debería revisarlos.

- Cuando los **precios** de los productos o servicios **son altos respecto a los ofrecidos por la competencia**. Es posible que los pasajeros de líneas aéreas perciban que las tarifas de algunos trayectos resulten mucho más económicos en determinadas compañías. Tanto las que cobran unos precios más altos como las que aplican tarifas más bajas deberían examinar sus precios para juzgar sobre su grado de adecuación.

- Si una empresa actúa en **mercados distintos** y existen fuertes disparidades entre los precios éstos habrán de revisarse. Por ejemplo, un hotel de una cadena como Meliá o NH puede tener abiertos establecimientos en distintas ciudades españolas. Los precios de las habitaciones de un hotel de cuatro estrellas en una gran ciudad pueden ser el doble de los que se cobren en una población mucho más pequeña. Esa disparidad de precios puede responder a distinto poder adquisitivo, servicios adicionales que se ofrezcan, emplazamiento del establecimiento, etc., variables que deberán ser analizadas.

- Cuando las **elasticidades de la demanda** son **diferentes** los precios de los servicios también pueden serlo. Esto significa que un mismo servicio puede ser ofrecido a precios distintos a segmentos de mercado diferentes. Por ejemplo, las tarifas telefónicas para las empresas tienen una demanda rígida, poco sensible al precio durante la jornada laboral. Por el contrario, la demanda de comunicaciones telefónicas de las personas físicas es mucho más sensible al precio, pues pueden comunicarse con otras dentro de un intervalo horario mucho más amplio. Esto explica que se apliquen tarifas telefónicas diferentes de día o de noche, o en días festivos.

- Si los **movimientos de consumidores** opinan que los precios fijados son altos conviene una revisión de los mismos. El movimiento consumerista es una variable del macroentorno que no se puede obviar en la actualidad. Los consumidores valoran calidades, precios, atención que prestan las empresas, etc. Si en alguna de las publicaciones que pueden encontrarse en el mercado, en las que se hacen comparaciones entre bienes o servicios, algún proveedor de servicios se encontrara mal valorado, debería replantearse su precio, así como otros aspectos de la prestación de su servicio. Cabe la posibilidad de que un precio elevado no se acompañe de una calidad de prestación que lo justifique, o que ésta no se perciba. En ambos casos la empresa debería replantearse el valor de intercambio del servicio, o su posicionamiento o reposicionamiento en el mercado.

- Si los precios de **los servicios se modifican** con mucha frecuencia habrá que revisarlos a fondo. No es frecuente que las empresas que ofrecen servicios de calidad se encuentren constantemente revisándolos y modificándolos. Los cambios constantes de precios deterioran la imagen de los productos, y afectan negativamente al posicionamiento conseguido. Sin embargo, cuando se trata de servicios básicos el precio es un arma muy competitiva, y podría decirse que casi la única para actuar en el mercado. Talleres de reparaciones, tintorerías, taxis, transporte de paquetes y algunos productos de entidades financieras, como cuentas corrientes, son servicios básicos, muy sensibles a guerras de precios, salvo que se llegue a acuerdos para regularlos. La regulación de precios a través de organizaciones profesionales trata de evitar esas guerras y defiende al sector de la entrada de empresas piratas que ofrecen de baja calidad a un precio reducido.

- Si los vendedores encuentran **dificultades para colocar los servicios** en el mercado ante unas acciones de promoción que pueden considerarse como adecuadas, puede pensarse que el producto en sí, o su precio, necesitan ser reconsiderados. Por ejemplo, un agente de seguros podría encontrar que los consumidores encuentran las primas de un seguro multirriesgo del hogar muy elevadas. Esto podría ser debido a que los riesgos cubiertos son escasos, o que siendo elevados se cobra mucho por responder en caso de que se produjera algún siniestro.

- Finalmente, si a pesar de unos costes crecientes de promoción **las ventas no crecen** al ritmo esperado, el servicio o el precio, o ambos, habrán de ser reevaluados.

4. CARACTERÍSTICAS DE LOS SERVICIOS QUE INFLUYEN EN SUS PRECIOS

En el capítulo 1 se expusieron con profundidad las características de los servicios. Algunas de ellas tienen influencia sobre la fijación de sus precios. Son las siguientes.

Intangibilidad. La falta de base tangible para los servicios puros implica la imposibilidad de su almacenamiento. Los espectáculos, el asesoramiento, la consulta médica, el alojamiento en un hotel o la docencia son ejemplos de servicios puros, cuya demanda se puede gestionar a través de los precios. Las ofertas y las promociones sirven para estimular la demanda cuando se contrae por razones estacionales, como sucede con paquetes de vacaciones o alojamientos en hoteles. Las compañías aéreas ofrecen tarifas *mini* a los pasajeros que pernoctan en su destino la noche del sábado; los hoteles Meliá o NH ofrecen estancias en fin de semana a un precio muy inferior al habitual.

Gestionar la estacionalidad de la demanda a través de precios puede aparejar problemas. Las personas pueden acostumbrarse a unos precios más bajos. Un ejecutivo podría exigir a un hotel un precio más bajo durante la semana laboral, similar al que pagó en un fin de semana, cuando se alojó con su familia. Puede suceder que algunos consumidores pospongan el gasto esperando una bajada permanente de precios. Consecuentemente, una reducción del precio podría contraer la demanda cuando se pretende todo lo contrario. A este fenómeno se le denomina efecto expectativa.

La intangibilidad de los servicios plantea dificultades también para fijar los precios. Cuando los productos tienen una base material es fácil cuantificarlos. El coste de producción de una lavadora o de un coche se puede calcular con facilidad a partir de datos de la contabilidad o de estándares de producción. Aplicando un margen sobre el coste se calcula el precio de venta.

Cuando los servicios tienen un soporte material, como un viaje en avión o el almuerzo en un restaurante, la fijación de precios se convierte en una tarea más sencilla. Existen consumos de materias primas, como el combustible o alimentos, que se pueden valorar a precios de mercado. A ellos se les sumarán amortizaciones de elementos de inmovilizado y otros gastos generales como impuestos, consumo de energía y gastos de personal. Agregando todas estas magnitudes se evalúan los costes totales.

Un Boeing 727 tiene un precio de 3.000.000.000 de ptas. y consume 4.500 Kg de queroseno por hora. Si su vida media se estima en 80.000 horas de vuelo y suponiendo que el queroseno se pague a 60 ptas./Kg., el coste por hora de vuelo sería de 37.500 ptas. en concepto de amortización del aparato y 27.000 ptas. el combustible; 64.500 ptas. en total.

Cuando se trata de fijar el precio de un servicio puro, como un asesoramiento legal o una consulta médica, no existe ningún soporte a partir del cual aplicar un margen. Es difícil servirse de la contabilidad de costes para valorar el coste de las prestaciones de los servicios puros, pues su grado de personalización es muy elevado y su duración puede ser muy

variable

variable. Los componentes de los costes de los servicios puros son más difíciles de especificar. Un asesor bursátil que atienda a un cliente comunica sus conocimientos y proporciona consejos. Trabajará en un local e incurrirá en gastos generales, como impuestos, alumbrado y sueldos de personal administrativo, independientemente del volumen de su actividad. Lo verdaderamente difícil de evaluar es cuánto le cuesta una hora de su trabajo, pues no existen puntos de referencia tangibles. Por el contrario, calcular cuánto cuesta una hora de vuelo de un avión no es tan complicado, como ha podido comprobarse.

Homogeneidad o heterogeneidad. Otra característica de los servicios es su falta de uniformidad, o todo lo contrario, especialmente cuando se trata de servicios básicos. Esta idea ya ha sido expuesta con anterioridad en este libro, en el capítulo 3, cuando se trató el posicionamiento de los servicios. La homogeneidad tiene consecuencias importantes sobre los precios, pues los convierte en armas competitivas de primera magnitud.

Un consumidor preferirá una compañía aérea más barata a otra más cara, siempre que los horarios de los vuelos sean similares, y abrirá una cuenta en la entidad financiera que mayor interés proporcione y menos comisiones cobre. Los túneles lavacoches emplean casi todos las mismas máquinas para lavar los vehículos. Los conductores optarán por aquellos que dentro de una distancia razonable sean más baratos. A medida que un servicio adquiera carácter singular o único existirá mayor libertad para fijar su precio. Sólo aquellas empresas que consigan diferenciarse, posicionarse con algún atributo importante para los consumidores, podrán cobrar precios más altos, que podrán ser, además, indicadores de calidad de la prestación.

Regulación de precios. Los servicios se enfrentan a una situación específica de este sector, y es que los precios pueden encontrarse intervenidos, hecho que no se produce con los bienes materiales, salvo raras excepciones, en las economías de mercado. La intervención de precios puede provenir de la Administración, central o autonómica, o de acuerdos de colegios profesionales que fijan precios mínimos para los servicios, como sucede con los odontólogos, abogados, médicos o arquitectos. Cabe esperar, no obstante, que los procesos de desregulación iniciados liberalicen progresiva y totalmente el sector servicios.

Existen servicios como la educación o los transportes ferroviarios cuyos precios los impone la Administración por su impacto político o social. En estos ejemplos se aprecia que el precio no es un variable de marketing controlable por las empresas.

Un argumento contra la libertad de fijación de precios de servicios como los que acaban de mencionarse, es que si se fijaran sobre los costes de las empresas se estaría favoreciendo a las menos eficientes del sector. Imponer un precio supone a las empresas tener que ajustar sus costes para ser rentables.

Inseparabilidad. Los servicios se prestan en un momento del tiempo y en algún lugar. Unas vacaciones en una isla tropical sólo se pueden disfrutar yendo allá, pero un ordenador producido en Malasia se pueden comprar en Noruega o en Argentina.

Las empresas que fabrican bienes tienen, en principio, un mayor marco geográfico donde poder competir; todo el planeta, en una situación ideal. Las restricciones del mercado son mucho mayores para los servicios. Un hotel de Zamora no puede competir con otro de Palencia. Competirá con un establecimiento de hostelería ubicado en Zamora o en sus alrededores. Por el contrario, un fabricante de coches como Volvo, que produce sus vehículos en Suecia y en Holanda, puede competir en Argelia, Canadá o en Chile, con Hyundai, General Motors o Mitsubishi, empresas que construyen sus automóviles en Corea, Estados Unidos de América, en muchos países europeos y Japón.

Los bienes producidos se pueden almacenar y transportar a otros mercados. Los servicios no se transportan y el consumidor tiene que desplazarse hasta el lugar donde se proporcionan. La inseparabilidad de los servicios también impone restricciones a los precios, que deberán adaptarse a las condiciones económicas de su entorno.

Un abogado que ejerza en Lugo cobrará unos honorarios adecuados al nivel de vida de esta ciudad. Los odontólogos establecidos en Jaén aplican los precios que establezca su Colegio para esta provincia, que podrán ser distintos de los fijados en Badajoz o en Vizcaya. Una entrada de cine en Madrid o Barcelona cuesta más de 700 ptas.; en ciudades más pequeñas, con niveles de precios más bajos, ronda las 600. Los establecimientos de cadenas hoteleras no cobran los mismos precios, a igualdad de categoría, según se encuentren en unas localidades u otras. Por el contrario, los coches o los polos de Lacoste tienen el mimo precio recomendado en toda España.

Los precios de los servicios **no tienen un carácter tan fijo** como los de los bienes. Cuando las empresas que fabrican bienes venden a sus clientes ponen un PVP susceptible modificarse en función de las características de comprador, consecuencia de su fidelidad hacia el proveedor, seriedad demostrada con los pagos y tamaño de las compras. Los servicios pueden tener un precio variable en función del diseño que se haga en colaboración con el cliente, como sucede cuando se contratan seguros o paquetes turísticos.

5. POR QUÉ LOS PRECIOS DE LOS SERVICIOS SON PERCIBIDOS DE FORMA DISTINTA POR LOS CONSUMIDORES.

Los consumidores de servicios tienen más **dificultades para valorar los componentes de los costes.**

Cuando se trata de bienes es más fácil, porque se conocen las materias primas que incorporan, la mano de obra y otros gastos, porque existen procesos de producción conocidos y estándares técnicos. Así, es posible, con un poco de información saber cuánto cuesta fabricar un destornillador o un metro cuadrado de cristal. Sin embargo, cuando se trata de servicios, los componentes de los costes son difíciles de conocer o no se pueden evaluar. Un empaste incorpora materiales que tienen un coste, pero la duración del proceso es variable. Una sesión de sicoanálisis apenas incorpora elementos tangibles para valorarla. Además, su duración es variable y los componentes del coste son intangibles y/o variables; la formación del médico, el tiempo que le lleva la sesión y su interpretación.

- Los consumidores podrían guiarse por **precios de referencia**, por ejemplo, lo que cobra un dentista o un abogado por término medio, o un médico por un chequeo, para juzgar los precios. Esto podría ser válido si los servicios fueran homogéneos, pero sabemos que son inconsistentes. No todos los empastes o las consulta a abogados o médicos son iguales. Los precios de referencia son más **difíciles de encontrar** cuando se trata de servicios.

- En segundo lugar, en los servicios existen **costes no monetarios** que son más importantes que los que aparecen cuando se trata de bienes. En cualquier transacción onerosa se paga dinero. Pero tratándose de los servicios los consumidores participan en el proceso, y eso representa más costes de adquisición, que no son monetarios. Comprar un seguro integral es más complicado que adquirir unas manzanas. El coste no monetario depende del tiempo que se dedica a buscar el proveedor del servicio. También hay que dedicar tiempo a encontrar información sobre características y precios. Habrá que desplazarse, pagar transportes o combustible, aparcamiento. En definitiva, hay que esforzarse, y el proceso cansa. Si el consumidor tiene que esforzarse mucho, no estará dispuesto a pagar precios altos. Si tiene que esforzarse poco tal vez no le importe pagar unos precios más elevados. En consecuencia, la percepción del precio alto o bajo, va a depender de los costes no monetarios en que incurre el consumidor.

- En tercer lugar, los consumidores de servicios ven en el **precio** un sólido **indicador de calidad**. Un precio elevado atrae porque se asocia a calidad elevada, pero por otra parte se rechaza por alto. Un precio bajo puede asociarse a escasa calidad, pero resultar atractivo por barato. Más adelante se verá cómo fijar precios en función de expectativas de calidad.

6. OBJETIVOS DE LOS PRECIOS DE LOS SERVICIOS

Para que las empresas puedan fijar sus precios se han de conocer sus objetivos. Estos pueden ser diversos y cabe la posibilidad de que se pretenda alcanzar más de uno simultáneamente. A continuación se exponen posibles objetivos de los precios en una empresa de servicios.

- Alcanzar una determinada **cuota de mercado**. Este podría ser el caso de una compañía aérea que fijara tarifas más bajas que la competencia para incrementar su participación en el mercado, como hace Air Europa. Cuando se trata de servicios básicos los precios pueden servir como arma para arrebatar clientes a los competidores, si bien es cierto que esta estrategia es fácilmente imitable y a la larga no da resultado.
- Conseguir **subsistir** en el mercado. Otras veces las empresas fijan un precio que les permita retribuir a sus factores productivos y permanecer indefinidamente en esta situación. Si es necesario lo adaptan en el sentido que dicten sus competidores.
- Conseguir una determinada **imagen**. Para ello se fijan precios altos o de desnatado, o bajos, también llamados de penetración, que se expondrán en el próximo apartado. Sin embargo, el precio debe ir acompañado de calidad en el proceso de prestación del servicio.
- **Eliminar o desplazar a los competidores** de los mercados que se consideran fundamentales. Una empresa que actúe en más de un mercado podría bajar mucho el precio en otro hasta neutralizar a un competidor. Podría, incluso, obtener pérdidas que podrían compensarse con las ganancias en otro hasta obligarle a abandonar ese mercado.
- **Encontrar diversos segmentos** dentro del mercado y fijar el precio apropiado para cada uno de ellos. Una empresa que siga una estrategia de marketing diferenciado atiende a más de un segmento y fija precios distintos. Si dentro de la misión de la empresa se contempla la posibilidad de atender a más de un segmento, el precio constituye una variable fundamental para conseguirlo.
- Establecer **barreras de entrada** a la industria. Las empresas productoras de bienes utilizan sus precios para dificultar la entrada de otros competidores en el sector. Un precio bajo alarga el plazo de recuperación de las inversiones y desincentiva a los competidores. Constituye una barrera de entrada.

- Obtener una tasa de **rentabilidad** determinada sobre los capitales invertidos. Las empresas de cierta dimensión se financian con aportaciones de sus socios (también se endeudan), quienes reclaman unos dividendos al final del ejercicio económico. Es frecuente que las empresas tanto de bienes como de servicios se marquen un objetivo de rentabilidad mínimo para poder retribuir a sus accionistas o autofinanciarse.

7. ESTRATEGIAS DE PRECIOS PARA LOS SERVICIOS

7.1. Algunas consideraciones previas: posicionamiento y ciclo de vida del servicio

Cuando se trata de fijar precios a los productos la primera idea que suele venir a la cabeza es pensar en técnicas para calcularlos. Este proceder está equivocado, porque la técnica es sólo una herramienta para fijar un precio una vez que se haya posicionado el servicio y se identifique la fase del ciclo de vida en que se encuentre.

Las empresas deben **posicionar sus servicios** en el mercado. En el capítulo 3 se han tratado extensamente la metodología del posicionamiento a partir del análisis de la cadena del valor, y cómo las organizaciones se posicionan a través de variables de *mix* de marketing; precio, producto, comunicación y distribución.

Tratándose de los precios, algunas empresas los fijan altos; son precios de prestigio. Los consumidores que pagan servicios caros pueden desear adquirir calidad, porque objetivamente el servicio la tenga. La tarifa en clase *Business* en vuelos transatlánticos es mucho más elevada que la turista. Los pasajeros que la pagan encuentran beneficios por viajar en esta clase.

Si una empresa desea dirigirse a un segmento de mercado con poder adquisitivo elevado diseñará un servicio adecuado a los deseos del segmento, y cobrará un precio alto. Puede citarse como ejemplo a American Express, que se orienta a personas jurídicas o a personas físicas con rentas altas. Su tarjeta verde cuesta 12.000 ptas. al año. La cuota de Visa Classic es sólo de 3.000 ptas. al año, pues se dirige al mercado en general. Pero Visa también se orienta al segmento de rentas más altas, o al profesional, y ha creado Visa Oro, cuya cuota anual es parecida a la de American Express.

Estas empresas han segmentado el mercado. AMEX se ha concentrado en un segmento, mientras que Visa sigue una estrategia de marketing diferenciado. La primera se ha posicionado en un segmento de poder adquisitivo alto, y su servicio es caro. La segunda ofrece dos productos a dos precios, en función del poder adquisitivo de los segmentos del mercado que atiende.

Las cadenas de hoteles franceses Novotel e Ibis se orientan a alojar familias, o grupos que se encuentran de vacaciones, a precios módicos. La cadena hotelera Ritz posee edificios lujosos y cobra precios muy caros a personas que tienen un elevado poder adquisitivo.

Antes de fijar el precio de un servicio es necesario saber en qué **fase de su ciclo de vida** se encuentra. La visión del entorno resulta fundamental para poder fijar los precios, pues considera la existencia muchas variables económicas.

La estructura del mercado –su número de competidores–, la elasticidad de la demanda y la novedad del producto son algunos de los factores que condicionan el precio.

En la fase I, de introducción del producto, los consumidores son personas con rentas altas, o innovadores. La elasticidad de su demanda ante el precio es reducida. Por esta razón es posible y aconsejable fijar precios altos. Por otra parte, la empresa habrá de recuperar gastos en I&D, motivo adicional que aconseja un precio elevado. Existen razones concurrenciales que permiten fijar un precio alto, y es que la empresa innovadora se encuentra en situación de monopolio, lo que le confiere una gran libertad para fijar el precio de su producto.

En la fase II, de crecimiento, el escenario económico se altera. El segmento innovador se ha agotado y la empresa debe dirigirse a otros grupos de consumidores. Los nuevos compradores tienen más rentas bajas que los consumidores de la fase I. La aparición de competidores cambia la estructura del mercado. El precio deberá disminuir para conseguir que las ventas se incrementen.

En la fase III, de madurez, la estructura del mercado sigue siendo oligopólica, pero con menor número de competidores. El mercado se segmenta cada vez más y la fuerte elasticidad cruzada aconseja reducir los precios. En la fase IV, o de declive, se reduce la competencia, y subsisten segmentos muy especializados. El precio podría aumentar.

7.2. Política de precios: precios de penetración y precios de desnatado

Cuando los servicios son nuevos, como asistencia domiciliaria a la tercera edad, las empresas pueden optar entre un nivel de precios alto o bajo. El primero recibe el nombre de precio de desnatado y el segundo se denomina precio de penetración.

El precio de **penetración**, o precio **bajo**, se adopta ante determinadas circunstancias, que son las siguientes.

La **demanda debe ser elástica**. Es decir, que reacción de la cantidad vendida ante las alteraciones del precio sea mayor que las modificaciones de éste. Por ejemplo, si a un precio de 10.000 ptas. una compañía aérea transportara 10.000 pasajeros y una reducción del precio de un 10%, consiguiera aumentarlo a 15.000 se dice que la demanda del vuelo es elástica. El incremento porcentual de la demanda es mayor que la disminución del precio. A la empresa le interesaría fijar un precio de 9.000 ptas. porque sus ingresos serían de 9.000 x 15.000 ptas., es decir, 135.000.000 ptas. Si transportara 10.000.000 de pasajeros y la tarifa fuera de 10.000 ptas. sus ingresos serían de 100.000.000 ptas., 35.000.000 más bajos. Cuando las empresas encuentran demandas elásticas deberán bajar sus precios, pues aumentan sus ingresos. Cuando se hallen ante demandas rígidas los precios deberán subir si lo que se desea en maximizar el volumen de negocio.

Tratándose de servicios nuevos, las pruebas de mercado –cuando puedan ser llevadas a cabo– pueden permitir calcular el valor de la elasticidad de la demanda. Si los servicios fueran totalmente intangibles y las pruebas de mercado imposibles de realizar, al desarrollar los *tests* de concepto se podría obtener la elasticidad de la demanda a partir de preguntas sobre disposición a consumir un servicio para distintos niveles de su precio. En este caso las estimaciones de la elasticidad son menos fiables, porque las personas se desenvuelven en el terreno de las intenciones, no de las conductas observadas.

Los servicios nuevos, si lo son totalmente, no suelen tener demandas elásticas. En principio, su precio debería ser elevado. Cuando los productos se pueden almacenar la elasticidad precio de la demanda aumenta. Esto explique que los consumidores compremos y almacenemos cuando encontramos precios ventajosos. Los servicios no se pueden almacenar y se puede proponer que, en principio, su elasticidad ante el precio debe ser menor.

Los precios pueden ser bajos cuando exista posibilidad de alcanzar **economías de escala**. Este concepto se comprende mucho mejor cuando se trata de bienes. El coste unitario de fabricar 1.000.000 de coches tiene que ser menor que si se produjeran 100.000, pues seguramente se aprovechan mejor las instalaciones y los proveedores de recursos productivos los venderán a precios más bajos.

Conseguir economías de escala en los servicios es más difícil. Un abogado no reduce sus costes a medida que atiende a más personas, pero sí gana experiencia y mejorará la calidad de la prestación de su servicio, hecho que tal vez le permita subir sus honorarios. Por el contrario, una compañía aérea que transporte a más personas podrá emplear aviones de mayor tamaño, lo que reduce los gastos por pasajero en concepto de personal de vuelo, combustible, amortización de los aparatos, tasas de aterrizaje, estacionamiento y despegue, etc. Cuantos más pasajeros transporte más fácilmente podrá reducir sus tarifas.

Una compañía de seguros abarata sus primas a medida que aumenta su número de asegurados, pues el riesgo de siniestros, estadísticamente fijo, se diluye entre más personas. Algunas empresas de servicios pueden encontrar economías de escala, como las compañías aéreas o las aseguradoras. En otras, como consultoras, empresas de servicios médicos o asesoría legal es más difícil que esta circunstancia se produzca. Cuanto más intangible sea un servicio y menos necesite emplear tecnologías más difícil será conseguir economías de escala.

Cuando las **barreras de entrada** en el sector sean débiles las empresas deben fijar precios bajos para desincentivar a los competidores. Existen muchos servicios fácilmente imitables. Peluquerías, talleres de reparación de automóviles, mensajería urgente, transporte por carretera, taxi, etc. son actividades indiferenciadas y que se pueden desarrollar con inversiones reducidas o moderadamente bajas. El precio bajo puede ser un instrumento para desestimular a nuevos competidores, pues ello implica que la recuperación de las inversiones llevaría demasiado tiempo, y esto no resulta atractivo para entrar en el sector.

Cuando un mercado ofrece servicios básicos existe en él una gran competencia. En él se encuentran fuertes unas fuertes **elasticidades de sustitución**. Esto significa que una empresa que altere alguna variable de *mix* de marketing puede afectar a las ventas de otra. Por ejemplo, si Seguros Aurora redujera el precio de sus tarifas podría contraer las ventas de seguros de Plus Ultra o de La Estrella. Si el BBV desarrollara campañas de comunicación agresivas podría atraer a clientes de otras entidades financieras.

Cuando las elasticidades de sustitución son elevadas las empresas deben fijar precios bajos para protegerse de los efectos de las alteraciones de las variables de *mix* de sus competidores. Los precios bajos protegen a quienes los aplican de la agresividad de los competidores, especialmente cuando se trata de servicios básicos, poco diferenciados.

Cuando las empresas ya han atendido a los **segmentos con mayor poder de compra** deben reducir sus precios para atender a grupos de consumidores con rentas más bajas. El día que AMEX ya no tenga posibilidades de seguir creciendo dentro del segmento que atiende en la actualidad, debería bajar el precio de sus tarjetas para introducirse en un segmento con menor poder adquisitivo que el actual. Lógicamente, lo hará si introducirse en otro segmento es compatible con su misión. En caso afirmativo debería rediseñar su producto, adecuándolo al poder adquisitivo y a los deseos y necesidades del nuevo grupo de consumidores.

A veces **el mercado es difícil de segmentar**. Tal vez no se identifique el segmento objetivo, o no sea accesible a través de la comunicación o de la distribución. La fijación de un precio bajo muestra prudencia financiera, pues se supone que la mayoría del mercado podrá pagarlo. Por el contrario, un precio alto podría resultar inasequible para muchos consumidores. Los billetes de los autobuses urbanos o del Metro, de un trayecto o línea, cuestan lo mismo a cualquier pasajero. Los usuarios de estos transportes públicos no tienen un perfil definido y no se puede discriminar el precio atendiendo a criterios de segmentación.

Otra estrategia de precios es la de precios altos, llamados **precios de desnatado**. Los precios se fijarán elevados cuando,

La **elasticidad precio** de la demanda **sea baja**; es decir, cuando los consumidores sean poco sensibles al precio. Se ha podido comprobar en algunas investigaciones que determinados servicios, como los relacionados con la estética, la belleza o la seguridad tienen una elasticidad precio de la demanda reducida. Eso significa que las clínicas privadas de cirugía plástica o de adelgazamiento, o los institutos que proporcionan tratamientos de belleza pueden fijar precios altos para sus servicios.

Cuando una empresa encuentra **posibilidades para segmentar el mercado** puede comenzar fijando un precio alto para el grupo de consumidores con renta más elevada, y continuar con otros más reducidos para compradores con menor poder adquisitivo. Esta forma de actuar puede encontrarse en transporte ferroviario o aéreo.

La tarifa de clase preferente, que viene a ser ocupada por un 15% del pasaje en un avión, es sensiblemente más cara que la de clase turista, aproximadamente un 20%. Esto significa que en un avión que transporte 150 pasajeros que viajen en clase turista si pagaran 10.000 ptas. por un trayecto los ingresos serían de 1.500.000 para la compañía aérea. La segmentación del mercado supone que 23 pasajeros pagarán 12.000 ptas. y 127 desembolsarán 10.000 ptas. Los ingresos totales con la segmentación serían de 1.546.000 ptas.

Las empresas que sean capaces de **crear barreras de entrada** en el sector podrán fijar precios elevados. El carácter intangible de los servicios impide que sean patentados. No cabe defensa legal alguna en este sentido. A veces la tecnología necesaria para prestar un servicio o las inversiones son tan elevadas que constituyen barreras de entrada, como sucede con cadenas hoteleras, compañías aéreas o empresas que prestan servicios informáticos, comunicaciones telefónicas o suministran electricidad.

No debe olvidarse que la desregulación de actividades o la privatización de algunos servicios públicos supone el fin de una situación privilegiada para ciertas empresas, pues se elimina una barrera de entrada al sector, de componente legal. Una barrera inexpugnable la constituye una alta calidad en el proceso de prestación de los servicios, por se difícilmente imitable y porque confiere un posicionamiento duradero.

En ocasiones las empresas fijan un **precio alto que después reducen** para introducirse en otros segmentos que puedan encontrarse. Siempre es más fácil bajar un precio que subirlo. La estrategia de fijar un precio alto y después reducirlo, si se hubieran cometido errores de estimación, no es aconsejable cuando se trata de los servicios porque no debe olvidarse el precio es un indicador de calidad. Su abaratamiento podría contraer la demanda.

Este fenómeno, denominado efecto calidad, se ha podido comprobar con bienes de lujo; unos precios más bajos han contraído la demanda, pues un menor valor de mercado les hacer perder su componente de diferenciación social. Imaginamos un dentista que para atraer clientes fijara un precio de 15.000 ptas. por realizar un empaste y lo a redujera paulatinamente hasta las 2.000 ptas. Muchas personas dudarían de su cualificación, e incluso de su titulación académica.

7.3. Estrategias de precios para los servicios profesionales

Determinar los precios de los servicios profesionales presenta la dificultad adicional de que sus proveedores actúan en sectores regulados. Médicos, asesores, abogados o dentistas no pueden fijar sus tarifas libremente. Los colegios profesionales establecen unos precios mínimos que deben ser respetados. A partir de ellos los profesionales pueden cobrar la cantidad que les parezca oportuna (Boewadt y Kemp, 1987). Su alejamiento de esa cantidad depende de los siguientes factores.

- La imagen de **personalización del servicio**. Cuando los consumidores tienen la sensación de ser atendidos de forma individualizada los precios podrán subirse. Una persona atendida personalmente, que crea que se está diseñando un servicio a medida de sus necesidades, por ejemplo, un tratamiento médico o asesoramiento legal, estará dispuesta a pagar una cantidad mayor que se percibe recibir un servicio estandarizado e impersonal.

- El grado de **especialización del servicio**. Cuanto más elevado sea, los consumidores se encuentran más dispuestos a pagar una mayor cantidad. Esto sucede con cirujanos, ortodoncistas, abogados, etc.
- Sensación de **tiempo dedicado** al consumidor. Cuando los clientes perciben que los profesionales les dedican todo su tiempo realizan o todas las actividades asociadas al servicio, los precios también podrán elevarse. Otras veces delegan en personal menos cualificado. Esto sucede en algunas consultas médicas, en las que ciertas actividades como curas, extracciones de sangre, vacunaciones, radiografías, etc. son desarrolladas por personal sanitario no médico, ATS, etc.
- **Urgencia** en la prestación del servicio. Cuando un servicio se demanda con carácter de urgencia, como una intervención quirúrgica que no pueda demorarse, o el asesoramiento de un abogado ante un problema grave, los consumidores están dispuestos pagar precios más altos que los fijados por los colegios profesionales.
- **Experiencia y prestigio** atribuídos al profesional. Cuanto mayores sean, más elevados podrán ser sus honorarios.
- Número de **alternativas** existentes para la prestación del servicio. Si el número de profesionales es elevado, el mercado se aproxima a los supuestos de la competencia perfecta y los precios no se podrán subir mucho por encima de los mínimos recomendados.
- **Duración de los efectos** del servicio. Algunos duran poco tiempo, como el teñido o corte del cabello; otros algo más, como la limpieza dental. Cuando los servicios se demandan con frecuencia los precios no deben subirse mucho por encima de los mínimos recomendados. Cuando los servicios se demandan muy esporádicamente, sus precios podrán ser más altos. Un abogado matrimonialista podrá cobrar honorarios mucho más altos que un asesor fiscal, por que su servicio se demanda con mucha menos frecuencia que los consejos necesarios para hacer la declaración de la renta. Las personas casadas que se divorcian lo hacen generalmente una vez, tal vez dos. Sin embargo, la declaración de la renta se hace todos los años.
- **Percepción de calidad**. A veces, cuando se prestan servicios relacionados con la seguridad o con la estética, los precios elevados pagados son un aval –subjetivo– de la calidad recibida. Cirugía plástica, ortodoncia, cirugía cardiovascular, neurocirugía o defensa criminal son ejemplos de servicios en los que a mayor precio pagado, mayor calidad percibida por los clientes.

8. ESTRATEGIAS DE PRECIOS PARA LOS SERVICIOS

Una vez determinados los niveles de precios es posible efectuar modificaciones o ajustes para adaptarlos a las condiciones del mercado, de los consumidores, o de la coyuntura económica en general. Algunas de las estrategias de precios que puede seguir una empresa de servicios son las siguientes.

8.1. Precios diferenciales o precios discriminados

Muchas empresas no cobran igual cantidad por un mismo servicio a todos los consumidores. Con frecuencia observamos que servicios aparentemente iguales se ofrecen a precios diferentes. Las empresas aplican esta táctica a consumidores preocupados por el precio.

Las localidades de un espectáculo, los asientos de un transporte público, la energía eléctrica a partir de ciertas horas, las tarifas telefónicas, etc. son un claro ejemplo. Los precios diferenciales consisten en adaptaciones a las características de los clientes. Se emplean principalmente para amortiguar las fluctuaciones de la demanda y/o segmentar el mercado.

Si un mismo producto se ofrece a precios distintos se dice que existe discriminación de precios. Si el precio fijado por la empresa fuera único, existirán personas con poder adquisitivo como para haber pagado más dinero por el producto o servicio. Para ellos existe un excedente, que es lo que se ahorran, medido por la diferencia entre lo que estarían dispuestos a pagar y lo que pagan realmente. Desde un punto de vista económico, la discriminación supone la reducción o anulación del excedente del consumidor. Si la empresa es capaz de fijar un precio a medida del bolsillo de cada consumidor el excedente se anula y ella consigue aumentar sus ingresos. Puede haber distintas clases de discriminaciones de precios.

- Discriminación **temporal.** Consiste en cobrar precios diferentes en función del momento en que se preste el servicio, como sucede con las tarifas telefónicas, el precio de la electricidad o de los hoteles, variables según la hora del día, día de la semana o ambos a la vez. Esta estrategia se emplea para alisar la demanda del servicio y no concentrarla en un momento del tiempo. Simultáneamente se obtienen beneficios adicionales.

- Discriminación por **cantidad**. Consiste en bajar el precio a medida que el consumo aumenta. Hace tiempo Iberdrola cobraba los primeros KW más caros que los últimos, en función de tramos de consumo. La Mancomunidad de Aguas de la Comarca de Pamplona encarece el precio del agua a medida que aumenta el consumo.

- Discriminación **personal**, que se aprecia en los precios que fijan las empresas a sus clientes, más bajos a mayor antigüedad y fidelidad de los compradores y tamaño de sus compras. Un cliente asiduo de un hotel paga menos que otro esporádico. Los clientes preferentes de un banco se benefician de unos tipos de interés deudores y comisiones menores que los pequeños. Los precios cobrados a los clientes especiales se llaman, también, precios de relaciones.

- Discriminación en la **forma del servicio**. Consiste en proporcionar servicios a precios distintos sin que exista una relación entre el precio cobrado y las características del servicio prestado. Por ejemplo, los servicios adicionales que se prestan a los viajeros de clase preferente en un avión no justifican la diferencia de precio tan elevada que existe respecto a la tarifa en clase turista.

- Discriminación **geográfica**. Algunas empresas de servicios cobran precios distintos en función del mercado donde actúan. Este hecho se puede comprobar con los tipos de interés a los que algunas entidades financieras conceden sus préstamos hipotecarios y personales, sensiblemente diferentes de unas comunidades autónomas a otras en España.

- Discriminación por **lugar**. Los precios de las localidades de los espectáculos, como el fútbol, los toros, el circo o la ópera, constituyen un ejemplo de precio diferencial por lugar, pues muchas veces la diferencia de localización no justifica la disparidad de precios.

Para que pueda llevarse a cabo la discriminación de precios es necesario que se verifiquen las siguientes **condiciones.**

- Las **elasticidades** de la demanda de los consumidores tienen que ser **diferentes**. Si así fuera la predisposición al pago es distinta; o dicho de otra manera, un mismo servicio podría venderse a precios diferentes. Los precios se bajarán siempre que aparezcan demandas elásticas y se subirán cuando las demandas sean rígidas. Conocer la elasticidad de la demanda no es muy complicado. Basta con modificar los precios y analizar cómo reaccionan las ventas. Desde un punto de vista de investigación comercial esta tarea no es complicada.

- Ha de estar **autorizada por la ley**. La discriminación de los precios de los bienes suele estar prohibida, aunque se toleran ciertas prácticas, como descuentos por cantidad, antigüedad como cliente o fidelidad demostrada al proveedor. Sin embargo, la discriminación de precios de los servicios no está prohibida. Las tarifas telefónicas son más baratas por la noche o en día festivo; existe una tarifa nocturna para la electricidad, y RENFE ofrece precios especiales en los llamados *días azules*.

- Los mercados han de estar alejados para que **no exista posibilidad de reventa**. Esta condición está pensada para los bienes, porque se pueden revender, pero no para los servicios. Nadie puede revender una conversación telefónica, la reparación de un grifo, un arreglo dental o una auditoría financiera. Esta restricción, tan importante cuando se trata de bienes, aparece con carácter excepcional en los servicios sólo si existe un desfase entre la compra de un servicio y su consumo. Por ejemplo, se puede comprar una entrada para un concierto o para ir a los toros y revenderla muy cara la víspera del acontecimiento, cuando se hayan agotado las localidades.

8.2. Precios raros

Este tipo de precios también se aplica a consumidores preocupados por lo que pagan, que dan mucha importancia al precio. Se puede fijar un precio de 499 ptas por limpiar una camisa en la tintorería, 799 por un menú del día, o 4995 ptas de cuota mensual por ir a un gimnasio.

8.3. Precios conjuntos o precios de paquete

Algunas empresas de servicios ofrecen varios servicios simultáneamente a un precio determinado. Un caso muy ilustrativo lo constituyen las agencias de viajes o las aseguradoras. Desde un punto de vista económico, la aplicación de precios conjuntos consiste en conseguir una transferencia de excedentes de consumidor de unos servicios a otros. Veámoslo con un ejemplo.

Supongamos que una aseguradora ofrece un paquete de seguros, que incluye un seguro del hogar, otro de accidentes y un tercero de responsabilidad civil, a cambio de una prima de 60.000 ptas. al año, con unas coberturas de 15.000.000, 10.000.000 y 50.000.000 de ptas. respectivamente. La tabla 6.2 muestra los precios de las primas que unas personas atribuyen a cada modalidad de seguro, o cantidades que les parece razonable pagar.

Persona	Hogar	Accidentes	R. Civil	Precio total del paquete
Ana	15.000	40.000	5.000	60.000
Juan	25.000	25.000	10.000	60.000
María	20.000	30.000	10.000	60.000
Pablo	30.000	25.000	5.000	60.000

Tabla 6.2

Si la empresa fijara un precio de 20.000 ptas. para el seguro del hogar lo suscribirían Juan, María y Pablo, dispuestos a pagar 25.000, 20.000 y 30.000 ptas. respectivamente; si el seguro de accidentes tuviera una prima de 30.000 ptas. no lo contratarían ni Juan ni Pablo, porque ellos están dispuestos a pagar 25.000 ptas.; si la prima fuera de 10.000 ptas. para el seguro de responsabilidad civil, lo contratarían Juan y María, dispuestos a pagar 10.000 ptas. por él, pero no Ana ni Pablo.

Si se fijaran precios individuales se venderían dos seguros de responsabilidad civil (2 x 10.000), tres de hogar (20.000 x 3) y dos de accidentes (30.000 x 2). Los ingresos serían de 140.000 ptas. Si la empresa aseguradora vendiera un paquete de seguros con las tres coberturas expuestas a un precio conjunto de 60.000 ptas. las cuatro personas contratarían el conjunto y los ingresos por primas ascenderían a 240.000 ptas.

La tabla 6.3 muestra los excedentes de consumidor, o diferencia entre lo que se estaría dispuesto a pagar y lo que cuesta realmente cada modalidad de seguro. Cuando los valores son positivos miden lo que el consumidor está dispuesto a pagar en exceso. Cuando son negativos miden lo que cree que paga de más.

Persona	Hogar	Accidentes	R. Civil	Total
Ana	–5.000	10.000	–5.000	0
Juan	5.000	–5.000	0	0
María	0	0	0	0
Pablo	10.000	–5.000	–5.000	0
Total excedente	10.000	0	–10.000	0

Tabla 6.3

Cuando se venden los tres seguros a un precio único de 60.000 ptas. cada consumidor compensa sus excedentes positivos con los negativos, de manera que percibe alguna modalidad cara que se compensa con otra más barata. Por ejemplo, Ana percibe que ahorra 10.000 ptas. con el seguro de accidentes, que compensan las 5.000 ptas. de más que cree pagar en las primas de responsabilidad civil y de seguro del hogar.

Juan cree pagar lo justo por el seguro de responsabilidad civil, y el exceso de 5.000 ptas. pagadas en el seguro de accidentes compensan lo que se ahorra con el seguro del hogar. Pablo reparte su excedente de prima de hogar entre los demás seguros. María no tiene ningún excedente de consumidor.

Las empresas deben fijar precios conjuntos cuando prevean que pueden existir excedentes positivos y negativos. Llegarán a una situación ideal cuando consigan fijar un precio conjunto que maximice la demanda del conjunto de servicios. Para ello deben realizar investigaciones de mercado.

8.4. Precios con descuento

Cuando un mismo producto se vende a precios distintos se habla de precios diferenciales o con descuento. Se aplican para promocionar los servicios o para recompensar a los clientes.

El descuento puede estimular la demanda de servicios con fluctuaciones estacionales de la demanda; recompensar a los consumidores por pronto pago; ofrecer precios más bajos por realizar volúmenes de compra elevados, como por ejemplo, los cobrados por viajes de grupos numerosos o aplicados a clientes importantes de las entidades financieras; recompensar la fidelidad de los consumidores, como sucede con los clientes asiduos de un hotel; incentivar conductas, como ocurre con las empresas aseguradoras, que reducen sus primas de seguro del automóvil a conductores sin siniestros.

8.5. Precios reclamo

Algunas empresas de servicios aplican precios reclamo. Consisten en precios de partida, que atraen a los clientes, que perciben que la organización ofrece precios bajos.

Por ejemplo, algunas entidades financieras ofrecen préstamos personales o hipotecarios con unas cuotas muy bajas en primer año, que proporcionan una sensación de bajo precio a los posibles clientes –les incita a contratar los servicios– que se desvanece cuando se lee la letra pequeña de las condiciones del préstamo.

En algunos restaurantes se ofrecen menús baratos, que atraen a los clientes, quienes los descartan por platos a la carta, más caros. En algunos aparcamientos la tarifa horaria es más reducida que en otros, con la esperanza de que los clientes encarguen servicios extras como lavado del coche o soliciten pequeñas reparaciones como cambio de pastillas de freno, raquetas del limpiaparabrisas, cambio de correas, tubos de escape, aceite o sustitución del líquido refrigerante o de frenos.

8.6. Precios de garantía

Ocurre cuando el pago del servicio sólo se hace efectivo si se producen unos determinados resultados. Por ejemplo, un jardinero que aplique un tratamiento contra los hongos de las plantas sólo factura si efectivamente acaba con la plaga; las agencias que proporcionan servicio doméstico –legal– cobran el servicio si la empleada de hogar supera el período de prueba de un mes. Un corredor de comercio percibe su comisión cuando vende los valores mobiliarios que se le han encargado.

Esta táctica de precios es recomendable cuando es posible garantizar la prestación de un servicio, cuando en el sector la competencia aplica precios muy bajos sin garantías y cuando los clientes dudan sobre la veracidad de los resultados que prometen los proveedores de los servicios.

8.7. Precios de prestigio

Esta táctica se aplica cuando los consumidores asocian el precio de un servicio a su calidad; los tratamientos de estética, de belleza, los restaurantes, la asesoría o la cirugía son ejemplos de servicios que se perciben de mayor calidad cuanto más elevados sean los precios que se cobran por ellos.

Los proveedores de servicios caros atienden a un segmento que encuentra precisamente en el precio elevado un indicador de calidad. No se trata necesariamente de personas con poder adquisitivo elevado.

8.8. Precios inicialmente bajos o de atracción

En ocasiones las empresas cobran precios bajos cuando prestan por primera vez un servicio. Posteriormente los elevan. Esta práctica es frecuente en consultas en centros de belleza y estética. Algunos gimnasios cobran una cuota reducida al principio y más adelante la suben.

Esta táctica es conveniente cuando los consumidores se encuentran insatisfechos con los proveedores actuales. El precio bajo les estimula a cambiar, reduce los costes del cambio. También se aplica cuando los compradores no sean muy exigentes o exista mucha competencia en el sector.

9. TÉCNICAS DE FIJACIÓN DE PRECIOS PARA LOS SERVICIOS

En principio, las técnicas de fijación de precios susceptibles de ser aplicadas para los servicios son las mismas que se emplean con los bienes. Sin embargo, la naturaleza de los servicios dificulta la fijación de sus precios, debido especialmente a su intangibilidad. No obstante, cuando se trata de servicios con base tangible los métodos de fijación de precios se asemejan a los aplicados con bienes. A medida que aumente la intangibilidad de los servicios crecen las dificultades de estimación de costes y se hace necesario desarrollar técnicas basadas más en las percepciones de los consumidores que en estándares de naturaleza técnica, económica o contable.

9.1. Cuando los servicios tienen base tangible: precios basados en los costes

A. El análisis marginalista de fijación de precios

La teoría neoclásica ha propuesto un esquema simple en cuanto a sus objetivos y sencillo en su resolución. La maximización de los beneficios, o del volumen de negocio, constituyen desde esta perspectiva los únicos objetivos de la empresa. El cálculo diferencial permite llegar a la solución óptima desde un punto de vista matemático, que según este enfoque será la que deberá adoptarse.

A partir de las funciones de demanda P = P(Q), de costes variables, CV (Q), y de los costes fijos CF, la función de beneficios es:

$$B = I - C$$
$$B = P(Q)\,Q - CV(Q) - CF$$

Para maximizar el beneficio la primera condición es que el ingreso marginal se iguale al coste marginal,

$$Ima = Cma$$

Si el objetivo perseguido por la empresa es la maximización del ingreso éste se consigue cuando el ingreso marginal se anula,

$$Ima = 0$$

La sencillez aparente de estas soluciones obliga a reflexionar sobre su validez. Las críticas que surgen son las siguientes:

- La **estimación de las funciones de coste y de demanda resulta compleja** en el mejor de los casos, cuando no imposible. Por un lado, pueden existir otras variables de naturaleza cualitativa, además del precio, como gustos o modas, que condicionen la demanda. Por otro, no sería extraño que surgieran dificultades para la obtención de datos. Pueden aparecer problemas con el tratamiento de los datos, como colinealidad u otras perturbaciones econométricas, o fluctuaciones estacionales de la demanda y de los costes. En la práctica es muy difícil que una empresa, sobre todo si presta servicios, pueda conocer su función de demanda. Desde un punto de vista académico las dificultades no son excesivas, pero desde una perspectiva operativa debe dudarse seriamente de su eficacia, no sólo porque existan problemas de identificación o de estimación, sino porque existe inestabilidad entre las relaciones económicas. La solución microeconómica para la fijación de precios es metodológica, pero no operativa.

- Esta técnica no sirve para fijar los precios de los servicios cuando los **objetivos** que se persiguen son **distintos de la maximización** de los ingresos o beneficios. Los objetivos de la empresa no tienen por qué ceñirse sólo a los dos referidos, sino que pueden ser múltiples.

- Además, el precio **no depende sólo de los consumidores finales**, como sugiere el modelo. Los competidores, los proveedores, las administraciones, los movimientos de consumidores y los distribuidores son agentes capaces de modificarlo.

- Además, todos los razonamientos se basan en las empresas son **monoproductoras**. Lo más frecuente es que las empresas ofrezcan más de un producto. En tal caso el planteamiento microeconómico no es válido.

B. El coste directo y la curva de experiencia

El crecimiento empresarial experimentado durante el último cuarto del siglo XIX supuso dificultades de control de gestión, que dieron origen a técnicas de fijación de precios, hacia finales de los años 10, entre ellas la del coste directo.

A la hora de fijar los precios las empresas han de tener en cuenta que se deben recuperar dos tipos de costes. Por una parte, aquellos que se pueden asignar a los productos y otros que son generados por la actividad conjunta de la empresa, y que no pueden ser asignados a ningún producto, artículo o servicio en particular.

Por ejemplo, una empresa que fabrique herramientas podrá estimar el coste de producción de una llave inglesa de 4 pulgadas. Llevará incorporada 200 gramos de acero, 5 minutos de mano de obra, 345 watios de energía eléctrica consumida y 3 minutos de funcionamiento de una máquina determinada. Conociendo el coste de los *inputs* productivos puede calcularse el coste directo de fabricar la llave inglesa. La valoración de todos esos costes podría ser de 600 ptas. por ejemplo. Se dice, entonces, que el coste directo de producir una llave inglesa es de 600 ptas.

Sin embargo, existen otros costes tales como la retribución del personal administrativo, los seguros, la amortización de una furgoneta de reparto, de ordenadores, los gastos de teléfono, etc. que son generados por la actividad de la empresa y que no pueden ser asignados a productos concretos. Son las cargas fijas, indirectas o de estructura.

En la técnica del coste directo el precio se fija añadiendo un margen al coste. Por ejemplo, al coste directo de 600 ptas. por llave inglesa se le podría añadir un margen de 400, resultando un precio final de 1.000 ptas., excluido el IVA.

La misión del precio que se fija es la de recuperar las cargas directas e indirectas, porque el precio siempre supera los costes directos, debido al margen que se aplica. La diferencia entre el precio y el coste directo, denominada **margen bruto**, tiene como misión absorber las cargas fijas. Cada llave inglesa que se venda permite recuperar 400 ptas. de cargas fijas. Si éstas ascendieran a 10.000.000 de ptas. habría que producir y vender 25.000 llaves inglesas para recuperar la totalidad de los costes. Cada llave adicional que se venda por encima de las 25.000 proporciona un beneficio o margen neto de 400 ptas. Si se consiguieran vender 60.000 llaves los beneficios serían de 35.000 x 400 = 14.000.000 ptas. [(60.000 – 25.000) x 400].

El volumen de unidades vendidas (25.000) que permite recuperar la totalidad de los costes recibe el nombre de punto muerto. En él no existe beneficio extraordinario. Sólo se retribuye a los factores productivos. Si utilizáramos la terminología de la teoría económica diríamos que sólo existen beneficios normales.

El planteamiento de punto muerto es muy simple. Lo constituye aquel volumen de unidades Q^* que anule el beneficio.

$$B = P.Q - Cd.Q - CF = 0$$

Despejando se obtiene,

$$Q^* = CF / (P-Cd)$$
$$Q^* = 10.000.000 / (1.000 - 600) = 25.000 \text{ unidades.}$$

Debe observarse que esta técnica sólo es válida para empresas que conozcan perfectamente la cuantía del coste directo de su producto sea bien o servicio. Tratándose de una llave inglesa o de una hamburguesa existe una base tangible; materias primas, alimentos, y lo mismo podría decirse de una carrera de taxi, pues se consume combustible, neumáticos, aceite y el vehículo se deprecia a razón de *equis* pesetas por kilómetro. Los costes indirectos o cargas de estructura también se pueden evaluar. Impuestos, seguros, teléfono, etc. son gastos cuantificables. En resumen, sólo las empresas monoproductoras que ofrecen servicios con base tangible pueden aplicar, en principio y con algunas dificultades, la técnica del coste directo.

Por el contrario un abogado o un asesor fiscal no pueden servirse de ella para poner precio a una consulta. Pueden calcular costes indirectos como el impuesto de actividades económicas, el sueldo y cargas sociales de su personal administrativo y también podrán hacer una estimación de otros gastos, como contribución urbana, gastos de comunidad, agua, luz, teléfono, limpieza, etc. Lo que no podrán es estimar cuál es el coste directo o estándar de una consulta, porque es variable en función de la naturaleza del problema que se le plantee y del tiempo que dedique a encontrar una solución. La mayoría de los costes de la prestación de servicios intangibles son costes de personal, muy difíciles de repartir entre empleados y/o productos.

En las empresas industriales se ha comprobado que los costes de producción se reducen en una determinada proporción a medida que la producción acumulada se dobla. A medida que se consigue experiencia los costes directos disminuyen en una proporción constante. Un fabricante de televisores puede observar que los costes de sus aparatos han descendido un 10% cuando su producción alcanza 2.000.000 de unidades, respecto a los costes de producir 1.000.000 de aparatos. Se dice entonces que su curva de experiencia es del 90%. Si los costes se hubieran reducido en un 30% se hablaría de una curva de un 70%. Uniendo los puntos que relacionan estos volúmenes de producción con los costes directos se obtiene una curva que se llama **curva de experiencia.**

La razón de la reducción de los costes se debe al efecto de la experiencia. Estimar la curva es fácil, pues sólo hace falta contar con datos de costes, que los proporciona la contabilidad de la empresa y relacionarlos con los volúmenes de producción mediante algún modelo adecuado. La expresión de una curva de experiencia es,

$$C = K X^{-b}$$

donde:

C = coste directo acumulado
X = número de unidades de producto
K = coste de la primera unidad
b = parámetro de la pendiente. $0 < b < 1$

No es frecuente que una empresa comience a actuar en un mercado pensando en estimar su curva de experiencia. Lo más lógico es pensar que en algún momento de su vida relacione los costes con su volumen de producción. Por ejemplo, en una empresa se podría obtener para un volumen de producción de 20.000 unidades un coste directo fue de 700 ptas. (Datos numéricos tomados de Monroe, 1992: 305). Pasado algún tiempo, y para un volumen de producción de 40.000 unidades el coste podría ser de 635 ptas.

A partir de estos datos es posible conocer la evolución de los costes. Considerando

$$C_{20.000} = K\ 20.000^{-b} = 700$$
$$C_{40.000} = K\ 40.000^{-b} = 635$$

se puede deducir,

$$C = 1{,}065\ X^{-0{,}14}$$

y el coste directo de producir 80.000 unidades (X = 80.000) sería de 577 ptas.

Esta empresa podría ser industrial, pero también podría prestar servicios. Tal vez fuera una hamburguesería, tintorería o túnel lavacoches, es decir, una empresa de servicios que necesitara tecnologías o materias primas para prestarlos.

Resumiendo. La técnica del coste directo para fijar precios a los servicios y la utilización de a curva de experiencia se podrán emplear también en empresas de servicios que empleen tecnologías o consuman materias primas para prestar servicios estandarizados.

C. Los precios para alcanzar tasas de rentabilidad

Con frecuencia en la empresa se plantea un objetivo de rentabilidad. La disociación entre propiedad y control hace que en ocasiones el interés de los gestores se centre en conseguir un beneficio que sea suficiente para retribuir al capital. Es decir, se trata de fijar precios que proporcionen una determinada tasa de rentabilidad (r%) sobre los capitales invertidos.

$$\text{Capital. } r\% = P.Q - Q.Cd - CF$$

En esta expresión P, Q, Cd y CF son, respectivamente, el precio que debe fijarse, la cantidad que espera venderse, el coste directo por unidad de producto y las cargas fijas.

Por ejemplo, si el capital invertido en una hamburguesería ascendiera a 50.000.000 ptas., si las ventas esperadas fueran de 200.000 unidades al año, y los costes directos e indirectos alcanzaran la cuantía de 50 ptas. y 10.000.000 ptas., respectivamente, el precio por hamburguesa que garantiza una rentabilidad del 10% es,

$$P = (50.000.000 \times 0{,}10 + 10.000.000 + 200.000 \times 5) / 200.000 = 80 \text{ Ptas.}$$

También en este caso, si existe base tangible podrá aplicarse la técnica de los precios para alcanzar una tasa de rentabilidad.

9.2. Cuando los servicios tienen base intangible: las percepciones de los consumidores

Las actitudes de los consumidores ante los precios constituyen una ayuda de gran interés para fijarlos o para moverlos en un sentido u otro. El precio suele ser una variable muy importante para los consumidores. Ciertos estudios sostienen que aproximadamente un 85% de los compradores recuerdan los precios de los artículos o servicios que han adquirido. Sin embargo, otros sostienen lo contrario; que los compradores no recuerdan los precios de los productos que han comprado, o si creen recordarlos, son menores que los pagados.

Más importante es, sin duda, el contenido informativo del precio. La compra supone un riesgo, en mayor o menor grado. En ausencia de otra información los consumidores asocian la calidad al precio. Precios muy altos son interpretados como calidades altas, e inversamente, precios bajos son sinónimos de calidad escasa. También el precio, junto con el nombre de la marca y el del establecimiento son indicadores de calidad del producto o servicio. En general puede proponerse que,

- Cuanta más confianza tenga una persona en el significado del precio como indicador de calidad más probablemente elegirá productos, bienes o servicios, con mayor precio.

- Una persona que se considere compradora experta elegirá productos baratos, mientras que los inexpertos tienden a adquirir los más caros.

- Una persona que elige productos con precios elevados cree que es menos hábil para hacer juicios precisos que otra que elige artículos baratos.

- Una persona que elige precios altos percibe una mayor variación en la calidad de los productos similares.

- Los compradores precavidos tienden a comprar a precios altos.
- Una persona que valore el significado de las marcas o de los establecimientos tiende a comprar a precios altos.

A. *Los precios aceptables*

Los consumidores solemos tener una idea de lo que pueden costar los productos, aunque no sepamos exactamente los precios del mercado. Somos capaces de opinar si un precio es caro o barato para muchos productos. Por ejemplo, si se dijera que un pasaje Madrid-Nueva York costara 20.000 ptas., bastantes personas lo juzgarían excesivamente barato como para ser cierto. Rechazarían ese precio, debido a que dudarían seriamente del confort de avión, o incluso temerían por su seguridad. Por el contrario, un precio de 200.000 sería percibido muy caro. Se asociaría a un vuelo de lujo, con toda clase de atenciones. En ambos casos un consumidor medio rechazaría esos precios. El precio barato se asociaría a mala calidad y el alto se consideraría muy caro. Los precios son **inaceptables**.

Todos los consumidores encontramos para cualquier bien o servicio precios subjetivamente inaceptables por ser demasiado baratos o demasiado caros, y no compramos por ello. Lógicamente, tienen que existir precios intermedios que sean aceptables o razonables; por ejemplo, un precio de 65.000 ó 70.000 ptas. para un billete de avión Madrid-Nueva York.

Existe una técnica denominada **umbrales absolutos de precios** que se basa en estas ideas. Supongamos que un asesor fiscal se establece en una ciudad y desea conocer qué precio debe poner a sus consultas. Sabe que los precios oscilan entre las 3.000 ptas. en alguna ciudad y las 9.000 ptas. en la ciudad más cara. Este asesor no es capaz de calcular el coste directo de una consulta, porque proporciona un servicio puro, intangible. Sólo puede conocer el sueldo de su personal administrativo y del alquiler que debe pagar por su oficina y hacer estimaciones de otros gastos, luz, teléfono, limpieza, etc.

El asesor podría encargar una investigación muy sencilla a una empresa de estudios de mercado. Podría emplearse la encuesta telefónica para hacer dos preguntas muy sencillas: ¿Por debajo de qué precio de consulta desconfiaría Ud. de un asesor fiscal, por considerarlo malo? y ¿Por encima de qué precio no consultaría Ud. con un asesor fiscal por considerarlo caro?

La empresa de estudios de mercado podría localizar una muestra aleatoria de 400 personas. Para obtener esta información sería posible, y conveniente, la encuesta telefónica, pues las preguntas son simples, cortas y admiten respuestas concretas.

Los resultados de este hipotético estudio aparecen a continuación (Tabla 6.2).

Precio	No aceptable bajo P(B)	No aceptable alto P(A)	Probabilidad de comprar P(C)= 1-P(B)-P(A)
1	2	3	4
3.000	1,00	0,00	0,00
4.000	0,80	0,00	0,20
5.000	0,40	0,00	0,60
6.000	0,20	0,10	**0,70**
7.000	0,10	0,35	0,55
8.000	0,05	0,65	0,30
9.000	0,00	1,00	0

Tabla 6.4

La columna 1 recoge los precios objeto de consulta. En la columna 2 aparecen las frecuencias acumuladas en tanto por uno de personas que manifiestan que por debajo de ese precio no consultarían con el asesor, porque el servicio no puede ser bueno. Así, para un precio de 4.000 ptas. el 80% de las personas encuestadas no adquirirían el servicio porque lo consideran malo. Para un precio de 6.000 ptas. ese porcentaje disminuye al 20%.

En la columna 3 figuran las frecuencias acumuladas en tanto por uno de personas que consideran que para el precio dado no consultarían porque el asesor les parece caro. El porcentaje de personas que opina que a 6.000 ptas. no contrataría el servicio por ser caro es del 10%, cifra que asciende al 65% si se cobraran 8.000 ptas. por la consulta.

Restando de la unidad la probabilidad de no consultar, porque el precio se considere inaceptable por ser asociado por bajo, a mal servicio P(B), más la probabilidad de que el precio resulte inaceptable por alto P(A) se obtiene la probabilidad de comprar. Es decir:

$$P(C) = 1 - P(B) - P(A)$$

Con los datos de este ejemplo se aprecia que para un precio de 6.000 por consulta, la probabilidad de *comprar* es máxima, 0,70. Este sería el precio que debería fijar el asesor.

La utilización de esta técnica resulta idónea para fijar precios a servicios puros, sin base tangible. El asesor podría calcular sus cargas de estructura, integradas por el sueldo de un administrativo, contribución, alquiler del local, material fungible, IAE, factura de teléfono, etc., que podrían alcanzar 6.000.000 de ptas. De acuerdo con estos datos debería realizar 1.000 consultas para cubrir todos sus gastos fijos. Considerando que trabaje 266 días al año, este asesor debería conseguir 3,76 consultas diarias. Si deseara unos ingresos brutos, antes de impuestos, de 10.000.000, debería facturar 16.000.000 de ptas. que equivalen a 2.666 consultas, o un objetivo de 10 consultas diarias por término medio.

B. Los precios basados en la competencia

La estructura del mercado condiciona la libertad del la empresa para fijar los precios. En caso de oligopolio en el que exista equilibrio entre el poder de las empresas, es frecuente seguir una política de precios acordados, consistente en **pactar unos límites de precios**, superior e inferior que no deben ser traspasados. Estos precios son frecuentes en mercados como los de automóviles o electrodomésticos.

Otras veces se imitan los precios de la empresa líder del mercado. Se habla entonces de **precios de liderazgo**. Las demás fijan un precio muy parecido a la que domina el sector, según sus posibilidades. En ocasiones las de menor dimensión, por razones de economías de escala, encuentran serias dificultades para soportar el precio de la empresa líder y se ven forzadas a fijarlo más alto, con lo cual dejan de ser competitivas, o deben retirarse del mercado, salvo que su política sobre el producto (porque sea capaz de diferenciarlo, adaptarlo a un segmento, etc.) consiga que ese mayor precio sea aceptado.

En mercado oligopsónicos, de pocos pero grandes clientes, éstos tienen un gran poder de influencia sobre la empresa. No es de extrañar que los precios de los servicios se vean afectados por este poder de negociación, con lo cual, no puede hablarse con propiedad de fijación de precios, sino de precios acordados o negociados.

C. Precio de una línea de productos

Generalmente las empresas que ofrecen bienes no son monoproductoras; suelen ofrecer varias líneas de productos. Incluso en el caso de que la línea sea única la amplitud de gama suele ser considerable. Pensemos en un fabricante de productos electrónicos como Sanyo. Ofrece líneas de audio, vídeo, hornos de microondas, etc. Sony, además de estos productos fabrica discos y cintas de vídeo y audio. Dentro de cada línea la amplitud de gama es considerable, pues existe una gran variedad de modelos.

Los precios de una línea de productos tienen en cuenta las relaciones de complementariedad y sustitutividad existentes en ella. En la fijación del precio a la línea alguno de los precios puede verse favorecido en perjuicio de otros. Es el caso del precio imagen que se aplica a versiones ligeramente mejoradas de productos básicos para que sean adquiridas bajo otra marca por aquellos consumidores que desean calidad sin tener que dedicar tiempo a la búsqueda.

Los **precios con prima** se aplican cuando el producto puede ser diferenciado para adaptarlo a las características de los consumidores. Por ejemplo, un mismo automóvil puede ofrecerse en su versión básica cuyo coste es de 1.500.000 ptas. o con un motor más potente, con un sobreprecio de 600.000 ptas., porque existen consumidores con dispuestos a pagarlo. Con esta prima se puede reducir el precio del modelo básico por ejemplo a 1.375.000 ptas. y hacerlo así atractivo a un segmento con menor poder adquisitivo. Actuando de esta forma la empresa se adapta mejor a los deseos de los segmentos e incrementa sus ventas en cada uno de ellos.

Los **precios complementarios** tratan de compensar las pérdidas en las ventas de un producto con los beneficios que otro proporciona. Debe tratarse de productos complementarios. Por ejemplo, los vendedores de ordenadores denominan a este producto en su argot "chatarra", y su precio es frecuentemente bajo. Sin embargo, un ordenador sin programa es algo inútil. El precio que se fija al *software* compensa las pérdidas obtenidas con las ventas de equipos.

Los **precios reclamo** son generalmente bajos y acarrean pérdidas, pero atraen clientes que adquieren otros productos cuyos márgenes compensan los resultados negativos de los productos señuelo.

Las empresas de servicios también pueden ofrecer líneas de productos. En un hotel existen habitaciones normales, simples, dobles, múltiples, con salón y *suites*. El restaurante ofrece platos a la carta y menú del día. En algunos establecimientos hoteleros existe una planta *business*, pensada en hombres y mujeres de negocios, que añade al producto básico otro aumentado con salas de reuniones, servicio de *fax* y ordenadores. En los aviones existen una clase turista y otra preferente.

Los consumidores perciben bien los **precios relativos**, que consisten en que las diferencias existentes entre los valores de intercambio entre los productos son proporcionales, no aritméticas. Por ejemplo, la secuencia 100, 110, 120 y 130 guarda una relación aritmética. Cada precio es el anterior incrementado en diez unidades. Por el contrario, la serie de precios 100, 120, 144, 173 es proporcional: cada precio es un veinte por ciento superior al anterior.

Cuando se trata de poner un precio a los componentes de una línea de productos se puede comenzar fijando los precios máximo y mínimo para ello. Sea un hotel que ofrezca cuatro clases de habitaciones. La más simple posee lo indispensable: cama y baño completo. En el siguiente escalón se pueden encontrar las habitaciones que ofrecen, además, TV y minibar. Por encima de ellas se encuentran las que añaden aire acondicionado. Las habitaciones mejores son más espaciosas y añaden un pequeño salón, así como una decoración más cuidada y agradable.

Los consumidores podrían fijar un precio –aplicando la técnica de los umbrales– a los extremos de la línea. Por ejemplo, podrían considerar que el precio más conveniente para la habitación más barata es 10.000 y el de la más cara 40.000. Al hotel se le plantea cómo poner precios a las habitaciones intermedias. Deberá hacerlo teniendo en cuenta que los consumidores distinguen los precios cuando entre ellos existen relaciones de proporcionalidad.

Dicha relación se puede expresar así:

$$P_j = P_{min} K^{j-1}$$

donde,

K = constante, K >1; j es el orden que ocupa el producto en la línea

P_{min} es el precio de partida o mínimo

P_j es el precio que se trata de estimar, según su posición en la línea

Una vez conocidos los precios máximo y mínimo y la amplitud de la línea para estimar los valores intermedios sólo hace falta conocer el valor de K. En este ejemplo la amplitud de línea es 4 habitaciones.

$$\log k = [1/(n-1)] (\log P_{máx} - \log P_{min})$$

$$\log k = [1 / (4-1)] (\log 40.000 - \log 10.000)$$

$$\log k = 1/3 (4{,}60206 - 4)$$

$$k = 1{,}5874011$$

Según estos cálculos los precios de las habitaciones serán; 10.000 ptas. el precio de partida, y los siguientes 10.000 k, 10.000 k^2 y 10.000 k^3, es decir, redondeando decimales:

Precio bajo:10.000 ptas.
Precio medio / bajo: 10.000 x 1,5874011 = 15.875 ptas.
Precio medio / alto: 15874 x 1,5874011 = 25.200 ptas.
Precio alto: 25.200 x 1,15874011 = 40.000 ptas.

Esta técnica se podría aplicar para estimar los precios de las diferentes localidades de un espectáculo como ópera, fútbol, toros o conciertos. Una lavandería o túnel de lavado de coches que ofrezca una gama amplia también podrían emplearla. Por ejemplo, la lavandería podría ofrecer cuatro clases de lavado de la ropa; un lavado básico, otro con reductores de la dureza del agua para dejar la ropa más suave, otro que incluyera planchado, y un último lavado que incluyera entrega de la ropa a domicilio.

Un túnel lavacoches puede ofrecer varias clases de limpieza; exterior con secado; exterior con secado y encerado; exterior con secado, encerado y aspirado de interiores; una última opción incluiría, además, limpieza de la tapicería. Aplicando esta técnica podría fijar los precios de los servicios intermedios.

10. ESTRATEGIAS, TÁCTICAS Y TÉCNICAS DE FIJACIÓN DE PRECIOS. TODO A LA VEZ

La política de precios de una empresa de servicios, fijos para todos sus clientes o variables, como se ha descrito en el apartado anterior, dependerá de si las prestaciones se basan en **bienes tangibles** (aviones, ordenadores, cajeros automáticos) o no (sicólogos, asesores mercantiles). También dependerá del **grado de personalización** o adaptación del servicio a las características de los consumidores mínimas en algunos casos, como aparcamientos públicos y lavado de coches, y máximas en otros, como asesoramiento fiscal o ayuda sicológica. De acuerdo con Guiltnan (1989) se puede proponer lo siguiente.

- Cuando se prestan servicios que necesiten **activos materiales**, como sucede con compañías aéreas o restaurantes de comida rápida, se pueden conseguir economías de escala, o reducción de costes a medida que aumenta la actividad. Las empresas pueden obtener sus curvas de experiencia. Los precios pueden estimarse a partir de los consumos de esos activos. Es posible aplicar las técnicas del coste directo o de los precios para alcanzar tasas de rentabilidad.

- Cuando los servicios no tienen ninguna **base tangible** los precios deben fijarse a partir de los valores aceptables para el mercado. Es más difícil obtener economías de escala y poder estimar la curva de experiencia.

- Cuanto mayor sea el grado de **personalización** o de adaptación de los servicios a las necesidades de los consumidores menos proclives serán los consumidores a cambiar de proveedor de servicio por causa del precio. Esto es, si los consumidores se encontraran satisfechos con sus proveedores manifestarán una fidelidad muy resistente a la tentación de pagar unos precios más bajos.

- Cuando una empresa ofrezca servicios muy intangibles empleando para ello alguna base tangible, como sucede con empresas que analicen datos o diseñen programas de ordenador a medida, les posible fijar precios basados en los costes y podrán seguirse tácticas de discriminación de precios basados en los volúmenes de compra de los clientes.

- De acuerdo con la Teoría Económica, cuanto mayor sea el **número de alternativas** que encuentre un consumidor para satisfacer sus necesidades, mayor será la elasticidad de la demanda ante el precio La elasticidad de la demanda es mayor en servicios que tengan primordialmente características de búsqueda. Ello se debe a que el número de alternativas que se buscan y encuentran es generalmente elevado. Los servicios que destaquen por sus características de experiencia tendrán una demanda rígida. Los viajes en avión tienen muchas características de búsqueda; se pueden conocer los precios, horarios, etc. Cuando se trata de estos servicios los precios –frecuentemente basados en los costes– son un arma competitiva potente porque la demanda es elástica. Por el contrario, los servicios asesoría jurídica, las consultas médicas, la auditoría contable, la docencia, de un asesor fiscal tendrán una demanda rígida ante el precio, porque se trata de servicios en las que priman las características de experiencia. Los precios que se fijen para estos servicios pueden altos, o de prestigio.

- La fijación de **descuentos por cantidad** comprada –por ejemplo, comprar 10 bonos de lavado del coche con un 20% de descuento, o 15 lavados con un 25% de descuento– sólo será posible aplicarlos si los costes de explotación son predecibles, porque el servicio se encuentre estandarizado. Esto sugiere que los descuentos por cantidad se aplicarán a servicios con un bajo nivel de personalización, como sucede con el lavado de coches, el transporte aéreo, el alquiler de coches, la mensajería o la limpieza en seco.

- Los descuentos que no tengan carácter **acumulativo**, como la reducción de precio de la entrada a grupos de turistas que visitan o museo, o el menor precio que paga un grupo de pasajeros en tren o autobús, se aplicarán cuando se adquiera un servicio en gran cantidad sin expectativas de continuidad.

- Los precios de **liderazgo**, más bajos que los de la competencia, son adecuados para atraer clientes nuevos, siempre que el servicio no sea personalizado.

En resumen, las empresas de servicios fijarán precios altos cuando sus productos tengan características de experiencia, no exijan necesariamente activos materiales –máquinas, utensilios– y los servicios se presten personalizados. La técnica de fijación de precios recomendada es la de los valores aceptables. La táctica de los descuentos por cantidad no es, en principio, recomendable.

Por el contrario, en las empresas que ofrezcan servicios poco personalizados, con características de búsqueda y que necesiten activos materiales, los precios son armas competitivas. Podrán aplicar técnicas de fijación de precios basadas en los costes y estimarán curvas de experiencia. El coste directo o los precios para alcanzar tasas de rentabilidad son técnicas adecuadas. La táctica de descuentos por cantidad es recomendable.

11. RESUMEN

Este capítulo ha comenzado haciendo referencia a la mayor complejidad de los servicios también a la hora de fijar sus precios, que se ha ilustrado con una gran diversidad de denominaciones; tarifas, minutas, peajes, honorarios, etc., son algunas de las formas de denominar el precio de los servicios.

A continuación se ha pasado revista a los momentos en los que las empresas deben tomar decisiones de precios, que son cuando las ventas disminuyen, cuando los precios son altos respecto a la competencia, cuando se actúa en mercados distintos, si las elasticidades de la demanda difieren entre grupos de consumidores, cuando los movimientos de consumidores actúan y cuando existen dificultades para colocar los servicios.

Las características específicas de los servicios condicionan sus precios; la intangibilidad, su heterogeneidad u homogeneidad, según casos, las regulaciones en el sector y la inseparabilidad.

También se han tratado los objetivos que persiguen con los precios en las empresas productoras de servicios; conseguir cuota de mercado, subsistir, crear una imagen determinada, eliminar competidores, encontrar segmentos de mercado, crear barreras de entrada en el sector, alcanzar una determinada tasa de rentabilidad, etc.

Posteriormente se han analizado estrategias de precios para los servicios, tras considerar el posicionamiento deseado y la fase de ciclo de vida en que se encuentren. Se fijan precios altos cuando la elasticidad de la demanda ante el precio sea rígida, cuando el mercado se pueda segmentar y sea posible crear barreras de entrada. Cuando falte alguno de estos tres requisitos los precios se fijarán bajos.

Junto a las estrategias genéricas de precios de penetración o de desnatado se han tratado estrategias de precios para profesionales. A continuación se han expuesto tácticas de precios; los precios diferenciales o discriminados, junto a las condiciones necesarias para que ello sea posible; precios conjuntos, ilustrados con un ejemplo de transferencias de excedentes del consumidor; precios con descuentos; precios reclamo; precios de garantía; precios de prestigio e inicialmente bajos.

A continuación se han expuesto técnicas para la fijación de precios y justificado su aplicabilidad; el análisis marginalista y las técnicas basadas en los costes, como el coste directo y los precios meta. Cuando los servicios son intangibles deberán aplicarse técnicas como la de los umbrales y los precios conjuntos. También se han hecho algunas consideraciones sobre la curva de experiencia y su aplicabilidad a los servicios.

El capítulo ha finalizado con algunas recomendaciones sobre oportunidad de la combinación de estrategias, tácticas y técnicas de fijación de precios.

CAPÍTULO VII

DISTRIBUCIÓN Y COMUNICACIÓN DE LOS SERVICIOS

1. INTRODUCCIÓN

Una vez que las empresas desarrollan sus servicios y les asignan un precio, los distribuyen en el mercado y comunican su existencia. En este capítulo se tratarán la distribución de los servicios: funciones que desempeñan los intermediarios, tipos de intermediarios, diseño de los canales, localización de los distribuidores e influencia del entorno físico donde se presta el servicio.

A continuación se tratarán las características de los servicios que influyen sobre su comunicación, las distintas clases de comunicación, los principios generales de comunicación que deben regir en cualquier empresa, incluidas las de servicios, y el diseño de un programa de comunicación.

A continuación se expondrán las estrategias de publicidad para las empresas de servicios y se hará referencia a la *publicity* y relaciones públicas, que difieren sustancialmente de estas actividades cuando se trata de empresas productoras de bienes.

Posteriormente se tratará la venta personal en la que se analizarán características específicas del proceso de compra de servicios que afectan a la venta, algunas características de comunicación apropiadas para la venta personal, los tipos de comunicación existentes y un modelo de venta personal.

El capítulo finaliza con la promoción, en la que se estudian las características de los servicios y su incidencia sobre su promoción, los instrumentos existentes, el proceso que debe seguirse, la adecuación de los instrumentos de la promoción según los objetivos perseguidos y el perfil de los servicios más fácilmente promocionables.

2. DISTRIBUCIÓN DE LOS SERVICIOS

2.1. Funciones de los intermediarios de los servicios

La función más inmediatamente asociada a los intermediarios es la de acercamiento de los productos, tanto bienes como servicios, a los consumidores. Cuando pensamos en bienes la necesidad de intermediarios se antoja más obvia que cuando se trata de servicios. No acudimos a granjas para proveernos de alimentos, ni nos desplazamos a las fábricas para comprar los muebles o los electrodomésticos.

En realidad, **muchos servicios necesitan intermediarios**. Por ejemplo, las auditorías tienen delegaciones en muchas ciudades; las líneas aéreas necesitan de las agencias de viajes para vender más cómodamente sus pasajes; las empresas de alquiler de coches abren sucursales, emplean empresas franquiciadas o se sirven de agencias de viajes para alquilar sus coches. También necesitan de intermediarios, a través de sucursales, franquicias o agentes, según los casos, empresas de limpieza en seco, restaurantes, bancos, hoteles, servicios de salud, compañías de seguros, servicios legales, etc.

Los intermediarios sean de bienes o servicios, desempeñan las siguientes funciones básicas.

- **Disminuyen los costes** de entrega de los servicios a los consumidores. Debido a su especialización son más eficientes y consiguen costes más bajos

- **Homogeneizan las transacciones.** Los intermediarios entregan los productos siempre de la misma forma.

- **Consiguen acomodar los deseos** de los consumidores con los objetivos de los productores.

- **Constituyen una fuente de información** importante para que los productores investiguen el mercado.

- Proporcionan servicios adicionales y soporte técnico.

Los intermediarios de **bienes o de servicios con base tangible** –restaurantes, por ejemplo– realizan una serie de funciones adicionales entre las que destacan las siguientes.

- **Aproximación** de los productos a los consumidores. Gracias a los intermediarios los compradores no necesitan tener que desplazarse a grandes distancias para adquirir los productos. El intermediario los acerca a los consumidores, se convierte en transportista.

- **Almacenamiento**. Debido a las compras de productos que realizan los intermediarios, las empresas o los productores no necesitan realizar inversiones en instalaciones para albergar toda su producción acumulada.

- **Financiación**. Las compras que realizan los intermediarios permiten que las empresas y los productores recuperen más rápidamente las inversiones que realizan en los ciclos de explotación. Esto supone que se reduce el período de maduración de la empresa y las consiguientes necesidades de fondo de rotación, de recursos inmovilizados a medio y largo plazo.

- **Promoción**. Los distribuidores frecuentemente realizan campañas orientadas a incrementar las ventas, mediante estrategias de precios, comunicación, etc.

- **Servicios**. Los distribuidores frecuentemente instalan los productos; por ejemplo, los electrodomésticos, o asesoran a los consumidores sobre su uso. También facilitan recambios, como en el caso de los automóviles, o reparan los productos que se averían. Los suministradores de electricidad aconsejan qué potencia debe instalarse en las viviendas y cómo puede reducirse el consumo; los agentes de seguros aconsejan sobre las coberturas más convenientes en cada tipo de seguros.

Los intermediarios de servicios desarrollan algunas **funciones particulares** o específicas de ellos.

- Se convierten en **productores de los servicios**. Cualquier proveedor de un servicio es productor del mismo, desde algo tan complicado como una operación en el cerebro hasta algo tan simple como la instalación de una lámpara, pasando por la apertura de una cuenta corriente.

- Las empresas de servicios permiten el **acceso a otros servicios o bienes**; por ejemplo las agencias de viajes consiguen alojamientos, transporte aéreo, diversiones, comidas o alquileres de coches. Algunos servicios exigen la participación de terceros, como Visa que requiere que colaboren las tiendas. Otros se contratan a terceros, como los igualatorios médicos, que acuden a médicos y ATSs, o los servicios de asistencia en carretera, que contratan talleres o grúas locales.

2.2. Diseño de los canales

Las empresas de servicios deben seguir la misma metodología que las empresas productoras de bienes para diseñar los canales de distribución. Esa metodología se resume en los pasos siguientes (Bateson, 1989).

A. Fases

- En primer lugar, debe **fijarse un objetivo** para la distribución. Las empresas pueden desear incrementar las **ventas** de sus servicios. Esto explica que las consultoras de empresas se introduzcan mercados nuevos, o que los hoteles construyan edificios en distintas ciudades. Otro objetivo puede ser favorecer la **disponibilidad** del servicio. Los bancos consiguen que sus clientes puedan disponer de dinero a través de los cajeros automáticos, y las compañías aéreas emplean distribuidores de billetes en las terminales de sus aeropuertos. Las empresas de servicios también pueden perseguir **atender a un segmento** de mercado determinado.

- Deben delimitarse las tareas o **funciones de los miembros** del canal. Cuando se trata de bienes esas tareas pueden ser gestión de existencias, información a los clientes, procesamientos de pedidos, transporte, reparaciones, etc. En los servicios las funciones de los miembros serán esencialmente la producción del servicio.

- A continuación es preciso **valorar alternativas para la distribución**. Deben elegirse los niveles y establecer la relación de intensidad. La distribución puede ser intensiva, selectiva o exclusiva. La primera trata de llegara a la totalidad del mercado, empleando todo tipo de intermediario. Por ejemplo, la venta de billetes de avión sigue una estrategia de distribución intensiva, porque se pueden conseguir en todas las agencias de viajes, delegaciones de las compañías, mostradores de aeropuertos, e incluso en máquinas expendedoras. La distribución selectiva emplea sólo algunos establecimientos. Por ejemplo, algunos hoteles sólo se pueden reservar en agencias de viajes de cierto prestigio. Finalmente, servicios de máximo prestigio, como hoteles de lujo, sólo se pueden reservar en alguna agencia que los tienen en exclusiva. Algunas cadenas de restaurantes de comida rápida como McDonald´s, VIPS, y pizzerías venden sus productos a través de establecimientos exclusivos de la marca, generalmente franquiciados.

- Debe seleccionarse el sistema de **retribución, motivación** y **evaluación** de los intermediarios. Caben distintas opciones. Algunas son económicas, como comisiones. Por ejemplo, las agencias de viajes reciben unos porcentajes de 10 – 15% sobre los precios de los paquetes de vacaciones. Los intermediarios en el mercado de valores cobran una comisión. Otros tipos de motivación puede ser la formación, ofrecer servicios en exclusiva, o servicios de calidad, ayudas en el mix de marketing, como ocurre con las franquicias.

B. Algunas variables a considerar para diseñar los canales

Las variables que afectan al diseño del canal son las siguientes.

- **Mercado.** Los mercados donde actúe la empresa pueden ser amplios o reducidos. Cuando sean amplios mayor será la necesidad de intermediarios, como les ocurre a las compañías aéreas, que necesitan de agencias de viajes para vender los billetes de avión. Cuando el mercado sea muy reducido harán falta menos intermediarios. Por ejemplo, la retinosis pigmentaria es una enfermedad muy poco frecuente. Consecuentemente, harán falta muy pocos especialistas en tratarla. Por otra parte, cuando los mercados se encuentran concentrados es posible contar con menos intermediarios para llegar a los consumidores. Una sucursal bancaria de una ciudad puede tener muchos clientes, varios miles. Si la población estuviera dispersa en pequeños núcleos dispersos harían falta muchas más sucursales, en cada uno de ellos.

- Las características de los **consumidores** influyen en el diseño del canal. En primer lugar, debe conocerse cómo compran los consumidores. Cuando se adquieren productos con mucha frecuencia hará falta emplear una distribución intensiva, como ocurre con los servicios bancarios. Si la frecuencia de compra es escasa la distribución puede ser selectiva o exclusiva, como sucede con los servicios legales o la cirugía plástica. Dónde compran los consumidores también condiciona el diseño del canal. Las nuevas tecnologías permiten acceder a muchos proveedores de servicios a través de teléfono, como ocurre con los bancos, o mediante redes de informáticas. Para algunos servicios financieros, como la compraventa de valores no es necesario contar con locales para atender a los consumidores; basta con recoger sus órdenes, y para ello basta la electrónica. Sin embargo, para ingresar dinero hacen falta sucursales o cajeros automáticos.

- **Producto**. Su propia naturaleza condiciona el tipo de canal. No es lo mismo que un producto sea o no perecedero. Resulta evidente que, por ejemplo, el pescado fresco no puede ser distribuido por correo, y que las hamburguesas cocinadas han de ser adquiridas justo en el momento de ser consumidas. Existen productos que aparejan servicios adicionales, como por ejemplo un traje que quizá necesite de un pequeño arreglo o unas gafas cuya montura deba ser adaptada al cliente. El servicio al cliente también puede entenderse como el deseo de facilitar la disponibilidad del producto y la rapidez del suministro. Algunos productos pueden necesitar de otros complementarios. Parece razonable pensar que los discos de música o las cintas de casete se vendan también en las tiendas que comercializan aparatos de música. No debe olvidarse tampoco que determinados productos aparejan un servicio postventa como la instalación de los electrodomésticos; otros necesitan de instrucción, que la proporciona el detallista, generalmente, para aprender a utilizarlos, como sucede con algunos aparatos electrónicos, fotográficos, etc. Cuando los productos son nuevos, la difusión se favorece mediante la educación sobre su uso. En estos casos conviene acudir a canales especializados, hasta que el producto se generaliza y se aprende a usar. Las empresas de servicios deben tratar de estandarizar sus productos para que los consumidores no perciban diferencias entre los distintos proveedores. Esto sucede cuando existen elementos tangibles en los servicios, como ocurre con hamburgueserías, tintorerías, hoteles, compañías aéreas o sucursales de entidades financieras. Para ello se pueden emplear tecnologías o diseños de ambientes, como decoración, arquitectura, mobiliario, o ambas estrategias a la vez.

- **Características de la empresa.** El diseño de los canales también depende del tamaño de las organizaciones, de su capacidad financiera y de los conocimientos que se tengan de gestión. En general, las grandes empresas tienen más facilidades para elegir entre más opciones de canales, porque tienen más poder de coerción y de recompensa. Una compañía aérea como Iberia puede conseguir más fácilmente que una agencia de viajes venda sus pasajes frente a otras empresas de transporte aéreo de dimensión mucho más reducida. Una cadena de hamburgueserías como McDonald´s puede conseguir distribuidores franquiciados con mayor facilidad que otra cadena más pequeña y menos conocida. Los hoteles Meliá encuentran más facilidades para franquiciarse en el extranjero que otras cadenas españolas de menor dimensión, y menos conocidas.

- **Características de los intermediarios;** básicamente son dos: disponibilidad y coste. En ocasiones es posible disponer de abundantes intermediarios como ocurre con las compañías aéreas, que encuentran muchas agencias de viajes deseosas de vender billetes de avión. Las aseguradoras disponen de muchos agentes de seguros. Los restaurantes de comida rápida encuentran muchos profesionales de la hostelería dispuestos a ser franquiciados de sus servicios. Por el contrario, las compañías aéreas no cuentan con apenas con distribuidores a quienes franquiciar sus aviones y personal de vuelo. Por otra parte, el coste de la distribución mediante intermediarios puede ser alto, y las empresas podría desear ofrecer el servicio directamente. Si el coste de prestarlo fuera bajo serían más proclives a proporcionarlo ellas mismas.

Para determinar la estructura de los canales, además de los factores reseñados, hay que fijarse en los costes de las funciones desarrolladas por cada elemento del canal. Cuando el servicio no se presta y consume al mismo tiempo los costes de esas prestaciones suelen ser iguales y se pueden emplear intermediarios. Por ejemplo, los servicios de grúas que auxilian a los coches averiados en viaje. El coste del remolque es el mismo, en principio, tanto si el servicio lo prestan grúas propiedad del proveedor del servicio como si lo hace otra empresa subcontratada. Para algunos servicios el uso de intermediarios depende de la facilidad para hacerlos tangibles siempre que la producción y el consumo no sean simultáneos: esta tangibilización se plasma en una tarjeta de crédito, una entrada, un contrato (seguro) o una receta médica.

La elección del canal se basará en aquella opción que resulte más interesante a las empresas. Los criterios pueden ser diversos, como rentabilidad, volumen de negocio, o satisfacción de los consumidores. También se puede optar por un compromiso entre estos criterios.

C. Alternativas de distribución para los servicios

Las partes implicadas en la distribución de un servicio son los proveedores, los intermediarios y los consumidores. Las alternativas posibles para distribuirlos son tres.

- Venta **directa**, sin intermediarios. Es el canal más corto que pueda existir. Es frecuente encontrarla en servicios profesionales prestados por médicos, abogados, arquitectos, asesores, sicólogos, peluqueros, zapateros, etc. Esta forma de distribuir los servicios tiene ventajas, porque no surgen problemas de organización de la empresa, de motivación de las personas ni de control. Además el proveedor consigue un gran control sobre cómo se presta el servicio, pulsa la realidad del mercado y consigue información y respuestas directas de los consumidores. Sin embargo, se presentan problemas de localización y el mercado a atender no puede ser muy amplio, como les sucede a los dentistas o a los asesores fiscales, por ejemplo.

- Venta a través de **agentes**. Los agentes pueden ser designados por una de las partes, que puede ser la vendedora, como sucede con las agencias de viajes. El agente puede haber sido designado por la parte compradora o vendedora, como ocurre con los tasadores o agentes de propiedad inmobiliaria. Finalmente puede suceder que tengan que intervenir agentes designados por ambas partes, compradora y por la vendedora, como sucede con la compraventa de valores que coticen en Bolsa, o cuando sea necesario hacer valoraciones o tasaciones de bienes patrimoniales.

- **Franquicias**. Esta forma de distribución resulta muy adecuada para estandarizar el servicio y llegar a muchos lugares. En España existen más de 2.500 empresas franquiciadas, de bienes y servicios. La franquicia es frecuente en cadenas hoteleras como los hoteles Meliá, Holiday Inn y Hospitality Inn; los restaurantes de comida rápida como McDonald´s, VIPS, Pizza Hut, Domino´s y empresas de alquiler de coches como Avis y Hertz.

  Algunas de las características de la franquicia, desde el punto de vista del franquiciador, son las siguientes.

  1. El empleo de franquicias proporciona muchos beneficios. El primero es que el franqiciador no arriesga dinero. No invierte en ele negocio, pero se lleva una comisión, aproximadamente del 10%, lo que **incrementa la rentabilidad** de sus recursos propios.

  2. La franquicia permite conseguir **homogeneidad en la prestación** del servicio. Los McDonald´s que existen tienen todos un mismo sello y los productos que en ellos se adquieren son iguales en cualquiera de ellos.

  3. Las empresas de servicios que acuden a la franquicia consiguen un **elevado conocimiento de los mercados** locales.

  4. Puede ser **difícil mantener el interés** del franquiciado en seguir actuando como tal, debido a los gastos e inversiones que éste afronta. Generalmente los contratos de franquicia se hacen por un tiempo, transcurrido el cual se pueden renovar.

  5. Si la calidad del servicio fuera deficiente, **la imagen del franquiciador** se ve perjudicada.

  6. Las relaciones con los clientes las consigue el franquiciado, no el franquiciador. Los **consumidores se vuelven fieles al franquiciado**.

- **Alquiler de bienes**. En la actualidad *algunos servicios sustituyen a los bienes*. Se consumen sin ser su propietario. En lugar de adquirir un coche, maquinaria pesada, esquíes, tiendas de campaña, aparatos de televisión u ordenadores un consumidor puede alquilarlos. El prestamista obtiene ventajas como una mayor rentabilidad que la conseguida con la venta y puede entrar en mercados donde el poder adquisitivo sea bajo e impida la compra de los bienes. Los prestatarios no tienen que realizar grandes desembolsos o los gastos del alquiler son deducibles fiscalmente.

En principio, cuando un servicio tienen componentes tangibles se pueden emplear intermediarios. Cuando el servicio es producido y consumido al mismo tiempo, el uso de intermediarios depende de la facilidad de estandarización y reproducción. En caso favorable, como ocurre con hoteles, aparcamientos y restaurantes de comida rápida, se pueden emplear franquicias. Cuando los servicios se ofrecen muy personalizados, como sucede con los tratamientos médicos o el asesoramiento legal, generalmente se acude a su venta directa.

Sucede también que cuando puede haber un acceso directo al proveedor del servicio no hace faltan intermediarios. Si puede emplearse teléfono, folletos, redes, etc., el intermediario sólo localiza el acceso de ese medio. Por ejemplo, deja que se use el aeropuerto para colocar anuncios de hoteles o de alquiler de coches. Un hotel proporciona directorios de espectáculos y restaurantes, gimnasios, etc., pero no los distribuye.

- **Canales electrónicos**. Se pueden emplear cuando no es necesario un contacto humano. Por ejemplo, para hacer transacciones bancarias o reservar billetes de avión o estancias en un hotel, o hacer consultas en Internet. Los canales electrónicos tienen sus ventajas y sus inconvenientes. Dentro de **las ventajas** se pueden citar las siguientes.

  1. **Control de la calidad**, porque el servicio se encuentra exento de errores humanos.

  2. **Coste reducido**, porque el tiempo necesario para obtener el servicio suele ser reducido y esto ahorra costes de personal.

  3. **Comodidad** para el usuario, porque no tiene que esperar, ni hacer colas, ni ajustarse a un horario.

  4. **Facilidad de distribución**, porque las máquinas se pueden instalar en muchos lugares, como ocurre con los cajeros automáticos, por ejemplo.

Algunos de **los inconvenientes** son:

1. Dificultades de **control** de los aparatos electrónicos, que se pueden averiar.
2. Incapacidad de prestar el servicio de forma **personalizada**.
3. **Rechazo** por parte de los clientes, que pueden preferir el contacto humano
4. **Dudas sobre la seguridad** del sistema, especialmente si se trata de información confidencial o de operaciones financieras.
5. **Incapacidad** de algunas personas para operar con dispositivos electrónicos.

2.3. Localización de los distribuidores

En el fondo, el mayor reto de la distribución de los servicios es la localización de sus proveedores. Las empresas de servicios deben decidir dónde localizar sus puntos de venta. Pueden encontrarse frente a tres posibles situaciones (Payne, 1993).

- **El consumidor acude al proveedor**. Cuando los clientes tienen que desplazarse hasta el proveedor la localización del punto de venta es importante. Esto ocurre, por ejemplo, con bancos, restaurantes, aparcamientos públicos, gimnasios, hoteles, peluquerías o clínicas. En estos casos la decisión de localización es crucial. Se pueden emplear diversos criterios, como población, su densidad o su potencial de crecimiento, poder adquisitivo y estilo de vida de las personas, competencia existente, coste del terreno, legislación en materia de suelo, facilidad de obtención de licencias, etc. En la actualidad existen modelos de ordenador que ayudan a tomar decisiones de localización.
- **El proveedor del servicio acude al consumidor.** En este caso la localización del proveedor es poco importante. Esto sucede con fontaneros, reparadores de ascensores, electricistas, etc. Lo crucial no es dónde se encuentren, sino que acudan rápidamente y que hagan bien su trabajo.
- **El proveedor y el cliente se encuentran en contacto.** Para algunos servicios la localización del proveedor no sólo no es importante, sino que es irrelevante. A nadie le preocupa dónde se encuentra la central que le suministra la electricidad o la comunicación telefónica. Se puede ser cliente de una aseguradora y realizar las gestiones necesarias por teléfono.

La decisión de localización debe hacerse tras encontrar respuesta a las siguientes preguntas (Cowell, 1988).

- En qué medida una localización poco acertada puede suponer que no se consuma el servicio, es decir, en qué medida son importantes los **factores de conveniencia**. La decisión de localizar un gimnasio o un aparcamiento tiene mayores consecuencias que la de ubicar una pizzería, porque ésta puede servir sus productos por encargo telefónico. Una empresa de mensajería recoge y entrega los paquetes a domicilio. No importa demasiado dónde se halle situada. En algunos casos una localización desafortunada puede tener consecuencias graves. Otras veces es menos importante, o irrelevante.

- Cuáles son las **tendencias observadas** en el sector. Las tecnologías afectan a la localización de los puntos donde se prestan los servicios. Para muchos clientes, no es muy importante dónde se localicen las sucursales de las entidades financieras. Sólo ocasionalmente acuden a las oficinas a efectuar alguna reclamación. La información de sus operaciones les llega por correo y encuentran una amplia red de cajeros que les permite retirar dinero, consultar saldos, hacer ingresos, etc. Algunos clientes preferirán acudir a las oficinas y realizar las operaciones como hace treinta o cuarenta años. En el terreno de la educación se observa que se pueden proporcionar conocimientos a distancia a través de redes informáticas, sin tener que acudir a centros de enseñanza. Cada vez más tintorerías prestan un servicio de recogida y entrega de prendas a domicilio; su localización es progresivamente menos importante.

- Grado de **importancia del factor humano** en la prestación del servicio. Esta característica guarda relación con el empleo de tecnologías y condiciona el grado de flexibilidad del servicio. Algunas operaciones bancarias se pueden ordenar por teléfono, con presencia personal o mediante cajeros. Una intervención quirúrgica, sólo se puede recibir en un centro sanitario determinado, y sólo la pueden realizar las personas. No se puede distribuir este servicio mediante máquinas de ningún tipo. Es un servicio poco flexible, que necesita del elemento humano.

- Necesidad de **servicios complementarios o convenientes**. Cuando se acude a recibir un servicio es posible que se demanden otros complementarios, que deberán localizarse en un lugar próximo. Cerca de los hoteles se localizan restaurantes y salas de fiestas. En las proximidades de los hospitales se encuentran cafeterías, floristerías, pastelerías y tiendas de regalos. En todos los aeropuertos existen paradas de taxis y en sus proximidades se construyen hoteles.

2.4. Entorno físico donde se distribuye el servicio

El entorno proporciona una imagen del proveedor del servicio. Constituye una fuente de información para los consumidores, sugiere ideas de competencia, roles que desempeñan los empleados, eficacia, etc.

Las empresas de servicios pueden influir mucho sobre los consumidores mediante el diseño de sus plantas de producción o lugares donde prestan los servicios; el diseño, la decoración y el mobiliario de los bancos, hoteles, consultas de los médicos, etc., transmiten mucha información a los clientes. En el capítulo 4 se han tratado diversas estrategias de tangibilización de los servicios. En este apartado se tratarán algunos aspectos adicionales.

Los clientes que acuden a un lugar pueden percibir dos clases de realidades físicas: las **periféricas** y las **esenciales**. Las primeras no forman parte del servicio en sí; por ejemplo, una entrada de cine, un billete de avión no significan nada, salvo que sirven como justificante para exigir que se preste el servicio. Las realidades esenciales, el entorno físico donde se presta el servicio, no pueden ser poseídas por los clientes pero transmiten mucha información; por ejemplo, la habitación de un hotel, los aviones, el coche o el apartamento que se alquilan.

Los componentes del entorno donde se producen los servicios son de tres clases.

- **Ambientales**, como calefacción, aire acondicionado, nivel de ruido, olor y grado de limpieza.
- **Diseño del lugar**, que afecta a los estímulos previos antes de entrar en el local. Estos estímulos pueden ser estéticos como arquitectura de los edificios, iluminación, materiales, entradas, logos, furgonetas, camiones, etc. Los atributos funcionales son el diseño de planta, los colores, el mobiliario, la iluminación o la anchura de los pasillos.
- **Sociales,** es decir, las personas que rodean la prestación del servicio. Aquí se incluyen otros clientes y el personal en contacto con el público; en ambos casos interesa prestar atención a su número, aspecto y conducta que demuestran.

3. LA COMUNICACIÓN EN LA EMPRESA DE SERVICIOS

3.1. Características de los servicios que afectan a su comunicación

Los consumidores de servicios se encuentran con más dificultades para identificarlos y seleccionarlos que los compradores de bienes. Estas dificultades se refieren a la comprensión de los servicios en sí, al conocimiento de la oferta y a la evaluación del producto. Estos factores condicionan el diseño de las estrategias de comunicación (Legg y Baker, 1987).

- En primer lugar, surgen **dificultades de comprensión** de los servicios, porque muchos de ellos son intangibles: no son palpables e incluso es difícil imaginarlos. Un comprador de seguros adquiere protección para sí mismo, su familia o sus cosas. Un ahorrador *compra* seguridad económica o potencial de gasto futuro. Estas ideas son intangibles. Incluso el nivel de abstracción puede ser aún mayor; por ejemplo, cuando se habla de sofrología o siquiatría.

- El **conjunto evocado** u oferta de servicios que conocen los consumidores, y la lista de proveedores potenciales, son más difíciles de obtener. No existe tanta publicidad sobre proveedores de servicios, o los consumidores no saber encontrarla. A ello contribuye que muchos profesionales tengan prohibidas prácticas de marketing frecuentes en las empresas productoras de bienes, como libertad de fijación de precios y actividades de comunicación y promoción. Sucede, además, que los consumidores tenemos mucha más experiencia como compradores de bienes que como adquirentes de servicios.

Las empresas de servicios pueden acudir a publicidad en los mismos términos que las organizaciones que producen bienes. Cuando existan dificultades para acometer inversiones en comunicación cuantiosas se pueden emplear directorios, como las **páginas amarillas** de la guía de teléfonos. Esta resulta una alternativa muy interesante para empresas muy pequeñas, o para profesionales pertenecientes a sectores que regulan su actividad, como ocurre con médicos, abogados o arquitectos. La experiencia en otros países ha puesto de manifiesto que el uso de las páginas amarillas resulta muy eficaz: los consumidores asocian rápidamente los servicios con nombres que encuentran en ellas.

- A los consumidores les es más difícil **evaluar las características de la oferta**. Los bienes tienen características de búsqueda. Los servicios las tienen de experiencia o credo. Un consumidor inexperto en el consumo de un determinado bien puede reunir información antes de la compra. Cuando se trata de servicios esa recogida de información para hacer comparaciones y poder tomar decisiones es un proceso más difícil. El lector puede volver a recordar estas ideas en el capítulo 4.

Las empresas de servicios encuentran con gran dificultad para comunicar características de experiencia o de credo. Pero se puede conseguir.

Cuando se lanzaron los coches al mercado, los consumidores no eran capaces de comprender conceptos como aceleración, o capacidad de frenada, porque no tenían experiencia como conductores.

Con el tiempo hemos aprendido que la capacidad de aceleración depende factores como la cilindrada, régimen de par máximo, potencia, número de válvulas, turbocompresor y grado de cruce del árbol de levas. Nos basta con leer un folleto de características técnicas de un motor para saber si el propulsor tiene buena capacidad de aceleración. Si nos hablan de discos ventilados, fibra de carbono, plaquetas de *kevlar*, pinzas flotantes dobles con dobles pistones sabremos que el coche que lleve instalado este equipo *se clavará* en las frenadas. También sabremos que será muy caro.

Los consumidores hemos aprendido a conocer los coches. Hemos adquirido experiencia, que junto a la información dada por las empresas no permite hacer valoraciones antes de comprar. Con los servicios podría conseguirse algo parecido. Las empresas podrían proporcionar información que no perciben los clientes para educarles y conseguir que *adquieran experiencia.*

Por ejemplo, los hospitales podrían informar sobre los programas de formación de su personal sanitario, sobre la calidad de sus aparatos, sobre los niveles de exigencia de sus médicos. Un banco o empresa de consultoría podría dar a conocer al mercado los programas de formación a los que somete a sus empleados. En general, las empresas de servicios deberían informar al mercado de sus normas de funcionamiento. De esta manera los consumidores aprenderían a valorar a los proveedores de servicios, de la misma forma que pueden evaluar la capacidad de aceleración de los motores, aun sin haberlos probado. La comunicación acertada en las empresas de servicios debería permitir convertir las características de experiencia en características de búsqueda.

- Sucede también que para los consumidores la **percepción de calidad** de los servicios es menos consistente que la de los bienes, porque existen menos soportes tangibles. A un consumidor le cuesta más valorar la calidad de una puesta a punto de su coche que la calidad de sonido de un equipo de música.

- Los consumidores perciben más **riesgo**. Esta idea ya ha sido expuesta en el capítulo 4. La intangibilidad de los servicios, su inconsistencia, la dificultad para valorar alternativas, el hecho de comprarlos mucho antes de consumirlos –como los seguros– y la posible escasa experiencia como adquirentes de servicios explica que el riesgo de los servicios sea más elevado que el de los bienes.

3.2. Clases de comunicación

Las empresas de servicios deben comunicarse con el mercado y con sus propios trabajadores, es decir, existe comunicación externa e interna. También se pueden emplear medios o personas. El cuadro 7.1. muestra diferentes formas de comunicarse con el mercado, tanto las empresas de bienes como de servicios.

	Comunicación a través de medios	Comunicación interpersonal
Comunicación interna	PLV Señalización Guías de utilización	Personal en contacto Personal comercial Clientes
Comunicación externa	Enseñas Publicidad, *Publicity* Marketing directo Folletos	Fuerza de ventas *Promociones* Relaciones públicas Clientes

Fuente: Eiglier y Langeard (1993; 115)

Tabla 7.1

La comunicación **interna a través de medios** significa que las empresas de servicios transmiten al mercado sus mensajes a través de soportes físicos, como carteles, expositores o folletos, en los lugares donde se producen los servicios, como pueden ser las sucursales de los bancos, de empresas aseguradoras o en hoteles. Esta comunicación persigue informar a los clientes de los servicios que se ofrecen en cada caso, como productos financieros, modalidades de seguros, servicio de habitaciones, lavandería, etc.

La señalización la integran todas indicaciones permanentes que ayudan a los consumidores a desenvolverse dentro del lugar donde se produce el servicio; por ejemplo, los rótulos que los clientes de un hotel encuentran y que les comunican dónde se encuentra el restaurante, el gimnasio o el salón de TV; en un banco comunican dónde se encuentran las cajas, los servicios de moneda extranjera, de gestión de valores, domiciliaciones, información, etc. La guía de utilización consiste en un resumen de todos los servicios que ofrece la empresa. Es frecuente encontrarla en los hoteles, en bancos o en empresas aseguradoras.

La comunicación **interna a través de personas** se realiza con el personal en contacto con los clientes, con los empleados que atienden a los consumidores y les prestan los servicios; por ejemplo, los camareros de un restaurante, los empleados de un banco o los agentes de seguros. Su actuación guarda una relación muy estrecha con los principios de marketing interno y de organización de empresas de servicios, ya expuestos en el capítulo 2, y con aspectos relativos a clima y cultura empresarial, tratados en el capítulo 3. El personal comercial interno es un personal de acogida, y su papel en la producción del servicio es muy reducido; por ejemplo, los recepcionistas de un hotel o los *botones*, así como los empleados que proporcionan información en las entidades financieras.

La **comunicación externa** se consigue a través de medios como la publicidad, los rótulos, y folletos. Los rótulos sirven para que una empresa se identifique y diferencie del resto. Colores, anagramas y logotipos constituyen elementos de diferenciación. Los folletos sirven para que las empresas expliquen los servicios que prestan. También constituyen un elemento de comunicación muy importante.

Finamente, la **comunicación externa entre personas** es la que se consigue, principalmente, a través de la propia fuerza de ventas y de los comentarios y recomendaciones de los clientes.

En próximos apartados se profundizará en publicidad, *publicity*, venta personal y promoción de los servicios, pero antes es necesario analizar los principios de comunicación y los objetivos perseguidos con ella.

3.3. Principios de comunicación

Según Eiglier y Langeard (1993) una estrategia de comunicación en una empresa debe respetar unos principios generales. Son los siguientes.

- **Existencia**. La estrategia debe ser escrita, difundida y aceptada por todas las personas que vayan a verse afectadas por ella.
- **Continuidad**. Significa que esa estrategia no debe cambiarse, sino que está diseñada para durar. Si una entidad financiera deseara transmitir imagen de calidad de servicio no debería cambiar a otra de rentabilidad, y posteriormente a otra completamente diferente, como atención a los segmentos más jóvenes. El principio de continuidad guarda una relación muy estrecha con la idea de posicionamiento, estrategia que tampoco debe estar continuamente alterándose.
- **Diferenciación**. La comunicación debe hacerse de forma que la empresa y sus productos consiga diferenciarse de los competidores. Es decir, debe ser un elemento que ayude a conseguir el posicionamiento.

- **Claridad**. La transmisión de ideas debe hacerse de forma clara, sin equívocos, y sencilla, para que todo el mundo pueda comprenderla.

- **Realismo**. Debe existir una correspondencia entre los objetivos que desean alcanzar las empresas y los medios con los que cuentan. Esta idea no debe ser olvidada, pues afecta a la planificación de medios y soportes publicitarios.

- **Declinación**. Consiste en que la estrategia de comunicación debe ser adaptable a los distintos tipos de comunicación que puedan desarrollarse, publicidad, *publicity*, promoción o venta personal y ser compatible con ellos.

- **Aceptabilidad interna**. Los mensajes de las empresas deben ser aceptados por los propios empleados de la organización en sus distintos niveles, puesto que ellos mismo en muchos casos actúan como fuentes de comunicación. Los servicios se producen y se consumen al mismo tiempo. La fuerza de ventas y, en general, el personal en contacto con los clientes debe informar, atender, sugerir, escuchar y proponer soluciones para atender a los consumidores. Los empleados deben estar informados de los objetivos de comunicación de la empresa, compartirlos y sentirse motivados para colaborar a ello. Por ejemplo, un banco podría desear comunicar calidad de servicio a los clientes. Esa calidad la proporcionan las personas que atienden al público, ofreciendo los servicios financieros de la entidad, o proporcionando información en la misma; también proporcionan calidad los empleados que no están en contacto con los clientes, como los informáticos, los contables y los responsables del correo. Nuevamente, la idea de marketing interno tratada en el capítulo 2 hace acto de presencia.

3.4. Diseño del programa de comunicación

Un programa de comunicación requiere segmentar el mercado, fijar los objetivos que se persiguen con ella, desarrollar los mensajes y determinar el mix de comunicación, o combinaciones de medios, de acuerdo con su eficacia demostrada para alcanzar los objetivos que se persiguen. A continuación se profundiza en estas ideas.

A. Segmentación del mercado

Para aplicar las distintas formas de comunicación las empresas de servicios deben comenzar por **segmentar** el mercado y lanzar los mensajes a los segmentos objetivo. Por ejemplo, el Banco de Bilbao orientó sus mensajes a las mujeres cuando creó el Banco de la Mujer hace más de 25 años; en Banco Hispano creó un servicio para jóvenes, el Banco Hispano 20; Caja Laboral Popular se dirige a los mayores con su Super Libreta 55. En general, los servicios se orientan a un segmento de mercado identificado, y los mensajes deben orientarse a él, y no lanzarse de forma indiscriminada.

B. *Fijación de objetivos de la comunicación*

En líneas generales, los objetivos de la comunicación en las empresas de servicios son los siguientes

- Conseguir o reforzar el posicionamiento del servicio en el mercado.
- Informar al mercado de la existencia de los servicios y de sus atributos más relevantes, obviamente desde la perspectiva de empresa orientada al consumidor.
- Despertar el interés por ellos y persuadir para que se consuman.
- Recordar que ciertos servicios existen.
- Conseguir ventas o estabilizarlas.
- Fidelizar a los consumidores.

Todas las formas de comunicación no son igualmente eficaces para conseguir los objetivos expuestos. Veamos los puntos fuertes y débiles de algunas de ellas.

La **publicidad** se ha mostrado eficaz para crear interés por los productos, imagen de empresa y para fidelizar a los consumidores. Sus objetivos básicos son estos, que también comparte con la *publicity* o las relaciones públicas. Sin embargo, la publicidad no se ha mostrado muy eficaz para comunicar al mercado la existencia de servicios básicos, para los que existe mucha competencia, como seguros obligatorios o cuentas corrientes. Incluso, para conseguir ventas la publicidad no parece muy eficaz; la promoción, a través de sus distintos instrumentos, es mucho más efectiva.

La **fuerza de ventas** a través de la relación personal tiene como objetivos responder preguntas, dar información estandarizada, dar instrucciones, explicar información compleja, escuchar, expresar sentimientos, explicar información compleja, persuadir a clientes y a la empresa, interactuar creativamente con los clientes para resolver problemas y establecer relaciones intensas y duraderas. El marketing directo pretende informar de la existencia de servicios o en venderlos.

Las relaciones públicas persiguen crear una imagen positiva de la empresa, que favorezca futuras actuaciones en el mercado.

Las empresas de servicios pueden perseguir diversos objetivos con sus actividades de **promoción**, que se pueden clasificar en dos grupos: objetivos dirigidos a los consumidores y a los intermediarios.

Los objetivos dirigidos a los clientes pueden ser diversos. Las empresas pueden promocionar servicios antiguos, para potenciar la frecuencia y cantidad comprada del servicio. Algunas tintorerías ofrecen la limpieza gratis de una segunda prenda. Hamburgueserías como Mc Donald's o Burger King ofrecen precios especiales para sus menús y algunas cadenas de pizzerías regalan las bebidas cuando se compran *pizzas*. Las compañías aéreas ofrecen descuentos a los acompañantes.

Otras veces se pretende **estimular el consumo** de un servicio nuevo, por ejemplo las comunicaciones con tarjetas GSM: las empresas de telefonía móvil con frecuencia ofrecen precios de conexión gratis y descuentos en las cuotas periódicas durante algún tiempo. Las empresas aseguradoras suelen fijar unas primas más reducidas durante el primer año para los contratantes de nuevas modalidades de seguros.

Las empresas de servicios pueden realizar promociones con los no usuarios, porque nunca hayan probado el servicio o sean clientes de la competencia. Para atraerlos se pueden ofrecer servicios sin coste, como cajas de seguridad en los bancos, o exención de cuota de conexión en telefonía móvil. También se pueden hacer regalos como ocurre con las entidades financieras que suelen ofrecer calculadoras solares, bolígrafos, y otros artículos a las personas que abren cuentas corrientes o adquieren algún otro producto financiero como IPFs.

Otro de los objetivos perseguido con los clientes actuales puede ser persuadirles para que sigan siendo usuarios, es decir, que mantengan su **fidelidad**, como hacen algunas entidades financieras con sus sorteos de regalos entre los titulares de tarjetas de crédito o débito. Las compañías aéreas regalan viajes y estancias en hoteles por acumulación de puntos conseguidos proporcionales a los viajes que se hagan. Otras veces hacen ofertas sólo a los clientes actuales, como American Express, que ofrece productos para comprar por catálogo sólo a los titulares de sus tarjetas.

Además, se puede tratar de conseguir **intensificar el consumo**. Este tipo de promoción lo utilizan algunas compañías financieras como American Express que regala puntos canjeables por viajes en avión o estancias en hoteles. Iberia actúa en los mismos términos. BBV regala participaciones en sorteos en proporción directa al uso que se haga de su tarjeta de crédito. A veces lo que se pretende es conseguir que los clientes lo sean a lo largo del tiempo. Por ejemplo, los túneles lavacoches ofrecen precios más bajos cuando se compran *tickets* para varios de lavados.

La promoción también puede servir para **alisar las fluctuaciones estacionales** de la demanda. Los hoteles y apartamentos en zonas turísticas se ofrecen a precios más bajos para atraer turistas fuera de temporada. Las entradas del *día del espectador*, más baratas, persiguen trasladar la demanda a días en los cuales ésta es menor que durante los fines de semana.

Finalmente, la promoción sirve también para **intensificar los efectos de las campañas de comunicación** sobre nuevos servicios que se hayan creado, estimulando su prueba; permite recoger información del mercado sobre el uso y consumo de servicios y animar a nuevas formas de usarlos como uso de cajeros automáticos, o del teléfono para realizar operaciones bancarias.

La **promoción dirigida a los intermediarios** persigue esencialmente que se intensifique la distribución de los servicios. Una empresa de alquiler de coches podría compensar económicamente a las agencias de viajes para que estimularan más el servicio de coche sin conductor. Un tour operador podría ofrecer mayores comisiones para que una agencia de viajes estimulara la demanda de destinos poco atractivos desde el punto de vista de vista de los consumidores.

C. Diseño del mensaje

Las empresas deben decidir los siguientes aspectos.

- El **contenido** del mensaje o qué decir, de acuerdo con los objetivos de la comunicación.
- Su **estructura**, o cómo decirlo
- Su **estilo** para conseguir impactar al segmento objetivo, aspecto del que se encargan los creativos.
- Los **medios** que se emplearán. Podrán ser cualquiera de las fuentes de comunicación que se están tratando en este capítulo. También se pueden combinar, para conseguir efectos complementarios, por ejemplo, de publicidad junto con promoción con el apoyo de la fuerza de ventas.

4. PUBLICIDAD

4.1. Estrategias publicitarias para las empresas de servicios

La publicidad puede servir para despertar en los consumidores el interés por los servicios, para que los consumidores comprendan los servicios, y para hacerlos tangibles. Para ello se puede acudir a varias estrategias.

- La primera consiste en **proporcionar elementos tangibles** para que se comprenda el servicio. Por ejemplo, el BBV anuncia un producto financiero como su Libretón con un cerdito. En nuestra cultura latina las huchas tienen la forma de este animal. Todos hemos visto alguna cuando éramos pequeños. El cerdito hace tangible el ahorro. La aseguradora holandesa National Netherlanders hace tangible, en sus anuncios en España, la protección que representan los seguros mediante un árbol muy frondoso, bajo el cual se pueden cobijar las personas. Los árboles en la cultura celta, extendida por Europa, son símbolos de protección y de buena suerte, pues los dioses vivían en los bosques. Por eso *tocamos madera.*

- Otra estrategia consiste en emplear un **lenguaje adecuado**. Por ejemplo, la *expresión gestión de su cartera* en un mensaje del servicio de gestión mobiliaria de una entidad financiera puede resultar contraproducente. Sería mejor decir *cuidamos de sus ahorros, o nos preocupamos de que su dinero valga más.* En general, el lenguaje científico tiende a ser demasiado concreto y abstracto, y poco comprensible para los no iniciados.

- Las empresas pueden acudir a la **dramatización o escenificación**, es decir, a la creación de historias. Nationale Nedelanders presenta su árbol y generaciones de personas de distintas épocas caminando bajo él. La idea de protección de la aseguradora se hace palpable. La idea de mayor rentabilidad de las libretas del banco Credit Lyonnais se dramatiza mediante la historia de una mujer madura que recuerda su infancia en el barrio donde nació, y libreta que abrió en una caja de ahorros, hecho que lamenta. La historia acaba con la escena de la mujer rompiendo esa libreta. Seguros Santa Lucía muestra unos osos polares jugando con sus crías. Este animal se asocia a fuerza, inteligencia, resistencia, protección, despierta sentimientos de ternura, además de ser capaz de sobrevivir en un ambiente tan hostil como el Artico. La imagen de los osos, especialmente su fuerza, poder de protección e indiferencia por sentirse seguros en un medio hostil se transmite a la aseguradora.

- La dramatización debe hacerse tras estudiar adecuadamente los símbolos e historias que se relatan. El anuncio de Credit Lyonnais podría resultar contraproducente si la mujer se percibiera ignorante. Los consumidores podrían pensar que si se equivocó al abrir la libreta en la Caja, también cabe la posibilidad de que se equivoque de nuevo con el Banco. Evidentemente, la necesidad de usar estas estrategias depende la novedad de los servicios. Obviamente, los servicios antiguos, ya conocidos son más fáciles de comunicar. Cuanto más abstracto y nuevo mayor será la necesidad de emplearlas conjuntamente.

- Conviene, además, que los **mensajes** sean **claros**, sin ambigüedades. Deben prometer realidades. La compra de servicios es más arriesgada que la de bienes, los consumidores los conocen con menos profundidad, el número de alternativas es menor y el riesgo percibido es mayor. Debe recordarse que la publicidad es una fuente de información importante cuando el riesgo percibido no es alto. Es tanto más importante e influyente cuanto más baratos sean los servicios. Si son caros se tiende a buscar información en más fuentes.

- Además, es necesario enfatizar los **beneficios buscados**. Las empresas deben seguir una orientación a los consumidores, adoptar sus puntos de vista, ofrecer y comunicar, los beneficios que les interesen.

5. PUBLICITY Y RELACIONES PÚBLICAS

En líneas generales, la *publicity* de los servicios no se diferencia de la de los bienes y consiste esencialmente en conseguir espacios gratuítos en medios impresos, que relaten acontecimientos e historias que resulten creíbles, presentadas como noticias, más que como publicidad.

En realidad, la *publicity* coincide prácticamente con las relaciones públicas, pues se basa en las relaciones con la prensa o con grupos de influencia. Puede resultar interesante para empresas que no pueden afrontar presupuestos elevados en otras formas de comunicación.

Las estrategias que se emplean en las relaciones públicas son inserciones en prensa, folletos, opiniones de empleados, y acontecimientos, como congresos, seminarios, conferencias, exposiciones, etc.

6. VENTA PERSONAL Y MARKETING DIRECTO

En el capítulo 4, apartado 4.6, se expusieron algunas características que diferencian a los compradores de bienes y de servicios. Conviene añadir algunas más.

- **La compra de servicios es menos lúdica**, por lo general, que la de bienes. Es más complejo reunir información, cuesta más tiempo y esfuerzo, no se dispone de características de búsqueda, sino de experiencia y credo, y se recogen menos alternativas. Pensemos en la diferencia de atractivo que existe entre comprarse unos zapatos o una cadena de música y contratar un seguro, llevar la ropa a la tintorería o consultar con un asesor fiscal.

- La **imagen de empresa** es más importante cuando se trata de servicios. Los productos se adquieren por sus características tangibles. La imagen de la empresa puede reforzar esas características. Cuando se trata de servicios no existen características de búsqueda. Para el consumidor resulta muy importante la imagen de la empresa o del entorno donde se produce en servicio.

- Los compradores de servicios hacen menos **comparaciones con los precios** que los adquirentes de bienes. Ello es debido a que es más costoso recoger información sobre ellos, debido a que generalmente los precios no se publican y su conocimiento requiere un proceso personal de búsqueda.

- Los consumidores de los servicios son **menos influenciables por la publicidad** que los consumidores de bienes, sencillamente porque esta forma de comunicación no proporciona tantos elementos tangibles y características de búsqueda como la publicidad de los bienes. Sin embargo, las características de experiencia y credo son muy importantes cuando se trata de servicios, y los consumidores se dejan **influenciar más por las personas**, sean fuerza de ventas u otros consumidores con sus consejos, experiencias o recomendaciones, que por la publicidad.

- Finalmente, dado que la implicación de los consumidores en el proceso de prestación es elevada, el papel que desempeñan los vendedores es, sin duda, más importante que cuando se trata de los bienes. La satisfacción del consumidor influenciada por la fuerza de ventas o atribuida a ella es elevada.

6.1. Tipos de comunicación en la venta personal

La fuerza de ventas se comunica con los consumidores de forma verbal y no verbal. La comunicación de la fuerza de ventas de los servicios las siguientes características (Booms, 1981).

- Es **compleja**. Los vendedores diseñan, junto con los clientes, los servicios, especialmente cuando se trata de servicios profesionales, muchas veces complicados. Las conversaciones no sólo exponen, sino que construyen.

- **Transaccional,** puesto que el fin de la comunicación es un intercambio: dinero a cambio de un servicio.

- **Continua**. Tratándose de muchos servicios los intercambios se prolongan el tiempo. Los clientes de las entidades financieras permanecen como tales durante muchos años, y con frecuencia compran nuevos productos financieros, seguros, etc. Algo parecido sucede con los servicios profesionales, como los médicos, de los que se suele ser paciente durante largo tiempo. También se es cliente habitual de tintorerías, talleres de reparación de automóviles o de restaurantes.

- **Situacional**. Esto significa que la comunicación entre la fuerza de ventas y los consumidores se acomoda las necesidades de cada uno de ellos en el momento de producirse la transacción.

Sin embargo, todos los integrantes de la fuerza de ventas no tienen el mismo poder como comunicadores. Pueden distinguirse tres **funciones de comunicación** desarrolladas por el personal en contacto con el público (Booms, 1981).

- **Tipo 1.** Las funciones que desempeñan son responder a preguntas, proporcionar información estandarizada, contribuir a establecer una relación entre la empresa y el cliente, y dar instrucciones. Esta comunicación es la que establecen los camareros y empleados de un restaurante de comida rápida, porteros, recepcionistas, instaladores y empleados de teléfonos, secretarias de abogados, azafatas, vendedores de entradas, etc.

- **Tipo 2**. Sus funciones son más complejas. Básicamente deben escuchar efectivamente, responder preguntas más complicadas, persuadir, explicar información compleja y establecer relaciones moderadas. Es el tipo de comunicación que mantiene con sus clientes, maitre de un restaurante, el director de un hotel, los empleados de ventanilla de los bancos, las enfermeras o los empleados de una agencia de viajes.

- **Tipo 3**. La fuerza de ventas debe tratar de desarrollar una relación personas con los clientes. Además de todo lo expuesto para los tipos 1 y 2, deben expresar sentimientos, explicar información compleja, persuadir a clientes y a la empresa, interactuar creativamente con los clientes para resolver problemas, establecer relaciones intensas y duraderas. Esta comunicación es la que Director de hotel, de sucursal, abogado, auditor, médico, agente de comercio

6.2. Un modelo de venta personal

La actuación de los empleados en contacto con los clientes se puede sintetizar en las siguientes fases.

- Debe comenzarse con la recogida de información, con pedir **qué necesitan** los consumidores. También se les debe asesorar siguiendo los principios de empresa orientada al consumidor. Por ejemplo, un agente de seguros debe pedir al cliente que le comunique qué necesidades tiene de seguridad; personas o cosas.
- A continuación debe **facilitarse una imagen de calidad** de los servicios, de las prestaciones que se ofrecen. Con criterios de experto, se comunicarán las opciones posibles y se recomendará al cliente el seguro más conveniente dadas sus necesidades, sin perder nunca de vista que lo importante es tener en cuenta los beneficios que busca.
- Si fuera posible podría **hacerse tangible el servicio**. Un cirujano plástico podría enseñar fotos de los resultados de sus intervenciones quirúrgicas para que los clientes aprecien cómo modificarán su anatomía. Algunos proveedores de servicios no pueden hacerlos tangibles, como los sicólogos o los neurocirujanos.
- Conviene además, servirse de las **declaraciones de clientes** satisfechos, o de *publicity*.
- La fuerza de ventas debe reconocer la **importancia** del contacto personal y del **cliente** en el proceso de diseño del servicio. En definitiva, debe actuar conforme a los principios de marketing de relaciones, ya expuestos en el capítulo

El marketing directo engloba un conjunto de herramientas de comunicación como el correo directo, los pedidos o encargos por correo, la respuesta directa, la venta directa, el telemarketing y el marketing apoyado en la utilización de medios electrónicos.

Dadas las características de los servicios sólo aquellos que resulten conocidos y en los que los consumidores tengan experiencia cabe esperar una respuesta positiva por parte del mercado. Generalmente se trata de servicios financieros, como tarjetas de crédito, fórmulas de ahorro o seguros de naturaleza diversa.

7. LA PROMOCIÓN DE LOS SERVICIOS

La promoción debe concebirse como el conjunto de técnicas cuyos objetivos son conseguir incrementar las ventas. Forma parte de las actividades de comunicación de las empresas con el mercado. Generalmente, la promoción de los servicios se materializa en sorteos, concursos, regalos, acciones en el punto de venta y, frecuentemente, en precios más ventajosos para los consumidores.

7.1. Características de los servicios que afectan a su promoción

La promoción de bienes y servicios persiguen esencialmente lo mismo, estimular las ventas. Pero las características de los servicios le confieren algunas particularidades.

En primer lugar, **los servicios no tienen base tangible**, ni se pueden almacenar. Esto significa que su promoción se puede implementar con mayor rapidez que con los bienes, porque no es necesario crear envases nuevos, con nuevas etiquetas. Los servicios no suelen verse, pero los productos sí, y es precisamente su propia base tangible quien obliga a crear elementos de promoción también tangibles.

Esta característica, que facilita la promoción de los servicios, también la dificulta, por otra parte, porque los consumidores no encuentran elementos tangibles que les hagan percibir la promoción. Muchos bienes, como alimentos, se compran con más frecuencia que servicios como viajes en avión, contratación de seguros, y operaciones de cirugía plástica. Esto significa que los consumidores se encuentran más expuestos a los mensajes de promoción de los bienes que a los de los servicios. Además los consumidores ven los productos y *los pueden tocar.*

Los fabricantes de bienes, generalmente, no persiguen alisar las fluctuaciones estacionales de la demanda mediante sus actividades de promoción. Tratan de aumentar las ventas y también de trasladar a otras manos bienes cuya posesión les genera costes financieros. Descargarse de existencias les permite reducir el período de maduración de la empresa. Recuperan antes sus inversiones en activos circulantes, aumentan la rotación y esto beneficia su rentabilidad, siempre que los aumentos de las rotaciones compensen la disminución de los márgenes.

Las empresas de servicios en las que su infraestructura física sea muy costosa, como sucede con cadenas hoteleras y compañías aéreas encuentran en la promoción un arma muy poderosa para hacer frente a las variaciones estacionales de la demanda. Las empresas en las que los costes fijos unitarios sean bajos respecto a los precios, es decir, empresa con márgenes muy elevados –por ejemplo, alimentos consumidos en restaurantes– pueden acudir a estrategias de promoción tanto para alisar las variaciones estacionales de la demanda como estimularla en condiciones normales.

Generalmente, los servicios más intangibles se venden empleando **canales de distribución muy cortos**. Con frecuencia los venden quienes los suministran, como sucede con dentistas, fontaneros, sicólogos y consultores fiscales. Con los bienes la situación puede ser bien distinta; basta pensar en productos agrícolas o en alimentos en general, para los que el canal de distribución es largo.

Cuando el canal es directo no cabe pensar en estrategias de promoción, *push*, orientadas al distribuidor, sino en las que se dirigen a los consumidores, o *pull*. Las empresas de servicios no cuentan, en este supuesto, con el apoyo de los distribuidores en sus actividades de promoción.

En la prestación de servicios el **contacto personal** es, por lo común, elevado. El elemento humano resulta una fuerza promocional de primera magnitud. Los empleados de un banco, los agentes de seguros o los camareros de un restaurante son piezas clave en actividades de promoción. Son integrantes de la empresa y *distribuidores* de los servicios. Todas las medidas que se estimen oportunas para motivar y retener a los trabajadores de las empresas de servicios favorecerán las actividades de promoción. Se deduce que el marketing interno se encuentra muy ligado a las actividades de promoción, e incide en su eficacia. Los empleados forman parte de los programas de promoción.

En los primeros capítulos de este libro se expusieron las características de los servicios y diversas causas que explican su desarrollo. Algunas de ellas contribuyen a comprender por qué los servicios deben promocionarse. La más importante es que **muchos servicios son básicos**, como la limpieza en seco, las cuentas corrientes, el transporte aéreo o el lavado de coches. Las innovaciones que se introducen en ellos son rápidamente imitadas, y los posicionamientos duran poco tiempo.

Por otra parte, **la demanda de algunos servicios es irregular**, como sucede con las estancias en hoteles o con el transporte aéreo. Las empresas pueden emplear promociones para combatir la estacionalidad de las ventas.

Muchas empresas de servicios se encuentran con unos **costes fijos muy elevados**, como les sucede a las cadenas hoteleras y las compañías aéreas. Estas empresas encuentran muchas dificultades para reducir sus costes de explotación a corto plazo. No pueden bajar sus precios de forma permanente, para estimular la demanda, pero sí pueden acudir a promociones periódicas.

En general, las empresas de servicios pueden acudir a promociones de precios, porque son mucho más flexibles que las políticas y les crean menos compromisos con el mercado.

7.2. Instrumentos de promoción para los servicios

Las técnicas de promoción de los servicios no son muy distintas de las empleadas con los bienes. Las más empleadas son las siguientes (Kotler, *et al.* 1995).

- **Pruebas gratuítas**. Se entregan para los usuarios conozcan los productos sin haber tenido que comprarlos. Las empresas que producen bienes pueden entregar muestras de productos o permitir su prueba. Un fabricante de cosméticos regala envases de muestra, y un fabricante de coches permite conducirlo unos kilómetros para conocer cómo es. Sin embargo, las pruebas de los servicios son más difíciles aunque es posible probar algunos de ellos. Por ejemplo, una cadena de TV como Canal + podría ofrecer un período a prueba, pasado el cual el cliente debería decidir continuar o no con el servicio. Los servicios poseen una característica muy particular, y es que no son divisibles. En términos económicos significa que los costes marginales de prestar el servicio de prueba son muy altos. Ningún hotel permite que se prueben sus habitaciones durante una hora, ni existen compañía aéreas que paseen a sus posibles clientes durante diez minutos para que comprueben cómo son sus aviones. En ambos casos, los costes de la prueba son elevados, medidos en términos de coste de oportunidad de no atender a otros huéspedes, servicio de habitaciones, y amortización del avión o consumo de combustible. Tampoco se habla un rato con un asesor fiscal antes de decidir si se demandarán sus servicios. Sólo aquellos servicios con costes marginales de prestación que sean bajos podrían ser objeto de prueba; por ejemplo, cadenas de TV privadas, telefonía móvil, limpieza en seco, etc.

- **Precios diferenciales.** Los precios pueden variar según la cantidad comprada. Los precios, más bajos, pueden fijarse con efecto inmediato (se cobra menos el momento de consumir), con efectos pospuestos (se reintegrará una cantidad en el futuro) y orientados determinados segmentos. Los pasajeros líneas aéreas y de ferrocarriles ofrecen descuentos a los grandes usuarios. Los hoteles cobran unos precios más bajos a los clientes asiduos. Los descuentos también pueden hacerse mediante el ofrecimiento algún servicio extra por el mismo precio. Por ejemplo, con frecuencia las compañías aéreas ofrecen un descuento importante a los acompañantes, y algunos hoteles incluyen median pensión cuando se reserva sólo alojamiento y desayuno. A veces los niños menores de 10 años no pagan su alojamiento en los hoteles Novotel sin comparten la habitación con sus padres. Algunas tintorerías ofrecen gratis la limpieza de un segunda prenda, que tenga las mismas características que la primera.

Los precios diferenciales pueden aplicarse indefinidamente, como sucede con los hoteles Novotel o RENFE con los *días azules*, o por períodos definidos, como los fijan Iberia con sus tarifas para acompañantes.

- **Regalos**. Se ofrecen por la compra de los servicios, o con primeras operaciones; en las entidades financieras es frecuente que se ofrezcan regalos, como relojes, calculadoras, *blocks* de notas, bolsas de deporte, agendas o bolígrafos, a clientes que contratan nuevos servicios. Sucede, además, que estos regalos son más baratos para la entidad que el pago de intereses más altos, pero los consumidores los valoran por su precio de mercado y no perciben este hecho. Muchas emisoras y cadenas de TV ofrecen regalos a personas que realizan llamadas en determinados espacios, para promocionarlos y conseguir incrementar su audiencia. Banesto ofrece regalos canjeables por acumulación de puntos a razón de un punto por cada 25.000 ptas. de saldo mensual medio en su Extralibreta.

- **Premios.** Los premios pueden ser concursos, coleccionables, sorteos o loterías. También son frecuentes en entidades financieras. El BBV sortea coches y premios en metálico entre los titulares de su Libretón y ofrece participaciones en sorteos en función del uso que se haga de su Tarjetón Las emisoras de radios y algunas cadenas ofrecen premios en programas-concurso a personas que llaman de los estudios, tras tener que responder a algunas preguntas.

- **Cupones**. Las empresas se comprometen, cuando los usan, a reducir el precio ante la presentación de los mismos. Las pizzerías utilizan cupones de descuento y algunos restaurantes de comida rápida también. Estos cupones se pueden entregar a través de prensa, buzoneo, envíos directos o con otros servicios, como sucede con los hoteles, que ofrecen vales de descuento en servicios que ofrecen otras empresas del sector, como espectáculos, restaurantes, pubs, etc.

7.3. Proceso de promoción de los servicios

Una vez que las empresas fijan los objetivos que persiguen con la promoción y seleccionan la técnica o instrumento que consideran más conveniente, deben diseñar la estrategia de promoción, y para ello deben tener en cuenta lo siguiente (Quelch, 1989).

- Debe comenzarse por **seleccionar los servicios** que se promocionarán. Para ello es necesario fijarse en los objetivos que se persiguen, ya expuestos anteriormente.

- A continuación se procederá a **segmentar el mercado**, es decir, se determinará qué segmento interesa atraer. Puede ser todo el mercado, si se tratara de un servicio nuevo, los clientes de otras empresas, los grandes usuarios, los clientes fieles o los distribuidores.

- Las empresas deben pensar si procede la aplicación de **estrategias de promoción conjuntas**. Por ejemplo, cuentas corrientes junto a seguros de vida; viajes en avión acompañados de estancias en hoteles; paquetes de vacaciones que incluyan coche de alquiler, etc.

- Deben valorarse monetariamente los **costes** de la promoción. Esta tarea no plantea dificultades especiales. La valoración se hará en términos de coste de oportunidad en caso de que se hagan descuentos, medido por la diferencia entre los precios percibidos y los del mercado, o mediante estimaciones de costes desembolsados para adquirir los regalos que se entregan.

- **Calendario** de la promoción. Un aspecto muy importante es fijar un calendario para desarrollar las promociones. Debe precisarse cuándo, durante cuánto tiempo y con qué frecuencia se harán las promociones. Es difícil establecer norma *a priori*. No conviene, sin embargo, acostumbrar a los consumidores a encontrarse con promociones de forma regular, porque tenderán a adquirir los servicios sólo a precio bajo. Por ejemplo, un canal privado de TV, como Canal +, podría promocionar la conexión durante el mes de septiembre todos los años, regalando un mes de conexión. Los consumidores que se dieran cuenta de esta circunstancia podrían darse de baja a finales del mes de julio, marchar de vacaciones en agosto y volver a contratar el servicio en septiembre, con lo cual se ahorrarían dos meses de cuota.

- Por último, debe medirse la **eficacia** de la promoción. Esto no es posible si no se han determinado unos objetivos de la promoción, ya citados antes; sin ellos no es posible el control de resultados ni se podrán tomar medidas correctoras.

7.4. Adecuación de los instrumentos de promoción: sus puntos fuertes y débiles

A continuación figuran una serie de instrumentos y su conveniencia según los objetivos perseguidos por las empresas de servicios (Díaz de Santos, 1990).

- Si las empresas desean potenciar el conocimiento de los servicios o su prueba se recomiendan los promociones mediante precios y los premios.

- Para consolidar la fidelidad de los consumidores se pueden emplear precios especiales, descuentos, premios, reembolsos y obsequios.

- Para estimular la frecuencia y cantidad comprada se pueden emplear estrategias de precios, reembolsos, y descuentos por cantidades compradas.

- Para desestacionalizar la demanda son recomendables las reducciones de precios y los cupones de descuento fuera de temporada.

- Para elevar el interés por un servicio pueden emplearse premios.

Respecto a los **puntos fuertes y débiles** de los instrumentos de promoción se pueden reseñar las siguientes (Díaz de Santos, 1990)

- Las muestras, cuando puedan emplearse, como una *pizza* gratis, o limpieza de una prenda sin coste alguno, permiten poner en contacto a clientes y proveedores y refuerzan la distribución. Como inconveniente se puede señalar que puede que los clientes no repitan, lo que representaría recursos desperdiciados.

- Las acciones basadas en el precio, como reducciones en los precios de las tarifas aéreas, tienen como ventaja que estimulan el uso de los servicios e incluso el cambio de proveedor. Sin embargo, no consolidan imagen de marca, incluso pueden deteriorarla. Tampoco generan fidelidad en los consumidores.

- Los cupones, por ejemplo, para consumir alimentos gratis en un restaurante, favorecen la distribución de los servicios, la repetición de la compra y tal vez, la fidelidad de los consumidores.

- Los premios estimulan la frecuencia de compra y generan interés por los servicios. Pero no generan fidelidad y exigen fuertes inversiones publicitarias para darlos a conocer.

- Los regalos favorecen la repetición de las compras, pero pueden ser mal empleados por los intermediarios.

7.5. Perfil de los servicios más fácilmente promocionables

No todos los servicios, por poseer las características antes mencionadas, son igualmente promocionables. El perfil del servicio más sujeto a promoción es el siguiente:

- Su adquisición **no** debe aparejar un grado de **riesgo elevado**. La promoción sólo es efectiva cuando se trata de servicios con riesgo escaso. Viajes en avión, estancias en hoteles, taxi y limpieza en seco son servicios con riesgo reducido. Por el contrario, cirugía cardiovascular, tratamientos sicológicos o asesoramiento legal sí aparejan riesgo elevado, en alguna de sus modalidades –físico, sicológico, financiero, etc.–. Ante servicios de riesgo elevado las actividades de promoción podrían resultar contraproducentes y dañar la imagen de calidad de sus proveedores.

- Los servicios deben ser **adquiridos con frecuencia**, deben resultar familiares, como comidas en restaurantes, limpieza en seco o circulación por autopistas. La promoción no es efectiva con asesoramiento fiscal o cirugía estética, por ejemplo, ya que son servicios que se adquieren muy esporádicamente y, en consecuencia, no son sensibles al precio.

- En principio, los servicios en los que tiene más éxito la promoción está **poco sofisticados**, como sucede con reparaciones rutinarias de coches, viajes por autopista, aparcamientos, lavanderías o restaurantes de comida rápida. Por el contrario, la cirugía neurológica, la preparación de motores para competición o el asesoramiento previo a un divorcio son servicios muy sofisticados, para los que no sirven las promociones.

- Deben estar **indiferenciados**. Por ejemplo, los servicios de las tintorerías, aparcamientos subterráneos próximos, cuentas corrientes de entidades financieras y seguros de responsabilidad obligatoria son básicos e indiferenciados. Con ellos las promociones suelen tener éxito. Por el contrario, el asesoramiento fiscal y la cirugía plástica no están indiferenciados y no cabe esperar efectos dignos de consideración con las promociones, incluso podrían resultar contraproducentes.

- Los servicios susceptibles de ser promocionados deben pertenecer a **sectores desregulados**, pues de lo contrario no existe libertad para modificar los precios y las actividades de promoción, y las de marketing en general, están prohibidas.

- Finalmente los servicios con **demanda estacional** son, seguramente, los más sensibles a actividades de promoción, y los que más responden a ellas.

8. RESUMEN

En este capítulo se ha tratado la distribución de los servicios: funciones que desempeñan los intermediarios; aproximación, almacenamiento, financiación, promoción, servicios, producción de servicios y acceso a otros servicios o bienes.

También se han estudiado los factores a tener en cuenta para el diseño de los canales; los objetivos que se persiguen con la distribución, las funciones de los intermediarios, la retribución, motivación y valuación de los intermediarios; características de los consumidores y del mercado a atender, variables del producto, las características de la empresa y de los intermediarios.

A continuación se han expuesto algunas alternativas para distribuir servicios, como son la venta directa, a través de agentes, la franquicia y el alquiler de bienes. También se han tratado los aspectos a tener en cuenta para localizar a los intermediarios, como conveniencia, tendencias en el sector, importancia del factor humano y demanda de servicios complementarios. Finalmente, se ha hecho referencia a factores de entorno físico relacionados con la distribución; ambientales, diseño del lugar y sociales.

A continuación se han estudiado características de los servicios que influyen sobre su comunicación, las distintas clases de comunicación; personal, no personal, con medios y sin ellos; los principios generales de comunicación que deben regir en cualquier empresa, incluídas las de servicios; existencia, continuidad, diferenciación, claridad, realismo, declinación, aceptabilidad interna. El diseño del programa de comunicación se ha descompuesto en las fases de segmentación, fijación de objetivos y selección de los mensajes.

Las estrategias de publicidad para las empresas de servicios son la tangibilización, el lenguaje adecuado, la escenificación, la claridad de exposición y el énfasis en los beneficios buscados.

Se ha expuesto que la *publicity* y relaciones públicas, no difieren sustancialmente de estas actividades cuando se trata de empresas productoras de bienes.

Posteriormente se ha desarrollado un apartado dedicado a la venta personal y marketing directo en la que se han expuesto las características específicas del proceso de compra de servicios que afectan a su venta, algunas características de comunicación apropiadas para la venta personal, los tipos de comunicación existentes, lo que se espera de cada miembro del personal en contacto con los clientes y un modelo de venta personal.

El capítulo finaliza con la promoción, en la que se han considerado las características de los servicios y su incidencia sobre su promoción así como los instrumentos existentes para llevarla a cabo; regalos, precios diferenciales, concursos, sorteos, cupones, etc. A continuación se ha descrito el proceso que debe seguirse en la promoción; selección de servicios, segmentación del mercado, valoración de costes, calendario para la promoción y definición de medidas de eficacia. También se ha valorado la adecuación de los instrumentos de la promoción según los objetivos perseguidos.

Por último se ha expuesto el perfil de los servicios más promocionables; no implican riesgo, su compra es frecuente, están poco sofisticados, son indiferenciados, pertenecen a sectores desregulados y su demanda suele ser estacional.

PARTE III

La Planificación en las Empresas de Servicios

Capítulo VIII. Planificación y control de los servicios.

Capítulo IX. Valor, calidad de los servicios y satisfacción de los consumidores.

CAPÍTULO VIII

PLANIFICACIÓN Y CONTROL DE LOS SERVICIOS

1. INTRODUCCIÓN

En capítulos previos se ha hecho referencia a conceptos de planificación estratégica cuyo objetivo es decidir qué productos se ofrecerán, qué mercados se atenderán y cómo se posicionarán los productos en los mercados seleccionados.

Una vez tomadas estas decisiones, las empresas cuentan con instrumentos de *mix* de marketing para actuar en los mercados; desarrollan los productos, fijan sus precios, los distribuyen y se comunican con los consumidores. Todos estos aspectos ya han sido tratados en capítulos previos, aunque de forma aislada.

En este se tratará la planificación de marketing de los servicios, que si bien no difiere esencialmente de la planificación cuando se trata de bienes, existen algunos rasgos diferenciadores, derivados de las características específicas de los servicios; intangibilidad, heterogeneidad e imposibilidad de almacenamiento. Por este motivo se ha desarrollado, además, un apartado dedicado a la planificación de las empresas de servicios con capacidad limitada, o rígida, para su prestación.

La planificación de actividades requiere el diseño de mecanismos de control razón que motivado que se dedique un apartado al control. Finalmente, se trata la productividad de los servicios, algunas dificultades para su medición y una propuesta de soluciones para aumentarla.

2. PLAN DE MARKETING EN EMPRESAS DE SERVICIOS. SUS COMPONENTES

Las empresas crean bienes y servicios para satisfacer las necesidades de las personas, que se intercambian en el mercado. Desde la perspectiva actual las empresas deben actuar orientadas a los consumidores. Deben crear una oferta que sirva para atender las necesidades existentes, que ellas deben detectar. El marketing es simultáneamente un sistema de pensamiento y un sistema de acción.

Por una parte, ha de detectar necesidades en el mercado, desarrollar conceptos y productos para atenderlas, y permanecer en él de forma duradera. El marketing estratégico se refiere a qué mercados o segmentos se dirigirá la empresa, con qué productos y cómo se posicionará en ellos. El marketing estratégico posee una dimensión cualitativa a medio y largo plazo.

Por otra, las empresas deben formular tácticas de precios, productos, comunicación y distribución que las permitan sobrevivir en los mercados existentes, dentro de un horizonte temporal más corto. Estos son los objetivos del marketing operativo.

A través del marketing las empresas se relacionan con el mercado, pues organiza el flujo de intercambios con él y una comunicación o flujo de informaciones que garantizan la eficiencia de los encuentros entre la oferta y la demanda. El marketing constituye el nexo de unión entre la empresa y el mercado. En consecuencia, la dirección estratégica de la empresa guarda relación con el marketing estratégico y operativo, que se puede explicar así.

El marketing recoge y analiza información. Tras ello hace sus recomendaciones a la dirección de la empresa, que procede a desarrollar un proceso de planificación estratégica, que fija objetivos y asigna los recursos. A continuación se preparan los planes de marketing y entra en acción el marketing operativo. Finalmente se evalúan los resultados y se reinicia el proceso.

Conviene antes de comenzar a desarrollar algunas ideas y conceptos sobre el plan de marketing, aclarar que este instrumento no es conceptualmente idéntico al de planificación de marketing. Esta consiste en la organización de cualquier actividad dentro del ámbito del marketing.

El plan de marketing es un **documento de gestión**, que recoge de forma pormenorizada, ordenada y fácilmente comprensible, el conjunto de acciones de marketing que se pretenden llevar a cabo, para alcanzar unos objetivos concretos deseados, en un ambiente de mercado.

El desarrollo de un plan de marketing exige una sistemática. Las fases que deben seguirse en su elaboración son las siguientes:

- Resumen de los objetivos del plan. DE LA EMPRESA
  VISIÓN - MISIÓN - OBJETIVOS < GRALES / ESPECÍFICOS
- Análisis de la situación y de tendencias observadas.

VARIABLES CONTROLABLES
4P -> ANALIZAR DE C/U FORTALEZAS Y DEBILIDADES
VARIABLES NO CONTROLABLES
MERCADO - COMPETENCIA - CONSUMIDOR - ENTORNO -> OPORT Y AMEN.
VENTAJA COMPETITIVA

- Análisis de oportunidades y amenazas.
- Establecimiento de objetivos.
- Formulación de estrategias.
- Programas de acción.
- Proyección de resultados.
- Diseño de sistemas de control.

2.1. Resumen de los objetivos y de la situación actual de la empresa

Un plan de marketing debe comenzar con un breve encabezamiento en el se haga referencia al contenido del escrito que le sigue, con objeto de que los dirigentes de la empresa tengan una visión general previa de este documento.

El plan de marketing debe explicar la situación actual y pasada con relación a las siguientes variables.

- En primer lugar, las **ventas**. El plan debe describir su historia reciente y su evolución, tanto en términos absolutos como relativos, en cuotas de mercado. Los datos deben explicarse en unidades vendidas y también en términos monetarios. La información debe abarcar los servicios de la empresa atendiendo a los mercados donde actúa, los canales por los que se distribuyen así como las líneas a las que pertenecen.

- El plan de marketing debe describir y analizar los **mercados** en los que la empresa actúa. Los puntos de referencia son los servicios y su participación en aquéllos; la evolución de los mercados pasada y prevista; la influencia de la evolución de los mercados sobre las ventas de los servicios en ellos.

- En siguiente lugar, en el plan debe incluirse un análisis de la evolución de los entornos general y específico de la empresa. Se evaluarán especialmente la evolución de los precios, del empleo, de los costes de los recursos productivos si se emplearan –el marco legal y las actitudes y comportamiento de los consumidores. Se describirá, además, el entorno específico de la empresa con relación a sus clientes, proveedores y competidores. Más adelante se hará referencia a los aspectos concretos que deben ser considerados.

- La empresa, en la confección del plan, debe recoger información sobre sus **servicios**. Debe comenzar por describirlos y valorar objetivamente, sus puntos fuertes y débiles con relación a la competencia respecto a variables como la calidad, posicionamiento y el diseño de sus líneas, con objeto de detectar carencias.

- Respecto a la **distribución** deben describirse los canales que se emplean proporcionar los servicios atendiendo a su naturaleza, mercado, rentabilidad, y eficacia. Asimismo, debe analizarse los distribuidores que actúan para la empresa, considerando su antigüedad, tipo de servicio que colocan o mercado en el que actúan.

- En las actividades de **comunicación** debe hacerse mención a los medios y soportes frecuentados, a las inversiones efectuadas, y a su eficacia.

- Finalmente, en los **consumidores** deben analizarse sus actitudes, gustos, preferencias y comportamiento en general.

2.2. Análisis del contexto estratégico

Las empresas deben definir su misión y los objetivos que persiguen con su actuación. El lector puede volver al capítulo 3 y examinar de nuevo los conceptos básicos de la planificación estratégica de la empresa; misión, objetivos, segmentación, competencia y posicionamiento.

En este capítulo se ha hecho referencia a procesos de planificación de diferente naturaleza. En todos ellos la información es una variable clave. A continuación se exponen una relación de necesidades de información para que las empresas de servicios puedan diseñar sus planes de marketing.

2.3. Análisis de la situación

A. El entorno externo

Se entiende por entorno todo el conjunto de variables y situaciones que rodean a las empresas. El **entorno externo** lo forman variables, situaciones o fuerzas motrices afectan a todas las empresas por estar inmersas en él, al margen de su actividad. El entorno externo de las empresas de servicios puede ser político, económico, demográfico, sociocultural, tecnológico y legal.

En el capítulo 1 se han expuesto factores de diversa naturaleza que explican el desarrollo de los servicios. Esos factores son variables de entorno, que el lector puede volver a consultar.

El **entorno político** afecta al desarrollo de los servicios. La concepción del bienestar social es diferente según las opciones políticas. Los programas de salud pública, educación o comunicaciones son variables. Las ideologías más liberales relegan estas prestaciones al sector privado, mientras que las opuestas consideran que es el Estado quien a través de sus organizaciones quien debe prestar los servicios a la Sociedad.

Las empresas privadas de servicios deben tratar de valorar las consecuencias del triunfo de determinadas ideologías políticas, porque las consecuencias de las privatizaciones son importantes. Por un lado, se crean organizaciones privadas con una cultura empresarial peculiar que deben competir en el mercado con unos precios no administrados. Los consumidores encuentran con más oferta privada, competencia de precios, tendencias a mejorar la calidad y a diferenciar servicios básicos. En España se aprecia desde hace algunos años que el sector financiero, de combustibles, transporte aéreo y la sanidad tienden a una progresiva privatización con las consecuencias antes descritas.

Un buen analista de entorno debería identificar los sectores empresariales con tendencia a la privatización y las consecuencias previsibles de la nueva situación.

El **entorno económico** se puede sintetizar en un conjunto de factores que afectan la capacidad de comprar de los consumidores y a su estructura de gasto. Los parámetros más importantes que deben ser conocidos son:

- Las previsiones de coyuntura.
- Los índices de actividad del sector donde la empresa se integra y del poder de compra de los consumidores.
- La evolución general de los precios y salarios y de los mercados, de los tipos de interés, la oferta crediticia, la presión fiscal y el empleo.

Con toda esta información, que resumidamente tendemos a denominar expectativas, las empresas valoran su posición en los mercados y formulan sus estrategias de crecimiento, estabilidad, penetración en los mercados, o su abandono.

Además, los analistas deben estudiar los cambios de **comportamiento en el consumo** y sus causas. Con los bienes, especialmente los alimentos, se han realizado bastantes investigaciones. Por ejemplo, en

Francia el consumo de azúcar se ha reducido a la mitad en los últimos años, pero el de aceite de oliva se ha multiplicado, ante la preocupación por llevar una vida más sana.

Los analistas deben tratar de evaluar las **consecuencias del crecimiento y del desarrollo** sobre la demanda cualitativa y cuantitativa de los servicios. En principio, tal como se expuso en el capítulo 1, cabe esperar que a medida que las sociedades crezcan y se desarrollen, aumente la demanda de servicios que hasta el momento los consumidores se prestaban a sí mismos, relacionados con sus bienes, como sus casas o sus coches. A medida que se incrementa la renta los excedentes tienden a orientarse al consumo de servicios. Esto significa que las regiones en crecimiento constituyen, *a priori,* buenos mercados para prestar servicios.

Si la **renta** de una región es importante a la hora de valorar la demanda potencial de servicios, aún lo es más su **distribución**. A medida que ésta mejore cabe esperar una mayor homogeneización en la demanda de bienes normales y de servicios. Los analistas de entorno económico recomendarán actuar en aquellos lugares con rentas medias y altas que se encuentren bien distribuidas.

La situación de la **coyuntura económica** también afecta a la demanda de servicios y a las empresas que los prestan. Muchos de los servicios que se consumen o son prescindibles o los consumidores pueden prestárselos a sí mismos cuando la coyuntura económica es adversa; la limpieza de la ropa, los espectáculos, los viajes de placer o la comida en restaurantes, son ejemplos de servicios que reaccionan contrayendo su demanda en épocas coyunturalmente adversas, en las que las tasas de inflación y el paro se elevan. Otros servicios, como el cuidado de la dentadura, la educación o la atención médica son menos sensibles a situaciones económicas poco favorables.

Puede suceder que la adaptación de la empresa a la nueva situación sea costosa, cuando no imposible, como les ocurre a las compañías aéreas y a las cadenas hoteleras, sectores muy poco flexibles, dado su volumen de activos fijos, ante cambios coyunturales. Los analistas de las empresas de servicios deben valorar el grado de vulnerabilidad de los productos atendiendo a todas estas consideraciones.

El **entorno demográfico** se analiza estudiando,

- √ El volumen absoluto de la población, pues determina el potencial de mercado.
- √ La renta de los consumidores, variables clave para el diseño de estrategias de precios.

- La población, atendiendo a la edad, el sexo, es decir los segmentos naturales, tarea fácilmente realizable a partir de las pirámides de edades.

- La tasa de natalidad, actual y esperada.

- También debe conocerse la densidad o concentración de los mercados. Este aspecto es importante para diseñar algunas estrategias, como la distribución. Si la población es reducida o está muy dispersa, debe llegarse al consumidor. Por el contrario, en poblaciones elevadas y densas el consumidor puede llegar al proveedor del servicio.

Con relación a la población, la renta y su distribución son variables claves. Los mercados con rentas bajas no resultan, en principio, interesantes. La renta media puede ser elevada, pero estar mal distribuída. Esto significa que la demanda de bienes industriales o de consumo normal no será importante. De hecho, la mayor demanda de coches de lujo, perfumes o ropa de firma se produce en los emiratos árabes, que tienen las mayores rentas *per cápita*, pero están muy mal distribuídas. Los mercados con rentas bien distribuidas generan demanda de bienes y servicios normales. Las empresas, antes de penetrar en un mercado deben tener en cuenta estos aspectos si es que quieren vender en él.

Un hecho comprobado en los países del occidente europeo es que la población envejece, y que las tasas de natalidad no apuntan a un cambio en la tendencia. Un analista concluye que todos los servicios relacionados con la infancia se encuentran con una demanda que se contrae, o que se especializa y se sofistica, debido al incremento de la renta de los padres y a que el gasto por hijo puede elevarse ante el reducido tamaño de las familias.

En la actualidad comienzan a proliferar las empresas de servicios para la tercera edad. Constituye un mercado emergente y desatendido en muchos aspectos. Según muchos analistas los mayores constituyen el segmento de mercado que más se desarrollará y que contribuirá a la creación de nuevos servicios.

El **entorno sociocultural** es una variable exógena que también debe ser tenida en cuenta. La cultura y los valores de una Sociedad favorecen el desarrollo y la adopción de servicios nuevos o la frenan. En la actualidad la preocupación por la belleza y la estética explica la proliferación de gimnasios, *solariums* e institutos de belleza, clínicas de adelgazamiento y demanda de cirugía plástica no reparadora. La vida diaria con prisas representa oportunidades para que los restaurantes de comidas rápidas como McDonald´s invadan los mercados. El acceso de la mujer al mudo laboral explica la expansión de las guarderías, que ahora se aceptan como un servicio de atención a niños, no como un desentendimiento de los pequeños por madres egoístas.

La mayor permisividad social ante el aborto supone un servicio de salud adicional. El deseo de una vida más cómoda ha desarrollado la hostelería a domicilio, o *catering*. El deseo de cultura y la amplitud de miras hacen que las personas viajen a nuevos destinos o demanden alternativas para ocupar el tiempo libre, como el agroturismo, el *trekking*, el senderismo o descenso a cañones en los ríos pirenaicos. En general, cabe esperar grandes oportunidades de desarrollo de servicios relacionados con la cultura, el ocio y trabajos de naturaleza doméstica.

El **entorno tecnológico** lo constituyen la técnica actual, sus prestaciones y la evolución esperada. La tecnología contribuye a crear servicios nuevos o a mejorar las prestaciones de otros ya existentes. La informática ha permitido crear servicios nuevos de consulta o transmisión de información, como ordenas operaciones a distancia, como comprar alimentos, reservar de pasajes, o comunicar mensajes. La telefonía, además de permitir la comunicación, ayuda a hacer diagnósticos médicos a distancia, ordenar operaciones bancarias, etc.

Los cajeros automáticos amplían los horarios de atención a los clientes de las entidades financieras. Las redes locales mejoran los servicios, por ejemplo los médicos; la red hospitalaria navarra está conectando los *scanners* en red para permitir que más especialistas hagan sus diagnósticos; los nuevos materiales cerámicos permiten intervenciones quirúrgicas reparadoras e implantes desconocidos hasta ahora. Los códigos de barras instalados en pegatinas en los parabrisas de los coches agilizan el tránsito por los peajes de las autopistas. Los taxis de algunas ciudades europeas están ensayando la localización por satélite, con sistemas similares a los GPSs utilizados en náutica, para circular por las zonas menos congestionadas.

Las empresas deben estar al tanto de los nuevos desarrollos tecnológicos, por diversas razones.

En primer lugar, los líderes en tecnología ocupan posiciones privilegiadas y se aprovechan de las ventajas competitivas que crean. Los que no innovan quizá puedan imitar, pero su posición no será tan sólida.

Además, para las empresas no innovadoras el desarrollo tecnológico puede constituir una fuente de riesgo, pues es capaz de generar situaciones de obsolescencia, que se traducen en un acortamiento de las fases de crecimiento o madurez del ciclo de vida de sus servicios, e incluso la de introducción.

La misión de los analistas de entorno es la de detectar qué tecnologías se están desarrollando y cómo podrán ser empleadas para prestar servicios nuevos o mejorarlos.

El **entorno legal** también es una fuerza motriz que debe ser estudiada. Los centros de salud en España no podían provocar abortos cuando la interrupción del embarazo no se había despenalizado. Existen leyes que regulan las prácticas comerciales que las empresas deben conocer, como las relacionadas con los consumidores y sus derechos, y con la defensa de la competencia.

Las empresas que deseen expansionarse a otros mercados extranjeros deben conocer la legislación en materia de repatriación de beneficios, prácticas comerciales prohibidas y permitidas, tránsito en las fronteras o porcentaje de empleados locales que deben contratar.

Adicionalmente, existen sectores regulados, como los servicios profesionales, que encuentran frenos deontológicos para fijar libremente los precios y desarrollar actividades promoción y comunicación.

B. El análisis competitivo

Las empresas deben identificar a sus principales competidores y sus objetivos, cómo se comportan, la cuota de mercado que tienen, su crecimiento, valorar la calidad del servicio que prestan, su posicionamiento en el mercado, y estrategias de mix de marketing que aplican. En el capítulo 2 se ha expuesto la metodología para identificar a los competidores y algunas ideas adicionales. Conviene, no obstante, profundizar algo más.

Con relación a los competidores las empresas deben conocer su número, su vinculación a grupos, importancia, los competidores potenciales, los acuerdos o pactos establecidos entre ellos o con ellos.

Las empresas no deben caer en la miopía de marketing. Los principales competidores de las empresas de servicios son aquellos que **satisfacen las mismas necesidades**. Tratándose del transporte aéreo, el principal competidor de Iberia no son necesariamente otras compañías, sino también el AVE, en el trayecto Madrid-Sevilla y otros que se abran en el futuro. Los competidores de las aseguradoras son también los bancos y cajas de ahorros. Los competidores de los restaurantes sencillos son las empresas de *catering*.

Con relación a los **objetivos** que persiguen las empresas, pueden conocerse a partir de información publicada sobre declaraciones de los directivos o recogidas en las juntas de accionistas y memorias económicas de las organizaciones.

Las **reacciones de la competencia** pueden ser diversas (Kotler, *et al* 1995: 260). Existen **competidores aposentados**, que no reaccionan de forma rápida ante las actuaciones la competencia. Las causas pueden ser varias; puede que tengan clientes fieles; que carezcan de recursos económicos para reaccionar desarrollando servicios o actuando a través de la comunicación, precios más bajos o mejorando la distribución. Sin embargo, lo más frecuente es que los competidores aposentados del sector servicios ofrecen servicios diferenciados, como restaurantes de lujo, cirugía plástica o diseño de interiores, generalmente posicionados de forma estable, y por eso no temen a sus competidores.

Existen **competidores selectivos**, que reaccionan sólo ante algunos ataques, aquellos que creen que les pueden afectar negativamente. Los **competidores tigre** reaccionan de forma rápida ante cualquier ataque. Es frecuente encontrarlos en servicios básicos, apenas diferenciados, como proveedores cuentas corrientes, comida rápida o lavandería. El competidor estocástico tiene reacciones imprevisibles. No se sabe que acciones llevará a cabo.

Cuando los competidores se parecen mucho, porque ofrezcan servicios indiferenciados, por ejemplo, los bancos, las aseguradoras y las compañías aéreas, el **equilibrio competitivo es inestable** y las guerras de precios son frecuentes.

Por el contrario, cuando cada competidor pueda encontrar alguna ventaja respecto a los demás, y consiga diferenciarse del resto, el posicionamiento encontrado permitirá que exista un **equilibrio competitivo estable** en el sector. Este sería el caso de los médicos especialistas en determinadas enfermedades.

Las empresas de servicios no se encuentran con demasiados problemas para conocer la cuota de mercado propia y de los competidores, puesto que este tipo de información es público; se puede solicitar en los Registros Mercantiles, o encontrarse en los anuarios estadísticos, etc. A partir de datos históricos se pueden estimar tasas de crecimiento y, con las debidas reservas, extrapolarlas.

La calidad de servicio de la competencia se puede evaluar muy fácilmente. Basta con ser cliente. Para saber cómo atiende Air Europa a sus clientes, los directivos de Iberia podrán ser pasajeros de la compañía. En general, se puede ser cliente de la competencia o acudir a la seudocompra para analizar los servicios y su calidad. Si lo que se desea es medir el posicionamiento en el mercado las empresas pueden desarrollar investigaciones y obtener mapas perceptuales como el relativo a entidades financieras que se ha expuesto en el capítulo 3.

Respecto a las estrategias en las que se especializan las empresas se pueden citar las de innovación, como el Banco Santander. Otras empresas compiten con precios más bajos que las demás, como Air Europa dentro del mercado del transporte aéreo. Algunas organizaciones compiten atendiendo a nichos no atendidos por otras empresas, como hace Líneas Aéreas Navarras, que ofrece trayectos no atendidos por Aviaco.

C. Análisis del mercado

Las empresas de servicios deben evaluar el tamaño su mercado, la tasa de crecimiento, los segmentos que atienden, necesidades de sus consumidores, su comportamiento de compra, y a los intermediarios.

Los aspectos más inmediatos para evaluar a los **clientes**, son su número, su vinculación a grupos, importancia, poder de negociación, su carácter potencial así como la identificación de las causas de éxito o fracaso con ellos. Las empresas deben valorar su grado de experiencia con ellos, el grado de exigencia de los clientes, su seriedad en la atención a compromisos, su solvencia, el cumplimiento de los pagos y las características del grupo humano. El conocimiento de los clientes debe conseguirse por productos y mercados.

Los **proveedores**. Sobre ellos deben conocerse aspectos como su número, vinculación a grupos, poder de negociación, calidad, seriedad, cumplimiento de plazos, los conflictos sus causas y soluciones, etc.

Las empresas deben contar con información de sus **distribuidores**. Con relación a ellos conviene conocer en qué mercados actúan, quiénes son sus principales clientes, cuáles son los principales productos que distribuyen, su vinculación con la empresa, su antigüedad, qué márgenes cargan, conflictos que hayan existido y sus soluciones, etc.

Obsérvese que la información del microentorno de la empresa se podría resumir en una sola idea: analizar el **poder de los grupos** que lo integran y en qué situación se encuentra la empresa ante ellos.

D. Análisis de la empresa

Los aspectos que deben ser estudiados para valorar puntos fuertes y débiles son los relativos a marketing, finanzas, producción y aspectos humanos.

Dentro del **área de marketing** algunas de las facetas a estudiar son la imagen de la empresa en lo que respecta a la calidad que ofrece en general, en servicio, o a la imagen total de la misma. Otros aspectos se refieren a los costes, los precios de los servicios, la fuerza de ventas y su eficacia, sus actividades promocionales y de distribución.

Desde la **óptica financiera** se prestará atención a la rentabilidad, liquidez y solvencia de la empresa. Desde la perspectiva productiva deben analizarse los puntos fuertes y débiles con relación a la posibilidad de conseguir economías de escala, de poder innovar tecnológicamente, la capacitación de los recursos humanos relacionados con la prestación del servicio y el nivel tecnológico disponible para asumir ciertos retos.

Los **aspectos organizativos** son muy importantes a la hora de valorar puntos fuertes y débiles. Deben considerarse muchos intangibles, como la disposición del elemento humano a aceptar innovaciones, a colaborar con los grupos, a comunicarse, su grado de conflictividad social, o la propia filosofía u orientación empresarial; a la producción, a las ventas o al consumidor.

Tras revisar todos estos aspectos la empresa se habrá auditado a sí misma y detectado sus puntos fuertes y débiles para hacer frente a oportunidades y amenazas.

El plan de marketing debe recoger información sobre las **oportunidades y amenazas** de la empresa. Como se ha visto en un apartado previo, ello supone una valoración del entorno de la empresa desde sus dimensiones macro y micro.

Desde un punto de vista más concreto, el plan de marketing debe recoger información sobre las **ventajas competitivas de la empresa**, por ejemplo, en los servicios que ofrece, en calidad, en plazos, en garantías, en amplitud de gama, etc.

Otros aspectos que deben ser valorados son los recursos humanos, la capacidad financiera o la tecnológica. También son importantes los cambios en la legislación, que elimina productos o permite la generación de otros nuevos, así como la valoración del microentorno, externo e interno de la empresa.

Un aspecto que suele pasarse por alto es que las empresas deben proporcionar **información sobre ellas mismas,** de forma que sus miembros –con las reservas lógicas de accesibilidad– pudieran disponer de datos sobre las ventas, la cuota de mercado, su oferta de bienes y servicios, los mercados donde actúa, quiénes son sus principales clientes, competidores, proveedores y distribuidores.

Además, podría añadirse información contable o financiera, histórica y actual, como la tasa de rentabilidad, el balance y la cuenta de explotación por productos o mercados, la generación de recursos, ratios de estructura, de solvencia, liquidez y endeudamiento. Es frecuente observar el desconocimiento que muchos empleados tienen de sus propias empresas.

2.4. Formulación de objetivos

El plan de marketing debe hacer referencia a los objetivos que se desean alcanzar. Lógicamente, estos **objetivos**, deben ser compatibles con los generales de la empresa. Se pueden citar algunos como,

- Proporcionar la máxima disponibilidad del servicio.
- Satisfacer mejor las necesidades de los consumidores.
- Atender a un segmento determinado.
- Innovación.
- Alcanzar una determinada cuota de mercado.
- Aumentar los beneficios, o alcanzar una determinada cuota de rentabilidad.
- Penetrar en un mercado.
- Mejorar la imagen de la empresa.

Las empresas pueden, no obstante, buscar la consecución simultánea de más de un objetivo. En la medida de lo posible, los objetivos deben ser cuantificados y referidos a un marco temporal. Deben ser realistas y factibles, además de consistentes o compatibles. Las organizaciones deben jerarquizar sus objetivos en el caso de que deseen alcanzar varios de ellos, supuesto que sean compatibles.

2.5. Formulación de estrategias de marketing

Las estrategias son los cursos de acción para poder conseguir los objetivos que las empresas. Los tipos de estrategias genéricas son las siguientes.

La primera es la estrategia de **liderazgo en costes**. La empresa trata de conseguir abaratar al máximo los costes de producción y de marketing para incrementar su participación en el mercado. Esta estrategia requiere ser muy competitivo en ingeniería y producción. Los aspectos relativos a marketing son menos importantes.

La segunda estrategia es la de **diferenciación**. Las empresas tratan de ofrecer sus productos o servicios con alguna característica o ventaja que los competidores no ofrecen.

La tercera estrategia es la de **especialización en segmentos**. Algunas empresas se especializan en determinados segmentos, como American Express, que atiende especialmente a los segmentos de rentas más altas.

Para alcanzar los objetivos las empresas preparan sus estrategias o cursos de acción. El plan de marketing debe explicitar las estrategias que se seguirán respecto al producto, precio, distribución y comunicación.

Con relación a sus servicios las empresas pueden alcanzar sus objetivos:

- **Mejorándolos**, introduciendo en ellos atributos que les proporcionen ventajas competitivas respecto a los competidores.
- **Diferenciándolos**, ampliando sus líneas y segmentando el mercado. También pueden mejorar la calidad. Se puede ofrecer el mismo servicio a un precio más bajo. Las empresas pueden equilibrar sus líneas supliendo carencias. Pueden crear nuevos servicios para atender una demanda insatisfecha. Pueden crearlos para formar barreras de entrada y defenderse de los competidores. Los nuevos servicios pueden pretender mejorar la imagen de la empresa.

Con relación al **precio** las empresas pueden formular diversas estrategias. Se pueden fijar,

- **Precios bajos** para atacar a la competencia o incrementar las ventas, para penetrar en un mercado, o crear barreras de entrada al mismo.
- **Precios altos** para alcanzar unas determinadas cuotas de rentabilidad, para desnatar el mercado, o para iniciar un proceso de segmentación en un mercado que tardará en saturarse o en el no se espera una competencia intensa a corto plazo.
- **Precios geográficos**, atendiendo al nivel socioeconómico donde se asienta la empresa.
- **Precios con diferentes niveles,** para segmentar el mercado por poderes adquisitivos.

Las empresas, si lo desean planifican descuentos, rebajas, programan sus ofertas, etc.

Respecto a la **distribución** las estrategias para alcanzar los objetivos pueden ser conseguir:

- Que el servicio sea más accesible.
- Cambiar a un canal más directo o barato.
- Mejorar la fuerza de ventas interna y externa de la empresa.

Finalmente, las empresas deben decidir sus **estrategias de comunicación**. En concreto deben decidir si la comunicación se hará para:

- Conseguir notoriedad.
- Consolidar la imagen.
- Diferenciarse de la competencia.
- Conseguir fidelidad de los consumidores.
- Recordar que la empresa o sus servicios existen.

Las estrategias de mix de marketing propuestas en un plan de marketing deben reunir una serie de requisitos. Estos son los más importantes.

Debe ser compatibles interna y externamente con los objetivos de la empresa. La **compatibilidad interna** significa que las estrategias de mix no deben ser contrarias a las generales del plan de marketing. Si, por ejemplo, la empresa quisiera incrementar sus ventas, este objetivo es aparentemente incompatible con una estrategia de precios altos. Por el contrario, será compatible con una estrategia de mejora del servicio sin que ello repercuta sobre los precios elevándolos.

La **compatibilidad externa** guarda relación con los objetivos generales de la empresa. Si, por ejemplo, el objetivo de la empresa fuera mejorar o mantener su imagen de calidad, no sería adecuada una estrategia de distribución extensiva: sí lo serían unas estrategias de distribución selectiva, o de mejora de calidad de producto, o de servicios prestados, o de comunicación.

Las estrategias están condicionadas por la **disponibilidad de recursos**. Una empresa no puede dar más calidad a sus servicios si sus márgenes se encuentran muy ajustados. El incremento de costes los anularía.

Si la **capacidad financiera** de una empresa resultara débil no se podrían alargar los plazos de cobro a los clientes o reducir los costes de financiación de las ventas. Si la fuerza de ventas no estuviera bien formada no se puede esperar de ella, a corto plazo, una mejora en la atención a los clientes o en los servicios que preste.

Algunas estrategias requieren un **tiempo** largo hasta que muestran sus resultados. Los cambios de imagen son procesos lentos y costosos. Conseguir notoriedad para un producto requiere menos tiempo. Las estrategias propuestas en un plan de marketing deben poder ser desarrolladas en el horizonte de planificación, salvo que se imbriquen expresamente en planes de más largo plazo.

Las empresas deben valorar el **riesgo** de no poder desarrollar sus estrategias. La falta de desarrollo de una estrategia puede suponer que no se alcancen los objetivos previstos. Por ejemplo, si la mejora de un servicio no se traduce en un incremento de las ventas, objetivo primordial de la empresa, la estrategia de mejora será de alto riesgo.

Puede fallar una estrategia de comunicación, por ejemplo, la publicitaria, para conseguir notoriedad. Sin embargo, esta circunstancia puede verse compensada por una más eficiente actuación de la fuerza de ventas o de los distribuidores por un programa de relaciones públicas. La estrategia publicitaria apareja un riesgo bajo o moderado. Si falla, las consecuencias no serán tan graves.

Las estrategias deben ser **compatibles.** No es posible fijar precios bajos y conseguir altos excedentes si los costes de las prestaciones no se reducen. No se puede proporcionar un mejor servicio si los recursos humanos no se prestan a ello o no son capaces de hacerlo.

2.6. Planes de acción

Las estrategias y los programas acaban resumiéndose en cifras. El presupuesto debe recoger todos los ingresos y gastos previsibles e imputables a actividades exclusivamente de marketing. No sustituye a los objetivos, programas y estrategias formuladas; sólo las resume cuantitativamente.

El presupuesto debe diferenciar entre los **costes de las ventas** y los **costes del servicio**. Los primeros son costes originados por las estrategias de marketing, mientras que los segundos se asimilan a cargas de estructura.

La **estimación del presupuesto** puede hacerse de diversas formas. La más elemental consiste en incrementar los presupuestos pasados en un determinado porcentaje. Los presupuestos deben hacerse según la filosofía base cero, es decir en función de los objetivos y con la colaboración de los departamentos o áreas afectadas, sin mirar atrás para nada. Establecidos los presupuestos la estimación de los resultados es casi inmediata. Conviene detallarlos por meses.

2.7. Asignación de recursos y seguimiento

Con carácter mensual las empresas deben comparar las previsiones con las realizaciones para detectar desviaciones y tomar, si procediera, medidas correctoras.

Previamente es necesario **identificar centros** de responsabilidad o centros de control, que pueden ser productos, actividades, mercados, etc. El plan de marketing puede referirse a estas unidades de control que permitirán detectar las desviaciones y las responsabilidades más fácilmente. Las empresas deben proceder a controles periódicos de sus actividades y de los entornos en los que se desenvuelven. Para controlar los objetivos estos deben ser mensurables.

Los sistemas de control exigen previamente definir **centros responsables**. No todas las actividades son igualmente controlables o responsables.

Existen centros de rentabilidad, como los de ventas, o de costes, como los de producción. Otros, como los de I&D son generadores de gastos, y sus resultados quizá no se perciban a corto plazo. En cualquier caso, las empresas deben fijar los parámetros de referencia, para proceder al control, generalmente determinados por los objetivos.

Por ejemplo, si la empresa fija un objetivo de calidad de servicio el control podría hacerse comparando las quejas del período anterior respecto al actual. El objetivo de calidad podría consistir en reducir, en el ejercicio en curso, las quejas a la mitad. Otros controles son más sencillos de llevar a cabo, porque los sistemas de información internos proporcionan los resultados, como volumen de ventas o beneficio, cuota, etc.

El control del entorno exige detectar variaciones sustanciales que puedan afectar a la empresa, tanto desde las ópticas del macroentorno como del microentorno.

Desde el punto de vista del primero las velocidades de cambio no son igualmente rápidas. Los cambios demográficos, culturales y de los sistemas de valores son más lentos que los legales o los tecnológicos. El microentorno de la empresa puede variar rápidamente por la irrupción o desaparición de competidores o la formación de grupos por fusiones o absorciones, o pactos entre las diversas fuerzas del mercado.

Los tipos de control en marketing que una empresa de servicios puede aplicar son los siguientes (Kotler, *et al.* 1995: 808)

- **Control del plan anual.** Lo realiza la alta dirección de la empresa con objeto de examinar si los resultados previstos se han alcanzado. Los parámetros a examinar son las ventas, la cuota de mercado y los diferentes indicadores económicos de la empresa.
- **Control de rentabilidad.** Es competencia de un controlador de marketing, y su misión es detectar los departamentos o secciones que ganan o pierden dinero. El análisis de la rentabilidad se hace por clientes, servicios, mercados y canales de distribución.
- **Control de eficiencia.** Deben desarrollarlo los responsables de las áreas funcionales, como directores de marketing o de finanzas, especialmente los primeros y sus colaboradores. Su misión es medir las eficiencias de las actividades de distribución y comunicación.
- **Control estratégico.** Lo realiza la alta dirección de la empresa con objeto de saber si se están persiguiendo las mejores oportunidades en los mercados, servicios y canales de distribución.

3. PLANIFICACIÓN DE EMPRESAS DE SERVICIOS CON RESTRICCIONES DE CAPACIDAD

Existen empresas de servicios cuya demanda no es constante a lo largo del tiempo. Las compañías aéreas, los cines, los paquetes turísticos, las comunicaciones en general, las pizzerías y los hoteles son ejemplos de empresas de servicios que se encuentran con que la demanda de sus productos presenta variaciones estacionales con mayor o menor frecuencia. Estas empresas se encuentran con excesos de demanda o de capacidad de prestación de servicios. Pueden considerarse diversas situaciones (Lovelock, 1992).

- Si **la demanda supera la capacidad de producción** se pierden ventas; es obvio que un hotel con capacidad para alojar a ochocientas personas no pueden alojar a mil. Lo mismo le sucedería a una compañía aérea con demanda de pasajes superior al número de asientos en un avión. En estos casos las empresas se enfrentan a costes de oportunidad. No pueden aumentar la dimensión de sus instalaciones improvisando habitaciones o instalando asientos suplementarios en los aviones. Dejan de ganar dinero porque no pueden atender a todos los consumidores.

- Puede suceder que **la demanda exceda de la capacidad óptima**. En un restaurante con cabida para cien comensales pueden instalarse mesas auxiliares, de forma que podrán ser atendidas más personas. Entonces el servicio no se presta con la misma calidad. Las personas tal vez se sientan incómodas y seguramente serán peor atendidas; los camareros tardarán más tiempo en servir los platos y se confundirán con más frecuencia, los cocineros no podrá esmerarse tanto y el ritual de la sobremesa no será tan agradable. Lo mismo le sucedería a una empresa de transportes. Ante una avalancha de paquetes el servicio de entrega será más lento, y tal vez se produzca alguna pérdida.

- Cuando **existe exceso de capacidad** las empresas malgastan sus recursos. Este exceso puede ser moderado o muy acusado. Por ejemplo, en un avión que cubre una línea determinada puede que un 30% de las plazas nunca se ocupen. Podría suceder que siempre estuvieran sin cubrirse más de la mitad de esas plazas. En ambos casos se infrautilizan recursos materiales y humanos, lo que afecta negativamente a la productividad. Incluso los consumidores pueden albergar serias dudas sobre la calidad de un servicio con una demanda escasa. El exceso de capacidad puede enviar mensajes negativos sobre la excelencia del servicio. Sin embargo, un exceso moderado de capacidad puede resultar agradable para los consumidores. A nadie le desagrada que el asiento contiguo de un avión o la butaca adyacente en el cine se encuentre libre.

Las empresas de servicios que se encuentren con excesos de demanda o de capacidad deben intentar dar respuesta a una serie de preguntas.

- En primer lugar, deben analizar si esas situaciones se producen **regularmente** y en caso afirmativo, con qué frecuencia. Los apartamentos y hoteles en zonas turísticas se enfrentan con exceso de demanda en verano. Los servicios postales se enfrentan a una demanda muy superior a la media al acercarse Navidad. En ambos casos la estacionalidad es anual. Los vuelos en ámbito nacional presentan estacionalidad semanal, lo mismo que los hoteles en poblaciones no turísticas. Los excesos de demanda de transporte público urbano o de comunicaciones telefónicas se presentan a diario, en horas punta. La demanda de revisiones de automóviles se intensifica hacia primavera y otoño; presenta estacionalidad semestral. Otras demandas no tienen carácter estacional; por ejemplo, la de asistencia ante ataques cardíacos o quemaduras, las revisiones dentales, los aparcamientos públicos, las reparaciones del hogar o la limpieza en seco.

- En segundo lugar, las empresas deben tratar de identificar **cuáles son las causas de las fluctuaciones** estacionales de la demanda de los servicios. Pueden ser debidas a la actividad profesional que se desarrolla habitualmente durante la semana (alojamientos, comunicaciones, transportes); vacacionales por razones laborales o religiosas (transporte aéreo, hostelería, actividades deportivas); educativas, derivadas de los calendarios escolares (estudios de idiomas en el extranjero, docencia adicional a la reglada); legales debido a calendarios impuestos por la Administración, (declaración de IRPF, IVA o auditoría); climática (deportes de montaña o en el mar).

- Finalmente, las empresas deben tratar de conseguir **segmentar el mercado** de acuerdo con la estacionalidad de la demanda. Por ejemplo, las personas que viajan en invierno son mayores y buscan entretenimiento o benignidad climática. Quienes lo hacen en verano desean descanso, cultura o actividad física. Las personas que se alojan en un hotel durante la semana laboral lo hacen por razones profesionales. Los clientes de fin de semana son generalmente turistas.

Las empresas de servicios pueden gestionar su demanda estacional empleando varias **estrategias**. Son las siguientes.

- Modificar la capacidad de prestación del servicio
- Tomar decisiones de *mix* de marketing en materias de precios, producto, distribución y comunicación
- Planificar temporalmente la demanda
- Gestionar la rentabilidad de los servicios para cada segmento
- Simplificar el proceso de prestación del servicio

Otra opción, en absoluto recomendable, es no tomar ningún tipo de medida, ante lo cual se incurrirá en costes de oportunidad por no atender a la demanda, y se dejarán de prestar servicios a consumidores que los desean, creándose situaciones de malestar, contrarias al principio de empresa orientada al consumidor.

3.1. Modificación de la capacidad de prestación del servicio

Las organizaciones deben medir la elasticidad de su **capacidad de prestación** del servicios para conocer sus posibilidades de adaptación a la demanda desde cuatro perspectivas.

- En primer lugar deben valorar la capacidad **física** para modificar la dimensión del lugar donde se presta el servicio; por ejemplo, la superficie de un restaurante, el número de habitaciones de un hotel, o las plazas de un avión. Esta capacidad, por lo general, es difícilmente alterable, por no decir imposible.
- En segundo lugar, deben medir la capacidad de modificación de **equipamiento**, es decir la facilidad de disponer de aparatos, como secadores de pelo, cocinas, teléfonos, ordenadores, sillas, camas, etc., que permiten prestar un servicio. Esta capacidad es más fácilmente alterable mediante compra de esos equipamientos o, simplemente, su alquiler cuando convenga.
- En tercer lugar, la capacidad **laboral** se refiere a la facultad de poder alterar la plantilla de la empresa para acomodarla a la demanda existente, mediante contratación de personal temporal, o mediante la transferencia de personal de unos establecimientos a otros, siempre que las circunstancias personales y familiares de los empleados lo permitan.
- En cuarto lugar, las empresas deben pensar si pueden **ampliar el tiempo** que dedican para ampliar la duración de la prestación del servicio. Por ejemplo, un restaurante muy concurrido podría abrir de 12 a 5 en lugar de 1 a 4 y un cine podría pasar tres veces las películas en lugar de dos.
- En quinto lugar, las empresas pueden **adquirir equipamiento** para prestar el servicio. Por ejemplo, una empresa de telefonía podría adquirir comprar una central de mayor capacidad para solucionar el problema que representa la saturación de las líneas; un gimnasio, o una empresa de mensajería podrían comprar más máquinas o vehículos, respectivamente.

Es posible que las empresas empleen alguna de estas estrategias para **modificar su dimensión**. Generalmente lo consiguen a base de alterar la capacidad de equipamiento o la laboral. En un hotel se pueden instalar camas supletorias en las habitaciones, y los restaurantes podrán añadir mesas adicionales para atender a más clientes. Las empresas de servicios también pueden **aumentar su capacidad laboral**, a base de contratar trabajadores eventuales, como sucede en el sector hostelero en períodos vacacionales.

3.2. Modificaciones en las variables de *mix* de marketing

Consisten en la alteración de productos, precios, comunicación y distribución de los servicios.

- La primera de estas opciones consiste en **modificar el servicio** para atraer a segmentos nuevos de consumidores. Por ejemplo, las estaciones de esquí de Astún y Cerler, siguen ofreciendo sus telesillas, incluso en verano cuando no hay nieve, no a esquiadores, sino a excursionistas que desean pasear por la montaña sin esforzarse demasiado. Los restaurantes que durante la semana ofrecen menú del día incluyen comida a la carta, de mayor calidad, los días no laborables. Las plazas de toros ceden sus instalaciones a empresas que organizan conciertos, y en los cines tienen lugar, fuera de fin de semana o festivos, congresos, mítines, y reuniones científicas.

Algunos hoteles que sólo ofrecen alojamiento y desayuno en temporada alta, añaden a su oferta pensión completa en temporadas baja y media, para atraer clientes, trasladando para ello personal del servicio de habitaciones al de restaurante. Algunas *pizzerías* sirven *pizzas* a domicilio de lunes a viernes, cuando su demanda es baja respecto a la que se encuentran en fin de semana en sus establecimientos.

Un restaurante podría conseguir una mayor rotación de clientes mediante el ofrecimiento de menús cerrados, cuya preparación necesita menos tiempo y se sirven y consumen más rápidamente.

- Las empresas pueden ofrecer el **mismo servicio en otro momento o lugar**. Las salas de cine pueden pasar películas en sesiones matinales. El servicio es el mismo, pero con horario diferente. Así consiguen repartir en el tiempo una demanda seguramente imposible de atender con uno o dos pases al día. Es frecuente, también, que una misma película se ofrezca en más de una sala en la misma localidad.

- La dimensión también se puede incrementar a base de **ampliar los horarios**. Un restaurante con exceso de demanda estacional en una zona turística podrá ofrecer un servicio ininterrumpido, mucho más amplio que el habitual. Los bancos también abren algunas de sus oficinas por las tardes para repartir en el tiempo la demanda de sus servicios, y simultáneamente mejoran la calidad de su prestación.

- Las empresas pueden acudir a **estrategias de precios** para combatir las fluctuaciones estacionales de la demanda, aplicando precios diferenciales. Los hoteles y apartamentos en temporada baja son más baratos que en las épocas de mayor afluencia. Las organizaciones deben tratar de conocer la elasticidad ante el precio de la demanda de sus servicios en los segmentos que atienden. Cuando deseen atender a segmentos con elasticidad reducida podrán fijar precios altos. De esta forma los consumidores sensibles al precio, porque su elasticidad es alta, dejarán de consumir a la espera de que el precio baje. Telefónica utiliza esta estrategia para evitar colapsos por saturación en sus líneas. En el apartado próximo se tratará cómo gestionar el rendimiento de las empresas con capacidad limitada para atender a la demanda.

- Finalmente, las empresas pueden acudir a estrategias de **comunicación**, es decir, a mensajes que modifiquen conductas que permitan alisar la demanda. Correos recomienda enviar las cartas con mayor antelación en fechas próximas a Navidad. RENFE e Iberia aconsejan reservar los billetes con bastantes días de anticipación cuando se aproximan períodos vacacionales, o no viajar justo en días punta. Las entidades financieras recomiendan no acudir a realizar operaciones rutinarias entre las 11 am. y las 14 pm.

El cuadro 8.1 muestra un resumen de estrategias a seguir cuando la demanda es demasiado alta o demasiado baja.

Exceso de demanda	Exceso de oferta
Comunicar días y horas punta, para regular la demanda del servicio	Comunicar la situación a ciertos segmentos para atraerlos
Ofrecer incentivos por recibir el servicio en momentos que no sean punta	Ofrecer ventajas en los precios
Cuidar especialmente a los consumidores fieles o habituales	Ofrecer descuentos
No conceder ventajas en precios, no hacer ofertas	Aproximar el servicio a los consumidores
Anunciar los beneficios de recibir el servicio en momentos no punta	Modificar los horarios de atención
Contratar empleados eventuales	Planificar las vacaciones del personal
Alquilar equipos o dependencias	Reubicar trabajadores en otros centros o lugares
Subcontratar actividades	Reducir horarios
Ampliar horarios	

Tabla 8.1

3.3. Estrategias de gestión de tiempos de espera

Los consumidores deseamos ser atendidos rápidamente; no nos gusta esperar. Sin embargo, las **colas** son inevitables. Las empresas deben conseguir que la duración de la espera sea la **menor** posible, y también lo más **agradable** posible. Algunas estrategias a emplear son las siguientes.

- La deseable es **diseñar el proceso de prestación del servicio** para que el cliente no tenga que esperar. Por ejemplo, algunos hoteles ofrecen formularios que se cumplimentan, de dejan en recepción y el hotel factura la estancia sin que el cliente pierda tiempo por tener que hacer cola al dejar la habitación.

- **Hacer notar al cliente su presencia**, indicarle que será atendido en breve, pedirle información sobre lo que desea nada más llegar aunque luego tenga que esperar, todo ello acompañado de un ambiente agradable y cómodo, que puede conseguirse mediante la decoración, el mobiliario o música ambiental. El lector puede consultar las estrategias de tangibilización que se exponen en el capítulo 4.

- Las empresas de servicios también pueden gestionar la demanda a través de **reservas**. Los hoteles, compañías aéreas, restaurantes las empresas de alquiler de coches son ejemplos de organizaciones que invitan a sus clientes a efectuar reservas para garantizar la prestación de los servicios. Los médicos, dentistas, abogados y peluqueros son profesionales que actúan en los mismos términos. La forma de reservar puede ir desde una simple llamada telefónica, como sucede con el dentista, hasta la inclusión de datos del cliente en un ordenador, como ocurre cuando se reserva un pasaje de avión.

Las empresas que utilizan el sistema de reservas **conocen de antemano la demanda** con la que se enfrentarán. Además pueden **penalizar** la falta del consumo, como sucede con las compañías aéreas y las agencias de viajes, ante cancelaciones de última hora o por motivos no justificados. Los consumidores tienen la **garantía** de que serán atendidos. Además, sabiendo que un cliente desea un servicio, las empresas pueden prestarlo con mayor **calidad**, pues disponen de más tiempo para proporcionar una mayor atención.

- **Diferenciar a los clientes que esperan**. Es decir, no hacer esperar a todos los clientes por igual. A los clientes se les puede distinguir en función de diversos criterios, que son los siguientes. Por su importancia porque son **fieles o habituales**; por la **urgencia** de la obtención del servicio, como ocurre en los hospitales con los heridos graves; **duración de la prestación del servicio** como ocurre con los talleres de coches, que atienden pequeños problemas o reparaciones antes que trabajos de envergadura; porque se ha pagado un **precio extra**, como ocurre con los pasajeros de primera clase; que son atendidos antes, pero han pagado billetes más caros.

3.4. Gestión de la rentabilidad del servicio

El objetivo de la gestión de la rentabilidad del servicio es fijar los precios para maximizar la rentabilidad de empresas con capacidad restringida y comportamiento estacional, teniendo en cuenta las siguientes condiciones (Kimes, 1989).

- Las empresas se enfrentan a una situación de capacidad limitada.
- Es posible identificar diferentes segmentos de mercado
- Los productos tienen carácter perecedero y pueden ser vendidos con anticipación
- La demanda presenta variaciones estacionales importantes
- Las inversiones para conseguir adaptaciones de capacidad son elevadas, aunque los costes marginales de los productos son reducidos.

Los hoteles y las compañías de transporte aéreo son ejemplos de empresas que reúnen estas características. Los aviones tienen un número limitado de plazas; existen personas que desean viajar en clase preferente, en turista o buscan tarifas *mini;* los viajes son perecederos porque no se pueden almacenar, y los pasajes se pueden comprar con anticipación; durante la semana laboral o en vacaciones demanda es mucho más elevada que la media; el coste de incrementar la capacidad de un avión se convierte en la compra de uno nuevo, pero llevar un pasajero más cuando el aparato –un avión con capacidad para 150 pasajeros pesa un mínimo de 100.000 Kg– no está completo supone un coste marginal mínimo si se mide en combustible o en el servicio de bar.

En un hotel el número de camas es limitado; existen personas que desean habitaciones lujosas, mientras que otras prefieren justo lo indispensable y pagar menos; las familias quieren habitaciones múltiples; las estancias tienen carácter perecedero y se pueden reservar con anticipación; durante la semana los clientes son personas de negocios, y en días no laborables turistas; el coste marginal de atender a un cliente más –habitación, lavado de lencería y alimentos– es mínimo. Finalmente, el coste de incrementar la dimensión del hotel es elevado.

Para desarrollar estrategias de precios de cara maximizar la rentabilidad de los servicios debe obtenerse información relativa a:

- El **comportamiento** histórico de la demanda, es decir, los porcentajes de ventas para los diversos períodos que se consideren dentro de cada año. Dicho de otra forma, debe disponerse de la distribución de las ventas a lo largo del tiempo y en qué media se producirán excesos de déficits de capacidad.
- La **elasticidad de la demanda** de cada segmento de mercado, obtenida a través de investigaciones de mercado sencillas. Cuando aparezcan elasticidades bajas en un segmento se podrán subir los precios. Cuando fueran altas se podrán bajar. En cualquier caso, habrá que tener en cuenta las reacciones de los competidores ante los precios, debido a su poder de neutralización.
- **Historial de sobreocupación y de cancelaciones**, que podría (y debería) estar disponible en una base de datos, o mejor aún, en un Sistema de Información de Marketing (SIM).

A partir de esta información se pueden aplicar algunas **técnicas** para fijar los precios. Las más sencillas son la **programación lineal y la curva de umbrales**.

La programación lineal es una técnica de optimización. Una empresa con capacidad limitada puede aplicarla para distribuirla entre segmentos. Por ejemplo, una compañía aérea podría ofrecer tres clases de tarifas; preferente, turista y mini. Un acuerdo en el sector podría establecer los mínimos de cada clase; por ejemplo, 20% clase preferente; 75% clase turista y 5% tarifa mini. En avión de 200 pasajeros corresponden a 40, 150 y 10 pasajeros respectivamente. En un momento determinado la demanda de un determinado trayecto podría ser de 50, 160 y 30 pasajeros en clase preferente (X), turista (Y) y mini (Z).

Suponiendo que el precio del viaje fuera 40.000, 30.000 y 20.000 ptas. para las tres tarifas, la función de beneficios Z de la compañía aérea sería:

$$K = 40.000\ X + 30.000\ Y + 20.000\ Z$$

El número de pasajeros de las tres clases no puede superar la capacidad del avión, 200 pasajeros.

$$X + Y + Z = 200$$

El número de pasajeros de clase preferente debe ser de 40 como mínimo, debido al acuerdo en el sector, y 50 máximo. Se puede escribir:

$$40 < X < 50$$

Las demás restricciones son,

$$150 < Y < 160$$
$$10 < Z < 30$$

La solución de este planteamiento es, X = 50, Y = 120, Z = 10, que será el número de pasajeros de las clases citadas, y que maximiza los ingresos de la empresa; 6.400.000 ptas.

La curva de umbrales consiste en calcular la media y la desviación de las reservas en algunos momentos previos a la prestación del servicio.

Días	Media	Desviación
1	20	0,4
10	30	6
20	40	8

Cuadro 1.4

En esta tabla aparecen la media y desviación de las reservas de un servicio, por ejemplo, una habitación de un hotel, días antes de ser utilizado. Es frecuente que se produzcan cancelaciones. Los cálculos se realizan a partir de información que se ha obtenido a lo largo del tiempo. Entre la media y 2,5 desviaciones se encuentra casi el 100% de probabilidades de una distribución normal.

Esto significa que 20 días antes de ocupar una habitación las reservas pueden estar comprendidas entre 40 ± 2,5 8, es decir, entre 20 y 60. El hotel no debería admitir más reservas si éstas llegaran a 60 cuando se desea el servicio dentro de 20 días. Cuando falten 10 días las reservas oscilarán entre 30 ± 2,5 6; 15 y 45. Esta última cifra marca el límite superior de las reservas. Cuando falte un día las reservas confirmadas deben estar comprendidas entre 19 y 21. Se supone que esta información de reservas se recoge a lo largo del tiempo. Es necesario que las empresas se acostumbren a desarrollar bases de datos para poder hacer estas estimaciones.

Si el hotel tuviera 21 habitaciones no se plantearía ningún problema. Si hubiera menos, existe la posibilidad de que algún cliente con reserva no encuentre habitación, situación francamente enojosa. El problema podría solucionarse enviándole a otro hotel similar, con el que su hubiera pactado esta eventualidad. Si el número de reservas fuera frecuentemente inferior al número de camas significaría que el hotel se enfrenta a un exceso de capacidad, que debería evitar tal vez buscando otros segmento de mercado o dedicando esas instalaciones a la prestación de otros servicios, como cafetería, gimnasio, salón de TV, etc. En caso contrario debería aumentar su dimensión, a base de ampliar sus instalaciones, si fuera posible.

Existen técnicas cuantitativas más complicadas para gestionar la demanda en empresas con capacidad restringida, pero estas son suficientes para la mayoría de ellas.

Kimes (*op. cit.*) sostiene que gestionar el rendimiento de las empresas con capacidad restringida puede originar **algunos problemas**.

- En primer lugar, si las empresas de centran demasiado en la fijación de los precios cuando surgen rigideces de capacidad, pueden obsesionarse demasiado con el corto plazo y olvidarse del futuro. Se vuelven miopes. Es posible que se olviden de la calidad del proceso de prestación del servicio.

- En segundo lugar, los consumidores pueden llegar a tener el sentimiento de que los servicios se prestan en función de la suerte que tengan al llegar *a la cola*. Les queda la sensación de no poder elegir el servicio libremente y de que les venden de lo que queda. Un consumidor que desee una tarifa *mini* la conseguirá si llega a tiempo. Esta sensación puede resultar desagradable.

- En tercer lugar, pueden presentarse problemas de naturaleza humana y organizativa. Los empleados pueden perder de vista los principios de marketing de relaciones. También pueden surgir problemas con los sistemas de remuneración de los trabajadores. En épocas que los precios deban bajarse para estimular la demanda, como sucede con los hoteles en temporada baja o los vuelos en fin de semana, la facturación se contrae, y las comisiones por ventas son, consecuentemente, inferiores.

3.5. Simplificación del proceso de prestación del servicio

Finalmente, las empresas con capacidad restringida para prestar los servicios pueden acudir a simplificar los procesos de su prestación. Algunas estrategias son las siguientes.

- Prestar sólo los servicios esenciales. Por ejemplo, un hotel sólo alojaría a clientes en régimen de alojamiento y desayuno en temporada alta.

- Formar a los empleados para que sean capaces de atender a demandas de servicio muy acusadas o aplicar procesos de prestación más ágiles. Por ejemplo, los empleados de un banco en horas punta podrían hacer que los clientes rellenaran los abonarés o también podrían especializarse las ventanillas en pagos, ingresos en efectivo o mediante talones, operaciones de moneda extranjera. También podrían apoyar el servicio personas que se encuentran en secciones como domiciliación de recibos, operaciones con entidades jurídicas, etc.

4. LA PRODUCTIVIDAD EN LAS EMPRESAS DE SERVICIOS

En la primera parte de este libro se expuso que la medición de la productividad de los servicios es más compleja que cuando se trata de bienes, debido a sus características; intangibilidad, inseparabilidad, etc.

4.1. Algunas dificultades de medición

Para medir la productividad de los servicios, definida como cantidad de producto por unidad de factor, debe prestarse atención a la complejidad de los factores productivos empleados, al grado de personalización de aquéllos y al nivel de agregación (McClaughlin y Coffey, 1990). Esa medición no está exenta de dificultades.

La primera surge de la **naturaleza intangible** de los servicios. Si existe base tangible o el servicio están estandarizado no surgen problemas especiales de medición. Se puede medir el número de menús del día que sirve un camarero o la cantidad de pantalones que limpia un empleado en una tintorería. Medir la productividad de un asesor fiscal es muy difícil. Atender a más clientes no significa hacerlo mejor; además, cada uno de ellos puede acudir con problemáticas muy diversas, que requieran unos tiempos de atención variables en extremo.

En segundo lugar, la medida tradicional de productividad tradicional no considera que puedan encontrarse **diferencias de calidad**. Una máquina más productiva que otra a la hora de producir tornillos se supone que fabrica más cantidad empleando menos unidades de factor, pero se entiende que todos los tornillos son de la misma calidad.

Sin embargo, la calidad, característica clave en la prestación de los servicios, puede ser variable, pues depende tanto del quien presta el servicio como de quien expone sus necesidades para que se lo prestan. Adicionalmente, lo que se entiende por calidad es una percepción individual medida por la diferencia entre lo que se recibe y lo que se espera recibir; no existe un parámetro tan objetivo como sucede con bienes. Por ejemplo, la calidad objetiva de un tornillo se mide por su resistencia a la torsión, resistencia mecánica dinámica, precisión de la rosca e inalterabilidad del material. Pero, ¿cómo se mide la calidad de un asesoramiento mercantil o financiero?...

No obstante, existen parámetros objetivos de calidad para algunos servicios, como rapidez en ser atendidos en un restaurante, en la cola del banco, limpieza de la habitación de un hotel, puntualidad del transporte público, etc. Resulta fundamental definir de antemano indicadores que puedan ser medidos y que sirvan de punto de referencia. Además junto a esta definición debe fijarse el nivel de calidad de la prestación. Realizadas estas tareas ya se podrá pensar en alguna medida para cuantificar la productividad.

En tercer lugar, surge un **problema de calendario**. Los bienes se producen independientemente de lo que quieran los consumidores en ese momento. Las empresas de automóviles fabrican todos los días cien o doscientos coches, que se almacenarán a la espera de ser demandados, pero un fontanero no arregla un grifo ni un restaurante sirve sus platos hasta que los clientes no piden el servicio. Muchas empresas productoras de bienes trabajan a un ritmo regular, pero tratándose de servicios es frecuente encontrar demandas, y consecuentemente, producciones irregulares. Esto significa que en función de en qué momento se hagan las mediciones la productividad de los servicios podrá variar mucho.

En cuarto lugar, debe definirse previamente el **grado de agregación de actividades** para medir la productividad. Es decir, debe determinarse si se medirá la productividad agregada de la empresa, como un banco o aseguradora; los de una sección, como préstamos en general o seguros personales; o los de servicios determinados como cuentas corrientes o seguros de vida.

Cuando un servicio es el resultado de un proceso en el que intervienen muchas personas o factores, directa o indirectamente relacionadas con él, las medidas conjuntas de productividad no son muy útiles. Esto sucede en un hotel, donde intervienen recepcionistas, el personal de servicios de habitaciones, cocineros, botones, camareros, etc. Cuando una misma persona puede prestar más de un servicio también se complica la medida de la productividad. En una agencia de viajes un empleado puede proporcionar billetes de avión, informar de horarios de trenes y vender paquetes de vacaciones. Es más difícil medir su productividad que la de un trabajador que sólo mecanice tornillos.

Las mediciones agregadas son interesantes para evaluar la cartera de productos, ventajas competitivas y tomar decisiones de precios, pero no ayudan a detectar los orígenes de posibles ineficiencias. Por ejemplo, una sucursal bancaria puede ser muy rentable porque consiga recursos a bajo coste, o porque sus costes de transformación sean más bajos. Una medida conjunta de productividad no resultaría muy clarificadora. Un mismo avión puede resultar más o menos productivo según la línea que cubra y en qué país reposte combustible.

Conviene que las mediciones de la productividad se desagreguen, porque así es más fácil desarrollar métodos de producción más convenientes y aplicar sistemas de retribución basados en los esfuerzos de las personas

Finalmente, **la productividad de los servicios puede variar espacialmente**. Los bienes se producen en un mismo lugar o en varios, pero siguiendo un proceso idéntico y con la misma tecnología y estándares técnicos. La productividad no depende del lugar donde se produce el bien. Por el contrario, los servicios se producen allí donde se prestan y, además, los consumidores intervienen en su diseño. Basta pensar en sucursales bancarias o en hoteles a la largo y ancho de un país cualquiera. Consecuentemente, pueden surgir diferencias espaciales de productividad, que deberían ser analizadas y explicadas.

4.2. Metodología para medir la productividad de los servicios

Si una empresa consigue desagregar sus actividades podrá aplicar los mismos instrumentos de medición que las empresas que producen bienes. El más elemental es el cociente entre la cantidad de producto entre unidad de factor. Por ejemplo, número de nuevas cuentas corrientes por empleado o por sucursal; número de coches lavados por empleado; motores puestos a punto por mecánico, etc.

La utilización de este ratio olvida la calidad de la prestación del servicio. Un trabajador podrá lavar muchos coches, pero hacerlo mal, y un mecánico afinar más motores que otros, pero dejar mal regulados los niveles máximos de emisiones contaminantes, básicamente CO. La productividad de los servicios debe medirse empleando **medidas cuantitativas y cualitativas**, especialmente la calidad de la prestación. El problema que surge es quién determina lo que es calidad, la empresa o los clientes, y cómo se medirá.

Podría realizarse una investigación para detectar qué entiende el mercado por calidad y cómo la valora, para fijar unos estándares que deberían ser satisfechos como mínimo. La idea puede ser buena y aplicable en algunos servicios como los financieros, la hostelería o el transporte aéreo, en los que los consumidores pueden ser jueces de la calidad. Los clientes de una compañía aérea podrían definir la calidad del transporte en términos de puntualidad, amabilidad del personal de vuelo y condiciones de los aviones. Pero en otros servicios, como la cirugía o los tratamientos sicológicos o psiquiátricos, los pacientes son menos hábiles para definir lo que se entiende por calidad.

Cuando se mide la productividad de los servicios el ratio cantidad de producto / cantidad de factor no es fijo en el tiempo para una misma persona. Un abogado puede atender a una sólo persona una mañana. Pero al día siguiente podrá atender a diez, dependiendo de la complejidad de los problemas que le consulten. A lo largo del tiempo podría calcular la media y la desviación de los clientes atendidos por día, semana o mes. Por ejemplo, podría atender a 100 clientes como media al mes, con una desviación de 10. A partir de esta información podría pensar que un mes cualquiera atenderá casi total seguridad entre 120 y 80 clientes (la media más y menos dos desviaciones).

Estas mediciones también se podrían aplicar a empleados de otras empresas de servicios, como camareros, lavacoches, mecánicos, agentes de seguros, etc. Una vez definida la calidad, desde el punto de vista de los consumidores, o de la empresa, según proceda, aquellos empleados que no lleguen al mínimo de productividad exigido (la media de las prestaciones menos dos desviaciones) deberían ser controlados. La dificultad que podría surgir es cómo llegar a determinar esa media de servicios prestados. Lo más razonable sería trabajar con tiempos razonablemente estimados. El empleo de valores históricos es peligroso porque se pueden emplear valores que se alejen, por la razón que sea, de lo aconsejable.

Para medir la productividad de los servicios las empresas debe seguir los siguientes pasos (McClaughlin y Coffey, 1990).

- Tienen que definirse las **razones** que expliquen el interés por medir la productividad. Los motivos pueden ser variados. El primero podría ser conocer los efectos de medidas de política económica; por ejemplo, la productividad de un sector tras la desregulación como el transporte aéreo en España, o la privatización de algún antiguo monopolio, como Telefónica. También podría resultar de interés conocer el impacto de las tecnologías adoptadas para prestar los servicios, como cajeros automáticos, tarjetas, redes informáticas, nuevos modelos de aviones, máquinas de lavado, etc. Otras veces los cambios en la organización de la empresa, de cultura, los programas de formación o de incentivación afectan a la productividad de las empresas de servicios.

- Cuando sea posible, **el servicio debe ser desagregado** con la ayuda de los DPPS, para conocer exactamente qué operaciones desarrolla cada persona. Debe definirse con precisión qué es lo que se espera que realice cada elemento de la organización y la calidad mínima esperada de sus operaciones, para poder realizar comparaciones. Si los servicios no se desagregan sólo se obtienen medidas de productividad global, pero no de las personas, departamentos o secciones.

- Debe acordarse una **medida de productividad adecuada** a las características del servicio. Así, en una entidad financiera podría medirse el número de cuentas corrientes nuevas conseguidas o el número de préstamos concedidos, ambas magnitudes por empleado; en una cadena de restaurantes de comida rápida podría emplearse el ratio menús servidos por empleado; en una compañía aérea podrían calcularse los ingresos por línea, milla recorrida o clase de avión; una consultoría podría medir su productividad del través del ratio número de consultas por tipo de asesoramiento –fiscal, contable, comercial.

4.3. ¿Puede aumentarse la productividad de los servicios?

Las empresas de servicios pueden emplear algunas estrategias para mejorar la productividad de sus prestaciones. Son las siguientes.

- En primer lugar se puede actuar a través del **factor humano**, especialmente el que se encuentra en contacto con el público, mejorando sus conocimientos, actitudes, interés y habilidades para desarrollar mejor su función en la organización. Una adecuada asimilación de los principios de marketing interno resulta esencial para mejorar la productividad de los servicios.

- En segundo lugar, se pueden **mejorar los procesos de prestación** de los servicios a través de **tecnologías** exclusivamente (tecnologías ***hard***), desarrollando procesos mejorados (tecnologías ***soft***) o empleando algún sistema intermedio (tecnologías **híbridas**). Por ejemplo, las entidades financieras pueden atender a más clientes mediante los cajeros automáticos o redes telefónicas e informáticas. Las compañías aéreas que empleen aviones mayores, o más rápidos, podrán transportar a más pasajeros. Estas empresas emplean sólo tecnologías, llamadas *hard*. Un restaurante de comida rápida, como Mc Donald´s o Burger King, envasa sus hamburguesas en recipientes de colores, para identificarlas más fácilmente y no caer en errores. Emplea un proceso mejorado o tecnología *soft*. Las autopistas agilizan el tráfico cobrando los peajes a través de códigos de barras que llevan los vehículos en los parabrisas, que evitan tener que parar, entregar dinero, esperar el cambio, etc. Un restaurante con instalaciones de cocina más modernas podrá preparar y servir más comidas. En este caso hace falta contar además con un equipo humano capaz de adoptar un ritmo de trabajo diferente. En este caso se trata de una tecnología híbrida.

- En tercer lugar, se puede **reducir el nivel del servicio**. Por ejemplo, un lavacoches puede reducir el tiempo de lavado o de secado de los vehículos. Lavará más coches, aunque no quedarán tan bien. Un médico atenderá a más pacientes si les dedica menos tiempo. La reducción del nivel del servicio incrementa la productividad, pero también afectará negativamente, casi con total seguridad, a la calidad de su prestación.

- En cuarto lugar, la productividad se puede aumentar **sustituyendo un servicio por otro** mejorado. Por ejemplo, Correos podría mejorar la productividad de sus comunicaciones enviando fax, o utilizando correo electrónico en lugar de telegramas. Las comunicaciones serían más rápidas y necesitarían menos personal, con lo cual mejoraría la calidad del servicio y la productividad de la mano de obra.

- Finalmente, la productividad se puede aumentar si se consigue que **los clientes formen parte activa** en el proceso de prestación del servicio. Por ejemplo, en los restaurantes autoservicio los clientes actúan de camareros y en las estaciones de servicio o de autolavado se convierten en empleados temporales de los establecimientos. Estas empresas incrementan la productividad de su mano de obra, pues consiguen el mismo volumen de actividad (tal vez más) con menos empleados.

Los consumidores pueden participar en distinto grado en la prestación del servicio (Zeithaml y Bitner, 1996: 367). Pueden distinguirse tres niveles.

- **Nivel de participación bajo**. Supone que sólo basta con la presencia del consumidor para prestar el servicio. Esto ocurre cuando el servicio se encuentra estandarizado. Lo único que se pide al consumidor es que pida el servicio y que lo pague; por ejemplo, una hamburguesa o un billete de avión.

- **Nivel de participación medio**. El consumidor proporciona algunos componentes del servicio. Ocurre cuando los servicios están personalizados. El consumidor proporciona información básica para que le presten el servicio, tiene que dar explicaciones. De lo contrario no es posible proporcionar el servicio; por ejemplo sobre cómo quiere que le corten el pelo. Sin esa información se lo pueden cortar, pero es posible que el consumidor no quede satisfecho.

- **Nivel de participación alto**. El consumidor es parte esencial en el diseño del servicio, porque se encuentra totalmente personalizado. No se puede crear sin su colaboración. Por ejemplo, el consumidor tiene que proporcionar información sobre sus ingresos para que le hagan la declaración de la renta o sobre sus dolencias para que valoren su salud.

La participación de los consumidores en el diseño de los servicios depende de una serie de factores. Son los siguientes.

- **Autoconfianza**. Los consumidores que tengan más confianza en sí mismos tenderán a prestarse más servicios a sí mismos. Si la confianza fuera escasa preferirá proveedores externos.

- **Conocimientos**. Algunos consumidores son capaces de reparar su coche, teñirse el pelo o hacer su declaración de la renta. Otros no.

- **Recompensa económica**. Los consumidores pueden ahorrar dinero prestándose servicios. Dejan de pagar dinero a talleres, a fontaneros, electricistas o asesores fiscales.

- **Recompensa síquica**. La autoprestación de servicios puede resultar gratificante. Arreglar un grifo o cambiar el aceite al coche puede ser una forma entretenida de pasar la mañana del domingo.

- **Recursos**. Para decir si un consumidor se prestará un servicio a sí mismo debe contar con una serie de recursos; herramientas para soltar piezas de su coche o hacer bricolaje en su casa. Sin recursos acudirá, seguramente, a proveedores de servicios.

- **Tiempo**. Los consumidores que no tengan tiempo libre acudirán a mercado externo. En caso contrario es posible que se presten los servicios a sí mismos.

A las empresas les puede interesar que los consumidores participen más en la prestación de los servicios porque las hace más productivas; mejoran la calidad de los servicios y la satisfacción de los consumidores. No obstante, existe el peligro de que se conviertan en sus competidores.

Algunas estrategias para conseguir mayor participación de los consumidores son las siguientes:

- **Definir las tareas** que han de realizar los consumidores, dándoles instrucciones, como las que pueden aparecer en una gasolinera o restaurante *selfservice*.

- **Conseguir que actúen como prescriptores** del servicio. Por ejemplo, un gimnasio podría pedir a sus socios que recomendaran a sus amigos sus instalaciones.

- **Recompensar** a los consumidores por sus actuaciones. Por ejemplo, porque consiguen más clientes para el servicio. Los bancos suelen hacer regalos a los clientes si éstos consiguen otros nuevos, porque recomiendan a la entidad.

8. RESUMEN

En este capítulo se ha tratado la planificación de marketing en las empresas de servicios. Se ha comenzado haciendo una referencia al contexto estratégico de las empresas; su misión, objetivos, segmentación del mercado y posicionamiento, como fases previas al plan de marketing. También se ha los entornos externos que afectan a las empresas; tecnológico, legal, político, cultural, demográfico, económico.

Se ha expuesto el entorno competitivo de las empresas; los competidores selectivos, tigre y estocásticos, y los tipos de equilibrios que pueden existir en el mercado; estable e inestable. También se ha analizado el entorno interno de la empresa; sus clientes, proveedores y distribuidores. El microentorno interno de las organizaciones viene determinado por sus departamentos y sus relaciones; producción, finanzas, marketing y recursos humanos.

Entre los posibles objetivos pueden citarse la rentabilidad, máxima o tan sólo suficiente, el crecimiento de las ventas, conseguir cuota de mercado, la calidad, la innovación, crear o mantener la imagen o la atención a un segmento determinado, proporcionar la máxima disponibilidad del servicio, satisfacer mejor las necesidades de los consumidores, penetrar en un mercado y mejorar la imagen de la empresa.

Las estrategias son los cursos de acción para poder conseguir los objetivos que las empresas. Los tipos de estrategias genéricas son de liderazgo en costes, diferenciación y especialización en segmentos. Con relación al precio las empresas pueden formular diversas estrategias. Se pueden fijar precios bajos, altos, geográficos y con diferentes niveles. Respecto a la distribución las estrategias para alcanzar los objetivos pueden ser conseguir que el servicio sea más accesible, cambiar a un canal más directo o barato, mejorar la fuerza de ventas interna y externa de la empresa.Las empresas deben decidir sus estrategias de comunicación; para conseguir notoriedad, consolidar la imagen, diferenciarse de la competencia, conseguir fidelidad de los consumidores o recordar que la empresa o sus servicios existen.

Las estrategias de mix de marketing propuestas en un plan deben ser compatibles interna y externamente con los objetivos de la empresa Están condicionadas por la disponibilidad de recursos. Las estrategias y los programas acaban resumiéndose en cifras. El control de marketing de las empresas puede ser de cuatro clases; anual, de rentabilidad, de eficiencia y estratégico. Previamente es necesario identificar centros de responsabilidad.

Se ha desarrollado, además, un apartado dedicado a la planificación de las empresas de servicios con capacidad limitada, o rígida, para su prestación. Se han propuesto estrategias para tratar esta situación tras analizar la capacidad de prestación del servicio física, de equipamientos, y laboral. Se puede alterar el mix de marketing de la empresa, en servicio, horario, precios y comunicación; planificar los tiempos de espera y gestionar temporalmente la demanda; gestionar la rentabilidad del servicio por segmentos o simplificar el proceso de prestación del servicio.

Se ha tratado la productividad en las empresas de servicios y sus dificultades de medición derivadas de la intangibilidad, su relación con la calidad, los problemas de temporalidad y de agregación de actividades en una misma persona. Finalmente, se ha hecho propuestas para mejorar la productividad; actuar sobre el factor humano; mejorar los procesos de prestación de los servicios con tecnologías *hard* y *soft,* reducir el nivel de servicio, sustituir servicios e involucrar a los clientes aún más en el proceso de su prestación.

CAPÍTULO IX

VALOR, CALIDAD DE LOS SERVICIOS Y SATISFACCIÓN DE LOS CONSUMIDORES

1. INTRODUCCIÓN

En capítulos anteriores se han expuesto muchos conceptos de planificación estratégica y de *mix* de marketing. En todos ellos subyacen las ideas de orientación al consumidor, satisfacción de los consumidores y calidad de los servicios.

El objetivo de este capítulo es tratar de forma explícita los conceptos de valor, calidad de los servicios y la satisfacción de los consumidores. El tratamiento del valor se basará en su definición conceptual y sus clases; en la exposición de la cadena del valor; en la percepción de valor por los consumidores y sus implicaciones para la comunicación, y en estrategias para mejorar el valor para los consumidores. A continuación se expondrá el concepto de calidad, las dimensiones de su percepción, por qué se producen fallos en la calidad, los costes de la calidad y algunas estrategias para aumentarla. Finalmente se analiza la satisfacción de los consumidores, cómo se mide y se proponen algunas estrategias para aumentarla.

2. VALOR DE LOS SERVICIOS

2.1. Concepto de valor

En principio, el valor de los servicios se entiende como la capacidad que poseen para satisfacer algún tipo de necesidad de los consumidores. Los servicios tienen cuatro clases de valor (Bowen, 1987).

- El primero se llama **valor de uso**, o facultad para satisfacer necesidades. Por ejemplo, una cuenta corriente tiene un valor de uso, porque sirve para guardar el dinero y para poder hacer pagos. El valor de uso del transporte aéreo es el desplazamiento rápido y seguro.

- El **valor de coste** es la suma de trabajo, bienes y gastos para generar un servicio. Así, por ejemplo, una hamburguesa incorpora productos comestibles, un tiempo de trabajo, gastos de agua, luz y electricidad y amortización de elementos de inmovilizado, como cocinas, neveras, mesas y cajas registradoras, etc.

- El **valor de estima** guarda relación con la idea de escasez; es decir, los servicios no se pueden obtener de forma ilimitada para satisfacer las necesidades de las personas, porque no existen tantos proveedores, ni pueden producirlos o los consumidores no pueden pagarlos.

- Finalmente, el **valor de intercambio** es facultad que tienen los productos para ser intercambiados por otros bienes o servicios.

El valor de los servicios tiene dos dimensiones: los valores positivos y los negativos (Kotler *et al.*, 1995: 44).

- Los **valores negativos** los determinan todos los esfuerzos asociados a la compra de servicios que los consumidores realizan; el precio que se paga por recibirlos, el tiempo dedicado al proceso de la búsqueda de información, la energía o esfuerzos que supone esa búsqueda y los costes síquicos que toda compra apareja.

- Los **valores positivos** son los beneficios que los consumidores reciben cuando consumen los servicios. Vienen determinados por la utilidad de los servicios y su conveniencia para satisfacer necesidades; por el valor que añaden las personas, la fuerza de ventas, con su atención al cliente; y también por el valor que emana de la imagen de la empresa que presta los servicios.

Un consumidor que acuda a un banco encuentra valores positivos y negativos. Las comisiones por las operaciones que realiza y los intereses que paga por los préstamos que le hayan concedido son valores negativos. Los intereses que cobre por sus depósitos y los servicios que recibe, como tarjeta de crédito, domiciliación de nómina o de recibos, extractos de operaciones, etc., son valores positivos.

En una *pizzería* también se puede medir el valor. Los clientes encuentran valores negativos como el precio que tienen que pagar, el tiempo dedicado al desplazamiento hasta ella y el cansancio físico que pueda suponer, una posible aglomeración en el establecimiento y la espera a ser atendidos. También encuentra valores positivos, como un alimento bien cocinado, un servicio amable y un local agradable.

Un consumidor que viaje en avión recibe valores negativos. Tiene que ir comprar el billete, hacer cola, abonarlo, pagar un taxi hasta el aeropuerto, hacer cola para facturar su equipaje y esperar el embarque. Los atributos positivos son un transporte rápido y cómodo. Todas las compañías aéreas no ofrecen los mismos valores negativos y positivos. Algunas, Iberia, por ejemplo, permiten hacer las reservas por teléfono o llevan los billetes a domicilio y esto reduce los valores negativos. También se pueden aumentar los valores positivos, por ejemplo, sirviendo almuerzos a bordo, instalando asientos más cómodos o con más espacio para estirar las piernas.

Los valores negativos de un dentista son la espera, el precio y el dolor. Los positivos, los arreglos de la dentadura o la curación de las encías. La lista de valores positivos y negativos de los servicios sería interminable.

Los consumidores adquieren los bienes o servicios de las empresas que les ofrecen el mayor valor. Este valor se mide por la diferencia entre la suma de los **valores positivos** y la suma de los **valores negativos** que tienen los productos o servicios. La diferencia entre los atributos positivos y negativos se llama **expectativa de valor**.

En la medida que los valores negativos se reduzcan y aumenten los positivos aumenta la expectativa de valor para los consumidores, que elegirán aquellos proveedores de servicios que proporcionen las mayores expectativas de valor. La expectativa de valor también está condicionada por otros factores distintos de los valores positivos y negativos.

Los consumidores se encuentran con **servicios sustitutivos**. Cuanto mayor sea el número de servicios sustitutivos para uno en concreto menor será el valor atribuído. Por ejemplo, el número de alternativas para abrir una cuenta corriente es elevado; consecuentemente el valor atribuído al servicio será más bajo que el de otro con un número menor número de opciones, como el transporte aéreo de una compañía determinada.

También la expectativa de valor está condicionada por las **características de los consumidores**, que tienen que ver con sus exigencias. Por ejemplo, una persona que utilice un ordenador en su domicilio y envíe faxes no juzgará tan severamente la lentitud de transmisión de datos de una red telefónica convencional como lo hará un usuario adicto a Internet. Igualmente, la expectativa de valor de un pasajero de una compañía aérea que viaje por motivos de negocios no será igual que la de otro que viaje por encontrarse de vacaciones. Los valores positivos y negativos no serán coincidentes para ambos viajeros.

2.2. La cadena del valor

Un concepto fundamental para comprender el posicionamiento de los productos y la satisfacción de los consumidores es el de **cadena de valor** (Porter, 1985).

Las empresas desarrollan una serie de actividades para diseñar sus bienes, producirlos, distribuirlos y venderlos. La cadena del valor descompone todas las actividades de las empresas en nueve pasos. Estas nueve actividades se desdoblan en cinco actividades primarias y cuatro de apoyo. Las **actividades primarias** son la entrada de materias primas, su transformación, la logística de la salida, todas las actividades de marketing y los servicios postventa. Las **actividades de apoyo** son la infraestructura de la empresa que cubre todas las tareas de planificación, organización, control, finanzas, contabilidad; la gestión de los recursos humanos; el desarrollo tecnológico o tecnología que se aplica y calidad del equipo humano.

El concepto de cadena de valor se concibió para empresas creadoras de bienes, pero es aplicable a empresas de servicios. Diseñar una cadena de valor en una empresa de servicios no es complicado. Basta con identificar todas las actividades que deben realizarse. En una consultora las actividades primarias son el diseño o configuración del servicio que se dará a un cliente, por ejemplo, asesoría fiscal; la recogida de información sobre su problemática; su análisis; la interpretación y las recomendaciones que se den.

En un banco las actividades primarias son la creación del servicio, como una cuenta corriente o una tarjeta de crédito; la planificación de las actividades de marketing; la venta de los productos y el servicio postventa de atención a los clientes.

Las empresas que quieran conseguir **ventajas** sobre sus competidores deben desarrollar sus actividades de forma más eficiente que ellos, o hacerlo de forma que se cree un mayor valor. Estas estrategias reciben, respectivamente, el nombre de ventaja por **costes más bajos** o ventaja por **diferenciación**.

El concepto de cadena de valor puede ser muy útil para las empresas de servicios, porque se puede utilizar para encontrar las fuentes de diferenciación para prestar servicios superiores a los de los competidores. Permite encontrar, además, los aspectos en que se ajustan las prestaciones de los servicios a las demandas de los consumidores. También sirve para identificar cómo los competidores crean valor y comparar sus prestaciones. El fin último de la cadena del valor es identificar formas de prestar un servicio mejor que los competidores y comunicarlas a través del posicionamiento.

2.3. Cómo mejorar el valor

En el capítulo 1 se expuso el concepto de servicio y sus dimensiones. Se trataron el servicio básico, el aumentado y el potencial. Las organizaciones que deseen incrementar el valor de los servicios que prestan a sus consumidores deben tener en cuenta los aspectos en que se fijan los consumidores, que son los siguientes (Grönroos, 1987).

- La **accesibilidad** del servicio, que se encuentra condicionada por el número de personas que atienden a los clientes y por sus conocimientos; por los horarios de atención a los consumidores; la localización de los puntos de venta; la arquitectura de los locales y el diseño de los interiores; los elementos de comunicación, como folletos, anuncios, guías, directorios, etc.

- La **comunicación interactiva** entre los empleados y los consumidores, que admite varias formas. La primera es la comunicación verbal de los empleados, es decir, lo que dicen y cómo lo dicen. Existe, también, una comunicación derivada de las interacciones de los empleados con elementos físicos y técnicos como folletos, instrucciones para que los clientes usen correctamente máquinas, etc. Finalmente, existen interacciones basadas en procedimientos, como sistemas de peticiones, de facturación, de entrega, de atención de reclamaciones, de mantenimiento y reparaciones, etc.

- La posibilidad de **participación del consumidor** en el proceso de prestación del servicio, pues los clientes deben dar información, exponer sus necesidades, rellenar impresos, operar con alguna máquina, etc.

Para mejorar el valor de los servicios las empresas deben actuar sobre las estrategias expuestas. Por ejemplo, un banco podría proporcionar un servicio más accesible aumentando el horario de apertura al público, abriendo más sucursales, instalando más cajeros automáticos, modernizando su decoración, proporcionando más información impresa, o formando a sus empleados para que adquirieran una mayor cualificación y atendieran mejor a los consumidores.

Desde el punto de vista de la comunicación podría aumentar el valor del servicio diseñando procedimientos de mayor utilidad para los clientes, por ejemplo, para hacer reclamaciones, para comunicar extractos de operaciones de forma más clara y comprensible, etc.

También podría conseguir que los consumidores participaran más activamente en el proceso de prestación del servicio permitiendo que expusieran con más precisión sus necesidades y deseos, evitando en la medida de lo posible que los servicios fueran rutinarios. Incluso, lo ideal sería que los servicios estandarizados se ofrecieran como si se trataran de servicios a medida de las características de los consumidores.

En concreto, las empresas de servicios, que se supone hayan adoptado los principios de marketing interno y de relaciones deben desarrollar estrategias para crear valor en los servicios que prestan a sus clientes, además de las ya expuestas. Algunas de estas estrategias son las siguientes (Congram, 1987).

- **Identificar servicios nuevos**, que serán el resultado del conocimiento de los deseos que surjan en los clientes actuales. Cuando una empresa de servicios trata de identificar necesidades nuevas en sus clientes, en el fondo lo que desea es conseguir que dependan más de ellas y que les cueste más cambiar de proveedor de servicios. Los clientes fieles son más fáciles de atender que los nuevos, porque ya se los conoce, representan ingresos continuos y beneficios; son un mercado estable al cual se pueden ofrecer servicios nuevos y sirven de prescriptores ante clientes potenciales.
- Conseguir que **las empresas se identifiquen con sus empleados**. Es frecuente que los consumidores identifiquen las organizaciones con las personas que trabajan en ellas. Así, es posible que un cliente de una entidad financiara hable del banco de Z, siendo Z la persona que suele atenderla. Existe el peligro, no obstante, de que si el empleado dejara la empresa es posible que se perdiera el cliente debido a la relación creada.
- Conseguir **empleados con orientación al consumidor**, cuyas actuaciones se traducirán en una mejor comprensión de los clientes y del proceso de prestación del servicio.

3. LAS EXPECTATIVAS DE LOS CONSUMIDORES

Cuando los consumidores piensan comprar un servicio se forjan unas expectativas sobre el mismo. Esta expectativa constituye el **punto de referencia** que condiciona la satisfacción. Si la realidad supera las expectativas el consumidor estará satisfecho. Si la realidad no llega a las expectativas del consumidor habrá insatisfacción. Más adelante se incidirá sobre la satisfacción.

Los consumidores pueden tener dos tipos de expectativas de servicio: una de ellas se llama **servicio deseado** y la otra, **servicio adecuado**. Entre estos dos niveles de servicio existe una **zona de tolerancia**.

El servicio esperado lo constituyen todos aquellos satisfactores o elementos que el consumidor espera y desea encontrar; por ejemplo, un transporte en avión rápido, seguro, cómodo y puntual. Las expectativas reflejan las esperanzas y los deseos de los consumidores. Sin embargo, la realidad puede ser otra y el servicio tal vez no cubra todas las expectativas de los consumidores. Esto no quiere decir que el consumidor se encuentre frustrado, porque puede recibir un servicio adecuado, o nivel de servicio que el consumidor acepta o aceptará.

Un consumidor que acuda a un restaurante puede tener la expectativa de una decoración muy cuidada, un servicio esmerado y unos platos excelentes. Esta es la expectativa de servicio. Sin embargo, se puede encontrar con una decoración funcional, un servicio discreto y una calidad de los platos sólo aceptable. Aun así, puede considerar el servicio adecuado, porque supera el mínimo por él exigido.

La **zona de tolerancia es variable**. Depende de la situación de cada consumidor. Si una persona tiene prisa, querrá que le sirvan rápidamente en el restaurante. La zona de tolerancia del tiempo de servicio esperado y aceptable será muy pequeña. Si no hubiera prisa, la zona de tolerancia del tiempo de servicio será mucho más amplia.

3.1. Factores que afectan a las expectativas de los consumidores

Los factores que afectan al **servicio deseado** pueden ser diversos y dependen de características personales. Son, esencialmente, dos.

- **Necesidades personales**. Los consumidores tienen una serie de necesidades que pueden ser **físicas, sociales, sicológicas y funcionales**. Un consumidor, que sea un *gourmet,* y acuda a un restaurante deseará platos muy refinados. Una persona mayor deseará que se cocine con poca sal, porque tal vez sea hipertensa. Desde un punto de vista social, los consumidores también desean atributos. Si la renta no es muy alta se desean precios contenidos. Por el contrario, los consumidores con rentas altas desean restaurantes caros, con cocina muy elaborada y vinos de calidad. Desde una perspectiva sicológica existen consumidores que desean ciertas particularidades en los servicios. Un consumidor inseguro desea que las transacciones electrónicas tengan muchas garantías de no que no se puedan cometer errores. Una persona excesivamente preocupada por la limpieza fijará un nivel de limpieza de en la tintorería muy elevado. Un consumidor maniático de la limpieza deseará unos niveles de pulcritud en un hotel que tal vez resulten exagerados. Desde un punto de vista funcional, los consumidores poco hábiles desean cajeros automáticos muy sencillos de utilizar; desean simplicidad.

- Otros factores que afectan al servicio deseado son consecuencia de influencias **personales**. Derivan de la exigencia individual consecuencia de la influencia de otras personas, o de las propias creencias o estándares fijados a lo largo del tiempo, fruto de la experiencia o deseos. Un consumidor puede desear un servicio muy esmerado en un hotel porque es la referencia que tiene del mismo, porque así se lo han contado otras personas. Puede ocurrir que viaje mucho y haya visto toda clase de hoteles y se haya forjado la idea de cómo debe ser un establecimiento hotelero.

También existen una serie de factores que afectan al **servicio esperado**. Son los siguientes.

- **Intensificadores transitorios**. Son factores que hacen que los consumidores sean temporalmente muy sensibles al servicio y sus atributos. Por ejemplo, la prisa o la emergencia son intensificadores transitorios. Una persona que deba sacar un billete de avión urgentemente y se encuentre con una cola muy larga tiene una percepción del tiempo distinta de otras que no tengan prisa. Espera que se la atienda muy rápidamente. Lo mismo ocurre con una persona que haya sufrido un accidente serio y se encuentre esperando en un servicio de urgencias.

- **Alternativas percibidas**. Cuantas más alternativas existan para recibir el servicio, cuanto mayor sea el número de proveedores, mayor será el nivel del servicio esperado. Si sólo hubiera un proveedor, el consumidor se conforma con lo que den. Cuanto menor sea el número de alternativas, menor será el nivel esperado del servicio.

- **Factores situacionales**. Son condiciones del servicio que a juicio de los consumidores el productor de los servicios no puede controlar. Por ejemplo, una tormenta que retrasa un vuelo, o un accidente grave que colapsa los servicios de un hospital. La aparición de estos factores situacionales suele rebajar el nivel esperado del servicio.

- **La comunicación de la empresa.** Los consumidores se han forjado expectativas porque las empresas se comunican con el mercado y fijan una serie de estándares de precios, calidad, etc.

También existen factores que afectan simultáneamente al **servicio esperado y deseado**. Son los siguientes.

- **Experiencia** en el servicio. Los consumidores pueden haber consumidor muchas veces un mismo servicio. Conocen lo que se ofrece en el mercado, pero también tienen sus propios deseos.

- Los consumidores también obtienen **información** procedente de personas expertas, revistas de consumidores, noticias en la prensa, etc. Estas informaciones determinan los mínimos deseados y lo que se puede esperar en la prestación de un servicio.

- Los proveedores de los servicios hacen **promesas** al mercado, que pueden ser **explícitas** como lo que promete la fuerza de ventas o lo que aparece en la publicidad. Estas promesas crean expectativas de los que los consumidores pueden encontrar y también de lo que esperan encontrar.

- Finalmente, existen **promesas implícitas**, es decir promesas que no se han hecho formalmente, pero que los consumidores las deducen o intuyen a partir de los elementos tangibles o de los precios. Por ejemplo, un servicio caro se considera de calidad; un hotel cuyo inmueble sea moderno y proporcione buena impresión se supone que proporcionará un servicio satisfactorio. El consumidor se forja una expectativa de servicio deseado y esperado al ver el edificio.

3.2. Valor y expectativas de los consumidores. Implicaciones para la comunicación

El valor de los servicios que reciben los consumidores se encuentra condicionado por sus expectativas. Las empresas deben tener en cuenta los siguientes principios para generar un gran valor sus clientes (Parasuraman, 1987).

- Un consumidor asignará **valores positivos** a un servicio si se presta de forma satisfactoria y esa satisfacción la atribuye a la empresa. Por ejemplo, una hamburguesa bien cocinada consumida en un restaurante de comida rápida genera un valor positivo que el cliente atribuye al establecimiento. De igual forma, un trato amable a bordo de un avión es atribuído a la compañía aérea.

- Un consumidor asignará **valores negativos** a un servicio si se presta de forma insatisfactoria y esa insatisfacción la atribuye a la empresa. Una hamburguesa mal cocinada sólo tiene un responsable; quien la haya cocinado. De igual forma, el servicio que pueda encontrarse en un banco es responsabilidad de la entidad financiera.

- Un consumidor asignará **valores neutros** a un servicio bien o mal prestado si lo atribuye a causas externas. Por ejemplo, un pasajero de una compañía aérea no culpará a la empresa si su vuelo se retrasa o se adelanta por razones de tráfico, por causa del viento o de una tormenta.

- La percepción de atribución de valor a la empresa o a las personas que proporcionan servicios es **mayor en los procesos no rutinarios**, en servicios diseñados a medida de las necesidades de los consumidores. Esto significa que las personas que reciben servicios no rutinarios serán mucho más críticas con el valor que reciben, que aquellos consumidores que compran servicios estandarizados. Por ejemplo, una persona que contrata un préstamo hipotecario para comprarse una vivienda, tras haber expuesto su situación y tras haber negociado las condiciones, percibe más valor que si ese préstamo se le hubiera concedido de forma automática, sin haber entrado en ningún tipo de consideraciones excepto la cuantía del préstamo o el calendario de pagos.

- Cuanto **antes se perciba valor**, más rápidamente **se deja de recoger información**. Esto significa que un consumidor que aprecie valor en un posible proveedor de su servicio, no buscará más información para analizar otras alternativas. Si un consumidor acudiera a un médico en busca de un tratamiento y percibiera en él capacidad para solucionar su problema, seguramente dejaría de buscar y consultar con otros médicos.

- La atribución de valor a la empresa o persona es **mayor al principio de la transacción** que al final. Esto significa que si un cliente acudiera a un restaurante y fuera muy bien atendido al ser recibido y al encargar los platos, atribuiría mucho valor al servicio, aunque el trato posterior no fuera tan bueno, por ejemplo, porque hayan tardado en servir el café o en entregar la cuenta.

- Cuando un consumidor tiene una experiencia favorable, a mayor cantidad de información que se le dé para explicarla, **mayor será la atribución del valor a la empresa**. Por ejemplo, si un cliente acudiera a una entidad financiera a solicitar un préstamo personal, el empleado que le atiende debería dejar muy claro que todo el proceso de prestación del servicio es consecuencia de la política de la empresa. De lo contrario cabe la posibilidad de que el cliente crea que el buen servicio es debido a que ha tenido suerte al encontrarse con ese empleado, pero que de haber topado con otro tal vez las cosas hubieran sido de otro modo. Inversamente, cuando un consumidor tenga una experiencia negativa y mayor información se le dé para explicar las causas, menos atribuirá esa mala esa experiencia a la empresa.

- Finalmente, las **deficiencias en la prestación de información** tendrán consecuencias más intensas cuando la experiencia sea negativa que cuando sea positiva.

De todo lo que acaba de exponerse se deduce lo siguiente:

- Las empresas de servicios deben proporcionar **comunicaciones efectivas y personalizadas**, especialmente cuando los servicios se desarrollen a medida de las necesidades de los consumidores. Los vendedores deben dar explicaciones constantemente y atender cualquier demanda de información por parte de los clientes. Cuando la experiencia es favorable se considera una forma de reforzar la evidencia. Cuando la experiencia sea negativa forzosamente habrá que explicar lo ocurrido a los consumidores.

- Las empresas de servicios deben esforzarse en **proporcionar valor al principio de la transacción**, para proporcionar la mejor impresión posible, porque los consumidores no son tan críticos a medida que se produzcan deficiencias durante el desarrollo de la prestación del servicio. Los proveedores de servicios deben asegurarse de que la impresión inicial es favorable; por ejemplo, el aspecto de un banco o de un recepcionista. La primera impresión es crucial cuando el servicio se prolonga en el tiempo, cuando su prestación requiere tiempo, como una consulta médica o legal, un corte de pelo o la comida en un restaurante, porque como se ha expuesto, la atribución de valor a la empresa es mayor durante la primera mitad de tiempo dedicado a la prestación del servicio.

- Es importante también que los consumidores que entren en contacto por primera vez con el proveedor de un servicio tengan también una **impresión favorable**, porque tienden a percibirlo más personalizado que los antiguos clientes, que lo perciben más rutinario.

- Por último, para crear una imagen única de valor deben hacerse los mayores **esfuerzos que los competidores no puedan imitar**. Lo ideal sería llegar a convertir los servicios rutinarios en no rutinarios; sería el caso, por ejemplo, de un cajero que llamara a los clientes para preguntarles si ya han recibido el talonario de cheques solicitado mediante formulario, que se supone recibirán por correo, o si han recibido un nuevo extracto con los errores detectados ya corregidos.

4. LAS PERCEPCIONES DE LOS CONSUMIDORES

Los consumidores que reciben servicios perciben realidades. Los empleados les atienden bien o mal; surgen evidencias en el servicio, porque se sienten elementos tangibles o se paga un precio y se recibe una calidad.

4.1. Factores que afectan a las percepciones

Los factores que determinan la calidad de los servicios son los siguientes.

- En primer lugar, se produce un **encuentro con los proveedores** de los servicios. En él las cosas pueden salir bien o mal. El consumidor puede que obtenga lo que desea, o no. Los empleados que prestan los servicios tienen que tener capacidad de respuesta ante el servicio mal prestado; por ejemplo, alimentos mal cocinados, ropa mal limpiada en la tintorería, o paquetes que se entregan tarde. Los empleados tienen que actuar conforme a dos características. Una de ellas se llama **adaptabilidad** y quiere decir que empleado debe responder a las necesidades o exigencias del cliente. La segunda se llama **espontaneidad** y significa que tiene que actuar para agradar al cliente sin esperar que éste se lo pida; por ejemplo, sirviendo licores al final de la comida por gentileza de la casa o haciendo pequeños obsequios en un banco o aseguradora.

- En segundo lugar, existen **evidencias del servicio**. Los consumidores perciben elementos tangibles, la imagen del proceso de la prestación del servicio, y pagan precios. Esas evidencias constituyen percepciones.

- En tercer lugar se percibe **calidad del servicio**. Los consumidores aprecian calidad, aspecto que es tratado en el próximo apartado.

4.2. La calidad del servicio: concepto, percepción y dimensiones

En términos muy generales, la calidad de un producto se entiende como la medida de su excelencia. Se puede contemplar desde diversas perspectivas (Garvin, 1988, Grönross, 1982 y Lindqvist, 1987).

La primera es la **trascendente**, es decir, el concepto puro y abstracto de excelencia. Por ejemplo, la calidad de un cuadro o la de una representación artística. No es muy útil en marketing.

La segunda perspectiva de la calidad es la relacionada con el producto o con las **especificaciones de producción**. Por ejemplo, la resistencia de un rodamiento al giro y a la presión, o la resistencia del suelo medida en kg/m^2. Esta medida es objetiva, responde a patrones técnicos y no tiene en cuenta las diferencias de percepción entre personas según sus gustos, necesidades y preferencias.

Pero en marketing **la verdadera dimensión de la calidad es la subjetiva**, desde la perspectiva del usuario. Los clientes se forjan una expectativa de calidad que procede de tres fuentes (Zeithaml, 1993).

- En primer lugar, de sus **necesidades personales**. Esperan encontrar un producto que las satisfaga. Por ejemplo, unos zapatos con suela de cuero pueden resultar de buena calidad para una persona que viva en un clima donde las lluvias sean escasas. Un habitante de un clima húmedo considerará buenos unos zapatos con suela de goma. Esto significa que un mismo servicio, una cuenta corriente, por ejemplo, puede servir para satisfacer diferentes necesidades. Algunas personas podrán abrirla para hacer pagos con talonarios, otras para que otras personas ingresen en ellas dinero, como sucede con la Administración o con personas que domicilian su nómina. Una persona que alquile un coche durante sus vacaciones no tiene las mismas necesidades que otra que lo necesite por motivos de trabajo o para una boda. Para la primera el precio es importante, para la segunda la disponibilidad y facilidades para tomarlo y entregarlo, y para la tercera la limpieza y el lujo.

- En segundo lugar, **los consumidores se han formado expectativas**, porque durante el proceso de recogida de información han acudido a personas, porque los servicios apenas tienen características de búsqueda. Han oído comentarios y opiniones de vendedores y de otros clientes, que habrán hecho sus sugerencias y recomendaciones. Precisamente, la característica de experiencia de los servicios que transmiten terceras personas crea expectativas de calidad de los servicios, en restaurantes, hoteles, compañías aéreas, peluquerías, entidades financiaras, servicios profesionales, etc. Los consumidores emplean esa información como punto de referencia para hacer comparaciones entre lo esperado y lo recibido.

- En tercer lugar, los compradores de servicios podrán tener **experiencia** como tales. Las adquisiciones continuadas les habrán permitido fijarse un nivel de calidad que emplean como punto de referencia. En cuanto el servicio se aleje de ese nivel de calidad habitual se apreciarán diferencia de calidad.

4.3. Dimensiones de la calidad

Teniendo en cuenta que las empresas deben seguir una orientación al consumidor para conseguir una medición más objetiva de la calidad pueden considerarse las siguientes dimensiones desde el punto de vista de los consumidores (Zeithaml *et al.*, 1993).

- **Accesibilidad.** Las empresas de servicios –especialmente– deben **facilitar** que los clientes contacten con ellas y puedan recibir las prestaciones que desean. Para ello se pueden instalar máquinas como cajeros automáticos o expendedores de billetes; ampliar los horarios de atención a los clientes; permitir que se ordenen operaciones por teléfono; proporcionar números 900, para hacer consultas gratuítas; facilitar el traslado, como hacen algunas cadenas hoteleras, que ofrecen gratis servicio de recogida y transporte a los aeropuertos, etc.

- **Capacidad de respuesta**. Se entiende por tal la **disposición a atender y dar un servicio rápido**. Los consumidores cada vez somos más exigentes en este sentido. Queremos que se nos atienda sin tener que esperar. Algunas empresas de servicios han diseñado procesos de prestación de servicios muy rápidos. Las compañías de seguros han adoptado el sistema de peritación *drive-in*, que consiste en una valoración de los daños inmediata y en la entrega del importe de las reparaciones de coches a los beneficiarios de las pólizas. Algunas compañías aéreas permiten hacer reservas por teléfono, pagar con tarjeta de crédito proporcionando sólo el número en ese momento, y entregan los billetes a domicilio. Algunas tintorerías recogen y entregan la ropa a domicilio. Las cadenas de *pizzerías* como Telepizza o Domino´s aceptan encargos por teléfono y entregan sus productos a domicilio en menos de media hora.

- **Comprensión del cliente**. Se sobreentiende que las organizaciones orientadas al consumidor deben **esforzarse por atenderlos**, teniéndolos permanentemente en su punto de mira. Ello supone, obviamente, detectar necesidades y poner todos los medios para tratar de satisfacerlas.

- **Comunicación**. Las empresas deben escuchar a sus clientes e informarles en un **lenguaje comprensible**. La forma en que los consumidores se comunican con las empresas se expone en este mismo capítulo. Respecto al lenguaje comprensible, esta recomendación es particularmente importante en empresas que presten servicios profesionales. Los médicos o abogados, por ejemplo, deben emplear con sus clientes un lenguaje sin tecnicismos innecesarios, que los consumidores puedan entender.

- **Cortesía.** Esta dimensión se resume en la capacidad de prestar atención, consideración, **respeto y amabilidad** en el trato con los clientes. En algunos servicios la cortesía forma parte de beneficio básico, como sucede en hoteles, restaurantes y transporte aéreo. En otros la cortesía no es tan fundamental; por ejemplo, en asesoramiento legal o reparaciones de automóviles, aunque ello no signifique que no tenga importancia.

- **Credibilidad.** Los proveedores de los servicios deben **proporcionar imagen de veracidad y honestidad**. Los consumidores no deberían albergar dudas sobre lo acertado de los consejos de sus médicos y abogados, de la calidad de las reparaciones de sus coches o electrodomésticos. La intangibilidad de los servicios, y en especial su característica de credo, hacen que los consumidores carezcan de elementos tan objetivos como las características de búsqueda para valorar los productos. La credibilidad es una característica que los proveedores de los servicios se ganan a base de tiempo atendiendo satisfactoriamente a los consumidores. También pueden acudir a algunas estrategias de tangibilización, como las que se han expuesto en el capítulo 4.

- **Elementos tangibles**. Los componen las instalaciones, los equipos, las personas y su aspecto, y el material de comunicación. En las instalaciones los consumidores se fijan en los edificios, en su estilo, tamaño, acceso, localización y decoración. También se fijan en los equipos, como ordenadores, cajeros automáticos, expendedores de billetes, etc., y valoran su modernidad, funcionamiento y facilidad de manejo en caso de tener que ser empleados por los usuarios. El aspecto de las personas es importante, lo que explica que algunas organizaciones que prestan servicios uniformen a sus empleados, como las compañías aéreas, las empresas de alquiler de coches o las de hostelería. Finalmente, los soportes de comunicación como rótulos, símbolos, cartas, folletos o guías de servicios son también elementos tangibles para los consumidores.

- **Fiabilidad**. Por ella se entiende la habilidad para **ejecutar** el servicio prometido **sin errores**. Los consumidores pueden preguntarse si sus proveedores son fiables. Por ejemplo, si la factura del teléfono, del gas o de la electricidad refleja fielmente los consumos efectuados, si el electrodoméstico o automóvil habrá sido reparado correctamente, si el tratamiento médico curará la enfermedad o si los consejos del asesor fiscal son acertados.

- **Profesionalidad**, o capacidad y conocimiento para ejecutar el servicio. Si las demás dimensiones de la calidad son importantes, la profesionalidad resulta esencial, pues constituye el beneficio básico del servicio. El médico debe saber curar, el cirujano plástico debe dejar la nariz perfecta y del abogado se esperan consejos que resuelvan definitiva y satisfactoriamente un problema.

- **Seguridad.** Los consumidores deben percibir que los servicios que se les prestan **carecen de riesgos**, que no existen **peligros** ni **dudas** sobre la bondad de las prestaciones. Por ejemplo, un cliente no debería dudar de lo acertado de la reparación de su televisor o de la buena utilización de su tarjeta de crédito por parte de su proveedor cuando le facilita su número para hacer un pago. Tampoco debería desconfiar de la capacidad de respuesta de su compañía de seguros cuando contrata una póliza multirriesgo del hogar, o de la entidad financiera que gestiona sus ahorros.

Estas dimensiones de calidad pueden estar correlacionadas. De hecho pueden resumirse en cinco.

- Elementos tangibles.
- Fiabilidad.
- Capacidad de respuesta.
- Seguridad.
- Empatía.

La comparación entre las expectativas con las percepciones descritas en este apartado permite evaluar la calidad de los servicios. Habrá calidad cuando las percepciones superen las expectativas. Habrá tanta más calidad como mayor sea la diferencia entre lo percibido y lo esperado.

4.4. Por qué se producen fallos en la calidad

La calidad desde el punto de vista del usuario reconoce que los consumidores tienen diferentes necesidades y deseos. Pero es posible que los consumidores no se encuentren satisfechos con la calidad que reciben de las empresas. Ello es debido a que las percepciones de calidad de proveedores y consumidores no son coincidentes. Abundando más sobre estas ideas pueden distinguirse algunas clases adicionales de calidad.

- La primera se denomina **calidad física** y depende de los productos físicos, aparatos y demás elementos tangibles, como ordenadores, decoración, ambiente, mobiliario, etc. Adquiere una dimensión mensurable del entorno donde se prestan los servicios.
- La **calidad técnica** se refiere, estrictamente, al servicio que recibe el cliente. Por ejemplo, un viaje de Madrid a Sevilla en el AVE, la extracción de una muela o la confección de su declaración de la renta.
- La **calidad funcional**, consistente en cómo obtiene el servicio el consumidor. Hace referencia al proceso de su prestación; cómo es recibido el cliente, cómo se le pide información, en qué medida se trata de atender sus necesidades, cómo se le trata en general, etc.

Estas perspectivas diferentes explican por qué pueden aparecer conflictos o malentendidos cuando se trata de medir la calidad. La razón de estas situaciones reside en que las percepciones no son coincidentes. Es posible que los gerentes de las empresas, los directores de producto, los distribuidores se fijen más en la calidad técnica, porque sigan un enfoque de empresa orientada al producto. Los consumidores se fijan especialmente en la calidad funcional.

Las causas por las que no existe calidad son las siguientes (Zeithaml *et al.*, 1993)

- **No saber qué es lo que esperan los usuarios**. Ello puede ser debido a diversas causas. La primera es que no se hayan realizado investigaciones de mercado para conocer las necesidades de los clientes. El parte I de este libro se expusieron las razones que explican las dificultades para hacer investigación comercial en las empresas de servicios. Pero aunque sea difícil, es posible conocer las expectativas de los consumidores a través de las reclamaciones que formulan, a través de paneles que proporcionen información periódica o mediante estudios puntuales *ad hoc*. En caso de no conocer sus expectativas podría tratarse de conocer sus preferencias. En segundo lugar, es posible que los sistemas de comunicación en la organización no sean fluídos, especialmente porque existan demasiados niveles en el organigrama. En el capítulo 2 se trató que una empresa de servicios no debe tener demasiados niveles en la organización, que debe adoptar un modelo orgánico, no jerárquico, y que se debe adoptar los principios de marketing interno, espacialmente con los empleados en contacto con el público, y los de marketing de relaciones. El lector puede volver a examinar estas ideas.

- En segundo lugar, es posible que se fijen **normas de calidad equivocadas**. La razón estriba en que la dirección puede no dar a la calidad la importancia que tiene y que preste más importancia a otros objetivos de la empresa, como la rentabilidad o conseguir cuota de mercado. Es posible, también, que los directivos crean que el objetivo de calidad sea inviable y no se atrevan a intentar proporcionarla, porque afectaría a la rentabilidad, porque el factor humano no se considere capaz, o porque se crea que no existen recursos materiales suficientes para proporcionarla.

- En tercer lugar, se pueden producir **deficiencias en la realización del servicio**. Las causas pueden muchas; ambigüedad de funciones, conflictos funcionales, desajustes entre empleados y sus funciones, entre la tecnología y las funciones, sistemas inadecuados de supervisión y control, falta de control percibido y falta de sentido de trabajo en equipo. La ambigüedad de funciones significa que los empleados pueden no tener muy claro lo que se espera de ellos en la organización, porque no se hayan delimitado bien sus funciones. Los conflictos funcionales se deben a que las expectativas de calidad no coinciden entre empleados y clientes; unos se fijan en la calidad técnica y otros en la funcional, como se ha expuesto antes. Sin embargo, si las empresas se orientan al consumidor la percepción de calidad debería ser la de los consumidores. El desajuste de funciones se debe a la incapacidad para desarrollar su trabajo los empleados, porque hayan sido mal seleccionados o simplemente, por razones de motivación. El control percibido mide hasta qué punto los empleados se sientes libres para actuar. En un apartado próximo se tratará la motivación, intrínseca y extrínseca, de los empleados y su influencia sobre la calidad.

- Finalmente, **discrepancia entre lo que se promete y lo que se hace**. A veces es debido a deficiencias de comunicación horizontal. Por ejemplo, un director de producto y un director de marketing, que se encuentran al mismo nivel jerárquico pueden tener concepciones distintas de un mismo servicio. El director de producto podría pensar en *pizzas* para ser consumidas en un local. El director de marketing podría pensar en ser servidas a domicilio. En caso de no ponerse de acuerdo, por no comunicarse, podría diseñarse un envase que no conservara bien el calor, con lo cual el alimento se entregaría a domicilio, pero frío, y la calidad del servicio sería mala. También es posible que se hagan promesas excesivas y se creen expectativas que luego no se vayan a cumplir. Una publicidad exagerada o confusa puede ser perjudicial. La letra pequeña de muchos contratos de servicios puede resultar peligrosa. Oculta limitaciones, excepciones y puede causar sorpresas a los consumidores. Conviene también homogeneizar los servicios y su calidad entre personas, departamentos y sucursales. Un consumidor puede estar acostumbrado a un determinado nivel de calidad que le proporciona un empleado. Cuando cambie de local o de sucursal espera encontrar esa misma calidad. Pero puede que esto no ocurra, que el consumidor reciba menos calidad y se sienta insatisfecho.

4.5. Los costes de la falta de calidad

Proporcionar calidad cuesta dinero, pero no proporcionarla también es caro. Horovitz (1993: 23) encuentra los siguientes costes.

- Costes de **prevención**. Son todos los gastos realizados previamente a la prestación de los servicios para evitar que puedan cometerse errores.

- Costes de **inspección y control**. Son los realizados para controlar la calidad. Por ejemplo, investigaciones basadas en personas que simulan ser clientes y ponen a prueba la capacidad de la fuerza de ventas.

- Costes de **fallos internos**. Son los motivados por no haber prestados servicios con calidad. Por ejemplo, tener que volver a efectuar una reparación o a empastar una muela. Otras veces no queda más remedio que devolver el dinero, como sucede cuando el AVE se retrasa, o no cobrar el servicio como ocurre cuando se corta mal el pelo. Lo peor de todo es que se pueden perder clientes definitivamente, y ello representa un flujo futuro de ingresos que dejan de percibirse, aparte de que los clientes insatisfechos comunican su insatisfacción a muchas personas y se convierten en *contraprescriptores.*

- Coste de **fallos externos**. Vienen determinados por todos los gastos en que se incurre para conseguir clientes nuevos que sustituyan a los que se han perdido, y para contrarrestar los efectos negativos de los *contraprescriptores.*

4.6. Estrategias para mejorar la calidad

Las empresas de servicios pueden mejorar su calidad siguiendo estas recomendaciones.

- **Deben identificar los fallos** de calidad empleando los DPPS. Si las operaciones se encuentran bien detalladas, si los tiempos esperados para la prestación de los servicios se han calculado correctamente y el diagrama permite identificar a los responsables de la calidad en cada fase, clientes o proveedores del servicio, las empresas se encontrarán en disposición no sólo de prestar calidad, sino también de evitar la no calidad.

- **Proporcionar garantías**. Cuando una empresa ofrece garantías a los consumidores les beneficia a ellos pero también se beneficia la propia organización. Las garantías reducen el riesgo percibido de los consumidores, reducen los frenos al consumo. Sin embargo, las empresas de servicios se encuentran en inferioridad de condiciones respecto a las de bienes a la hora de ofrecer garantías. Los productos físicos se pueden arreglar o las empresas pueden devolver el dinero pagado si los consumidores se encontraran insatisfechos. Tratándose de servicios las cosas no son tan sencillas. El servicio no se podrá arreglar o repetir, como ocurre con los espectáculos. Pero en ocasiones sí podrá devolverse el dinero. El tren AVE lo hace cuando se retrasa. Otras veces se puede repetir el servicio, como ocurre con reparaciones mal efectuadas. En cualquier caso, ofrecer garantías representa de por sí algo positivo por las siguientes razones. En primer lugar, las empresas se ven forzadas a orientarse a los consumidores. Ofrecer una garantía representa pensar que los consumidores tal vez no se sientan satisfechos y las empresas se esforzarán en que eso no ocurra y se fijarán en las necesidades y deseos del mercado. Ofrecer garantías supone establecer unos mínimos de calidad, que ayudan a planificar mejor los servicios. Sucede, también, que si una organización se compromete a ofrecer garantías se obliga a diseñar un sistema de información con sus clientes para conocer su grado de satisfacción. Las obliga a pensar por qué fallan. Todas estas consideraciones benefician a los consumidores, y también a las empresas, porque a la larga fidelizan a sus clientes.

- **Gestionar los tiempos de espera**. Cuando los consumidores se encuentran formando cola sienten que el tiempo pasa más lentamente si se encuentran ansiosos. También perciben más lentitud si esperan solos en lugar de hacerlo en grupo. Ocurre también que a medida que la percepción de la espera aumenta disminuye la sensación de calidad en la prestación de los servicios. Si los clientes se encuentran distraídos se reduce la percepción de la espera. Si los consumidores tienen expectativas de esperar y se conoce el tiempo de espera de antemano mejora su satisfacción. Las empresas de servicios pueden emplear algunas estrategias para gestionar el tiempo de espera en colas, tan frecuentes en mostradores de aeropuertos, compañías de seguros o entidades financieras (Latz et *al.*, 1991). Una primera estrategia puede ser muy simple. Puede comenzarse indicando porque se tardará un poco de tiempo en atender a los consumidores. Basta proporcionar una explicación muy sencilla. También pueden instalar distracciones como revistas, vídeos, o música canalizada. Pueden tratar de modificar los hábitos de conducta sugiriendo a sus clientes que no acudan a realizar operaciones en horas punta porque serán peor atendidos o atenderles mediante cita como hacen los médicos o los abogados. Deberán evitar mantener empleados no ocupados ante el público. Aquellas personas que no vayan a tratar con los consumidores deberán mantenerse fuera de su vista. La actitud de los consumidores durante la espera permite clasificarlos en tres grupos: los vigilantes, los impacientes y los indiferentes o neutrales. Algunas empresas mejoran la calidad de su servicio con los impacientes, que son segmento crítico. Para ello desarrollan estrategias de servicio rápido, como registros y abandonos en los hoteles más rápidos o instalan tecnologías como máquinas para obtener servicios, como cajeros, máquinas para limpiar el calzado o para comprar alimentos o bebidas. Finalmente, la espera siempre será más agradable si el entorno es confortable. La decoración la temperatura, el diseño del establecimiento, etc., contribuyen a ello.

- Los **empleados** que prestan servicios también pueden ser una **fuente de calidad**. En los servicios que no se encuentren estandarizados el personal en contacto con el público es crucial. La calidad de un mismo servicio puede variar incluso cuando lo proporciona la misma persona, según el momento. Los empleados puede encontrarse motivados intrínsecamente o extrínsecamente. La motivación intrínseca puede entenderse como una actitud innata, no inducida, hacia el trabajo. Cuando aparece este tipo de motivación a los empleados les gustan las novedades, aceptan retos, prefieren actuar con autonomía, les gustan las labores complejas y encuentran en el trabajo oportunidades para su desarrollo personal. La motivación extrínseca es inducida o impuesta por los cuadros superiores de la empresa. Los empleados actúan obedeciendo unas normas impuestas, que no tienen más remedio que aceptar. Resulta evidente pensar que las empresas de servicios deben tener empleados con motivación intrínseca ante el público por numerosas razones; serán más creativos y proporcionarán un servicio con mayor calidad, especialmente cuanto más complejo y personalizado sea. Nuevamente, la idea de marketing interno hace acto de presencia.

5. LA SATISFACCIÓN DEL CONSUMIDOR. MÉTODOS PARA SU CONOCIMIENTO

La **satisfacción de un consumidor** es el resultado de comparar su percepción de los beneficios que obtiene con las expectativas que tenía de recibirlos.

Satisfacción = Percepciones – Expectativas

Si las percepciones superan las expectativas, los consumidores se encontrarán satisfechos y asignarán calidad al servicio. Cuando coincidan ambas no existirá satisfacción, porque se habrá recibido lo que se esperaba. Si las percepciones son inferiores a las expectativas se producirá insatisfacción.

Deben crear un sistema que permita conocer las quejas y sugerencias. Este sistema se basa en articular procedimientos para canalizar la información de los consumidores, que pueden ser a través de cuestionarios, como los que se dejan en las habitaciones de los hoteles, o por personas que realizan reparaciones en las viviendas. También se pueden emplear buzones de sugerencias, como los instalados en las áreas de servicio de las autopistas o en entidades financieras. A veces se crea una figura que actúa como defensor de los consumidores, como el Defensor del Cliente, en el BBV, a quien se pueden dirigir las quejas sobre el servicio y las reclamaciones que se consideren oportunas.

- Se pueden desarrollar estudios para **medir el nivel de satisfacción** de los clientes. Esta medición se puede hacer diversas formas. La primera se denomina **valoración directa** y consiste en emplear una escala de medición de 1 a 10, por ejemplo, en la que los consumidores asignan el mayor nivel de satisfacción a 10 y el menor al 1. Otra forma de hacer valoraciones es la **valoración derivada**, que consiste en comparar lo que esperaba un consumidor con lo que ha recibido. Una tercera forma de medir la satisfacción, denominada **análisis del problema**, es pedir a los consumidores que indiquen qué mejoras sugieren para aumentar la calidad de los servicios. Finalmente, un procedimiento más sofisticado es relacionar la **importancia de servicios con el grado de satisfacción**. Lo ideal para una empresa de servicios sería que los consumidores estuvieran muy satisfechos con los aspectos más importantes de la prestación del servicio. Por ejemplo, que los pacientes de un cirujano plástico estuvieran felices con los resultados de la intervención, aunque la calidad de la comida de la clínica fuera deficiente. Las empresas de servicios deben detectar los factores de calidad que son importantes para los consumidores, empleando para ello la metodología del análisis conjunto, ya expuesta en el capítulo 5.

- Una forma sencilla para medir la satisfacción de los consumidores es la **seudocompra**. A través de ella una persona actúa como cliente y puede medir los factores que afectarán a la calidad. Por ejemplo, un empleado de una entidad financiera, o de una compañía aérea puede abrir una cuenta o viajar con la empresa para medir la calidad de los servicios que prestan.

- Las empresas pueden medir la satisfacción mediante el **cómputo de los clientes perdidos**. Es normal que se produzcan rotaciones de clientes, pero si se pierden consumidores que no se reponen la situación será alarmante, y habrá que analizar las causas aplicando alguno de los métodos expuestos. Cuantificar lo que supone perder un cliente no es demasiado complicado. Basta con actualizar la corriente de beneficios futuros que dejan de obtenerse, aplicando alguna técnica como el Valor Actual Neto o la Tasa de Retorno. Las empresas de servicios deben ser especialmente cuidadosas a la hora de retener a sus clientes. Deben desarrollar programas de marketing de relaciones y estrategias para retener a los clientes especialmente para premiar la fidelidad a través de precios diferenciales o promociones. También pueden tratar de vincularlos a la empresa mediante la pertenencia a clubes virtuales que supongan beneficios a los consumidores como trato preferente, posibilidad de obtener servicios en exclusiva, etc.

- Estudios de **incidentes críticos**. Esta técnica consiste en identificar qué fases de un proceso de prestación de un servicio resultan fundamentales y en cuáles de ellas suelen surgir problemas. En este sentido resultan muy útiles los DPPSs, ya expuestos en el capítulo 5.

- Investigación de las **exigencias de los consumidores**. Una de las deficiencias observadas en la gestión de marketing de los servicios es que no se realizan investigaciones de mercado para conocer las exigencias o expectativas de los consumidores. Conociéndolas se podrían diseñar mejor los servicios y adaptarlos a lo que espera el mercado.

- **Estudios postcompra**. Una vez que los consumidores hayan recibido el servicio las empresas podrían hacer seguimientos de los clientes para conocer sus percepciones y satisfacción.

- Investigación de **expectativas futuras**. Las empresas que deseen atender bien al mercado podrían incluso investigar no sólo lo que desean en la actualidad los consumidores, sino también, qué les gustaría tener en el futuro o cómo preferirían que les prestaran los servicios.

6. CREACIÓN DE RELACIONES DURADERAS CON LOS CONSUMIDORES

6.1. El marketing de relaciones

En el capítulo 2 se definió el concepto de marketing de relaciones y algunas estrategias con él relacionadas. A través de él se pone el énfasis en que seguramente es más importante retener consumidores que conseguir otros nuevos.

El objetivo del marketing de relaciones es mantener un compromiso con los consumidores que sea rentable para las empresas. Para conseguirlo es necesario atraer consumidores, retenerlos y mejorar las relaciones con ellos. El mantenimiento de los consumidores proporciona una serie de beneficios tanto a las empresas como a los consumidores.

Los beneficios para los consumidores son evidentes. Por un lado se crea una relación de **confianza** con las empresas que disipa muchas dudas y recelos, **las empresas se acomodan** a las necesidades de los consumidores y éstos saben lo que pueden esperar de las organizaciones. Los consumidores **reducen**, además, **costes de cambio**, que pueden ser monetarios o no monetarios. Ahorran dinero, esfuerzos y tiempo que pueden dedicar a otras actividades. Adicionalmente, la buena relación empresa-consumidor puede contribuir al **bienestar social** de las personas.

Las empresas también obtienen beneficios. Los más evidentes son incrementos en las cifras de ventas, disminuciones de costes, comunicación gratuíta y retención de empleados. Los consumidores retenidos por la empresa tienden a concentrar en ella más operaciones y proporcionan **más volumen de negocio**. Un cliente de un banco retenido por él realiza cada vez más operaciones; cuenta corriente, seguros, planes de pensiones, préstamos, etc.

Retener clientes supone **reducir costes**. Cuando las empresas pierden clientes, por la razón que sea, tienen que buscar otros que les sustituyan. Esto implica movilizar a la fuerza de ventas o el proceso de comunicación. Este proceso es costoso. Si no pierden clientes las empresas ahorran dinero.

Los consumidores satisfechos se convierten en **prescriptores**, es decir, recomiendan a las empresas que les prestan servicios. Esto significa que las empresas tendrán que esforzarse menos en comunicarse con el mercado. Por general, un consumidor satisfecho transmite buena imagen de la empresa a unas cuatro o seis personas.

Si las empresas se enfocan al marketing de relaciones consiguen otros efectos indirectos, pues también retienen a sus **empleados**, que son un activo muy valioso en cualquier organización, especialmente las de servicios. Formar empleado lleva tiempo y resulta económicamente costoso. Perderlo es un lujo que ninguna empresa se puede permitir.

6.2. Estrategias de retención de los consumidores

Para retener a los consumidores se pueden seguir diversas estrategias. Son las siguientes.

- Se pueden proporcionar **beneficios financieros**, que consisten, generalmente, en la devolución de parte del dinero gastado. Por ejemplo, una compañía aérea podría devolver un porcentaje del dinero gastado por los clientes, en efectivo, o en especie, regalando kilómetros de vuelo acumulables para ser disfrutados por los consumidores cuando lo deseen. Un hotel podría regalar estancias gratis en algunos lugares turísticos para premiar a sus clientes asiduos.

- Las empresas de servicios pueden mejorar la satisfacción de sus consumidores creando beneficios basados en la **personalización de los servicios**, de acuerdo con los gustos o características de sus clientes. Por ejemplo, un consumidor acostumbrado al empleo de talonarios para hacer pagos podría obtener una libreta de ahorro con talonario incluído, cosa que no es habitual. También podría ofrecérsele una tarjeta con el límite de crédito superior al estándar, debido a sus necesidades personales; por ejemplo, porque viaje mucho y pague billetes de avión y facturas de hotel con tarjeta.

- Por último, las empresas de servicios pueden **crear relaciones de dependencia o vinculación** con sus clientes cuando se prevea que el contacto con ellos se prolongue en el tiempo. Generalmente se consigue mediante la prestación de servicios muy personalizados. Por ejemplo, una empresa de servicios informáticos puede ir personalizando y adaptando sus programas a las necesidades que vayan surgiendo en sus clientes. Las auditorías y las consultoras pueden desarrollar asesoramientos específicos y propuestas de programas de gestión y su control a empresas que sean clientes habituales. Un gimnasio podría prestar un servicio de asesoramiento en materia de nutrición y un seguimiento del peso de las personas que desearan.

7. RESUMEN

En este capítulo se ha tratado el concepto de valor y sus clases; uso, estima, e intercambio. Posteriormente se ha expuesto el concepto de expectativa de valor y de cadena del valor, desglosada en actividades primarias y secundarias. La atribución de valor a la empresa ha servido de base para diseñar estrategias de comunicación. Se han propuesto algunas estrategias para incrementar la percepción el valor como mejorar la accesibilidad del servicio, la comunicación, la participación de los consumidores, la identificación de servicios nuevos y la orientación al consumidor.

La calidad se ha analizado desde varias perspectivas; objetivas y subjetivas. Las expectativas de calidad están condicionadas por las necesidades de los consumidores, sus experiencias y la información que hayan recogido. Las dimensiones de la calidad son los elementos tangibles de los servicios, la fiabilidad, la capacidad de respuesta, la seguridad y la empatía. Las empresas fallan a veces al proporcionar calidad porque no saben lo que esperan los usuarios, las normas de calidad están equivocadas, existen deficiencias en la prestación del servicio y diferencias entre lo que se promete y se ofrece. Los costes de la no calidad son los de prevención, inspección y control, los de los fallos internos y externos. Las estrategias para mejorar la calidad consisten en identificar los fallos aplicando DPPS, proporcionar garantías, gestionar los tiempos de espera y seleccionar empleados con motivación intrínseca para que estén en contacto con el público.

Se ha analizado la satisfacción de los consumidores y qué instrumentos se pueden emplear para medirla; canalización de quejas y sugerencias; medición de satisfacción directa, indirecta o análisis del problema; seudocompra; cómputo de clientes perdidos. Finalmente, se han propuesto algunas estrategias para mejorar la satisfacción de los consumidores; proporcionar beneficios financieros, personalizar los servicios y crear relaciones de dependencia.

Bibliografía

ABASCAL, E. y GRANDE, I. (1994): *Aplicaciones de Investigación Comercial,* ESIC Editorial.

ALBRETCH, K. Y LAWRENCE, J. B. (1990): *The Service Advantage,* Homeward, IL. Dow Jones.

AMERICAN MARKETIN ASSOCIATION (1981): *Marketing of Services,* Proceedings Series.

AMERICAN MARKETIN ASSOCIATION (1983): *Emerging Perspectives on Marketing,* Proceedings Series.

AMERICAN MARKETIN ASSOCIATION (1983): *Marketing News,* marzo, 2ª quincena.

AMERICAN MARKETIN ASSOCIATION (1985): *Services Marketing in a Changing Environment,* Proceedings Series.

AMERICAN MARKETIN ASSOCIATION ERICAN MARKETIN ASSOCIATION (1987): *Add Value to Your Service,* 6 Th. Annual Services Marketing Conference Proceedings.

AMERICAN MARKETIN ASSOCIATION (1989): *Designing a Winning Strategy,* 7 Th. Annual Marketing Association Conference Proceedings.

AMERICAN MARKETIN ASSOCIATION (1989): *Service Excellence: Marketing's Impact on Performance,* 8 Th. Annual Services Marketing Conference.

AMERICAN MARKETIN ASSOCIATION (1990): *Stayin' Alive Through'95. How to Thrive and Not Just to Survive,* 9 Th. Annual Services Marketing Conference.

BATESON, J. E. *et al.*, (1978): *Testing a Conceptual Framework for Consumer Service Marketing,* Cambridge, M.A.: Marketing Science Institute.

BATESON, J. E. (1983): *The Self Service Customer-Empirical Findings,* Emerging Perspectives on Services Marketing. Proceedings Series. American Marketing Association, pp. 50-53.

BATESON, J. E. (1989): Managing Services Marketing: Text and Readings», Chicago, Dryden Press.

BECKWITH, N. y FITZGERALD, T. (1981): *Marketing of Services: Meeting of Different Needs,* Marketing Services. Proceedings Series. American Marketing Association, pp. 239-241.

BELL, M. (1981): *A Matrix Approach to the Classification of Marketing Goods and Services,* Marketing Services. Proceedings Series. American Marketing Association, pp. 208-212.

BERRY, L. (1980): *Service Marketing is Different,* Business, Mayo-Junio.

BERRY, L., *et al.* eds. (1983): *Relationship Marketing,* Emerging Perspectives on Services Marketing, American Marketing Association, pp. 25-28.

BERRY, L., y PARASURAMAN, A. (1991): *Marketing Services: Competing Through Quality,* The Free Press.

BLACKMAN, B. (1983): *Research Priorities in Services Marketing: Remember the Little Guy,* Emerging Perspectives on Services Marketing. Proceedings Series. American Marketing Association, pp. 111-114.

BLOCH, T, *et al.* (1985): *Services Marketing in a Changing Environment,* Chicago, IL; American Marketing Association.

BOEWADT, R. y KEMP, P. (1987): *Price Regulated Demand for Professional Services,* Add Value to Your Service, 6 Th. Annual Service Marketing Conference Proceedings, American Marketing Association, pp. 133-136.

BOOMS, B. H. *et al.* (1984): *Participant Perspectives on Developing a Climate for Innovation of New Services,* Developing New Services. Proceedings Series. American Marketing Association, pp. 23-26.

BOOMS, B. H. y BITNER, M. J. (1981): *Marketing Strategies and Organization Structures For Service Firms,* Marketing Services. Proceedings Series. American Marketing Association, pp. 47-53.

BOOMS, B. (1981): *Analyzing the Customer/Firm Communication Component of the Services Marketing Firms,* American Marketing Association Marketing of Service, Proceedings Series.

BOWEN, J. (1987): *Using Surveys to Gain Insights Into Service Value,* Add Value To Your Service. 6 Th. Annual Services Marketing Conference Proceedings. American Marketing Association.

BROWING, H. y SINGELMANN, J. (1978): *The Emergence of a Service Society,* Springfield.

BROWN, J. y FERN, E. (1981): *Goods vs. Services Marketing: A Divergent Perspective,* Marketing Services. Proceedings Series. American Marketing Association, pp. 205-207.

BUENO, E. y RODRÍGUEZ, J. M. (1990): *La Banca del Futuro,* Ed. Pirámide.

CONGRAM, C. A. (1987): *Adding Value Through Client Service Planning,* Add Value To Your Service. 6 Th. Annual Services Marketing Conference Proceedings. American Marketing Association.

COWELL, D. (1984): *The Marketing of Services,* London, Heinemann.

COWELL, D. (1988): *The Marketing of Services,* Heinemann Professional Publishing, Oxford.

CRANE, F. G. (1993): *Professional Services Marketing,* Haworth Press.

CUADRADO ROURA, J. C. y DEL RÍO GÓMEZ, C. (1993): *Los Servicios en España,* Pirámide.

CHASE, R. B. (1978): *Where does the Customer fir in a service operation,* Harvard Business Review, noviembre-diciembre.

DAVIS, F. *et al.* (1986): *Broadening the Marketing Paradigm: Services Marketing,* en Creative Service in Marketing. American Marketing Association, pp. 14-18.

DHOLAKIA, N. y DILTS, D. (1981): *Implications of Human Capital Theory for the Marketing of Services,* Marketing Services. Proceedings Series. American Marketing Association, pp. 213-216.

DÍAZ DE SANTOS (1989): *El Plan de Marketing.*

DÍAZ DE SANTOS (1990): *Nuevas Orientaciones en el Marketing de Servicios.*

DIXON, D. y SMITH, M. (1983): *Theoretical Foundations for Services Marketing Strategy,* Emerging Perspectives on Services Marketing. Proceedings Series. American Marketing Association, pp. 77-81.

DONNELLY, J. *et al.* eds. (1981): *Marketing of Services,* Chicago, American Marketing Association

DREW, J. y BOLTON, R. N. (1987): *Service Value and Its Measurement: Local Telephone Service,* Add Value To Your Service. 6 Th. Annual Services Marketing Conference Proceedings. American Marketing Association.

EIGLIER y LANGEARD (1993): *Servucción,* Mc Graw-Hill.

ENIS, B. *et al.* (1981): *Services Marketing: Different Products, Similar Strategies,* Marketing Services. Proceedings Series. American Marketing Association, pp. 1-4.

ENIS, B. M. y ROERING, K. J. (1981): *Services Marketing: Different Products, Similar Strategy,* Marketing Services. Proceedings Series. American Marketing Association, pp. 1-4.

FARRIS, P. E., y QUELCH, J. A. (1987): *In the Defense of Price Promotion,* Sloan Management review, Fall, pp. 63-69.

FLIPO, J.P. (1993): *Gestión de Empresas de Servicios,* EADA Gestión.

FUCHS, V. (1968): *The Service Economy,* National Bureau of Economic Research, Nueva York.

GARVIN, D. A. (1988): *Managing Quality,* The Free Press.

GEORGE, W., y MARSHALL, C.: *Developing New Services,* American Marketing Association, Proceedings, Series, 1984.

GRANDE, I. y ABASCAL, E. (1999): *Fundamentos y Técnicas de Investigación Comercial,* ESIC Editorial.

GRANDE, I. (1993): *Una metodología para posicionar las entidades financieras,* Papeles de Economía, n° 54.

GRÖNROOS, C. (1978): *A Service Orientated Approach to Marketing of Services,* European Journal of Marketing, Vol. 12, n° 8, 1978.

GRÖNROOS, C. (1983): *Innovative Marketing Strategies and Organizational Structures for Services Firms,* Emerging Perspectives on Services Marketing. Proceedings Series. American Marketing Association, pp. 9-21.

GRÖNROOS, C. (1987): *Developing The Service Offering - Source of Competitive Advantage,* Add Value To Your Service. 6th Annual Services Marketing Conference Proceedings. American Marketing Association.

GRÖNROOS, C. (1982): *Strategic Management and Marketing in Service Sector,* Helsingfords.

GRÖNROOS, C. (1983): *Seven Key Areas of Research According to the Nordic School of Service Marketing,* Emerging Perspectives on Services Marketing. Proceedings Series. American Marketing Association, pp. 108-110.

GUILTINAN, J. P. (1989): *A Conceptual Framework for Pricing Consumer Services,* 7 Th. Annual Marketing Association Conference Proceedings. American Marketing Association, pp. 11-15.

GUMMESSON, E. (1981): *The Marketing of Professional Services,* Marketing Services. Proceedings Series. American Marketing Association, pp. 108-112.

GUSEMAN, D. (1981): *Risk Perception and Risk Perception in Consumer Services,* Marketing Services. Proceedings Series. American Marketing Association, pp. 200-204.

GUTIÉRREZ JUNQUERA, P. (1993): *El Crecimiento de los Servicios,* Alianza Economía.

HESKETT, J. L. (1990): *Managing in the Service Economy,* Boston: HBS Press.

HORNE, D. A., *et al.* (1986): *Consumer Perceptions of Service Dimensions: Implications for Marketing Strategy,* sc-86.

HOROVITZ, J. (1993): *La Calidad del Servicio,* Mc Graw-Hill.

KEAVENEY, S. M. (1987): *Adding Value to Services Through Contact Personnel,* Add Value To Your Service. 6 Th. Annual Services Marketing Conference Proceedings. American Marketing Association.

KELLY, E. (1983): *Technoservices and Directions for the American Marketing Association in Services Marketing,* Emerging Perspectives on Services Marketing. Proceedings Series. American Marketing Association, pp. 94-98.

KIMES, S. E. (1989): *Yield Management: A Tool For Capacity-Constrained Service Firms,* Journal of Operations Management, Vol. 8, nº 4, pp. 348-363.

KOTLER, P. *et al.* (1995): *Dirección de Marketing,* Prentice Hall, 8ª ed.

KOTLER, P. y ROBERTO, C. (1985): *Marketing for Health Care Organizations,* Prentice Hall.

KRUGHOFF, R. (1981): *Service Evaluation,* Marketing Services. Proceedings Series. American Marketing Association, pp. 242-244.

LATZ, K., *et al.* (1991): *Prescription for the Waiting-in-Line Blues: Entertain, Enlighten, and Engage,* Sloan Management Review, Winter, pp. 44-53.

LEGG, D. y BAKER, J. (1987): *Advertising Strategies for Service Firms,* Add Value To Your Service. 6th Annual Services Marketing Conference Proceedings. American Marketing Association.

LINDQVIST, L. J. (1987): *Quality and Service Value in the Consumption of Services,* Add Value To Your Service. 6 Th. Annual Services Marketing Conference Proceedings. American Marketing Association.

LOVELOCK, C. *et al.* (1981): *Some Organizational Problems Facing Marketing in The Service Sector,* Marketing Services. Proceedings Series. American Marketing Association, pp. 168-171.

LOVELOCK, C. (1981): *Why Marketing Management Needs to be Different for Services,* Marketing Services. Proceedings Series. American Marketing Association, pp. 5-9.

LOVELOCK, C. (1984): *Developing and Implementing New Environment,* Developing New Services. Proceedings Series. American Marketing Association, pp. 44-64.

LOVELOCK, C. (1989): *Public and Nonprofit Marketing,* Redwood, Scientific Press.

LOVELOCK, C. (1990): *Public and Nonprofit Marketing: Readings and Cases,* Scientific Press.

LOVELOCK, C. (1991): *Services Marketing,* Prentice Hall.

LOVELOCK, C. (1992): *Managing Services,* Prentice Hall, 2ª ed.

MAISTER, D. (1989): *Professional Service Firm Management,* Boston, MA.: Maister Associates.

MCCLAUGHLIN, C., y COFFEY, S. (1990): *Measuring Productivity in Services,* International Journal of Service Industry Management, Vol. 1, nº 1.

MILLS, P. (1986): *Managing Service Industries,* Cambridge, MA: Ballinger.

MINISTERIO DE ECONOMÍA Y HACIENDA (1992): *La Evolución de los Servicios en España.*

NORMAN, R. (1984): *Service Management: Strategy and Leadership in Service Business,* John Willey.

ONKVIST, S. y SHAW, J. J. (1987): *The Measurement of Service Value: Some Methodological Models,* Add Value To Your Service. 6 Th. Annual Services Marketing Conference Proceedings. American Marketing Association.

PARASURAMAN, A. (1987): *An Attributional Framework for Assesing the Perceived Value of a Service,* Add Value To Your Service. 6th Annual Services Marketing Conference Proceedings. American Marketing Association.

PAYNE, A. (1993): *The Essence of Services Marketing,* Prentice Hall.

PORTER, M. (1985): *Estrategia competitiva,* Cesma.

RANDALL, D. (1987): *A Procedure for Identifying Value-Enhancing Service Components Using Customer Satisfaction Survey Data,* Add Value To Your Service. 6th Annual Services Marketing Conference Proceedings. American Marketing Association.

SCHMALENSE, D. (1986): *Wanted: Theoretical and Empirical Research on Four Important Services Marketing Issues,* Creative Service in Marketing, American marketing Association, pp. 169-170.

SCHNEIDER, B. y BOWEN, D. E. (1984): *New Service Design, Development and Implementation,* Developing New Services, American Marketing Association Proceedings Series.

SCHWARTZ, H. (1984): *Developing A Climate for Innovation New Services,* Developing New Services. Proceedings Series. American Marketing Association, pp. 9-22.

SHAW, J. C. (1990): *The Service Focus: Developing Winning Game Plans for Service Companies,* Dow-Jones- Irwin.

SHAW, J. C. (1991): *Gestión de Servicios,* Díaz de Santos.

SHOELL, W. F. y IVY, J. T. (1981): *Marketing: Contemporary Concepts and Practices,* Ally & Bacon, Boston, Mass.

SHOSTACK, G. L. (1977): *Breaking Free from Product Marketing,* Journal of Marketing, Vol. 41, nº. 2.

SHOSTACK, G. L. (1981): *How to Design a Service,* Marketing Services. Proceedings Series. American Marketing Association, pp. 221-229.

SHOSTACK, G. L. (1984): *Service Design in the Operating Environment,* Developing New Services. Proceedings Series. American Marketing Association, pp. 27-43.

SIEW, M. L. (1986): *The Effects of Knowledge Representation on a Classification of Services: A Conceptual Analysis from a Processing Perspective,* Creative Services in Marketing, AMA, 1986, pp. 164-168.

STIFF, y POLLACK (1983): *Consumerism in the Services Sector,* Emerging Perspectives on Services Marketing, American Marketing Association, pp. 54-58.

UPA, G. *et al.* (1983): *Emerging Themes and Directions for Service Marketing,* Emerging Perspectives on Services Marketing. Proceedings Series. American Marketing Association, pp. 139-141.

WHEATLY, E. (1983): *Marketing Professional Services,* Prentice-Hall.

ZEITHAML, V. (1981): *How Consumer Evaluation Processes Differ Between Goods and Services,* Marketing Services. Proceedings Series. American Marketing Association, pp. 186-190.

ZEITHAML, V. *et al.* (1990): *Delivering Quality Service: Balancing Customer Perceptions and Expectations,* Free Press.

ZEITHAML, V. *et al.* (1993): *Calidad Total en la Gestión de Servicios,* Díaz de Santos.

ZEITHAML, V. y BITNER, M. J. (1996): *Services Marketing,* McGraw-Hill.

MARKETING DE LOS SERVICIOS DE SALUD Y FARMACÉUTICOS

HESHMAT, S. (1993): *Framework for Market-Based Hospital Pricing Decisions,* Haworth Press.

KOTLER, P. (1985): *Marketing for Hospitals and Health Care Institutions,* Prentice Hall.

PATHAK, D. (1993): *Promotion of Pharmaceuticals,* Haworth Press.

SCHEWE, CH. (1991): *Marketing Management Issues in Ambulatory Health Care Marketing,* Haworth Press.

SMITH, H. (1992): *Marketing Pharmaceuticals Services,* Haworth Press.

SMITH, M. (1991): *Pharmaceutical Marketing,* Haworth Press.

WINEGAR, N. (1994): *Marketing Mental Health Services Marketing,* Haworth Press.

WINSTON, W. (1985): *Marketing Ambulatory Care Services,* Haworth Press.

WINSTON, W. (1985): *Professional Practice in Health Care Marketing,* Haworth Press.

MARKETING PARA BUFETES

WINSTON, W. J. (1993): *Marketing for Attorneys and Law Firms,* Haworth Press.

MARKETING PARA ASESORÍAS FISCALES Y CONTABLES Y AUDITORÍAS

DENNEY, R. (1983): *Marketing Accounting Services,* Van Nostrand Reinhold Company, New York.

MAHON, J. (1982): *The Marketing of Professional Accounting Services,* John Willey & Sons.

WINSTON, W. (1994): *Marketing for CPAs, Accountants, and Tax Professionals,* Haworth Press.

MARKETING PARA CENTROS DE EDUCACIÓN

HAYES, TH. (1991): *New Strategies in Higher Education Marketing,* Haworth Press.

MARKETING TURÍSTICO Y DE HOSTELERÍA

KAVEN, W. (1984): *Channels of Distribution in the Hotel Industry,* Wintrop Publishers.

LEWIS, R. (1982): *The Measurement of Guest Satisfaction,* AVI, Publishing Co.

MAYO, E. *et al.* (1981): *The Psychology of Leisure Travel: Effective Marketing & Selling of Travel Services,* Van Nostrand Reinhold Company, New York.

MUZAFFER, U. (1994): *Communication and Channel Systems in Tourism Marketing,* Haworth Press.

SELTZ, D. (1977): *Food Service Marketing and Promotion,* Lebhar-Friedman Books.

MARKETING DE SERVICIOS PÚBLICOS Y SOCIALES

FINE, S. (1981): *Marketing the Ideas and Social Issues,* Praeger Publishers.

KOTLER, P. (1982): *Marketing for Nonprofit Organizations,* Prentice Hall.

LOVELOCK, C. (1984): *Marketing for Public and Nonprofit Managers,* John Willey & Sons.

LOVELOCK, C. (1984): *Marketing Urban Public Transportation: Public & Nonprofit Sector Marketing,* Praeger Publishers.

WINSTON, W. (1985): *Marketing for Human and Social Services Agencies,* Haworth Press.

MARKETING FINANCIERO

BERRY, L. (1974): *Marketing for The Bank Executive,* Petrocelli Books.

BERRY, L. (1985): *Bankers Who Sell: Improving Selling Effectiveness in Banking,* Dow Jones-Irwin, INC.

DONELLY, J. *et al.* (1985): *Marketing Financial Services: a Strategic Vision,* Dow Jones-Irwin.

MARSHALL, R. (1985): *The Debit System of Marketing Life and Health Insurance,* Prentice Hall.

McIVER, C. (1991): *Marketing Financial Services,* Woodhead-Faulkner, England.

RICHARDSON, L. (1984): *Bankers in the Selling Role: A Consultative Guide to Cross-Selling Financial Services,* John Willey and Sons.

WINSTON, W. (1990): *Marketing for Financial Services,* Haworth Press.

MARKETING PARA CONSULTORAS

CONNOR, R. (1985): *Marketing your Consulting and Professional Services,* John Willey & Sons.

MARKETING PARA ARQUITECTOS E INGENIEROS

COXE, W. (1982): *Marketing Arquitectural & Engineering Services,* Van Nostrand Reinhold Company, New York.

MARKETING DE LOS DEPORTES, ARTE Y ENTRETENIMIENTO

MOKWA, M. (1980): *Marketing the Arts,* Praeger Publishers.

MARKETING PARA EMPRESAS DE DISTRIBUCIÓN

ALDER, S., *et al.* (1981): *Retail Services: A Strategic Marketing Approach,* Center for Economic And Management Research, Oklahoma.

BERRY, L. (1982): *Retail Positioning Strategies,* Business Horizons, Noviembre, 45-50.

MARKETING PARA EMPRESAS DE COMUNICACIÓN

BUTTERFIELD, D. (1985): *Telecomunications and the Consumer of Service Industries,* Norwood, NJ: Ablex Publishing Corporation.